西方通识丛书

WESTERN

西方哲学通史

从古希腊哲学到西方现代哲学

文聘元◎著

A General History of Western Philosophy

江西美术出版社
JIANGXI FINE ARTS PUBLISHING HOUSE

图书在版编目（CIP）数据

西方哲学通史 / 文聘元著 . -- 南昌 : 江西美术出版社 , 2019.6（2019.7 重印）
ISBN 978-7-5480-6615-6

Ⅰ . ①西… Ⅱ . ①文… Ⅲ . ①西方哲学—哲学史 Ⅳ . ① B5

中国版本图书馆 CIP 数据核字（2018）第 291081 号

出 品 人：周建森
企　　划：北京江美长风文化传播有限公司
策　　划：北京兴盛乐书刊发行有限责任公司
责任编辑：楚天顺　朱鲁巍
编辑助理：李小勇
版式设计：尹清悦
责任印制：谭　勋

西方哲学通史

作　　者：文聘元

出　　版：江西美术出版社
社　　址：南昌市子安路 66 号江美大厦
网　　址：http：//www.jxfinearts.com
电子信箱：jxms@jxfinearts.com
电　　话：010-82093808　　0791-86566124
邮　　编：330025
经　　销：全国新华书店
印　　刷：北京柯蓝博泰印务有限公司
版　　次：2019 年 6 月第 1 版
印　　次：2019 年 7 月第 2 次印刷
开　　本：710mm × 960mm　1/16
印　　张：27.5
ISBN 978-7-5480-6615-6
定　　价：59.80 元

“西方通识丛书”总序

General Preface

“西方通识丛书”包括以下六部：历史是第一部，接下来依次是文学、哲学、艺术、科学、地理，构成整个西方文明的精髓。

一、《西方通史》

其内容包括从特洛伊战争开始直至1990年海湾战争结束的西方历史。主要包括古希腊与古罗马的历史、中世纪与文艺复兴的历史，以及当今西方的几个主要大国美国、英国、德国、法国、俄罗斯、意大利的历史。不但讲述了其中的主要历史事件，还讲了那些历史上的名人的人生故事，例如亚历山大大帝、恺撒、屋大维、拿破仑、丘吉尔等。使我们不但能了解这些国家的历史发展脉络，还能了解这些国家历史上的伟人生平。

二、《西方文学通史》

其内容包括两大部分，第一个部分是这些作家的生平事迹，一个作家的作品与他们的生平是密切相关的，很值得我们去了解。如古希腊三大悲剧家、但丁、塞万提斯、莎士比亚、巴尔扎克、雨果、狄更斯、托尔斯泰、劳伦斯、马尔克斯，等等。

第二个部分是西方文学史上的各大名作，那些我们所熟悉的西方文学名作，如荷马史诗、古希腊悲剧、《神曲》《哈姆雷特》《欧也妮·葛朗台》《大卫·科波菲尔》《战争与和平》《查特莱夫人的情人》《百年孤独》等，都包括在内，以讲故事的方式讲解了这些作品的主要内容，并且语言的风格也尽量遵循原作。

三、《西方哲学通史》

其内容同样包括两大部分，第一部分是西方哲学史上那些伟大哲学家们的生平事迹，如柏拉图、亚里士多德、奥古斯丁、托马斯·阿奎那、培根、洛克、笛卡尔、康德、黑格尔、尼采、叔本华、维特根斯坦、胡塞尔、海德格尔、萨特，等等。第二部分同这些哲学家们的思想一样，西方哲学史的内容是非常丰富的，所以我在这里也主要选取了那些既重要又有可读性的哲学家的思想。

我们知道，哲学著作一般而言是比较难的，不那么容易读懂，但在这里，所有哲学家，包括康德与黑格尔还有胡塞尔等人的思想都是以通畅明白的方式表达出来的，即使没有哲学的基础，也可以读得明白。

四、《西方艺术通史》

其内容同样包括两大部分，一是那些杰出的艺术家的生平事迹，如达·芬奇、米开朗琪罗、拉斐尔、提香、委拉斯凯兹、戈雅、大卫、伦勃朗、马奈、莫奈、罗丹、毕加索，等等。第二部分是这些伟大的艺术家们的作品，以形象的文字描绘了这些伟大作品的内容、特色与神韵等。对于古希腊罗马艺术，虽然没有具体的艺术家的生平可以介绍，但对于那些伟大的艺术作品也做了比较仔细的介绍，例如雅典卫城与罗马的大斗兽场等，甚至还以被火山埋葬的庞贝为例介绍了卓有特色的古罗马的家居装饰风格。

五、《西方科学通史》

其特色是将西方科学的内容分成六大基础学科，即天文、数学、物理、化学、地学与生物，分别讲述了这些学科的主要内容与发展历史。

而且，由于至目前为止，这些学科的主要内容都是西方人发展起来的，因此，我们在读了这本书之后，就对这些学科本身的内容与历史脉络都有了清晰的了解。此外还讲了那些伟大的科学家，如阿基米德、欧拉、牛顿、达尔文、居里夫人、爱因斯坦等人的生平事迹。

六、《西方地理通史》

这本书的内容与前面几本不大一样，它不是在讲人的故事，而是地理的故事。包括两大洲即欧洲与美洲的地理概况，主要内容则是西方历史与当今的几个主要国家，即希腊、意大利、法国、英国、德国、俄罗斯与美国的地理。

这些地理又包括三大部分，即自然地理、人文地理与游记，自然地理主要讲述自然方面的内容，例如地形地貌、山川河流、气候特征等等，人文地理则包括这些国家的语言、人口、民族、经济特色等。游记则讲述了这些国家的主要风景名胜与城市风貌等。例如当我们读了这本书中美国的部分之后，不但认识了美国的山川河流与气候特点，还会认识到美国虽然是多民族多种族的国家，但各个民族与种族都有自己相对独立的地盘，也会了解美国强大的经济实力以及很有特色的政府结构等。而最后将带我们去游览美国那些美轮美奂的风景名胜，如尼亚加拉大瀑布与黄石国家公园，还有我们慕名已久的城市，如纽约与拉斯维加斯等，甚至还有著名的哈佛大学与麻省理工学院，等等，总之就像在美国多快好省地逛了一圈。

以上就是六部作品的大致内容介绍。

我之所以要写这样的作品，目的其实就是两个字“通识”。所谓“通”就是全面、“识”就是知识，即我希望读者们通过阅读这样的作品，可以得到比较全面的知识。

我国著名的科学家钱学森曾经提出过一个相当尖锐的问题：“为什么我们的学校总是培养不出杰出的人才？”对于这个问题可以有各种各样的回答。在我看来，一个根本性的问题是我们的学校包括大学培养的学生缺乏全面的知识教育，对知识的提供太过于追求实用性，从而导致了相当严重的片面性，例如过于重视数理化而对于人文知识不够重视。因此我们培养出来的学生往往视野比较狭窄，有“知识”而少“见识”，于是思维也比较片面，这样子是很难成为杰出人才的。

而要解决这个问题，一个比较简单的办法就是开展通识教育，以培养学生们更加宽广的视野，使他们不但有“知识”，而且有“见识”，这对于他们未来成为杰出人才当然是大有帮助的。

要进行通识教育的途径也不止一种，例如可以广泛地阅读文学、历史、哲学与科学的经典名著，到全球各大博物馆欣赏名画雕塑，或者去世界各国环球旅行。但这些办法有一个共同的麻烦，就是太难。例如有多少人有足够的时间、精力可以同时去读那么多文学与历史杰作呢？而亚里士多德与康德等的哲学杰作一般人又岂能读懂呢？更遑论牛顿与爱因斯坦的科学著作了，几人可以读懂呢？还有，我们一般人又哪有银子去世界各大博物馆欣赏那些艺术杰作、甚至作环球旅行呢？显然，对于绝大多数人，这样的通识教育是得不到的、行不通的。

而他们可以得到、也行得通的最简单的办法或许就是阅读这部“西方通识丛书”了，因为这部丛书有三个基本特点：

一是内容全面，这个特点前面已经做出了说明。

二是篇幅不长，每本都在35万字左右，400余页，大致是一本标准厚度的书籍，不难读完。

三是语言通畅，无论是历史、文学、艺术、地理，还是科学或者哲学，所有的内容都是以通畅明白的文字来表达的，即使那些一般而言是相当深奥的内容，例如亚里士多德与康德的哲学，还有微积分或者爱因斯坦的相对论，也都表达得清楚明白，基本上一读就懂。

正因为这样，所以，在读完了这套丛书之后——这其实并不太难，你就可以说接受了最基本的通识教育，无论你只是想增长自己的见识，还是想成为杰出人才，都应当是大有裨益的。

前言

Preface

这本《西方哲学通史》最大的特点是通俗易懂，即使你从来没有接触过西方哲学或者哲学，也可以轻松地读懂它。

哲学在这里将不再神秘，而是如同小说诗歌一样简单清楚的东西。

这也是我写作这本书的初衷，使哲学去神秘化。我不玩深沉，只玩哲学。而且我希望能够在这里和读者们一起玩，把哲学当成一个普通的玩具一样玩，正如当成小说一样读。

虽然我这样说貌似很简单，但实际上并不简单。因为在这本并不很厚的书里，囊括了西方哲学史上几乎所有最核心最重要的人物，不但讲了他们的思想，还讲了他们的人生。

哲学家的人生在一般人看来也许会是单调无聊的，但实际上并不是这样子的。

据我的总结，西方哲学史上的大哲们的人生主要有两个特点，一是没老婆，二是有钱。

第一个特点是比较明显的。的确，西方哲学史上的大哲们很多都是一辈子没老婆的，或者至少没有结婚，换言之就是比较孤独。例如古希腊的赫拉克利特就十分孤独，据说他最后因为讨厌和其他人待在一起，就跑到了山间去流浪，在那里靠吃草根树皮维持生活。中世纪就不用说了，哲学家大都同时是天主教的修士，当然是没老婆的。即使到了近代，这种现象也很明显，例如伟大的笛卡尔一辈子没有结婚，莱布尼茨、洛克、霍布斯、斯宾诺莎、康德，等等，这些大哲学家们都是一辈子打光棍的。到了现代，叔本华与尼采同样是典型的光棍实例，还有伟大的哲学天才维特根斯坦也是一样。

第二个特点就不那么明显了，就是有钱。

也许有人想当然地以为哲学家们都是穷光蛋，至少不是有钱人。但倘若你了解这些史上的大哲们，就不会这么看了。

实际上，纵观整个西方哲学史，贫穷的哲学家是很少的，相反，大部分都是有钱人，甚至不少人巨有钱。例如古希腊有一个哲学家叫阿里斯底波，他是苏格拉底的弟子，就是个大富翁。他的老师苏格拉底是以穷闻名的，但实际上他之所以穷完全是因为自已想穷，他要是想富，也就是一句话的事。因为他有许多学生都是大人物大富翁，他们也都想送老师钱财、土地或者奴隶，但苏格拉底全都拒绝了。还有另一个典型的穷哲学家斯宾诺莎，他也是这样，有人送钱也不要的，自愿过穷日子。甚至有一个人在我们看来更是傻到不可思议，就是维特根斯坦，现代西方最伟大的哲学家之一。他出身巨富之家，父亲是当时欧洲最大的富翁之一，去世时给他留下了巨额的财产，但他一个子儿都不要，通通送出去了，自已过着几乎一无所有的穷日子。

关于这些人的思想与人生，都可以在这本书中读到。

这些说明了什么呢？说明了哲学家一般来说是有钱但不爱钱的。还有，倘若哲学家想有钱，那也是相当简单的事。

为什么呢？道理其实很简单：智力障碍者是不会喜欢哲学的，只有聪明人才会喜欢哲学。请问一个聪明人赚不到钱吗？——假如他想的话，答案当然是可以的。就像最早的哲学家泰勒斯一样，他曾经轻松地发了一笔大财，不是为了发财本身，而是想告诉大家，倘若哲学家想发财，那是很容易的。

这时候也许你会问一个问题：为什么现在那些搞哲学的没几个有钱呢？这是为什么？

对于这个问题，我的回答也许会令一些专门弄哲学的人不爽。因为我的答案是：这是因为现在许多喜欢甚至专门研究哲学的人，他们喜欢的甚至研究的并不是真正的哲学，或者说，至少与西方哲学史上那些大哲学家们是不一样的。

这时候我就要来给大家讲讲什么是真正的哲学了。

很早以前，当我面对哲学的时候，我最经常问的一个问题是：我们当如何面对哲学？或者说，当我们面对哲学的时候，首先需要做的是什么？

这个问题貌似好回答，首先就是读书呗，例如读中国的诸子，例如孔子、老子、庄子、孟子甚至公孙龙，等等；或者读西方的柏拉图、亚里士多德、康德、海德格尔等，读了这些，就懂哲学了。

我不能说这是错的，但这样会产生一个结论，就是一个没有读过上面这些东西方哲学大家著作的人是不能懂哲学的。

但我并不这样认为，只要举几个哲学史上的例子就可以了。例如中国的老子还有孔子，在他们的著作之中，我们找得着其他哲学家们的思想吗？西方的柏拉图、亚里士多德、康德或者海德格尔等其实都是如此，在他们的著作之中，我们很难看到其他哲学家的话，或者说虽然有也是很少的。只有现在那些哲学论文著作之类，满纸都是别人家的话。

这时候我要问一个问题：请问在这些哲学史上的大家与今天的哲学论文或者著作之间，何者才是真正的哲学呢？或者说，何者才是真正的思考哲学的方式呢？

答案其实是不言而喻的：那些中西方哲学的大家们思考哲学的方式才是真正的或者说应当有的思考哲学的方式。

这些方式的特点是什么？简言之就是：它们面对的不是他人的书，而是世界本身。

所谓世界本身，指的首先就是三个主要的对象：可以感知的自然万物、不可感知的上帝与我们的意识本身。

但实际上，一切的一切都可以成为哲学所思考的对象。

因为哲学之为哲学，它的特点就是可以思考一切对象。

怎么思考呢？其实很简单，就是思考一个对象的本质。

例如，当我们想要对任何一个对象进行哲学思考的时候，就可以这样想：这个对象的本质是什么？

如果“本质”这个词太晦涩了，那么我们就可以更具体地思考“存在”，即有关这个对象的“存在”的问题。

这是可以面向任何对象提出的问题。

例如太阳，我们可以如此思考这个问题——太阳存在吗？我们为什么会认为它存在呢？难道看见了它就说明它存在吗？但有些对象，明明很多人说看见了它，为什么不能说它存在呢？例如UFO、尼斯湖怪，或者灵魂与鬼，这些有无数人宣称看见了，但能说它们存在吗？

反言之，有些对象是根本不可能看见的，我们却为什么可以断定它们的存在呢？例如我们的思想，你看得见吗？还有我们唐朝时候的祖先，或者更往前，如果进化论成立的话，这个祖先可以一直追溯到某一只古代的猴子或者一头恐龙，它们就是我们的直系祖先，没有它们就没有我们，但我们可以看见它们吗？显然不可能，但能够说它们不存在吗？当然不能。

所以这个“看见”或者说“眼见为实”实际上是不能证明一个对象是否存在的，因为即使看见了也不一定肯定其存在，而没看见甚至不可能看见，倒是可以肯定存在的。

甚至于，关于我自己的存在，也是一个问题。我自己从高中时期就开始自问：我知道我存在，但我何以证明这一点呢？

结论是我无法证明，直到今天都是如此：我知道我存在，但我无法证明。

倘若要证明的话，也许最有力的方式是笛卡尔的方式：因为我思考了我的存在，所以我是存在的，这就是“我思，故我在”。

但这里的问题同样多，例如这“思”的东西是我，问题是这个存在了的我又是个什么样的东西呢？

是我的名字吗？不是，我的名字是可以随意改的，例如我现在可以由“文聘元”改成“文原”，或者干脆改成我的微信名“鹰野”，这都是可以的。何况世上同名者众多，所以名字不能代表任何一个人的存在。

我的面孔吗？

也不是，例如我倘若改变了面容，就不是我了吗？当然不是，就像那些毁了容的人还是他一样。甚至，倘若我的面容不好看，我还要去整容，变成另外的相貌，难道我会因为整了容变成另一个人吗？

当然不会。所以面孔也不是我之为我的标志。

面孔之外，其他的如手足、五脏六腑更不可能代表我了。

当我们思考到最后，就会发现真正能代表我的其实是我的思，即一种有关我自身的思想意识，可以简称为“自我意识”。

甚至于，倘若可以将这个自我意识整体地搬迁到另外一个身体上，那么我不会认为自己这个身体所代表的对象是我，而是我的这个自我意识所代表的才是我。

这时候就产生了另外两个问题，一个好，一个不那么好。

好的是，倘若将来可以将这个自我意识分离出来，克隆到另一个躯体里，那么我将可以永生。

不好的是，由于思想之为思想实际上是虚无缥缈的，不可感知。所以这实际上是将自我虚无化了。换言之就是说，我实际上是不存在的，倘若将存在与可以感知的日月星辰或者花草树木这些东西关联起来的话。

于是乎我进行思考的结果就是将自我也虚无化了。

这诚然是一个“悲剧”，但这至少让我们明白了我的或者说人的本质，这种本质是与我们平常想当然的答案大不相同的。

而这就是思想、就是哲学，是真正的哲学。

而这本书中的哲学家们的思想之所以是真正的哲学，就是因为他们正是这样做的，他们面对世界本身，思考它的本质，把这些思考表达出来，就是真正的哲学。

这些哲学家们可以这么做，我们当然也可以，因为我们和他们所面对的是同一个世界，正如古希腊的太阳与我们今天面对的太阳是同一个太阳。

只要我们用自己的眼睛去看、用自己的头脑去思考、用自己的语言去表达，就可以得到这样的真正的哲学。

这才是属于我们自己的哲学。

当然，这并不说明我们不要去读书，例如不要去读这本《西方哲学通史》，这是当然需要的。为什么呢？这是因为通过阅读这些西方大哲们的思想，我们就可以知道我们自己应该怎样思考了，这就是所谓“他山之石，可以攻玉”的道理，或者用一句更通俗的话来说就是“磨刀不误砍柴工”。

懂得了这个道理，你就会读哲学史的书了。但一定要记住的是不能死读书，任何书都不能死读，那样只会把自己读傻，而是要将书中所读到的道理用之于我们的实践。

对于这本《西方哲学通史》来说，就是要通过阅读西方大哲们的哲学，了解他们的思想，用之于我们自己对这个世界的思考。

简言之就是说，要把他们的思想当成工具，而不是目的。

理解了这句话，你就理解了整个西方哲学史的意义。

文聘元

2018年11月1日序于海甸岛

目录

Contents

第一章　哲学综述

在开始讲哲学的故事之前，我们先来谈谈究竟什么是哲学。

由于这个问题实在太大太深，我们在这里只是随便谈谈。

何谓哲学　　大家都听说过哲学这个字眼，但有人未必知道哲学是什么。我也要告诉您，有的人研究了一辈子哲学也还不知道哲学是什么。这也是我们的生活中的一个可悲的现象：对于我们最常见的东西，我们反而一无所知，对于一些最简单的问题，不提则已，一提就令人目瞪口呆。我举个例子吧！

您是人，我也是人，大家都是人。那么请问：什么是人？

对这个问题有许多的回答，各式各样，柏拉图曾经对学生们说：人，就是两足无毛的动物。他的学生们第二天就拎了只拔光了毛的公鸡过来，在课堂上喊道：看啦，这就是人！

思考者

我想大家最清楚的一个定义是“人是能够制造工具的动物”。如果您认为这是对的，人就是这么回事，那么我这里也要先问两个问题：一是能够制造工具的动物就是人吗？二是不能制造工具的动物就不是人吗？然后我要去做两件像柏拉图的学生做过的事：一是去公园里抓只猩猩过来，对大家说：“看啦，这就是您说的人。”二是去妇产科医院找个天生无脑儿来，对大家说：“这不是人。”

为什么我要干这么可笑的事呢？头一件是因为猩猩是能够制造工具的动物。例如非洲的大猩猩，它们的嗜好是吃又大又肥的黑蚂蚁，当它们找到一个蚂蚁洞，就会先吃完外面的蚂蚁，再从树上折下根树枝，把它的叶子扒下来，然后将棍子伸进蚂蚁洞里去，把蚂蚁钓上来吃。怎么样？很像我们钓鱼吧！这根棍子不是猩猩制造的工具吗？用它的难度至少也同把个石头砸几下，再用它扔野兽一样的难。

第二件我要去妇产科找天生无脑儿。这是因为这种天生无脑儿生下来就没有大脑，不用讲听和说，甚至于没有任何意识。那么它们是不是人呢？

对于这两个问题的回答，我想您的答案是：前者不是人而后者是人。那么，既然能够制造工具的不是人，而不能制造工具的反而是人，怎能把“能够制造工具”当作人之为人的条件呢？

所以咱们人到这个世界上几十万上百万年了，所谓的文明与智慧也出现上万年了。但直到如今，对于“什么是人”这个问题却还没有全世界都认账的定义。何况只有两三千年历史的哲学呢？

虽然我们不能解释哲学到底是什么，但我们仍然了解有关哲学的许多东西，首先是“哲学”这个词的起源。

“哲学”这个词是由日本人译成汉语的，它的英文名是“philosophy”，来源于希腊语。它是由两个希腊语词汇“philein”和“sophia”结合而成的，philein的意思是“爱”或者“友爱”，而sophia的意思是“智慧”。因此，哲学活动就是“爱智”或“爱真理”，古希腊人大概是这样理解哲学的。但现代人如何理解哲学呢？我想，各人有各人的理解，在我的观念里是，哲学不是高深莫测的，更不是高不可攀，相反，它实际上离我们是最近的，想的也是一些距我们最近、也可以说是最简单的问题。不过，也许正因为这些问题的简单，所以它们常显得是最难回答的，就像泰戈尔所言：“离你最近的地方，路途最远；最简单的音调，需要最艰苦的练习。”

这个难也不是一般的难，它就像练武当功夫时的内力，或练少林功夫时的外力一样，最基本又最难：说它基本，因为每个练武或者不练武之人都多少会点，就像我们人人多少有些力气、能举个几十百把斤一样。说它最难，因为它是没有止境的，只要练得好便能无敌于天下。犹如《倚天屠龙记》里的觉远大师，不知不觉之间就练就了独步天下的武功，他其实对武功招数一窍不通，成为一等一高手凭的只是他深厚无比的内功。

搞哲学也是这样，只要我们能对一些最基本的问题做出回答，那么我们不但能在哲学上武功大进，而且在其他方面也能横行天下。

我凭什么这样说？因为哲学练的是什么？是智力！这就是一切学习中最基本的真功夫，其他一切学习，无论物理、化学、数学，还是文学、历史与心理学，其实练的都只是招式，只是武功中的罗汉十八掌或者三十六路伏虎断魂刀法，但哲学，就像练内功的心法，是练就上乘武功的必由之路。我们熟读金庸大作的人都知道，一旦练成了上乘内功，学招式那简直是小菜一碟，练成上乘武功易如反掌。掌握知识也是这样，倘若练好了哲学这门内功，那么学习其他学科也会易如反掌。

但我这里要警告大家，千万不要听了这句话就轻易地去钻研哲学，须知哲学不是人人能研究的，就像内家心法不是人人能练一样，搞不好会走火入魔，研究哲学弄不好也会令人走火入魔——成为神经病患者。不要笑，在过去有过许多、现在还有，将来也会有不少人因为研究哲学而得了神经病，最后发疯甚至命丧黄泉。

当然，如果只是把哲学当作茶余饭后的消遣，或者少男把它作为玩深沉的武器，好在可心的女孩面前玩一下，令她的芳心蠢蠢欲动，这样就不妨了，谁都可以练，绝对没有走火入魔之劫，甚至可能由此成为哲学高手。就像《天龙八部》所记，少林寺一个有些痴呆和尚，一天不知从哪里捡到一本《易筋经》，就嘻嘻哈哈练了起来，结果成为一代武林高手。这正是“有心栽花花不放，无心插柳柳成荫”。

所以我主张，如果有谁想钻研哲学，就要像只想用哲学去哄哄女孩子的少男们一样，千万不要一心只想着发现那些关乎宇宙万物本质的最高真理，这样弄下去，不疯也得傻。

哲学的来源　哲学中有太多的东西像“何谓哲学”之类的问题一样令我们迷惑，然而我们对哲学并不是全无所知的，例如，我们对于哲学的起源和它的发展就颇知一二。

在人类的知识之树中，哲学实在是很晚才产生的。比它更早产生的是艺术。依据我们对于古代和现代的原始人的考察，哪怕是最原始的原始人，他可能没有宗教，也没有铁器、铜器，甚至连细心磨制过的石器都没有，但他却不会没有艺术。例如澳大利亚的土人，他们还处于旧石器时代，按观察他们的人类学家的说法，非洲的黑猩猩可能都比他们聪明三分，但他们却有艺术。像澳大利亚一个叫坎昆的地方的土人，他们在住处周围的岩石上画了许多画，有他们常吃的鸸鹋，还有乳房比腰还粗的女人。其他比旧石器时代更先进的原始民族就更不用说了，有更为丰富的艺术作品，包括绘画、雕刻、雕塑，甚至还有口头文学作品，等等。

与原始艺术联系在一起的是原始宗教，人类自从产生了最初的理性——自我意识起，也就是说，在对自身与外在世界有了最初的区别起，就产生了宗教，并用宗教来表达他们对于各种神秘力量的两类感情：恐惧与崇拜。他们是用什么手段表达他们的宗教感情呢？很简单，用艺术，就像现在的基督教一样。例如我们欣赏非洲的雕刻时，一个强烈的感觉就是它们给人那原始而神秘的宗教感，令我们一望便知它们是用来表达对某种东西的崇拜的。

这种用艺术表达宗教与崇拜的倾向一直延续到文明诞生后的千年之久，在欧洲中世纪达到了极端，我们只要稍微看一下这个时期的艺术作品就会发现大量的作品都是描绘对耶稣基督的崇拜的。这些说明了什么呢？说明艺术的最初形式就是用以描述人们的宗教情感的。

我们也知道，宗教与哲学之间的密切关系是从有哲学之初就存在了的。其中的缘由其实很简单，宗教与哲学的出发点是一致的，所提的问题也是一致的，不同的只是回答的方式而已。而哲学可以看作是对宗教回答问题的方式的修正。就像一只大熊猫，对于偷猎者它只是几张钞票而已，而对于动物保护专家则是贵逾黄金的珍宝。

我们举个例子来说吧，如《圣经》的第一句就是：上帝创造了天和地。这也就是说，《圣经》的第一句是关于天与地的起源的问题，也就是宇宙起源的问题。这与哲学存在之初所回答的第一个问题是惊人相似的。古希腊第一个哲学家是泰勒士，他所提出的最著名的哲学命题就是宇宙起源于水，就像基督教认为是上帝创造了天和地一样。

哲学的另一个起源是神话传说。

无论中国还是西方都有大量的神话传说。像咱们中国的玉皇大帝、牛郎织女等，至于西方最有名者当属荷马史诗，那里头有着大量优美的神话情节。这些神话传说通过各式各样的仪式、古代戏剧，乃至纯粹的民间传说等得到传播。它们虽然不是正式的哲学著作，但同宗教一样，常常回答了一些有关世界与人的本质的问题。我们通过对这些问题的回答，可以对这个世界有某些本质性的了解，就像哲学所为我们提供的一样。例如在古希腊神话中，说天开始的时候是一片混沌，这时有了天父乌拉诺斯和地母该亚，他们实际上是一对母子，是子而娶母，他们又生养了大量的其他的神，后来才有了人类。这一传说与中国哥哥妹妹乱伦的伏羲女娲一样，都是有关天地、人等的起源问题。这些问题也是哲学的主题。

从前面有关哲学的起源问题上一眼就可以看到，我们之所以说原始艺术与神话传说与哲学相关，就是因为它们的分析常有关一个问题的分析：起源问题。这个起源包括世界、人的起源。这也是哲学所关心的第一个问题。

沉思与分析 哲学看上去似乎高深莫测，我们用什么方法去了解、研究它呢？

研究哲学的基本方法有两种，一是沉思，二是分析。

沉思虽然听起来似乎有点深刻，但实际上人人都能做到它，而且很容易。只要你闭上双眼，对某个事物好好想它一阵子，不要怕想得歪，例如你想起一本书，就想，这书是什么东西呢？不就是一个白纸本子印上些字吗？它也可以用来印其他东西，如一幅漫画，或者一首情诗，如果上厕所时手头刚好没别的纸，那么用它来当手纸也是好的——不管它是一本小学语文课本或者古希腊哲学名著，都可以这样用。这就是深思，甚至可以说是对一本书的本质的沉思。

研究哲学的第二种方法是分析。分析听起来没有沉思深奥，是不是比沉思要容易一点呢？不，恰恰相反。分析之于沉思的区别就像画家的画之于普通人的涂鸦一样。涂鸦人人皆会，但画家水平的画只有画家才画得出。沉思与分析与此类似，沉思易而分析难。为什么呢？很容易回答：因为分析是在沉思的基础上进行的，这好比说，沉思是一些砖瓦木料，分析就是用这些砖瓦木料来建房子。我们知道，砖瓦木料任何人都可以搬来搬去的，但是人都能用它们建起房子来吗？尤其建造的是一幢摩天大楼，而不是一个狗窝。

一个爱思考的人会对世界的万事万物进行数不清的沉思，得出数不清的结论，但一般也就至此为上了。但一个哲学家不会在这些沉思的结论上止步，而是会对这些经过沉思或者想象之类方法得来的东西进行系统严密的分析、推理甚至实验检验，使它们不但成为一个命题，而且成为一系列的命题，并且这些命题彼此之间存在着密切的逻辑联系。更具体地说，如果沉思是一个或几个句子，那么分析就会是一个段落，甚至一篇文章。

用一个例子来说说吧。比如某人经过若干天沉思，得出了一个伟大的结论：我发现，杀人不一定是不合理的，即使杀的是好人、无辜的人。一般而言他的沉思就到此为止了，顶多分析一下各种可能的情形：例如刽子手杀人只管杀，不但不要判刑，还会拿工资；战场上士兵杀人是越多越好，甚至因此成为英雄，得到美人，并且他杀的人不一定是坏人，很可能是一个活雷锋呢！就像雷锋上战场可能被一个美国的活雷锋杀了一样。还有，精神病患者杀了人用不着蹲监狱，哪怕他杀的是总统。

沉思者们到此为止，但哲学家就不同了，他们会思考这样一个问题：为什么如此？为什么杀人不一定有罪？即使杀的是好人。于是，他就可以就此进行一长串的分析，长得用上中下三卷，每卷五百页的大书也讲不完。

为什么要有“分析”呢？主要是因为沉思有一个特点：就是它虽然优美动听，似乎颇有道理，但却很难说它是不是与实际情形相符、内部有没有逻辑矛盾。所以，一般人也许可以满足于一个沉思得来的句子的悦耳动听，但哲学家们却不会满足于此，他必须针对这些问题进行诘问与解析。这也就是分析。

那么，我们怎样进行分析呢？其实前面已经说了一下，现在再说一句：假如您想要分析的话，就得先提出一个问题，然后将它像毛泽东所言“解剖麻雀”一样把这个问题分成好几个部分，然后对每个部分仔细地看看，再用一些别人不会怀疑它的真实性的、普遍有效的事实再与严格的逻辑推理加在一起，以便证明你所说的命题是真的。

究竟如何进行，大家可以参考本书后面讲洛克哲学时对是否存在天赋观念的分析。

我在这里给想要在沉思之上进行分析的朋友提个忠告：你大可以随随便便地沉思，但分析可不行，得小心再小心，因为一不留心就会出错，给别人抓住小辫子，用一两句话就将你费了大量口水做的分析打得丢盔弃甲，落荒而逃。

从上面的话我们不难看出，最好的哲学方法就是把沉思与分析像夫妻一样结合起来进行，这对夫妻阴阳双修之后，功力大进，在他俩的齐心协力下，他们的佳儿“哲学”就诞生了。

如何进行这阴阳双修呢？我下面用一些颇富诗意的语言来说给您听：

首先，要给您的思想插上腾飞的翅膀，让她自由飞翔，要勇敢地去想任何东西，记住，是任何东西！从天文地理直到鸡毛蒜皮都可以成为想象的对象。然后，在做出任何结论之前，不管这结论是推理得来还是灵机一动，计上心来，都要对它们进行严格的逻辑，尽可能多地找到证据。这时，你必须给你想象力的翅膀挂上沉重的铁块。

这些用证据进行逻辑推理的过程就好比是建筑大厦时用钢筋水泥进行建设的过程，而结论只是最顶上的那个金光闪闪的屋顶而已。

下面我们来谈谈哲学的大致结构，我们可以把哲学看作是一棵树，且看它有哪些枝丫。

三分哲学　这棵哲学之树有三根大分支，即它有三个组成部分：形而上学（Metaphysics）、伦理学（Ethics）和认识论（Epistemology）。

形而上学追求世界的本质　在哲学之树的三大分支里面，形而上学是老大。

为什么这样说呢？这是因为它所关心的问题才是哲学的最基本问题，也就是关于世界万物本质的问题。

我们先来为形而上学正个名。

“形而上学”这一汉语词汇来自“metaphysics”，它的汉语词来自对之的意译。metaphysics来自希腊词meta ta physika，直译就是在物理学之后，用以指亚里士多德有关自然事物的著作之后的一些著作，这就是我们现在常说的“形而上学”。亚里士多德自己称为第一哲学或者神学，meta ta physika biblia意即在有关物理学之后的书籍。据有的传说，亚里士多德去世300年后，他学园的第十一代继承人Andronicus将老师一些未曾整理的手稿、笔记、论文甚至学生的听课笔记等放在一起，编撰而成了亚里士多德著作集。前面一部分为有关自然界的著作，而后面一部分为有关其他问题的论述。对这些问题的分析直到今天还有许多被认为是有关形而上学问题的论述。

“形而上学”这一汉语是对metaphysics的意译。古汉语中就有“形而上”与“形而下”之说。“形而上”指没有形象的规律，就像老子的道：“道可道，非常道。”“形而下”指有形之物，即与道相对之“器”。《易·系辞上》中说：“形而上者谓之道，形而下者谓之器。”唐人崔憬以形而上谓“用”，形而下为“体”。他说：“凡天地万物皆有形质，就形质之中有体有用。体者即形质也，用者即形质上之妙用也。言有妙理之用以扶其体，则是道也。其体比用，若器之于物，则是体为形之下，谓之为器也。”这与《易》说大致是同一个意思，也与亚里士多德的第一哲学有神似之处。日本明治维新之后，在大规模翻译西方各思想经典时，便将“metaphysic”这个词译作了“形而上学”。

从上可见，汉语中形而上学的意思就是研究那些超越于自然万物之外的东西，像灵魂、本质、理念等等，当我们去想这些问题时，就是在搞形而上学了。例如你想问：我是一个人，那么人是什么？什么是人的本质？这就是典型的形而上学问题了。

但这个超越于自然万物并不是说这些东西是与万物无关的。实际上相反，它们与万物不但相关，甚至就存在于万物之内。如灵魂，虽然与我们所见之万物不一般，但凡相信它的人都相信它就存在于身体之内。本质与理念也一样，它们与所见万物虽然完全不一样，或者大大超越了万物，但它们并不是别的什么天外来客，而只是万物自身的本质。

这里我提几个最常用的形而上学问题，大家可以试着对之进行沉思与分析：

一、世间万物是怎样起源的？是自然进化的结果还是某个神创造的？有没有一种元素，一切万物都是由它组成的？

二、人有没有灵魂？

三、什么是人的本质？是肉体，还是思想、情感、抑或灵魂？

四、人可否自由？

最后说几句形而上学这个哲学老大的“悲惨遭遇”。

形而上学的日子本来是很好过的，在很长一段日子里唯有它才被称为真正的哲学，是哲学领域里的绝对老大。但后来渐渐地一天不如一天了。很多人开始骂它，认为它尸位素餐，没有资格在哲学领域之内占据统治地位。原因就是，形而上学问题虽然提出都几千年了，但从来没有个结果，就像一棵光开花不结果的树。于是有哲学家就不满意了，开始批判它，甚至认为它根本就没有资格称为哲学，也没有对错可言。就像那位著名哲学家卡尔纳普所说：“形而上学固然不对，连错也算上，根本就是个‘语言的谬误’。”

伦理学与道德　哲学之树的第二大分支是伦理学。

大家都很清楚什么是伦理学，或者伦理学研究的是什么。我们常说的“伦理道德”这个词就标明了伦理学的含义，即它是研究与道德相关的问题的学问，用一句通俗点的话说，它研究的是我们应该做什么或者不应该做什么，怎么做是正确的、怎么做又是错误的，等等。

什么是道德，大家也清楚，我们常听到人说“你做事要讲道德”或者“这人道德高尚”之类的话，所谓“五讲四美三热爱”中的“五讲”之一就是“讲道德”。这些日常用语都告诉了我们何谓道德。这些词也就是道德的真实内涵。

但这些只是每个不懂哲学的人都懂的日常道德。如果伦理学停留在这点上，那么它也就不成其为哲学的一分子了。

那么，作为哲学一分子的伦理学又是如何的呢？与日常道德中的伦理有何不同呢？

这个作为哲学一分子的伦理学另有一个更能标识其渊源的名字——道德哲学（moral philosophy）。从这个名字不难看出：伦理学也就是“以哲学的眼光来看待道德的学问”。

在这“哲学之眼”的注视下，伦理与道德这两个我们所熟悉的名字又粘上了怎样的色彩呢？

粘上了五彩缤纷的色彩，也就是说，当哲学家们用他们的慧眼看伦理与道德时，就像咱们用万花筒看纸片一样，简简单单的几个小纸片一下子变幻莫测起来，成了万千朵绚丽多姿的“花”。那些我们看来很简单的、每天都切身体味着的种种道德现象一到哲学家那儿就一下子像万花筒中的纸片一样变幻莫测起来，化出了各式各样的哲学之花。于是便有了许多种类的伦理学，例如相对主义伦理学、自然主义伦理学、直觉主义伦理学、非认识主义的伦理学，等等。

顾名思义，这些名字下的种种伦理学也就是用相对主义、自然主义、直觉主义等观点来看待伦理学问题。例如直觉主义者们就认为道德是事物一种独特性质的表达，这种性质就存在于事物之内，然而却是我们难以把握的，也就是说不可能用一种科学的、严谨有逻辑的语词表达出来，而只能凭直觉去领悟，用一句我们熟悉的话来说，道德或者说善是只可意会而不可言传的。

经验论与唯理论 形而上学与伦理学之后，我们来讲哲学之树的最后一支，这一支就是认识论。

什么是认识论？认识论就是有关认识的理论。

那么什么是认识呢？认识当然是对这个世界的认识，例如对星星月亮、动物植物的认识，这些认识可以用一个词来概括，这个词就是——知识。例如我们对星星月亮、动物植物的认识当然也就是有关星星月亮、动物植物的知识，就是天文学、动物学与植物学知识。

这样，我们就知道何谓认识论了，认识论就是有关知识的理论。

这里我们要特别注意的一点是别把有关知识的理论与具体的知识混淆起来。其实从“有关知识的理论”这个词中也可以看出它不是具体的知识，例如动物学或者植物学知识，而是有关所有这些知识本身的理论——它是将所有这些知识都当作自己的研究对象，犹如动物学将动物、植物学将植物作为自己的研究对象一般，认识论则将知识作为自己的研究对象。

将知识的整体作为自己研究对象的认识论到底研究知识的一些什么方面的问题呢？

认识论所研究的有关知识的问题当然是很多的：例如知识的界限问题，即人类到底能认识是什么使知识成其为知识，还有有关知识的可靠性的问题，包括我们如何才能获得可靠的知识以及用一种什么样的方法才能检验这知识的可靠与否，如此等等。

这些问题诚然是重要的，也是认识论的重要部分，但它们都不是认识论的最根本问题，认识论的最根本问题，也是所有有关知识的问题中最主要的一个是知识的起源问题。我们下面就来简单介绍一下这一问题。

我们的知识从何而来？这一直是认识论关注的首要问题。所谓知识从何而来，也就是问：我们是如何获得知识的？获得知识时采用的是何种方式或手段？

在以后的分析中大家将会看到，哲学史上关于知识从何而来大体上来说有两大流派：一派是所谓的“唯理论”，包括我们下面将要讲到的柏拉图、托马斯·阿奎那、笛卡尔、斯宾诺莎等都是这一派的顶尖高手。

唯理论者们认为，人的知识主要来自“理性”，这种理性是上帝或神灵给予我们的，是人生来就有的一种本领，正是这种理性使我们能够获得知识。例如托马斯·阿奎那认为，人类唯有通过理智才能得到完整的知识。而这个理智是上帝赋予我们的，是上帝在我们心灵的沃壤中种下了“理智之光”。

另一个著名的唯理论者笛卡尔则提出了有名的“天赋观念论”。他认为我们的心中有一个强烈的观念，就是相信存在着一个最高的、绝对的完美；此外我们又强烈地、清楚地相信万物的存在、世界的存在。这些相信换言之就是一些观念。

那么这些观念是从哪里来的呢？人如何会有相信上帝与世界存在这类观念呢？

笛卡尔回答说：是“天”将这些观念置于我们心中的，这个天，当然也就是神。这就是笛卡尔的天赋观念说。这些天赋的观念是一切知识的基础。

关于知识起源的另一派是所谓的“经验论”。经验论，顾名思义就是认为知识起源于经验的理论。经验论者们认为或者根本没有什么天赋的理性，或者即使有也不能成为知识的源泉，真正的知识必然来自经验。

什么是经验呢？简化地说，经验就是我们通过自己的感官，例如眼耳鼻舌皮等获得的对事物的认识：例如通过眼，我们可以知道物体的颜色，例如非洲人黑得像煤炭一样，白种人其实不是什么白种人，而是“黄种人”，他们的皮肤通常是黄的，还长着一身的黄毛。通过鼻我们知道大粪是臭的，而美人是香的，可以“闻香识美人”。如此种种就是经验。经验论者们认为，这些经验就是知识的真正起源，一切知识，无论最后它多么的复杂，其源头就是这些经验。

最有名的经验论者当数培根与洛克了。培根为知识的起源找到了一条通向知识的曲径，或者说找到了人类达到知识所需要的过程，这过程大体如下：

自然+感官→经验；经验+加工→规律；规律→知识。这就是培根的“知识三部曲”。

洛克则是比培根更彻底的经验主义者，他说过这样一句话：“我们的一切知识是建立在经验上的，而且最后是导源于经验的。”

至此我们就谈完认识论了，也谈完了哲学之树的三大分支。

当然我们这里谈的是不折不扣的蜻蜓点水、走马观花，它们具体的内容还丰富得很，我们现在只是从哲学之沧海中略取一粟罢了，大家所看到的也只是哲学之豹身上的一根毛而已。

大家欲窥哲学之全豹，且看后面之分解。

第二章　前苏格拉底哲学

从这一章起我们要正式开讲西方哲学了。讲西方哲学首先当然要讲古希腊哲学，从古至今，古希腊哲学一直是整个西方哲学的圣殿。

以苏格拉底为中心，古希腊哲学大体可以分成三个阶段：

第一个阶段是前苏格拉底哲学，这是古希腊哲学的初级阶段。这一阶段里有米利都学派（其中包括第一个古希腊哲学家泰勒士、阿那克西曼德、阿那克西美尼三个人）、毕达哥拉斯、赫拉克利特、巴门尼德、恩培多克勒、阿那克萨戈拉、德谟克里特、普罗泰戈拉等人。

第二个阶段就是伟大的三师徒：苏格拉底、柏拉图、亚里士多德。这是古希腊哲学的黄金时代，也许是整个哲学史的顶峰，迄今为止好像没有哪个哲学家敢说他比这三位更行。

第三个阶段则是苏格拉底的徒孙亚里士多德之后的哲学，但这时已经不再是纯粹的古希腊哲学了，而是所谓的希腊化哲学，甚至包括古罗马哲学了。

由于我们以后不再会碰到这些哲学家，所以下面花点时间讲一讲他们。

具体而言，这个阶段里有这样一些哲学家：

第一是以第欧根尼为首的犬儒学派。因为这个第欧根尼要像一条狗一样地生活，也不在意别人称他为狗，故此在他的学派里也带上一个“犬”字，他生活在一个木桶里，也有人说是在一个装死人的大瓮里，还有，每天白天他都会打着灯笼在街上“寻找诚实的人”。当亚历山大大帝走过来问他有什么需要时，他说：“只要你不挡住我的太阳光。”据说他最后拒绝呼吸，所以死了。

第二是成天讲要快乐，自己却整天像林黛玉一样病病歪歪的伊壁鸠鲁和以他的名字命名的学派，马克思对这个人是研究得很透的，他的博士论文就叫《德谟克里特的自然哲学和伊壁鸠鲁的自然哲学的差别》。

第三是斯多葛主义，它的头子是生活在公元前三百年左右的塞浦路斯的芝诺，对了，古希腊还有另一个爱利亚的芝诺，就是那个认为阿喀琉斯这个古希腊神话中跑得超级快的半人半神永远追不上乌龟的芝诺，他们可不是同一个人，塞浦路斯的芝诺要比爱利亚的芝诺晚了两百来年。斯多葛的成员中还有个叫马可·奥勒留的，是罗马帝国的皇帝，并且是一个有名的贤君，被称作罗马帝国的“五贤帝”之一，在他统治之下，罗马人度过了有史以来最辉煌的日子之一，他不但是一个伟大的皇帝，也是一个出色的哲学家，写了一本相当不错的哲学著作，名叫《沉思集》。

第四是普罗提诺了，他创立了新柏拉图主义，被称为古代伟大哲学家的最后一人。

在这一章里我们主要讲苏格拉底之前的哲学家们，主要讲三个最有影响的人物，即毕达哥拉斯、赫拉克利特与德谟克里特。

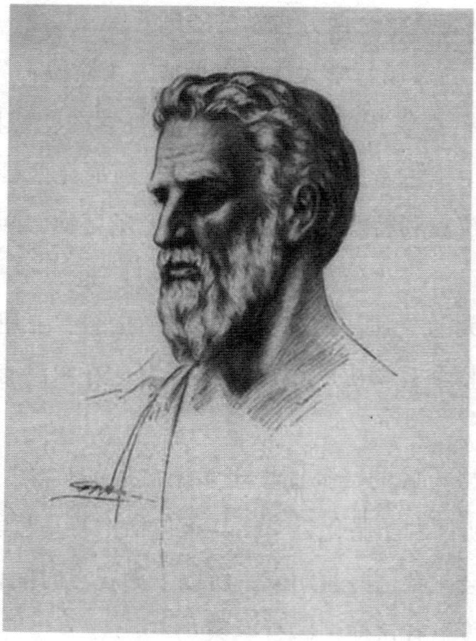

毕达哥拉斯

酷爱数学的毕达哥拉斯　我们要讲的第一个古希腊哲学家是毕达哥拉斯。

毕达哥拉斯是古希腊最早的一个重要哲学家，还是一个堪称伟大的数学家，他的某些影响一直达到现在。他出生在摩萨岛上，或者也译作萨摩斯岛。关于他的老爸有两种说法，有人说他是一个有钱的阔佬，名字叫姆奈萨尔，也有人说就是太阳神阿波罗。当时他的家乡处在一个叫波吕克拉底的独裁者的统治之下，他是个专用自己的军队干海盗勾当的坏蛋。毕达哥拉斯不大喜欢他，就离开故乡，到处流浪。曾到过埃及，那时的埃及比之希腊就像现在的美国比之中国一样，毕达哥拉斯在那里学到了大量的智慧。天南海北地逛够后，毕达哥拉斯就定居在了一个叫克罗顿的城市，它位于意大利南部，当时整个意大利南部又被称为大希腊。

克罗顿是个富裕地方，据说人口曾达三十万之多，在当时可是不得了。它当时刚刚被叫劳克瑞斯的邻邦战败，但毕达哥拉斯一到，克罗顿的运气就来了，它把当时以阔绰闻名的西巴瑞斯打得落花流水。这让克罗顿人把毕达哥拉斯当成了福星。

毕达哥拉斯与他的弟子们在克罗顿建立了一个团体，一度差点控制了城市的大权，但受到权力更大的公民们的反对，于是他只好开溜，到了同样在意大利南部的一个叫梅达彭提翁的城市，一直住到死。

关于毕达哥拉斯的生卒年月不是很清楚，但他的活动年份大约在公元前5世纪到前五十年。

现在我们分三部分来谈毕达哥拉斯的思想：

一是他的宗教思想。毕达哥拉斯有一个特点：他不但是一个哲学家，而且被当作神。在他死后，关于他的种种神迹更是比比皆是，传得活灵活现。其中之一是他曾经订立一个规矩，凡他们这个团体做出的数学发现都属于绝密，不得告诉外人，但他的一个学生破坏了这个规矩，结果不久被淹死了。他建立的那个团体实际上也是个宗教团体，只是没有像基督教一样到处流传而已。

我们现在来看看他的团体的一些教义吧，这也是一些可操作的行为规矩，就像和尚的不可喝酒吃肉搞男女关系一样：

绝不可以吃豆子。

东西掉到地下了，不准用手捡起来。

不准碰白毛公鸡。

不准用刀子将面包砍开，而且不准将整个面包全吃掉。

不准跨过门闩。

不准用铁拨火。

不准走大路。

房间里不准有燕子。

如果把锅子从火上面拿下来，不要把锅底印子留在灰上，要把它仔细地抹掉。

这些规矩够古怪吧？这些规矩，加上毕达哥拉斯也自吹是半个神，是间于神与人之间的东西，他的团体就变得神秘兮兮起来。我们知道，所有神秘的东西很容易被人崇拜，就像今天的气功和特异功能一样，毕达哥拉斯和他的团体也被许多人当成神崇拜起来，在很多地方都获得了大量的信徒，男女老少均有。靠着这些信徒，毕达哥拉斯和他的徒弟们在许多地方取得了军政大权，成为名副其实的统治者，建立起了一套圣人统治制度，这大概是人类历史上唯一由哲学家们来做王的朝代，也是哲学家们最牛的朝代。

与毕达哥拉斯的宗教思想一起的是他的“灵魂转世说”。

在古希腊所有哲学家里面，我第一次听说的就是毕达哥拉斯的名字。那还是很早很早以前，我是一个刚读高中的小子，开始读莎士比亚了。在《第十二夜》里读到了这样一段，这是那个一心想娶女主人的傻瓜马伏里奥和去戏弄他的小丑之间的一段对话：

小丑：毕达哥拉斯对于野鸟有什么意见？

马伏里奥：他说我们祖母的灵魂也许会在鸟儿的身体里寄住过。

小丑：你对他的意见觉得怎样？

马伏里奥：我认为灵魂是高贵的，绝对不赞成他的说法。

小丑：再见，你在黑暗里住下去吧，等到你赞成了毕达哥拉斯的说法之后，我才可以承认你的头脑健全。

从这段话可以看出来，毕达哥拉斯的灵魂转世思想在欧洲真是家喻户晓，连小丑都能侃几句。

现在再来说个故事，据另一位古希腊哲学家色诺芬尼记载，有一次毕达哥拉斯闲逛时，看见一个人正在揍一条狗，他厉声说：“住手，不要再打它。它是我一个朋友的灵魂，我一听见它的声音就知道。”

毕达哥拉斯的灵魂说可以归纳成四点：一是灵魂是永远不会死的。二是灵魂可以变成别的东西，如人的灵魂可以变成猪。三是一切都是循环往复、周而复始的，没有什么东西是全新的，都是同一些灵魂在变来变去，例如毕达哥拉斯本来是头牛，后来就变成了毕达哥拉斯，后来又变成了一只蜜蜂，后来又变成了我国汉朝一个书呆子，这样变来变去，直变到今天，变成了我或者读者您。依据这种说法，我们可以很容易地知道，实际上一切的东西，至少是具有生命的东西是可以互相变来变去的，换句话讲，都可能前世是亲戚。按中国的古话说，都是三生石上的旧精灵。

毕达哥拉斯的第三个思想是他的数学思想，它也是毕达哥拉斯所有思想中最伟大的。

毕达哥拉斯认为，万物都是数，是由数经由各种各样的形式构成的。

毕达哥拉斯还认为只有数才是和谐的、美好的。他找了各种各样的数，如长方形的数目、三角形的数目、金字塔形的数目等，它们都是由一些数目小块构成的，具有美的形状。他还认为十是最完美的数，所以他认为天体的数目也应当是十。但那时人们能看到的只是九个，所以他又硬加了一个第十个，取名叫“对地”。

毕达哥拉斯的有些数学发现直到今天还在用着，如数的平方、立方这些词就是毕达哥拉斯造出来的。

但毕达哥拉斯最有名的发现还是所谓的毕达哥拉斯定理，就是直角三角形的两直角边平方之和等于第三边的平方，这也就是我国的勾股定理。据说毕达哥拉斯发现这条定理之后，和弟子们杀了足足有一百头牛来庆祝。由此可见毕达哥拉斯的势力之大，要知道一百头牛在当时可是一笔大得吓人的数目，一般的国王也拿不出来呢。

赫拉克利特认为世界是一团火　赫拉克利特的伟大之处在于他的思想在他死去千年之后仍深深地影响着西方的人们，包括黑格尔和马克思，他的作品不但充满了智慧的闪闪金光，而且是充满了火与雷电一样的灵感，也像火与雷电一样震荡人心。

像毕达哥拉斯一样，我们现在对于伟大的赫拉克利特的生平知道得极少，只知道他出生在以弗所一个贵族家庭，以弗所位于伊奥尼亚，这伊奥尼亚包括现在的小亚细亚半岛沿海地区和海中一些岛屿，像意大利南部一样，是古希腊人的殖民地。他的生辰年月大约是公元前540年到前480年左右。

据柏拉图说，赫拉克利特是个相当刻薄的家伙，喜欢说别人坏话，他认为人是“宁愿要草料而不要黄金”的蠢驴。他看不起别人，认为人都是天生的懒汉，所以即使是为了他们自己的利益，也只有用鞭子抽打他们才能让他们去努力工作。

他骂的对象中包括自己的乡亲。他曾说过这样的话：“以弗所的成年人应该把他们自己都吊死，把他们的城邦让给未成年的少年去管理，因为他们放逐了赫尔谟多罗，放逐了他们中间最优秀的人，并且说：‘我们中间不要有最优秀的人；要是有的话，让他到别处去和别人在一起吧。’”

对乡亲们尚且如此，对别人就更不用说了，赫拉克利特一概加以批判讽刺，当他谈到伟大的荷马时，他就毫不客气地说应该用鞭子抽他一顿；谈到毕达哥拉斯，他说那是个缺乏理解力、只会死记硬背的家伙，压根儿算不上有智慧。

在极少数他说过好话的人中，有个叫条达穆斯的，赫拉克利特称达穆斯是“比别人更值得重视的人”。为什么呢？只因为条达穆斯像他一样，认为“绝大多数人都是坏人”。

赫拉克利特的思想是很富有感染力的，他最有名的思想就是认为世界是一团火。

赫拉克利特的第一个思想是他信仰战争，并且鼓吹战争。他认为战争是万物之父，也是万物之王。它能让一些人成为神，而使另一些人成为奴隶。

他认为战争就是正义，因为战争对一切人都是共同的，大家凭各自的力量去争取胜利，一切都是通过斗争产生和消灭的。

与赫拉克利特对战争的信仰联系在一起的是他的斗争学说，他认为万事万物相互斗争，这正是万物存在的根据，一切都是通过斗争而产生的，就像一切都是通过斗争而消灭的一样。

但赫拉克利特并不是一味讲斗争的人，就像他鼓吹战争并不说明他是战争贩子一样。他的斗争更确切地说是下面所说的对立统一。

赫拉克利特认为事物都有对立面，就像一个钱币的两面一样，这两个对立面是相互分立、互相斗争的，但这种斗争并不是一味地不和与争斗，而是对立中有统一。因为在斗争中对立面会相互结合，相互结合就会产生运动，而运动就会走向和谐。于是就构成了这样一幅图景：对立（不和谐）→运动→统一（和谐）。所以他说："对立对于我们是好的。"而万物都是这种对立统一的结合物。

我们可以用一句中国俗话说明赫拉克利特的这种思想，这句话就是"不打不相识"。两个不相识的人碰到一起了，由于某种原因产生了对立，于是就有了运动——打架，一打发现对方原来是个武功高手，或者是条真汉子，于是两个人就"统一"了，大家和和气气，做个朋友。就像《三国演义》里关羽战老黄忠，两人一打之下，发现对方原来不仅武艺超群，而且仁义过人，于是和和气气，成了一家人。

赫拉克利特这个人的思想对后来的黑格尔有很大影响，通过黑格尔又大大地影响了马克思，一直影响到中国现在读高中的学生朋友们，我们的高中政治课本《辩证唯物主义》里的对立统一律与赫拉克利特所说的简直一模一样。

万物皆斗或者对立统一有个共同点，就是一个字"变"。

赫拉克利特认为，万物的一个本质特点就是变，从产生的一刻直到消灭的一瞬，都在不断变化着，从没有停止的一刻，世界上没有什么东西是不变的、永恒的，如果说有的话，那就是变本身，只有它才是不变的、永恒的。

我想大家都听说过他的一句名言：

> 踏入同一条河流里的人们，流过他们的水是不同的，永远是不同的。

这个意思用另一句来说，就是我们耳熟能详的："人不能两次踏进同一条河流。"

为什么这样说呢？因为在我们第二次踏进这条河流时，里面的水已经不是你第一次踏进时的水了。

赫拉克利特又认为，火是万物的本原，万物都是由火而生成的，火与其他万物之间是一种相互转换的关系，一方面万物由火转换而来，另一方面万物也可以重新转换为火。除火之外，还有其他三种基本元素：水、土、气。万物首先由火变成这三种基本物质，再变成花鸟虫鱼、金银铜铁等万事万物的。这一转换的具体过程是这样的：火→水→土→气，因为海是由水构成的，而风是气。

这里我们可以联想一下古希腊其他哲人关于万物起源的说法：最早，泰勒士认为万物来自水，而阿那克西美尼认为是气，毕达哥拉斯则提出数才是本原，到这里赫拉克利特找到了火，到后来的恩培多克勒，就是那位为了证明自己是神而跳进火山口被烧成灰的人，把以前人们的说法综合起来，干脆说水火土气都是万物的始基。

赫拉克利特还反复地提到过一个“神”，并且认为神才是最聪明的，神看我们这些人，哪怕是最聪明的人，也像成年人看小孩子一样，是最幼稚不过的。他说：“最智慧的人和神比起来，就像一只猴子，正如最美丽的猴子与人类比起来也会是丑陋的一样。”

德谟克里特与原子　　德谟克里特和以他为代表的原子论在古希腊并没有太高的地位，但在今天他却获得了空前的认可，原因就在于两千多年前德谟克里特的理论被20世纪的物理学证明有着惊人的准确度。

德谟克里特是色雷斯人，色雷斯是位于今天的马其顿共和国，这里还出了另外两个古代名人，一个是古希腊最大的“智者”哲学家普罗泰戈拉，另一位是古罗马奴隶起义的领袖斯巴达克斯。

德谟克里特精力充沛的年份大约在公元前420年左右，他年轻时就到处游历，从南面的克里特直到东面的波斯，天南海北逛够后，他又回到了故乡色雷斯，从此在那里一直住到老死。

德谟克里特最有名的思想就是原子论了。依据德谟克里特对原子的描述，原子大约具有以下的特点：

形状：原子是一些有着各种各样形状的小粒粒，方的圆的扁的长的都有。

硬度：它们是不可分的，它们内部没有一点空隙，无论用多锋利的刀也休想砍开。

数目：原子的数目比撒哈拉沙漠中的沙子还要多，数都数不清。

种类：与数目一样，原子的种类也无限的多。

大小：有的大，有的小。

温度：原子们有的热如火，有的冷如冰。

重量：有的重，有的轻。

寿命：原子与天同寿，与地齐庚，不可毁灭。

除了上面这些特点外，原子有一样更为根本的特性：永恒的运动。原子自从产生起，那是与宇宙的产生一起的，就在不停地运动着，现在还在运动，将来也会永远运动下去。

原子的运动有什么特性呢？有两种可能性：

首先，原子像一个苹果掉到地上，是从上往下坠落的，而且永远在坠落着。但他们坠落的速度并不相同，有的原子轻，如鸟羽飘落般慢；有的原子重，则如砖头下坠般快。由于这快慢相异的缘故，有些重原子后发而先至，赶上那些先落但因轻而慢的原子，这样就发生了“碰撞”，于是原子们就会像两个碰到一起的乒乓球一样，往外弹开来。

第二种可能性是原子的运动压根儿没规律，就像没头的苍蝇或者热锅上的蚂蚁一样乱窜，用科学术语来说，是一种随机运动。

德谟克里特认为原子是万物的本源，也就是说万物都是由原子组成的。那么原子是如何构成万物的呢？

我们前面刚说过，原子是永恒运动着的，既然无数的原子都同时在运动，就不可能不产生一个结果——碰撞。这样碰来碰去就形成了一个个的旋涡，就像我们通常在流水中看到的一样，它能将许多草叶啊、树枝啊什么的聚集到一块儿，原子这种旋涡运动也能把大量原子聚集到一堆。这些成堆的原子到一起后，就会不再是单纯的一堆原来一样的原子，而是会形成与原来的原子大不相同的各种各样的物体。这样物体不断地产生、不断地增多，渐渐地就变成了整个的世界。

不但原子说有道理，德谟克里特关于旋涡运动产生物体乃至世界的思想也是不折不扣的天才设想，两千多年后，伟大的哲学家康德写了一本《宇宙发展史概论》，在这部杰作里康德就是用旋涡运动来说明天体起源的。甚至于他的描述与德谟克里特所说的也大致一样，先是一些宇宙尘埃，旋涡运动把它们聚到了一起，最后形成了星系，我们地球与太阳都是这样形成的。

德谟克里特还有一个奇怪但极有意思的观点：他认为除了我们这个世界外，原子还构成了许许多多的其他世界，有许多世界就像有许多座房子、许多头牛羊一样。这些世界就像这群牛羊一样，有些正在生长，有些却已衰老，有些可能天上有好几个太阳月亮，有的则可能一个也没有。

总之，世界就像一个人，有生有死，没有永恒的世界，只有永恒的原子。

第三章　苏格拉底之死

从很早开始，古希腊哲学的天空就群星灿烂，如第一个著名哲学家泰勒士，提出了早期原子论的德谟克里特，认为火是世界本原的赫拉克利特，还有伟大的哲学家兼数学家毕达哥拉斯，等等。不过，这些我们在这本小书里都不说了。我们要直接从那三个伟大的哲学家说起，他们就是苏格拉底、柏拉图、亚里士多德。因为可以说，整个的西方哲学是直接从他们这里起源的，他们至今仍被看作是哲学的喜马拉雅山，领受着至高的崇拜。

我们首先来谈苏格拉底。

当我们不论及他的思想时，苏格拉底最大的特点是他外表的丑。据记载苏格拉底个子矮小，头很大，脸庞更是大得吓人，好像要故意将他的丑摆给所有人看。

对于自己的尊容，苏格拉底曾经很自豪地说过这样一段话，意思是说起五官来，没有人比我的更实用了，请看：我的脑袋硕大智慧就盛得多；眉骨高突像屋檐就可以挡住雨水，不让它伤了眼睛；耳大招风，就利于听声；鼻孔朝天，鼻涕就不易流出来，弄脏了街道；至于嘴大，那更有好处了，一是吃得多，二是说话快。由于有这些好处，苏格拉底对自己的相貌是颇为满意的。

形象如此，他的衣服也与形象交相辉映。像那时所有的古希腊人一样，他们的衣服像一整块布，从脖子开始将身体包裹起来。但包苏格拉底的这块布与其说是一块布，不如说是一张渔网，因为它总是破破烂烂，露出许多洞洞，而且像他的胡子一样，似乎从生下来就没脱过，也没同水打过交道，脏得无以复加。

最下面则是一双大脚，从来不穿鞋子。

像普通人一样，苏格拉底有妻子和孩子。他的妻子是哲学史上最有名的妻子，名叫桑蒂普（Xanthippe），她之所以有名在于她的性格，她的性格之特点就是一个字——“悍”，那与苏格拉底之丑可谓比翼齐飞、相映成趣。

关于苏格拉底太太的悍有一个美丽的传说：有一次，桑蒂普不知为了什么又大骂起老公来，苏格拉底像平常那样一言不发，任她骂去，过了一会儿，桑蒂普索性抄起一盆洗脚水向夫君兜头泼来，把苏格拉底淋成了落汤鸡，她的夫君呢，只抹了抹脸上的水珠，不慌不忙地说："我知道，打过雷后一定要下雨的。"

苏格拉底雕像

苏格拉底的日常生活是要多简单有多简单，他所做的事只有两个：沉思与辩论。

每天，清早起来后，苏格拉底就在雅典的大街小巷串来串去，找这个，找那个，上至将军法官，下至皮匠乞丐，与他们进行对话、辩论，以寻找他所要找的真理。

他通常是向别人提一个问题，让他回答，然后从其滔滔雄辩中找漏洞，问一句"tò tí？"，意思是"它是什么"，如果别人回答了，他又再问，如此下去，他总能找到别人回答中的薄弱之点，直问得人张口结舌、没了下文。

当然，在这类考问中苏格拉底最后总能找到他所要求的答案，例如什么是正义与善之类。

除了辩论，苏格拉底做得最多的另一件是就是沉思，他经常不知不觉地陷入沉思，忘却了整个世界。这里也有一个故事：

有一天早晨，苏格拉底在想着一件他不能解决的事，他又不愿意放下这件事，所以他不断地从清早想到中午，——他站在那里一动也不动地想着。

到了中午人们就注意起他来了，来来往往的人传说着苏格拉底从天一亮就站在这里想事情。最后，晚饭以后天黑下来，有几个伊奥尼亚人出于好奇（我应该说明这样的事不是发生在冬天而是夏天），就搬来他们的铺盖，睡在露天里，为的是要守着苏格拉底，看他究竟会不会站一整夜。他就站在这里一直到第二天早晨。天亮起来，他向太阳做了祈祷，才走开了。

总之，他的日常行为与他的思想是完全一致的，他为了追求智慧而活，不是为了追求生活而活。

除了他最后的死外，苏格拉底确切的事迹有两个：一是他曾被神证明是最智慧的希腊人；二是他曾从军。

我们先说第一件。由于苏格拉底经常在雅典城各处游荡，找人辩论，但谁也辩不过他，于是就有好事者去阿波罗神庙求谶了，想知道有谁比苏格拉底更聪明，但阿波罗神借他祭司的口回答说：“再没有比苏格拉底更智慧的希腊人了。”

对此，苏格拉底的回答是：“我只知道一件事，那就是我一无所知。”

苏格拉底的事迹之二就是他曾经是一名战士，而且是一名极优秀的战士，曾冒着生命危险在战场救过战友的命。

现在我们要谈苏格拉底一个最主要的问题了：他的死。

对于苏格拉底而言，对于古希腊哲学史而言，也许对于整部西方哲学史而言，很难说有比苏格拉底的死更震撼人心的事件。

有一天，苏格拉底被逮捕了，故事从这里开始。苏格拉底为什么会被捕？官方的借口就是说他教坏了青年们。

被捕之后，开始审讯了。

法官与陪审团成员自不应说，都是当权派，他们大多数人判他有罪。

这时，按照雅典的法律，有两种可能的方式：一是苏格拉底自认有罪，并可以要求较轻的处罚；二是由法官与陪审员们来定罪定罚。

若这时苏格拉底提出一种法官们认为勉强合适的惩罚方式，他本来可以免于死刑的，但他提出的却是这样一种惩罚：三十米尼罚金。这是一笔很小的钱，法庭不但没有同意，反而被大大激怒了，他们认为这是苏格拉底有意轻视他们。于是他们判处苏格拉底以死刑，饮毒鸩而死。

即使在狱中的时候，苏格拉底也有机会轻易地逃之夭夭，他的弟子们已经帮他买通了所有可能阻挡他逃脱的人。但苏格拉底断然拒绝了——他不愿违反法律。他认为法律一旦制定，不管合理与否，作为一国之公民就必须遵守。

苏格拉底之死

死的一天终于来了，他的弟子，伟大的柏拉图，是这样记载的：

他把杯子举到唇边，高高兴兴地将毒鸩一饮而尽。

至此，我们尚能节制自己的悲哀。然而，当我们眼见他一口气把鸩酒喝完时，都禁不住潸然泪下了。我用双手捂住脸，泪水却像泉水般从指缝间涌流出来，我是在为我自己哭泣。因为我确实不是在为他而哭泣，而是一想到自己就要失去这样一位良师益友，一种大难临头的感觉便使我悲恸不已。不独我是这样，克里同也止不住泪如雨下，忙起身躲到一边去了。这时，一直在一旁悄然啜泣的阿波罗多罗斯突然失声痛哭起来，于是大家顿时都失去了勇气。只有苏格拉底泰然自若："这么哭哭啼啼干什么？"他说："我不让女人待在这里，就是怕她们来这一手。你们也许知道人应该在平静中死去这个道理吧。那就安静耐心一点儿吧。"听见这话，我们都感到羞愧，于是便忍住了眼泪。他在房间里来来回回地踱起步来，直到走不动了，才遵照指示，躺下身来。给他送来毒鸩的狱卒不时地查看着他的双脚和双腿。少顷，他使劲在苏格拉底脚上捏了一把，问他有没有感觉。苏格拉底回答说："没有。"就这样，狱卒顺着脚踝一路捏上来，向我们表明苏格拉底已经僵硬冰凉了。苏格拉底自己也感到了，他说："毒鸩一到达心脏，一切就结束了。"他的下腹周围开始变凉了，这时他撩开盖在身上的被单，露出脸来说——这成了他的临终遗言——"克里同，我还欠阿斯克勒庇斯一只公鸡，你能记着替我还清这笔债吗？""我一定替您还清，"克里同说，"您还有其他吩咐吗？"没有回音，一切又复寂静。过了一会儿，我们听见他动弹了一下，狱卒掀开被单，只见他的目光已经凝滞了。克里同替他合上了双眼和嘴巴。

苏格拉底就这样死了。

我们这里不谈苏格拉底的哲学，一则因为苏格拉底自己没写过东西，二则因为有一个人帮他写了，这就是他伟大的弟子柏拉图，实际上，苏格拉底的思想和柏拉图的思想是融为一体的，我们讲了柏拉图，就等同讲了苏格拉底。

第四章　柏拉图的人生与哲学

柏拉图的人生从生到死都是高贵的，令人高山仰止。

高贵人生　　柏拉图于公元前428年出生在雅典一个贵族世家，他的父亲叫阿里斯顿，是古雅典王族的嫡系，不过在柏拉图还是个孩子时就死了，他的母亲名叫伯里克蒂娥妮，丈夫死后嫁给了叔叔华里兰伯，这位华里兰伯是雅典最伟大的统治者伯利克里的朋友。柏拉图实际上是在他的继父，同时也是叔外公的抚养之下长大的。

柏拉图外表十分英俊，他的名字柏拉图就是宽肩膀的意思。他不但英俊，而且孔武有力，曾经两次在古希腊的奥林匹克运动会上摘取奖牌。

柏拉图雕像

柏拉图青年时期热衷于各项体育运动，但遇到苏格拉底改变了他的一生，他开始全心全意地追求智慧，成了苏格拉底狂热的崇拜者。他曾说过这样的话：

“我感谢神明，使我托生为希腊人，而不是野蛮人；自由人而不是奴隶；男人而不是女人。不过最主要的还是，我出生在苏格拉底时代。”

苏格拉底被处死时，柏拉图只有二十八岁。这件事对他一生影响至大。在思想方面，令他更加痛恨当时雅典的民主制了，并且在以后的一生中致力于寻找一种最好的国家制度——理想国。在行动方面，他被迫远走异乡。这是公元前399年的事。

他去了那时比希腊还要先进得多的埃及，对埃及人像金字塔一样稳固的国家制度极为钦佩。

在异国他乡漂泊了十二年之久后，也就是公元前387年，柏拉图回到了故乡雅典。

他在雅典办了一所学校，位于雅典城外西北角的一片小树林里，离城只有三里多。由于这片土地与一个传奇英雄阿卡德摩斯有关，便取名叫阿卡得米（Academy）。学园的课程似乎主要是数学，包括算术、平面几何、立体几何等，另外还有天文学、声学等课程，学校的大门口刻着一句话：“不懂几何学者不得入内。”

在阿卡得米教了20年书后，柏拉图再次出国，到了西西里岛上的锡腊库扎，或者也译作叙拉古。他来是为了教育年轻的国王狄奥尼索斯二世，但这小伙子显然不认为几何学对他治理国家有什么好处，所以柏拉图只好走了，回到他的阿卡得米继续教书。

公元前348年，柏拉图在阿卡得米安然辞世，享年81岁。柏拉图逝世后，他的学校继续存在下去，直到887年后，公元529年才被东罗马帝国皇帝查士丁尼关闭。

欧洲的黑暗时代随之降临。

讲完了柏拉图的人生，我们再来讲讲他的思想，柏拉图的思想主要有两大块，一是他的理想——理想国，二是他的理念。

柏拉图哲学思想中最有名的是他的乌托邦理论，他的乌托邦名字就叫“理想国”，同时这也是他主要的作品的名字。他在这里详细地回答了这样一个问题：理想的国家应当是什么样子?

理想国　柏拉图认为，理想国的公民应当分成三个部分：普通人、士兵和护国者。

普通人是些头脑最简单的人，也是数量最多的一群，他们的职责是养活士兵和护国者。理想国的所有职业中，除了作战外，都由他们来做，如种田、经商等，他们的主要特点是爱钱。

士兵则是直接管理国家的人，包括士兵、军官和一些辅助王来治国家的人。他们的地位比普通人高，也不像普通人那么爱钱，但还有点贪心。讲人数他们比普通人少，但比护国者多。

护国者就是哲学王，柏拉图在《理想国》中主要谈的就是这个。在这里要指明的是，理想国里的哲学王并不是一个，而是多个。作为王，他们的生活与现实国家中的王是截然不同的。例如所有哲学王必须住在一起，住的是小房子，吃最简单的食物，而且还不能多吃，不饿就可以了。他们的家庭生活也是共产主义式的，所有哲学王，如果是男的话，他的妻子是全体男哲学王共有的；如果是女的话，她的丈夫也是全体女哲学王共有的。

大家也许会大吃一惊：难道理想国里还有女哲学王吗？不错！柏拉图可以说是第一个彻底的女权主义者、第一个主张男女完全平等的人。

家庭生活如此，与家庭生活息息相关的婚姻生活又如何呢？简言之，哲学王们是共产共妻，有完全充分的性自由。

但士兵与普通人的家庭与婚姻生活则不是如此。在理想国里，婚姻的年龄是有限制的，女子在二十岁到四十岁之间，男子在二十五岁到五十岁之间。在这个年龄段的男女谁嫁谁、谁娶谁既不讲父母之命、媒妁之言，也不讲自由恋爱，而是像雅典人选将军一样，用抽签来决定，哪位男士抽上哪位女士就要由她做妻子，女士也是一样。

至于在这年龄段之外的男士女士，性生活完全自由，唯一不准的就是生小孩，怀上了也要打掉，万一生下来了就杀掉。

但柏拉图又说，这些婚姻表面上是由抽签决定的，但实际上却是内定了的，也就是说，要由最健壮聪明的男人与最漂亮动人的女人配对，而且要让这些人生的孩子最多。这就是柏拉图的优生原则，柏拉图也是历史上第一个提出“计划生育”的人，认为应该依据粮食来决定人口数量，否则人太多，粮食太少国家就会乱。所以不但要优生，还要少生。

对于生下来的孩子，柏拉图也提出了独特的抚养方法，就是决不能让孩子知道自己的亲生父母是谁，孩子生下来后，要马上将他们秘密地送到某个地方去，由国家统一养育。

国家在养育这些孩子时，所依据的一个基本的原则是，无论这些孩子是谁生的，包括哲学王生的，他们都将受到平等的教育，他们将来的发展也完全由他们自身的能力来决定，没有任何世袭的等级制度。

教育分为多期，第一期的教育包括体育与音乐。

体育就是各种运动，包括孩子们的游戏。与体育运动相配合的是食物，柏拉图认为没有比烤鱼烤肉更好的食品了，只准吃这个，而且烤时绝不许加任何作料。

体育而外的音乐，它实际上包括一切非体育的教育。柏拉图的音乐教育有两个特征，一是反对强制性教育，强调要把最难学的课程也变得轻松活泼，课本则要编得像诗歌一样优美；二是对教育的内容要进行严格的审查，绝不许自由放任，不许讲的东西包括在古希腊几乎人人都会背诵的荷马史诗。柏拉图认为，在荷马史诗里神祇们所干的并不都是好事，这就不对了。他说，既然是神，就应当是完美的，是凡人的道德准则，所以任何说神有错的东西都是不准讲的，否则孩子们也学起神祇的坏榜样来可不得了，做了坏事还会振振有词地说："这是神教我干的。"就具体的音乐来说，吕底亚和伊奥尼亚的乐曲是不准奏的，因为吕底亚的音乐老是愁眉苦脸，听起来叫人丧气，孩子们听了弄不好也要多哭几声，没一点儿教育意义，所以不准听。

第二步的音乐教育要花上足足十多年时间，到孩子们20岁时才完成。

此后就要来一场考试了，目的是要将所有的孩子区分成两部分：通过考试的就继续学下去，通不过的就被淘汰，去做第一类公民——普通人。

这场考试是彻底的、公正的，对任何人都不带任何感情色彩，绝对公平，做不做普通人完全凭能力而定。

顺利通过考试的人将再次开始他们的学习，要对他们的体质、思想甚至性格进行更全面的、更严酷的训练。这一过程长达十年，十年之后就进入第二轮考试了，同样地严厉而且公正。没有通过这一轮考试的人就去做第二类公民——士兵，而通过了第二轮考试的人就可能进入最高的等级——护国者了。

但仅仅是有可能，他们接下来又要开始学习，学习的是柏拉图的治国之道——哲学。这时他们已经整整三十岁了。为什么要等到这么晚才让他们学习哲学？因为在柏拉图看来，学习哲学是一种极大的快乐，而让这些年轻人们"过早地品尝哲学那种难得的快乐不是明智之举……因为年轻人在初次尝到哲学的滋味时，常常为了取乐而争辩不休，并且老想顶撞和驳倒对方……就像小狗崽儿对凡是走近它的人都喜欢扯一扯、拽一拽那样。"

学习哲学的过程也有五年。五年之后，这些身强体壮、受过良好的音乐教育，还懂哲学的完人们就可以做护国者——哲学王了吗？不。

他们还有最后一步，但也许是最难的一步。

这些理想国的精英们将遭受更严厉无情的锤炼——生活之锤炼。

他们将被抛入生活的熔炉，成为一个普通人，成为商人、匠人或者农人。他们要学会在市场上同最狡猾的商人们讨价还价，要在铁匠铺里抡动沉重的大铁锤，要头顶炎炎烈日在田地里摸爬滚打，为一日三餐流尽汗水。

但即使在饿得头昏眼花，累得走不动路，也要想着自己是未来的护国者，在最困苦的环境下也要永远保持清醒的头脑，去理解做一个哲学王所要具备的一切品质与技能。

也许他们中有的人会忍受不住生活的锤炼，被生活锤得稀烂，但那些经受住了这最后考验的人们，将是真正的、完美的护国者——哲学王。

这就是柏拉图的教育程序，在这些程序完成之后，全体公民将各得其所，成为匠人、士兵，或者护国者。

理念说　理想国而外，柏拉图另一个最有名的哲学理论是他的理念论。理念听上去有些神秘，实际上并不难懂。我们先来讲个笑话。

据说柏拉图的一个学生，在阿卡德米学习了几年后，回家去看父亲，顺便要点钱，父亲杀了只鸡款待儿子。

席间，父亲问："孩子啊，你跟伟大的柏拉图学习哲学也有几年了，你能告诉我学哲学有什么用吗？"

儿子愉快地回答说："成啊，爸。"

他顺手指着桌上的鸡，问："爸，你看这桌上有几只鸡？"

"一只呀，儿子。"他爸不假思索地回答。

儿子笑了，颇有点得意地说："爸，在你看来只有一只，在我看来却有两只呢！一只是你用眼睛看到的个体的鸡，还有一只是老师告诉我的理念的鸡。"

他爸听了，一把将盘子端到了自己面前，说："儿啊，你的哲学真有用，好，现在你就吃你的理念的鸡吧，我来吃个体的鸡。"

这虽然是个笑话，却表达出了柏拉图理念说的几个要点：一是理念是与个体物不同的东西。二是理念与个体物有某些相似之处，如理念的鸡也是只鸡——不但是，而且柏拉图认为比我们看见的鸡还要鸡呢！这就是他们的理念论。

理念论的起源在于柏拉图认为个体事物，也就是我们用肉眼凡胎看到的万事万物，都是不真实的。

为什么呢？柏拉图说，凡真实的事物必须是不自相矛盾的，也就是说，它必须要么是美的、要么是不美的；要么是正义的、要么是不正义的，否则就不是真实的。而我们看到的具体事物则不是如此，它们有时看上去是美的，有时又好像不美；有时似乎是正义的，有时好像又不正义，等等。总之，具体事物有自相矛盾的特性，因此都是不真实的。

与不真实的个体事物相对，理念则是真实的。什么是理念呢？举个狗的例子就明白了。

我们都看到过狗，如毛茸茸的狮子狗、长耳朵的哈巴狗、大嘴巴的斗狗、一脸深沉的沙皮狗。但如果这时候有人问你：什么是狗？你会怎样回答他呢？

我们一起来回答这个看似简单、实则棘手的问题吧，我们把“狗”与“个体的狗”来做一下比较，就可以看出这“狗”有什么特点。

一、我们可以肯定这“狗”与每个“个体的狗”是不同的。

二、它必须具有我们所看到的所有“个体的狗”的一般性质，反过来说，每条个体的狗也有“狗”的性质，否则个体的狗就当不成狗了。

三、推理一下，我们也可以知道，每条个体的狗会死，但这“狗”是不会死的。

至此我们就以知道什么是理念了：上面的“狗”就是理念、是狗的理念或者理念的狗。

柏拉图认为，不仅狗，所有个体事物都有类似的理念，如猫的理念、桌子的理念等。

这些理念也都具有上面狗的理念那些性质，只要把“狗”换成该个体事物就成了。

我们现在该明白什么是理念了吧？理念说穿了就是我们平常所说的概念，是每一类事物的共性。

第二个问题是，先有理念还是先有个体？

柏拉图认为，既然个体的东西都是不真实的，那么真实的当然只能是理念了，只有理念的狗、理念的猫、理念的桌椅板凳才是真实的，至于我们所看到的具体的阿狗阿猫桌椅板凳，都只是理念在我们眼中那块玻璃体上的虚假映像，是不真实的。

在此，柏拉图提出了著名的“洞穴之喻”。他在比喻里说，我们假定有这么一个洞穴，某些人生下来就被关在这个洞穴里。他们的脖子被牢牢锁住了，只能朝一个方向看。在他们背后，一堆熊熊大火正在燃烧，在他们面前是一面墙，火把他们的影子投在墙上，他们终生就只看见这些影子。于是，不可避免地，他们会将这些影子看作实在的东西，但对于造成这些影子的东西，无论是火还是他们自己，都毫无知觉。

柏拉图说，人，尤其是不懂哲学——具体地说就是不懂他的理念说——的人就像这些囚犯一样，而那些影子就是我们所看到的个体之物，囚犯将影子看作实在，不懂理念的人将虚假的个体之物看作真实，他们对那造成个体之物的、真实的理念一无所知。

以狗为例，理念的狗才是真正的狗，而个体的狗，例如某条叫小白的狗，只是理念的真狗在镜中的像而已，实际上是假狗。

但这个假狗为什么还叫狗呢？那是因为它分有了真狗——理念之狗——的某些性

质，所以才成了狗，其他个体事物也与此相类。

神创宇宙 像古希腊其他哲学家一样，柏拉图对于我们这个世界的来源也深感兴趣，进行了一番颇有意思的探讨。

我们知道，柏拉图的著作是以“对话”形式写出来的，在他的所有对话之中，最早影响了西方世界的其实并不是《申辩篇》《斐多篇》或者《巴门尼德斯篇》这些盛名之作，而是另一篇——《蒂迈欧篇》。

在该篇，柏拉图借一位名叫蒂迈欧的毕达哥拉斯派哲学家的口提出了关于宇宙起源的理论。

柏拉图认为，在我们这个世界被创造出来之前，也存在着某些东西，这些东西混乱不堪、没有任何秩序，胡乱地运动着。

这时候来了一个神，它觉得这样混乱是不好的，所以就创造出有序的世界来。

神所创立的东西大概有这样一些：灵魂，作为整体的世界、时间、空间、其他的神，以及鸟、鱼和陆上动物。依据的顺序是理智、灵魂、身体。创造这三者后，神将理智放在灵魂里，再将灵魂放入身体里。

柏拉图有一个有趣的观点，认为不仅世界上有各种各样的动物，而且世界作为一个整体也是一只动物——只是一只大动物而已，并且这是一个既有灵魂、又有理智的动物。

神在创造这个世界的同时，还给它创造了时间和空间。神创造这些东西时，用的是何种原料呢？

我们知道，关于世界由什么元素构成是古希腊群哲们偏爱的话题：如泰勒士说是水、赫拉克利特说是火、德谟克里特说是原子，直到恩培多克勒说是水火土气四大元素，等等。

但柏拉图认为这些一概不是宇宙真正的元素，宇宙的真元素是两种直角三角形：一种是正方形之半，另一种是等边三角形之半。

为什么是两种三角形，而不是四边形或梯形呢？

柏拉图说，因为这两种三角形是最美的形式，所以神才以之构建宇宙。

第五章　亚里士多德：至尊的哲人

从某种程度上来说，亚里士多德有如中国的孔夫子，因为在一段漫长的日子里，他的思想在西方犹如孔夫子的思想在中国，高高在上，雄霸天下，是西方哲学史上至尊的哲人。

亚里士多德雕像

亚里士多德传略　　公元前384年，亚里士多德出生在色雷斯一个叫斯塔基拉的海港城市。他的父亲是马其顿国王阿明塔斯的御医，关于亚里士多德的早年生活有两种说法：

一说他从小就是阔少，养成了阔少们的老毛病，放荡不羁、挥金如土，几年就把父亲留下来的钱财花光了，只好去当兵糊口，后来他又回到家乡，干起父亲的老行当来。直到三十岁以后才明白自己天生是个哲学家，于是便去找柏拉图，做了阿卡德米的学生。

后一种说法是，大约18岁时，他父亲就把儿子送进了柏拉图的阿卡德米。在阿卡德米，亚里士多德很快就超过了师兄们，被老师称为学园“智星”。他不但才智过人，而且酷爱读书藏书，他的宿舍因此被称作“读者之家”。

亚里士多德在阿卡德米一待就是20年，直到老师死了才离开。

离开阿卡德米后，亚里士多德在各地游逛了几年。这时他的一个老同学，位于小亚细亚沿海密西亚城的统治者赫米亚斯请这位学长去玩，这一去便解决了他的终身大事，这位统治者将他的妹妹或者侄女嫁给了哲学家为妻，他与妻子恩恩爱爱地过了一辈子。

结婚才一年，一天亚里士多德接到了一个更重要的邀请：他父亲的旧上司、马其顿国王腓力二世请他去做太子的导师，这位太子就是未来的亚历山大大帝。

奇怪的是我们没找到任何确切的证据表明亚里士多德与这位伟大的学生之间关系到底怎样。但一般都相信亚里士多德尽管是一个杰出的哲学家，但他对时年13岁的亚历山大王子的教育似乎没多大成效。老师离开后，亚历山大仍是个野心勃勃、放荡不羁的家伙，完全不像理想国里的哲学王。

三年后亚历山大接替父亲的王位，开始了他的征服，建立了庞大而短暂的亚历山大帝国。

弟子做了国王不久，亚里士多德离开了马其顿，他又在各处游玩了几年，这时他已经是亚历山大大帝的老师，按中国的说法，是做到太傅的大官了，各地的统治者们都对他礼敬有加，奉为上宾。

亚历山大雕像

公元前335年，亚里士多德风风光光地回到了雅典，这时的雅典乃至整个希腊已经被大帝征服了，他到达后受到了统治这里的马其顿贵族们热烈的欢迎。

但亚里士多德不是来做官的，而是像孔夫子一样来办学的，他效法老师，在一个小树林里建起了一座学校，取名叫吕克昂（Lyceum），也译作莱森学院。

这时的亚里士多德早已名声在外：一由于他的确是伟大的哲学家，二由于他是伟大的亚历山大大帝的老师，可以设想这两个有利条件会给他带来多少学生！

从此这位伟大的哲学家就天天给他的一大群学生上课了，每天，当旭日东升，亚里士多德便漫步在校园的草坪上、树底下，边走边谈，后面跟着他的弟子们，十分逍遥自在，因此，亚里士多德和他的学生们便被称作逍遥派。

您还记得另一个逍遥派吗？就是《天龙八部》里无涯子和李秋水那一派，他们的绝技是小无相功、八荒六合唯我独尊功、天山折梅手、北冥神功、凌波微步等等，厉害之极。

亚里士多德在吕克昂里一逍遥就是12年，在这里写出了他一生的巨作。

公元前323年，亚历山大大帝死了，年仅33岁。这时早已对他的统治不满的希腊人揭竿而起，他们不但要将统治他们的马其顿官僚赶走，还把矛头指向了亚里士多德，说他是个亵渎神明的家伙，亚里士多德可不是苏格拉底，一见势头不对，便溜之大吉，按他自己的说法，这不是怯懦，而是不想给雅典人再加上一个扼杀哲学的恶名。

他自我流亡到了一个叫加尔西斯的地方。

第二年，亚里士多德在流亡之地与世长辞，享年62岁。

空前伟大的哲学体系　亚里士多德的哲学规模空前，我们看他的著作数量就明白了。他的著作有人说是四百部，也有人说是一千部，现在已经有许多失传了，但光是留下来的已经够瞧了，仅中文的《亚里士多德全集》就多达十卷，其中收集的论文著作达五十部，而且这还不是真正的全集。著作的内容则囊括了现在称为社会科学与自然科学的大部分领域，总归起来有以下四大部分：

第一部分著作是关于逻辑学的，如《范畴篇》《解释篇》《前分析篇》《后分析篇》，等等。

第二部分是有关自然科学的，如《物理学》《论天》《论生成和消灭》《论宇宙》《论植物》《机械学》，等等。

第三部分是有关美学的，如《修辞术》《亚历山大修辞学》《论诗》，等等。

最后一部分才是他的哲学著作，包括《尼各马科伦理学》《大伦理学》《优台谟伦理学》《论善与恶》《政治学》《论麦里梭、克塞诺芬和高尔吉亚》，此外就是最有名的《形而上学》。

亚里士多德的成就如此之众多、学识如此之渊博，那他是不是古往今来掌握真理最多的人呢？

不！相反，亚里士多德恰恰也是古往今来犯错误最多的人之一——如果不是最多的话，我看这也是大有可能的。

我们知道伽利略在比萨斜塔做过的实验，为的就是要证明亚里士多德的一个错误的说法，类似的错误在亚里士多德的书里还相当的多。

但就是这样的理论牢牢地控制着西方人的思想达千年之久，而自文艺复兴以来，新的思想巨人们，从伽利略到哥白尼，在提出他们的新思想时，几乎总是把亚里士多德当作靶子，同时也是把他当作自己继续往上爬的垫脚之石。

这就是亚里士多德思想的命运。

如上所言，亚里士多德的思想内容是极为丰富的，我们在这里不可能一一道来，只选取了其中两种与哲学密切相关的思想，即他的逻辑学与形而上学的思想。

在亚里士多德的众多思想成就之中，他的逻辑学思想是最完整，也是对后世影响最大的。

逻辑学 我们知道，做一件事情，如果想做得好的话，就需要有恰当的工具，那么思想呢？如果我们想正确地思考问题、正确地说话，那就得靠“逻辑”了。这个逻辑，就是亚里士多德创立的逻辑，全称是形式逻辑。

亚里士多德逻辑学的内容是很丰富的，我这里只选择它一个最主要，也与我们关系最密切者来讲，这就是“三段论”。

三段论我们都听说过，简而言之，就是用三句话来证明一个结论。虽然它只有三句话，却足以将一个命题证明得天衣无缝——当然也是有条件的。这里举个例子：

凡人都会死。

老莫是人。

所以，老莫会死。

这个例子就是三段论里的所谓A A A形式，称为“Barbara”。它由三句话组成，从上往下分别叫作大提前、小前提、结论，是运用得最为广泛的三段论形式。

当然我们在实际运用时不会采用上面这么完整的形式，而是一种简化的形式。举个例子，如我说：“我要喝水。”这实际上就是个隐蔽的三段论，它可以进行这样的扩展：

凡人都要喝水。

我是人。

所以，我要喝水。

类似的例子在生活中几乎每天都会遇到。这是一种极可靠的思维方法，它不但可以用于立，还可以用于破。当然它的可靠也不是无条件的。例如大前提要对，如果大前提错了，那结论就肯定不对。如第一个例子，如果“凡人都会死”不成立，即有的人像孙悟空一样长生不死、寿与天齐，那么结论“老莫会死”也就不成立了，谁知道这个老莫不是孙悟空第二呢？

除了上面的A A A式外，还有E A E（Celarent），A I I（Darii），E I O（Ferio）三种形式，它们加起来就构成了三段论的第一格，亚里士多德还规定了第二格和第三格，后来经院哲学家们又加上了第四格。实际上这第二、三、四格都可以归结到第一格。

形而上学　亚里士多德的哲学思想可以用另一个词来表示，就是形而上学。

所谓形而上学，是用来表达那些具体事物之外的抽象之物的，在亚里士多德著作里，把表达这些抽象之物的著作放在表达具体之物的著作——physics（物理学）——之后，所以称meta ta physika（物理学之后），在英语里便成了metaphysics，汉语“形而上学”就是对之的意译，亚里士多德自己则称为第一哲学或者神学。

亚里士多德形而上学的另一个重点是对“形式”与“质料”的区分。

我们先来举例说明看看什么是他的形式与质料。

假使在一个冬天的早晨，您清早起床，发现一夜北风之后，天地间白茫茫一片，只有对面那口井是个黑窟窿。这时，您想堆个雪人，您说干就干，不久，雪人儿就堆成了，红红的嘴巴、黑黑的眼睛，后面还拖着一根稻草做的辫子，简直是个肤白如玉的小美人。

我们就用这个雪人来分析形式和质料的问题吧，其实很简单的：雪就是质料，您所捏出来的美人形象便是形式了。怎么样？很简单吧！

我们也看得出来，形式与质料存在于同一个具体东西之内，例如上面的雪人。每个具体的东西也都是如此，都是由形式与质料组成的。这里包括两个含义：

第一个含义是说，每一个具体的东西里都含有形式与质料，就像上面的美女形式与雪的质料一样，二者同时包含在一个东西——雪人——之中。

第二个含义则是用一种发展的眼光来看。亚里士多德认为，世界上的一切事物都像生物一样，是不断生成长大、发展变化的。具体而言就是在形式与质料的不断交替之中发展的。先是质料，然后形式由质料之中产生出来，产生出来后，形式自身又成了质料，从它身上会产生新的、更高的形式，如此循环往复，不断发展。

我还是用一个例子来说明吧：

例如您家现在有条老狗，名字叫老白，当然从前您刚养时它是一条小狗，叫小白。这老白是如何在形式与质料的交替中生长发育起来的呢？

首先，眼下的老白是形式，上面说过，形式由质料而来，老白的质料又是什么呢？很简单，就是小白，就是那个若干年前在你怀里摇尾巴撒娇的小白，但这小白并不是单纯的质料，因为它也不是一开始就是那样的小白，而是由小白妈妈肚子里的胎儿长大而来的。于是，与胎儿比起来，小白就成了形式，而胎儿就是质料。如此再往下，大家可以一直追下去，看看尽头会是什么。

具体事物都是由形式与质料共同组成的，那么这形式与质料的关系又怎样呢？是互相平等还是有高低之分？

亚里士多德说，平等是没门的，形式与质料也有高低之分。

孰高孰低？形式高，质料低。

为什么呢？亚里士多德认为，正是因为在有了形式之后，质料才能成为某种确定的东西，而使质料成为某种确定的东西的形式才是事物的本质。

我们可以这样理解亚里士多德的话：例如上面的雪人儿，它现在是一个美人，人见人爱，但这美人的形象是它的形式，而它的质料只是一堆雪，如果不把它堆成雪人，那么它就谈不上是什么东西，只是茫茫雪野上的雪而已，甚至都无法把这块雪与其他的雪区分开来，也可以说，它根本不是个“东西”。正是形式——美人形象，才使它由不是个东西成了个东西，也就是形式使不是东西的质料成了个东西。

所以形式当然比质料高了。

亚里士多德还说，在形成事物的过程中，形式才是唯一的动力，而质料不但不起作用，反而会阻碍事物的形成，就像雕刻大理石像一样，形式，例如大美人维纳斯，容易想出来，可质料大理石却以它的坚硬来阻拦雕像的诞生。

最后一点，虽然形式来自质料，就像前面老白来自小白、小白又来自小白妈妈肚里的胎儿，但这个过程并不是无止境的，倘若我们不断地追根溯源，就会发现形式越来越多，而质料越来越少，形式越来越清楚，而质料越来越朦胧，到最后，质料就没了，只剩下纯粹的形式。

这纯粹的形式就是神，万物的创造者。

第一推动　这个第一推动大家可能听说过，牛顿爵士也把它当作解释宇宙起源的妙法，实际上他是从亚里士多德这里学来的。

亚里士多德是这样开始沉思的：

首先，他自言自语地说，宇宙万物无疑是运动的。

其次，任何运动都应当有个推动者，这也是无疑的。我们只要看看世界上的运动就行了，无论是一只苹果从头上掉下来，或者一颗流弹打中胸膛，有哪个运动没有推动者？

再次，对于每个具体事物的运动，我们都可以找出推动者，但对于宇宙本身的运动呢？例如太阳东升西落？那又是什么推动的？

还有，宇宙本身有一个诞生、成长的过程，这过程也是运动，既然有过程，就有开始。

如果这是对的话，这过程究竟是如何开始的呢？它又形成了一条怎样的链？

对于这些问题，亚里士多德想啊想，最后发觉不能无限制地将开始往前推，必须找到一个最先的推动者，他将世界推动起来。

他又认为，在第一推动者推动之前，这个宇宙也并非空无一物，所以并非真的从无到有创造了世界，而只是推动了世界。

这个第一推动者到底是怎么样的呢？

亚里士多德对此有两种略有区别的说法。

第一个说法是，这个推动者，即上帝，是一种“力”，但这种力可不是机械的力，而是一种原动力、一种终极的力，是力本身，是宇宙万物的唯一形式，是生命的根本原则，等等。

第二个说法是，这个上帝是一种“思想”，因为在亚里士多德看来，没有比思想更好的东西。这就与那神秘的上帝有点儿相似了，我们可以把祂看作是一个无形无影，但能思想、会创造的圣灵，对我们凡人而言，祂是“不可感觉，也不可毁灭”的。

关于这个上帝的长处还有很多话可以说，例如祂的完美、祂的善良，等等。

关于这上帝最后要说的一点就是：祂虽然有力，但却是谦谦君子。在创造了世界之后，祂做的唯一的事就只是静静地思考。

祂如何处置这个祂所推动的世界呢？

祂让它自己运动下去。

至于这个世界，虽然它业已被上帝推动了，但并不是完美的，还既有形式，又有质料，然而它会不断地朝着更大的形式发展，变得与神愈来愈近，也就是愈来愈美。

但愿如此！

第六章　犹太人简史

现在我们要讲述一个悲壮而令人悲哀的故事。

这就是犹太民族的故事。

这个民族大家都听说过，号称缔造了人类对于现代世界三大基本观念的三大伟人马克思、弗洛伊德、爱因斯坦都是这个民族的一分子。

在这三个伟人中，马克思缔造了人类对于社会的基本观念、爱因斯坦缔造了人类对自然的基本观念，而弗洛伊德缔造了人类对于自身的基本观念。

马克思

这三个伟人诚然伟大，是犹太民族对人类伟大的贡献，然而并非最大的贡献，什么是犹太民族对人类社会做出的最大贡献、产生了最大影响呢？

就是它创始了基督教。

我们知道，西方文明用另一个名字称呼就是基督教文明。自从一千余年前基督教诞生并成为罗马帝国国教后，直至现在，西方文明无处不贯穿着基督教的影响，西方文化的各个分支，如哲学、艺术、文学、科学等等无不笼罩在基督教的影子里。

总而言之，不了解基督教就不可能了解西方文明。

犹太人是基督教之创立者，所以我们讲基督教之创立当从犹太人之诞生说起。

犹太人的来由　犹太人的祖先，当他们还不曾被称为犹太人时，就来到了现在叫巴勒斯坦的地方。犹太人第一次出现在巴勒斯坦的时间大约是公元前1400年左右。但这时他们还不叫犹太人，称为海伯鲁人。

海伯鲁人来之前，巴勒斯坦是古埃及帝国的一部分，埃及人一直对它进行有效的管辖，希伯来人到达巴勒斯坦几十年后，埃及人重新征服了巴勒斯坦。这时的巴勒斯坦还有另一个名字——以色列，二者的地域并不完全一样，以色列可能指的仅是希伯来人所住的那部分巴勒斯坦。在公元前1223年古埃及的一个碑铭上有一句话，说："以色列是荒芜的，五谷不生。"或者也有书将这句话说成"以色列已化为废墟，但它的种族并未灭绝"。

不管这段话的意思如何，这句三千年前的铭文是现存所有史书中第一次有关希伯来人、以色列人或犹太人的历史记载。

与考古学意义上的犹太人史相联系的是《圣经》里的犹太人史，这也是我们了解犹太人历史时不能不说的。

《圣经·旧约》第一章就说，上帝在创造天地万物后，就按自己的影像造人，他造的第一个人是亚当，后来又用亚当的肋骨造了他的妻子夏娃。

我们知道，亚当、夏娃后来因为受了蛇的引诱，偷吃了禁果，就被神逐出了伊甸园。

后来光阴荏苒，不知过了几世几劫，亚当夏娃的子子孙孙们日益多了起来，遍布大地，但他们一代比一代坏。

耶和华神愤怒了，决心惩罚变坏了的人，让他们从大地消失，但他唯独留下了善良的挪亚一家，让他们躲在安全的方舟里。然后神降了一场天大的雨，把其他一切"有血肉、有气息的活物"都淹死了。

这个人类的新祖先挪亚有三个儿子，分别叫闪、含、雅弗。他们三兄弟又有子孙，这样，一代代生下去，终于到了亚伯拉罕，他是挪亚的长子闪的后代。

亚伯拉罕是大好人，对耶和华神很恭敬，神便赐福给他，指示他带着自己的家族往迦南地去，这个迦南地便是后来的巴勒斯坦，原来在迦南地的人便称他们为"希伯来人"，这就是希伯来人这个名字的起源。

至于犹太的另一个名字"以色列"，起源要晚一些，亚伯拉罕由于对神极其忠诚，所以神在他100岁时赐了他一个儿子，名叫以撒。以撒后来又生了两个儿子，是对双胞胎，大的叫以扫，小的叫雅各。

一天，雅各在一条河边与天使角力并且战胜了他，天使便对他说："你的名字不要再叫雅各，要叫以色列，因为你与神和人较力，都得胜了。"于是雅各从此就改名叫以色列了。

雅各共有4个妻子和12个儿子，他的家族便被称作"以色列家"，家族成员被称作"以色列人"。后来这12个儿子便发展成为以色列人的12个支派，被尊为"12列祖"，再往下这12个支派便发展成以色列民族了。

那么犹太人这个概念又是如何来的呢?

原来，在雅各的众儿子中，他最喜爱的是第11个儿子约瑟，这令哥哥们十分嫉妒，他们便在一天，趁约瑟单独到他们牧羊的地方去看他们时，把他卖给了正要去埃及的以实玛利人。

到埃及后，约瑟被卖给了埃及法老的护卫长做奴隶，经过一番波折，他后来成了埃及法老的宰相，治理全埃及。

后来，他又将整个的家族接到埃及来住，从此以色列人就生活在埃及了。

这样，以色列人便一直生活在埃及，由于他们善于生孩子，也善于理财，人口日益众多，势力逐渐要超过埃及人了。埃及人很害怕，就求法老制止以色列人。于是法老就没收了以色列人的财产，并且强迫他们做了埃及人的奴隶。

后来，摩西出来了，他带领被奴役的以色列人离开了埃及，回到了迦南地。此后以色列人便进入了所谓的"士师时期"。

摩西

士师时期是以色列人的战国时期，12个支派经常互相攻伐，势力日渐衰弱，经常受到异邦的欺侮。后来以色列人总算认清了这一点，改邪归正，慢慢又联合起来，最后整个民族分成了两大块：一大块是住在迦南地中部和北部的北部集团，另一大块是住在南部的南部集团。

两部虽有攻讦，但尚未分裂，都称以色列。

最初北部集团占了上风，因为它出了一个领袖扫罗，他被最后一位士师撒母耳膏作以色列人的王。扫罗英俊而英勇，力图统一以色列。但内忧外患太过严重，他力不从心，晚年又嫉贤妒能，迫害大卫，终于出师未捷身先死。

继扫罗而起的是南部集团的大卫，他勇敢而又忠心，扫罗死后做了以色列人的王。他是一个比扫罗更杰出的人，最终完成了统一大业。从此以色列人建立了统一的国家，成了统一的民族，千年梦想终成现实，以色列人进入了黄金时代。

大卫王死后，他的儿子继位，他就是所罗门，传说中耶和华曾赐给他“极大的智慧和广大的心，如同海沙不可测量”，关于所罗门智慧的故事数不胜数。

所罗门王死后，他的儿子罗波安继位，他骄奢淫逸，使国库空虚。更危险的是，属于以色列南部的罗波安歧视北部。于是，北部人民在耶罗波安的领导下群起反抗，建立了一个新的以色列国，而以色列的南部仍归罗波安统治，但名字改了，称为“犹大王国”，用这名字是因为大卫王族出身于以色列人12支派中的犹大支，这大约是公元前930年的事。

分裂的以色列不久尝到了苦果，它先成了亚述的附属国，后来被继亚述称雄中亚的新巴比伦王国灭亡。新巴比伦的王尼布甲尼撒率大军攻入犹大国，血洗耶路撒冷，拆掉全部城墙，甚至毁灭了犹太人的圣殿。然后将犹大国的王室、贵族、阔佬、工匠等全部带到了巴比伦，关将起来，这些人就成了历史上著名的“巴比伦之囚”。这是公元前586年左右的事。

犹大被灭后，以色列人的精英们都成了巴比伦之囚，另有许多人逃到了埃及，只有少数人仍留在原地巴勒斯坦。由于这里此时已是地广人稀，其他民族蜂拥而来，巴勒斯坦就由以色列人的聚居地变成了一个许多民族杂居共处之地，并互相通婚。

又过了几十年，新巴比伦被波斯帝国灭亡了，波斯王居鲁士善待犹太人，在巴勒斯坦为犹太人重建了国家，还将巴比伦之囚释放，让他们回到了故国。

犹太人回到耶路撒冷后，立即着手修复圣殿，大约在公元前516年完成。

这些回到耶路撒冷的以色列人看到一直没有离开故土的同胞们在这里生活了几十年，竟然对倒塌在废墟中的圣殿不闻不问，不但如此，还同异族人杂交通婚，不由失望之极。他们便不与那些同胞共处，独立地聚居在耶路撒冷城周围，并自称为“犹太人”，以区别于其他血统不纯的以色列人。

由于犹太人就意味着血统的纯正，那些血统并不那么纯正的以色列人为了拔高自己，也慢慢地自称为犹太人了，结果是，渐渐地所有以色列人现在都自称为犹太人了。

这就是“犹太人”这个称呼的起源。

帝国时代　波斯帝国之后治理犹太人的是消灭了波斯帝国的亚历山大大帝，他建立了空前庞大的帝国，但他的帝国亦空前地短命，英年早逝后，其帝国土崩瓦解，分成了托勒密、塞琉古等三个独立王国。

一开始，巴勒斯坦属于托勒密王朝，后来被在公元前2世纪左右归到了塞琉古王朝。塞琉古这时的皇帝是强大的安条古三世，但当他强大时，另一个更强大的帝国也崛起了，这就是罗马帝国。

两个帝国之间发生了战争，塞琉古被击败，被迫向罗马支付巨额赔款，为了筹钱，塞琉古王安条古四世率军劫掠了耶路撒冷的犹太人圣殿，夺取了里面的金银财宝。不但如此，后来安条古四世还宣布禁止犹太人读摩西律法，逼他们在安息日干活，连割礼也禁止了。

割礼是犹太人最古老的风俗，就是男子刚生下来时，犹太教士就会掏出他的小鸡鸡，把包皮割下来，这就叫行割礼了，没有包皮是犹太人之为犹太人的标志之一。

这样，犹太人处在了存亡危急之秋，只有两条路：要么起而反抗，要么甘心灭亡。他们毫不犹豫地选择了第一条，发动了起义。

起义领袖名叫朱达斯·马喀比，他率军打败了安条古四世的军队，进占耶路撒冷，这是公元前165年左右的事。

进占耶路撒冷后，马喀比宣布全面恢复犹太教各项仪式，并同罗马人结了盟，这使他在对抗安条古四世的战斗中立于不败之地。

马喀比死后，他弟弟西门领导独立了的犹太人重建了秩序，使长久以来被异族压迫得几乎窒息了的犹太人终于看到了隧道尽头的希望之光，他们称赞这段时候的美好生活说：

> 邪教徒的桎梏从以色列人身上去除了。……他们已经和平地耕他们的田地，田地上的收获增加了，平原上的树木结满了果实。年长的人们坐在街道上，他们大家一起谈论着美好的事情，青年们身着华丽的军装。他对各个城市供应食物，并且给他们武器。……他缔造了全国的和平；以色列人皆大欢

喜：他们每个人都安坐在葡萄架和无花果树下，没有人使得他们害怕。

西门死后，他的儿子约翰·赫克拉斯和孙子亚历山大·詹那挨斯先后继位，统治耶路撒冷，他们都是暴君。詹那挨斯死后由夫人掌政，她使国家重新安定。

她死后，次子从兄长手里夺取了王位，又以暴政统治犹太人，犹太人再次生活在悲惨世界。这是约公元前69年的事。

接下来统治犹太人的是罗马帝国。

罗马伟大的征服者庞培统军来到耶路撒冷，一鼓而下，斩杀了成千上万的犹太人，又把许多人卖为奴隶，立了赫克拉斯为耶路撒冷的统治者，但他可没资格称王，耶路撒冷也没有资格做罗马直接的属国，而是罗马叙利亚省的一部分，受驻在那里的罗马总督管辖。这大约是公元前63年的事。

由于不满罗马人的残酷统治，犹太人举行了大起义，但很快就被镇压了，几万名起义者被卖为奴隶。

接下来统治犹太人的是恺撒，他仁慈而宽大，饶恕了犹太人的背叛，让臣服他的安提巴忒统治耶路撒冷，还允准犹太人重修耶路撒冷的城墙，甚至给予他们信奉自己宗教的自由。

安提巴忒死后，继位的是儿子希律，经过一番曲折，希律得到了罗马帝国新统治者屋大维的青睐，把整个巴勒斯坦交到了他的手上，使他成了真正的犹太王。

希律虽然是犹太人，但更是忠诚的罗马公民，兢兢业业地为罗马人效劳。公元前4年，他在死前做了一件大大对不起犹太同胞的事：下令全体犹太人宣誓忠于他与屋大维，还在耶路撒冷的圣殿门口装上了黄金制的鹰，这是罗马帝国的象征。

希律虽然做了许多坏事，但在他统治犹太人的几十年间，毕竟为犹太人带来了宝贵的相对安定的生活，使犹太社会得到了一定的发展。

公元前4年，希律王死了，三个儿子起来争夺王位，巴勒斯坦一下大乱，犹太人又趁机起来反抗。

这次反抗规模空前，同时有三支起义军，试图推翻希律家族对犹太人的统治。但罗马的叙利亚总督派大军前来镇压，不久起义军便被消灭了，残暴的叙利亚总督下令烧掉所有同起义军有瓜葛的城市，还把几千名起义者钉死在十字架上。

镇压起义后，奥古斯都为了平息纷争，就把巴勒斯坦平分给希律的三个儿子，经过短暂统一的犹太社会又一次分裂了。

但希律的三个儿子都不是好人，其统治令同胞们不堪忍受，于是再次起来反抗，不过这次采用的是和平方式，他们请求罗马人废除希律家族的统治。一贯比较尊重人民意志的奥古斯都听从他们的要求，下旨巴勒斯坦归帝国直辖，这是公元6年的事。

因理想而受罪　犹太人并没有因为奥古斯都听从他们的请求而停止反抗，不久又发动了新的起义。

这时大家也许会发现一个问题，为什么犹太人还要起义呢？他们究竟为了什么？难道是为起义而起义吗？

当然不是！只有神经病才会为起义而起义，才会用赤裸的胸膛迎接罗马人的投枪。

犹太人的起义是一种与以前的奴隶起义完全不一样的起义，以前的奴隶起义，包括斯巴达克斯起义，只是奴隶们为着自由而战，如果他们能凭起义挣脱奴隶之身，成为自由人，就会满足了。但犹太人的反抗并不是一回事，因为犹太人并不是奴隶，他们享有人身自由，他们当然没有罗马公民权，然而他们不是为了这个而战。他们也不是为了民族的独立而战，他们并不十分反对罗马人的统治，他们两次请求罗马人来废黜他们本族的领袖就是明证。

当然上面的说法并非绝对，也就是说我们并不能说犹太人不珍惜民族的独立与自由。我只是说，犹太人的起义并不是全为了这个，甚至于主要不是为了这个。

那么犹太人到底是为了什么而起义的呢？

为了民族的理想！

什么是他们民族的理想呢？这是一个伟大的理想，目的是要建立一个人间天国，在这个人间天国里，任何人，包括奴隶，任何民族，包括犹太人和异族人，都能过上幸福美好的生活。

在这个天国里犹太人的耶和华是唯一的神。这体现了犹太人那种深深的民族优越感，这种优越感像弹簧一样，因被压迫而变得更强烈。但它并没有优越到要将其他民族置于犹太人的统治之下，变成奴隶，一如罗马人对待异族的方式，他们只要求异族承认他们的神。

起义者们大声宣示只有一个神，就是耶和华；人间所有世俗王国都要灭亡，所有人都要归于天主，都会在人间天国里过上幸福快乐的日子。在这个人间天国里，所有人都是平等的，像一个起义领袖所宣称的一样：对外国人纳贡或称呼任何人为主人都是不容许的，也就是说，人既不能将自己的财产交于他人，亦不能视自己低于他人，人人都是平等的，都是亚当的子孙、上帝的造物。

从这些宣示里我们看到了一个美好的理想：世界大同、人人平等、普世蒙福，这个理想现在何尝不是我们人类的至高理想呢？

犹太人的理想诚然是伟大的，然而并不完美，它有两个弱点：一是对于其他信仰的排斥，不承认他们的神；二是他们虽然认为其他民族也应当过幸福日子，然而却认为自己才是上帝特选的子民，因而居高临下地看待其他民族，好像他们是施舍者，而其他民族是乞丐一样的受施者，这样做势必严重地伤害其他民族的自尊心。

以后的历史将证明犹太人理想的这两个弱点是致命的，给其他民族与其他信仰、也给犹太人自己带来了深重的灾难：第一个灾难就是后来基督教对“异教徒”的残酷迫害。第二个灾难的受害者是犹太人自己，由于这种优越感而自己又无力捍卫之，他们受到了其他民族的憎恨，并最终成为遭受千年迫害的根由之一。

好了，这些都是后话，我们回过头来看看犹太人的反抗在罗马帝国的影响吧。

虽然犹太人不停地反抗，罗马人并不着急，犹太人的势力太弱小了，不足以威胁到帝国的统治。

当然这并不意味着罗马人会对犹太人的起义袖手旁观，他们总是要镇压的，不但要镇压犹太人在巴勒斯坦的反抗，还要镇压他们在罗马各地甚至意大利和罗马城内的小小煽动。

还有，他们听到这些犹太人声称有什么弥赛亚和人子会来拯救他们，让所有人间帝国灭亡，真是岂有此理！所以当罗马诸帝将这些犹太人逮起来后，并不是杀他们，而是要求他们放弃自己的信仰，如果不的话，就将他们赶走或送到前线打仗，看有没有圣人来救他们、让他们刀枪不入。

到克劳狄皇帝时，犹太人第二次被逐出罗马城，罪名是“不断地受到基督的教唆而作乱”。

这是公元1世纪的事，也是“基督”这个名字第一次出现在罗马历史之中，我们可以把这当作基督教的起源。

第七章　基督教简史

讲基督教的故事先得讲耶稣的故事，因为基督教的产生是从耶稣的诞生开始的。

耶稣传略　关于耶稣的诞生，《圣经·新约全书·马太福音》里有详细的记载，大意是说，耶稣的母亲玛丽亚已经许配了约瑟，还没有迎娶，就从圣灵怀了孕，她丈夫约瑟是个义人，不愿意明明地羞辱她，想要暗暗地把她休了，正思念这事的时候，神的使者在他梦中显现，告诉他玛丽亚她所怀的孕是从圣灵而来的，她将要生一个独生子，要给他起名叫耶稣，他要将人从罪恶里救出来。

耶稣

约瑟醒后，就遵照吩咐把妻子娶过来，等她生了儿子，就给他起名叫耶稣。这时候统治犹太人的是希律王，他要杀掉传说中将成为犹太人的王的耶稣。为了逃避，约瑟便带着家小逃往埃及，直到希律死后才回到了巴勒斯坦，住在拿撒勒。

长大后的耶稣就在水里受了约翰的洗礼。约翰被关起来后，他就离开了拿撒勒，往加百列去了，在靠近海的地方开始收徒传道。例如他在加利利海边，看见一对渔民兄弟在撒网，就要他们跟从他，他将会使他们“得人如得鱼一样”。他们立刻便丢了网，跟耶稣走了。这两兄弟中的一个名叫西门，后来就是著名的大圣徒彼得了。这样耶稣先后共收了12个大徒弟。

除收徒外，耶稣还行了许多神迹，例如救治病人，例如一个闺女，已经死了，可耶稣拉了拉她的手后，她就活了。还有就是给饥饿的人以食物，他曾用七个饼让4000人吃饱，剩下的还装满了7个篮子。耶稣的另一种神迹则是为了考验众门徒的信心。例如他曾夜里四更天在海里行走，还叫彼得也来走，当彼得害怕会沉没而喊叫时，耶稣责备他道："你这小心的人哪，为什么疑惑呢？"

由于耶稣这些大神通，他得到了越来越多的信徒，甚至渐渐地就被认作犹太人中一直传说的"弥赛亚"了。弥赛亚是受膏者的音译，又译作基督，意思就是来拯救犹太人，使他们脱离苦海的王。

对耶稣而言，被人视为弥赛亚也许是得其所哉，然而也正是这得其所哉害了他的命。

原因很简单，既然耶稣是犹太人的王、是弥赛亚，那么现在的犹太人统治者们，包括祭司们、希律王和他的罗马主子，又是什么呢？他们岂不也要认他为王？用一句中国话来说，这不是要"谋朝篡位"吗？

因此，那些祭司长们、希律们决心将这位胆敢篡夺他们权位的家伙治死。

他们先设计了各样陷阱想让耶稣掉进去，例如问耶稣该不该给罗马人纳税，他们想如果耶稣一心为着犹太人，那么自然会不同意纳税给罗马人，如此便可以借这个口实将他交给罗马人，定他的罪了。但耶稣一句巧妙无比的"恺撒的物当归给恺撒，神的物当归给神"说得那些人哑口无言，灰溜溜地走了。

诡计没有得逞，他们越发决心要害死耶稣。这时，他们得到了耶稣十二门徒之一的犹大的帮助。

耶稣知道犹大出卖了他，但没有任何害怕的表示，他知道这是他的命，他命定要为人的得救而流尽最后一滴血。

但他也没有默默无语，他举行了著名的"最后的晚餐"，晚餐上，他说了那句直到现在仍响彻云霄的"你们中间有一个要出卖我了"。

吃完最后的晚餐，并把祝福的饼和如耶稣血的葡萄汁给门徒们喝过后，耶稣就带了众人往橄榄山去，只有犹大离开了，因他要找人来捉耶稣。

不久，犹大领着许多人来了，他走到耶稣面前，同他亲吻，那帮人便知谁是耶稣了，他们扑上来，抓住了耶稣。

耶稣被带到大祭司和犹太长老们那里去，不久，由于长老们的坚持，当地罗马的执政官彼拉多被迫同意处死耶稣。据说，彼拉多拿水在长老们面前洗手，说："流这义人的血，罪不在我，你们承当吧！”众人都回答说：“他的血归到我们和我们的子孙身上。”

于是耶稣就在被一阵残酷的鞭打后，在十字架上钉死了。

耶稣被钉在十字架上

对于一般人而言，死亡就意味着一切结束，然而对于耶稣，死亡不但不是结束，而且是一个新的开始。

因为耶稣死后，他又复活了。而且，耶稣之死也预示着基督教的诞生，就像《马太福音》最后一节所言，耶稣复活后对前来拜他的门徒们所言：

> 天上地下所有的权柄都赐给我了。所以，你们要去使万民做我的门徒，奉圣父、圣子、圣灵的名给他们施洗。凡我所吩咐你们的，都教训他们遵守，我就常与你们同在，直到世界的末了。

基督教的诞生　耶稣死后，对基督教做出最大贡献的人是圣保罗，他多次走遍从小亚细亚到意大利的许多地方，进行传道，宣扬耶稣就是基督——弥赛亚，这些传道就是基督教最初的传播。

保罗死于公元67年左右，是昏庸无道的罗马皇帝尼禄下令处死他的。

从上面耶稣与保罗的生平我们可以看到，他们两人都受到了犹太人的迫害，甚至可以说是死于犹太人之手，而他们本是地道的犹太人，也是虔诚的犹太教徒。

这是怎么回事呢？为什么他们会是如此的命运呢？

这是因为耶稣与保罗所宣扬的教义同犹太教的教义已经大大不同了，所以他们才被虔诚的犹太教徒视为异己，必欲除之而后快。

那么基督教又是如何从犹太教那里分离出来的呢？又与犹太教有了怎样的区别呢？他们又是如何最后脱离犹太教母体、成为独立的基督教的呢？

我们现在来简单谈谈这个问题吧。

简言之，基督教之所以能从犹太教那里分离出来是因为他们渐渐有了下面一些自己的特性：

第一是有了自己的崇拜对象，就是耶稣。基督徒与犹太教徒在这里壁垒分明：凡否认耶稣是弥赛亚的是犹太教徒，而承认耶稣是弥赛亚的便是基督教徒了。

第二是基督徒们有了自己的经典。

我们知道，《圣经》分成"旧约"和"新约"两部分，其中"旧约"是犹太教经典，但他们却不承认"新约"。

基督教开始也只有"旧约"，后来由于他们有了耶稣这个伟大的导师和他的十二门徒、有了保罗这个伟大的传道者之后，便有信众记录下他们的言行，录成一书，也作为他们信奉的范本，后来便成了"新约"。这样一来基督教徒们便有了自己和犹太教徒不同的经典——《新旧约全书》。

而伴随着新经典出世的当然是其中蕴藏的思想，如信奉耶稣是神之子、是人类苦难的救赎者，他由处女怀孕而生、将为拯救人类的苦难而牺牲自己、被钉上十字架，然后又会复活、升天，如此等等，这些便成了基督教独特的教义。后来当一些富有哲学素养的人来阐释他们、深化他们时，这些教义便成了基督教的神学。

第三是基督徒们有了自己的组织与团体，这就是基督教会，它的势力后来越来越大，甚至一度统治了整个西方世界。

这样，有了自己独特的崇拜对象——耶稣；有了自己独特的经典——《新旧约全书》；有了自己独特的组织形式——教会的基督教便脱离了犹太教，成为一种与犹太教迥然不同的新宗教——基督教。

从受难到成功　诞生之后的基督教就像耶稣的人生，饱经磨难。

首先对基督教严厉迫害的是罗马帝国。由于基督教认为耶和华是唯一的神，这同罗马政府把皇帝神化，认为皇帝就是神，直接对立，所以皇帝当然要迫害之。还有就是当时的基督教是个地下党一样的秘密组织，因此罗马政府自然大为担心他们会聚众造反。加之这些基督徒们在举行"圣餐"时，把他们吃的饼、喝的酒称为"基督的身体和血"，许多教外的人便以为他们真的是在吃人肉、喝人血了，因而引起了外人极大的惊恐与愤慨。

这样的结果是，罗马政府对基督徒进行了大规模的、残酷的迫害，从残暴的尼禄到仁慈的图拉真，都这样行事。

图拉真以后的几个皇帝，如哈得良、安东尼·庇护、马可·奥勒留等，虽然也敌视基督教，但采取了比较温和的政策。

但到了罗马第一个实至名归的皇帝戴克里先，基督徒遭到了最残酷的迫害。在帝国各省，基督教堂被拆毁，《圣经》被烧毁，举行秘密集会的基督徒一律判处死刑，甚至被活活烧死。甚至全体基督徒被摒弃在法律保护之外，任何人都可以随意加以迫害。

中国有句古话：物极必反，否极泰来。被戴克里先压迫得喘不过气来的基督徒们，终于同样在戴克里先这里放下了重负。

公元311年，戴克里先已经病入膏肓，临死之际，他幡然悔悟，顿觉往日之非，于是下了一道遗诏，要求他的继任者和帝国官僚们宽容基督徒。戴克里先的这个遗诏对他的继任者产生了莫大影响。

戴克里先去世前，为了更好地治理庞大的帝国，将之划分为东西两部分，于是原来统一的罗马帝国现在分成了东罗马与西罗马两部分。东罗马包括希腊及其以东的地方，西罗马则包括意大利及其以西的地方。东罗马由戴克里先自己治理，西罗马则交给他的一个也称皇帝的部将，即西帝，只是西帝要服从东帝。

戴克里先死后，两个皇帝继位，西帝是君士坦丁，东帝是李锡尼。

君士坦丁这个人对基督教之成为西方正统起了莫大的作用，后来基督徒们追赠了他一个尊号——君士坦丁大帝。

当上皇帝后，他不久便遵照先帝遗诏，与东帝李锡尼共同下旨赐基督徒以信仰自由。这道敕令便是基督教史上有名的《宽容敕令》。这是公元311年左右的事。

又过了两年，他们更共同颁布新敕令，无条件发还以前镇压基督教时从教会那里没收的财产。次年，他在阿尔举行了第一次基督教的宗教大会，不过只有西罗马的主教们参加，称不上全罗马的基督教大会。

323年，君士坦丁大帝击败东帝，成了全罗马帝国的皇帝。

两年后，大帝终于举行了全罗马帝国的宗教大会——尼西亚主教大会。在这次会上制订了一部《尼西亚信经》，它消除了基督教思想界一度乱七八糟的局面，关键是确认了圣父、圣子与圣灵的三位一体，以及圣父与圣子的“本体同一”，又把不接受这个信条的异端，主要是阿里乌斯教派，划为异端、开除出教，从而初步统一了基督教世界。

继君士坦丁大帝后，另一个不但令基督教成为罗马的国教，而且成为整个西方世界无上的精神统治者的是狄奥多西大帝。

狄奥多西下令摧毁所有异教庙宇，并命令所有罗马人信仰基督，后来进一步规定凡信仰其他宗教的都是叛教行为，要受到严厉惩罚。这是公元380年的事。

至此，基督教不但在反对压迫的斗争中取得了彻底胜利，还成了基督徒们的精神支柱，独霸西方世界。从精神这个角度来说，它统一了整个西方——它把种族、语言与文化诸方面都极不相同的西方诸国、诸民族统一于基督精神之下，从此西方文明亦可称之为“基督教文明”。

狄奥多西虽然大大强大了基督教，然而却没能强大罗马帝国，到他称皇做帝时，罗马帝国已经走近了衰亡，西哥特人、汪达尔人、东哥特人像洪水一样涌进他的帝国。此前，狄奥多西已经在公元395年把帝国分给了两个儿子，分别是以罗马为首都的西罗马和以君士坦丁堡为首都的东罗马。到公元476年，西罗马最后一个皇帝小罗慕洛斯·奥古斯都路斯被日耳曼雇佣军首领废黜。

至此，西罗马帝国灭亡了，差不多有千年历史的罗马时代也走向了终结，西方历史从此便过渡到了中世纪。

中世纪主要的特征是基督教的统治，以罗马为中心的教会实际上成了整个西方世界的统治者，攫取了巨额财富，并且在各国大量建立异端裁判所，对所谓异端进行残酷迫害。

独霸西方世界后，中世纪基督教巨大力量的另一个最重要的表现是十字军东征。

罪恶之战 西罗马帝国灭亡，而东罗马帝国则继续存在。东罗马虽然没有灭亡，但日子也不好过，它受到各个蛮族——从日耳曼人到匈奴人的不断袭击。到11世纪，东罗马帝国受到的压力更大了，这时诺曼人从西边、俄罗斯人从北边一齐往东罗马冲来，不断地欺侮它、压榨它。特别是当强大的奥斯曼土耳其人来袭时，东罗马皇帝实在无力抗拒了，就采取了一个对历史产生重大影响的步骤——向罗马的教皇求援。

这时候，罗马的教皇已经凛然是整个西方世界的太上皇了，其他世俗国家的国王都要听从他这个耶稣与上帝在尘世的代表。到强大的乌尔班二世当教皇时，他正式准备援助东罗马的兄弟，他1094年在皮雅琴察召开了宗教会议，商讨援助东罗马人的事。

1097年，第一次十字军东征开始了，他们由英格兰人、法兰西人、意大利人等为主力组成，人数庞大。他们渡过了博斯普鲁斯海峡后，一举攻克了靠近君士坦丁堡、当时已被突厥人占领的重镇尼西亚。并继续攻击，一路夺关斩将，凭着那种因宗教的狂热而激起的高昂士气，终于打到了他们此行的最终目标——耶路撒冷。

这就是第一次十字军东征，也是最成功的一次。此后还有为数达七次的东征，不过都没有第一次成功。

此后，第二次十字军东征开始于1147年，1189年有了第三次十字军东征，第四次十字军东征发生于1202年。

第四次的十字军东征做了令人发指的事。作为基督徒的十字军们不但不去打异教徒，反而向自己的同教兄弟发动了进攻，措手不及的东罗马人被打败了，拜占庭被占领了。那些西方的基督徒们向东方的基督徒展开了残酷屠杀，他们疯狂的掠夺令拜占庭这座当时世界上最繁华的城市遭到了空前浩劫。

这次十字军东征之后，大约1212年，出现了一支特殊的十字军，就是“儿童十字军”。

原来，在1212年前后，传出一条谣言，说只有儿童的纯洁才能蒙上帝的恩，征服异教徒。这些传说像风一样吹遍了整个欧洲，那些愚信的父母纷纷将自己的孩子交了出来。于是在欧洲的原野上到处出现了一群群儿童，从五六岁到十来岁，衣衫褴褛，吃力地走着，许多人累死饿死冻死在路上，活下来的一直走到了法国南部的马赛港。在那里，他们被送上了一艘艘大船，往茫茫大海航去。准备“用他们童贞的爱而不是用武力”去夺回圣地。

他们最后怎样了呢？他们根本没有被送去打仗，用他们的纯洁征服异教徒，而是径直被送到埃及，卖给奴隶贩子们了。

这些纯洁的儿童们，为教皇而失去了他们的自由与生命，教皇知道他们可悲的下场之后，只恨恨地说了句：

> 这些儿童真给我们丢脸！

以后又有第五、六、七、八次十字军东征，不值得为这样污秽的行为费太多的笔墨，总之他们每一次都是怀着贪婪之心而去，背着耻辱之败而归。

1270年是第八次，也是最后一次东征，这时距第一次十字军东征差不多200年了！

到1291年，十字军失去了在东方的最后一个据点阿克城。

值得补充的一点是，2000年2月底的一次电视讲话中，事隔七百余年之后，教皇保罗二世终于在一次讲话中正式为十字军的倒行逆施表示了道歉。

讲完了十字军东征之后，有关基督教的历史这一章也该告一段落了。

两度分裂 此后，还有两件事要简单地说说，这就是基督教的两次大分裂：第一次是基督教分裂成罗马天主教和希腊正教；第二次是天主教再分裂出基督教新教。

我们先来看看第一次大分裂。

我们前面讲过，为了便于治理，戴克里先曾将罗马帝国分成东西两部分，分别以意大利和希腊为中心，后来狄奥多西在395年把帝国分给了两个儿子，建成了分别以罗马为首都的西罗马和以君士坦丁堡为首都的东罗马。从此，两个罗马走上了各自发展的道路，而且相隔越来越远。最大的区分是语言，西罗马的基督徒们说拉丁语，自然也用拉丁语来做祷告、发表他们的神学见解，而东罗马的人则用希腊语做这些事。这样，两种语言的区分就引起了其他许多区分，例如对耶稣或保罗同一段教义的理解，便由于语言不同而产生了分歧。这样最终导致了两类不同的教会：一类教会以拉丁语宣讲传道、进行神学研究，而另一个教会则用希腊语。

这样的结果是，双方的差异越来越大，分歧越来越多，于是争吵也越来越厉害，到11世纪，双方的争吵终于因一件事而达到了顶峰。

这件事的起因是这样的：罗马教皇派了一个红衣主教到拜占庭去见东部教会的教皇，对他说，如果他再闹下去，就要开除他的教籍。东部教皇随即宣布把罗马教皇革除教籍。

这是导致基督教第一次大分裂的最后一根稻草，从此基督教决裂成了东西两部，西部自称为“公教”，意思是它是全世界公有的，它也要拯救整个世界。东部则自称为“正教”，强调唯有它才是耶稣基督的嫡系，才是正统的基督教。

这大体是1054年的事，这一年就是基督教会的第一次大分裂之年。

至于第二次大分裂，它起因于罗马教会的腐败。中世纪的教皇之腐败与堕落要超过所有的世俗国王，按照教规，教士最起码的行为标准是禁绝情欲，而大量的教士、主教甚至教皇都有情人与私生子，这样的例子举不胜举。

这样的结果就是教皇和教会遭到社会有识有德之士的强烈反对，这反对的结果就是基督教会历史上的第二次大变革。

这次对基督教会进行大改革有两个主要领导者，一个是马丁·路德，另一个是加尔文。

马丁·路德生于1483年，是德国人，当上神学教授后，他起来反对当时流行的所谓赎罪券。所谓赎罪券，就是罗马教皇印制的一些票据，声称谁买了这东西谁的罪就可以得到赦免。不是说他犯了罪就不用坐牢杀头了，而是说他死后用不着因所犯的罪下地狱了，因为他购买了赎罪券，他的罪便被神赦免了，他可以直升天国了。那些推销赎罪券的教士们眉飞色舞地对可怜的信徒们说，当他们买赎罪券的金币叮叮当当地掉进教士们的钱袋时，他们的灵魂已经飞上天堂了！不用说，成千上万愚昧的信徒们就这样花掉了成千上万的辛苦钱，而教皇也因此大发特发，成了西方世界最富有的人。1517年10月的一天，马丁·路德在他执教的维登堡大学教堂门前贴出了一张公告，名字叫《关于赎罪券效能的辩论》，里面用多达95条的论据证明赎罪券根本没用，只是教皇用来搜刮民脂民膏的伪钞假币。神圣的教皇第一次遭到了这样公开而有力的批判，点亮了许多人的眼睛，马丁·路德就成了基督教新教的开山鼻祖。

继马丁·路德之后，中世纪基督教的另一个大改革者是加尔文。

加尔文1509年生于法国，比马丁·路德小26岁，他曾经在法国多所著名大学进修神学，在巴黎期间，有一天他受到“突如其来的、神的启示”，从而觉悟到如今罗马教会之非，决心像马丁·路德一样起来改革之。几年后，加尔文发表了他的名著《基督教原理》，它被称为基督教新教的第一本系统的神学著作。他的主要观点是认为人认识上帝有两条途径：一是通过个人自我内在的顿悟，二是通过《圣经》中上帝的启示。此外还有一个令人绝望的观点，就是“预定论”，就是说人的一切都是在他生前就预先注定了的，他一生无论做什么都不能改变这一点。

加尔文遭到了教皇和教会的嫉恨与迫害，但他也获得了大批追随者，尤其是在瑞士的日内瓦，这个美丽的山城从执政者到普通市民都憎恨罗马教廷，把罗马主教赶走了，加尔文立即着手在这里实践他的理想国之梦。

到1541年左右，加尔文终于在日内瓦建立了他政教合一的新教国家，而他的新教也被称为基督教新教加尔文宗。

至此基督教大体完成了它的两次大分裂，直到今天基督教大体还是这个样子。

——还是大体分成三支：天主教、东正教和基督新教。它们各自又有许多宗派，其中最有名的当然是新教的两大宗派：路德宗和加尔文宗了。

虽然已经一分为三，但总的来说它们仍属同一大教——基督教，就像《封神演义》里形容阐教、道教、截教的关系一样：

红莲白藕青荷叶，

三教原来是一家。

第八章　奥古斯丁传

上一章我们讲述了基督教诞生与成长的故事，大家已经看到了基督教这西方人的精神支柱是如何走入我们视野的。基督教包括两大项内容，一是作为生活方式的基督教，另一个则是作为哲学的基督教，即神学。

上面我们所说的是作为生活方式的基督教，现在我们就来说作为哲学的基督教，即神学。

基督教神学的内容是极为丰富的，我们在这里只讲两个最伟大的神学家，以他们的思想作为神学思想的代表。

这两个最伟大的神学家就像奥古斯丁和托马斯·阿奎那。

我们先讲奥古斯丁，这位最伟大的教父，也是最伟大的哲学家与神学家之一。

早年人生　奥古斯丁生于公元354年11月13日，出生地是北非的塔加斯特，塔加斯特当时属于罗马帝国的努米底亚省。

奥古斯丁的父亲是个异教徒，也就是说不是基督徒，母亲则是位非常虔诚的基督徒。从小的时候，他的母亲就拿基督的真理教导他，他也听进去了，相信母亲的话，只是由于种种缘由，他一直没有进行洗礼，也就是说，没有正式成为基督徒。

他在家乡接受了最初的教育，但他对学习一点也不热衷，倒是很热衷于玩各种游戏，他从小性格外向，又讲义气，所以总有很多朋友跟着他，从小到大都是如此。

他早年做过的最著名的一件事之一就是偷梨。那时候他正在家乡，准备去迦太基上大学，基本上什么正事也不干，成天带着一班子小兄弟斗鸡走狗。有一天，纯粹出于无聊，就偷了一家人的梨子。为这事，奥古斯丁长大之后都深深地忏悔。就是因为他知道自己偷梨只是为了好玩，并不是真的想吃这梨，事实上，他家里有更多更好的梨，在他看来，这样的罪就大了，那说明他本性有罪，罪莫大焉！

在家乡玩了一年后，他终于去迦太基上大学了。

迦太基是当时非洲最大的城市之一，也是历史名城，曾经称雄地中海，与初霸时的罗马为敌，结果，经过从公元前264年开始的三次布匿战争，虽然一度在汉尼拔的统领之下，差点灭亡罗马，但最终还是被罗马人彻底打败了。

罗马人最后是这样处置迦太基的：将所有活人卖为奴隶，迦太基城被彻底摧毁，夷为平地，并且在上面用犁犁过，罗马人还诅咒说，凡敢再在这里建城的人必遭天谴。不过罗马人的诅咒没用，由于迦太基地理位置优越，还是渐渐兴起了，慢慢又成了大城。

这时的迦太基也是异教的大城，城市生活非常的奢靡，肉欲泛滥，而奥古斯丁正值青春期，禀性又贪玩，不久就完全投入了这种生活，天天疯玩，甚至还搭上了一个女人，这个女人出身低微，但相当纯洁，对他的感情也非常真挚。他们不久就同居了，后来一起生活了十五年之久，还为他生下了一个儿子，这就是奥古斯丁唯一的孩子，他给儿子取名“天赐”，据说孩子天资聪颖，可惜天不假年，十七岁时就死了，当然这是后话。

玩归玩，但奥古斯丁还是很重视学业，加上他天赋异禀，因此他的成绩一点也没落下，几年之后，便很好地掌握了修辞学等功课，不仅如此，他这时候的心也发生了大改变。

这种改变的结果就是他信奉了这时候在迦太基和整个北非都相当流行的摩尼教。之所以如此，摩尼教的教义起了相当大的作用。摩尼教基本的教义是说在世界的一开始就有光明和黑暗两个王国并存，光明占据北、东、西三方，黑暗占据南方，光明与黑暗之间一直在苦苦争斗。摩尼教的这类教义大家可能听说过，不过不是从奥古斯丁那里听说的，而是从金庸的《倚天屠龙记》里看到的，其中一段极为精彩：

> 当此之际，明教和天鹰教教众俱知今日气数已尽，众教徒一齐挣扎爬起，除了身受重伤无法动弹者之外，各人盘膝而坐，双手十指张开，举在胸前，作火焰飞腾之状，跟着杨逍念诵明教的经文：“焚我残躯，熊熊圣火。生亦何欢，死亦何苦？为善除恶，惟光明故。喜乐悲愁，皆归尘土。怜我世人，忧患实多！怜我世人，忧患实多！”
>
> 明教自杨逍、韦一笑、说不得诸人以下，天鹰教自李天垣以下，直至厨工夫役，个个神态庄严，丝毫不以身死教灭为惧。
>
> 空智大师合十道：“善哉！善哉！”[1]

不用说，这样的教义是很吸引人的，当初我读时亦是如此，或许和奥古斯丁当初

1 见《倚天屠龙记》第二十回“与子共穴相扶将”。

受摩尼教吸引的情形差不多吧。

到了公元374年，20岁的奥古斯丁又从迦太基回到了家乡塔加斯特，但这次的回乡遭遇了两件令他痛苦之事，一是他的一个好朋友得病死了，本来这位好友已经被他劝说信了摩尼教，但死前却皈依了基督教，另外，他的父亲在第二年也去世了，而且也是在临死前皈依了基督教。

这两件事在奥古斯丁心里既留下了阴影，也种下了光明，两位他至亲至爱之人临死前都诚心皈依基督教，这不能不令他在内心深处重新审视自己的信仰。

他又回到了迦太基，这是公元375年左右的事。在迦太基，他创立了一所修辞学院，他的修辞学水平不用说是大受欢迎的，他同样也以自己不凡的辩智与才智在摩尼教中大受欢迎，甚至还写起诗来，据说他的一首诗曾经在诗歌大赛中夺魁，还出版了他的第一部作品《论美与善》。

他这次在迦太基一直待了将近十年，到383年时，他动身前往一座更大的城市——罗马。

他带着妻儿横渡地中海，到了罗马，又在那里成立了一所修辞学校，招收了不少学生。第二年听说皇帝要招聘一位宫廷雄辩术的教授，他便应征了，他的水平当然是够的，不久便被选中，前往米兰了。

这时候他已经是皇帝的老师了，身份地位这么高，他母亲便向他提出了一个要求，就是要他正式结婚。虽然十多年来他一直和那个女人生活在一起，她也为他生下儿子了，但他们一直没有正式结婚。据说原因之一是根据罗马当时的法律，婚姻必须不能跨阶级，而这个女人出身低等阶级，和身为罗马公民的他是不可以结婚的。但他又不能在娶妻后还与这个女子生活在一起，于是他被迫和她分手了，她被迫回非洲去了，这件事令他极为痛苦。

她离去后，奥古斯丁痛苦之极，一方面是痛苦难耐，另一方面是寂寞难耐，竟然不久便找到了另一个情人。为什么要等待呢？据说是因为他求婚的对象还是个十岁的小女孩，而根据当时罗马法律规定，女人结婚的最小年纪是十二岁，因此她还要等上两年才能结婚。

看了这样的年纪，大家不要感到奇怪，不要以为奥古斯丁是刻意要找这么一个小姑娘的，而是当时的意大利正有这样的风俗，女孩子们都是很早就结婚的。莎士比亚的《罗密欧与朱丽叶》里就有这么一幕：在意大利的维洛那城里，朱丽叶的母亲凯普莱特夫人对女儿说："好，现在你把婚姻问题考虑考虑吧。在这儿维洛那城里，比你再年轻点儿的千金小姐们，都已经做了母亲啦。就拿我来说吧，我在你现在这样的年纪，也已经生下了你。”[2]

这时候的朱丽叶有多大呢？不到十四岁，也就是十三岁多，当时的很多女孩在这个年纪已经生孩子了，她母亲也是在这个年纪生下了她，也就是说，她们都是在十二岁左右结婚的。

虽然找到了另一个情妇，满足了肉体的需要，但奥古斯丁的心里却十分痛苦，因为他已经深知他爱的不是婚姻，不过是为了满足肉欲而已。

所谓穷则思变，人的心灵在极度痛苦之时，也会思变，抛弃旧有的信念，去寻找新的信念。奥古斯丁正是如此。

走向基督　我们知道，此前他一直信仰的是摩尼教，其实他还在去罗马之前，在迦太基时，他对摩尼教的信仰已经动摇了。那时候，爱读书的奥古斯丁读了许多译成了拉丁文的古希腊罗马的哲学著作，包括一些自然哲学家的著作，对他的触动很大。

这是很自然的，要知道古希腊的自然哲学与自然科学在这个时代都已经取得了巨大的成就，不但伟大的哲学家柏拉图、亚里士多德，伟大的科学家如欧几里得和阿基米德在好几百年前就已经去世，古希腊人好几百年前就在哲学与科学领域取得了巨大的成就，这些摩尼教自然望尘莫及，只能望洋兴叹，奥古斯丁既然在古希腊罗马哲学里找到了那些，而在摩尼教的经典里根本找不到，自然会对过去的信仰产生深度的怀疑。

终于，有一天发生了一件奇迹，使奥古斯丁投入了基督的怀抱，这件事他详细地记录在《忏悔录》第六卷里。

历经此一奇迹之后，奥古斯丁终于大彻大悟，投向了基督的怀抱，成了一名至为虔诚的基督徒。这是公元386年夏天的事。

从此之后，奥古斯丁开始了全新的人生。第二年的复活节，奥古斯丁受洗，正式成为了基督徒。

此后，他决定回到家乡。他先到了迦太基，在那里盘桓数日后，回到了家乡塔加斯特。

在家乡，他先献出了自己的财产，然后又从朋友那里接受了一些援助，成立了一个规模很小的隐修会，大家集中生活在一起，天天讨论他所喜爱的种种问题，即与基督教和哲学相关的问题。

2　见《罗密欧与朱丽叶》第一幕第二场。

他将自己的全部时间与精力都投入到为上帝服务之中，撰写了许多著作，这些著作的目的只有一个，就是证明基督教的真理性，证明从上帝那里可以找到一切所需要的知识，一切知识都在于对上帝的信仰之中。

到了公元391年时，他成了希坡的司铎，从此迁居希坡了。

几年后，希坡原来的主教去世了，奥古斯丁就顺理成章地接任了主教，从此他的身份不再仅仅是奥古斯丁，而是希坡的主教奥古斯丁了，他在这个职位上一待就是30余年，直至去世。

此后，奥古斯丁的生平就比较简单了：他写作，他论战，然后他死了。

他写了大量的著作，为数达百部以上，成了史上最多产的哲人之一。

论战对象主要有三个，一是摩尼教，二是多纳特派，三是佩拉纠派，其中与佩拉纠之间的论战耗时漫长，几乎涉及奥古斯丁一生的后二十年，直到他辞世还没有完。

奥古斯丁是在公元430年8月28日逝世的，享年76岁，在那个时代已经是罕见的高寿了。

当他辞世之际，罗马帝国已经江河日下，眼看要分崩离析了，事实上，他临死之际，野蛮的汪达尔人已经攻入了北非，甚至包括了奥古斯丁当主教的希坡，他就死于城围将破之时。

奥古斯丁死后没有留下任何遗产，因为他早已将所有财产都捐给了教会，就像他将自己的身心献给了上帝一样，但他给后人留下的是远比金银财宝等物质财产更加重要的财富，那就是他丰富的思想和众多的杰作。

第九章　奥古斯丁的思想

奥古斯丁的思想在中世纪甚至整个西方哲学史中的地位都是很重要的。

他不但是中世纪，也是整个西方哲学史上最伟大的哲学家之一，其地位可以说不亚于柏拉图与亚里士多德之外其他任何的思想家与哲学家。

我们要讲的奥古斯丁思想的第一个内容是他关于知识的理论。

光启理论　奥古斯丁认为知识具体来说分成三个等级，分别是感觉知识、理性知识、关于上帝的知识。

感觉知识好理解，就是我们通过感觉而得来的知识，例如我看到了一朵红花，说这是一朵红花，这就是感觉知识了。理性知识与关于上帝的知识内容也不难看出来，我们在这里讨论的是它们是怎么来的。

对于这个问题，奥古斯丁的回答很明白：那是上帝给予我们的。这就是他著名的“光启理论”。

在奥古斯丁看来，人之所以能够获得真理，也就是那些真实可靠的理性知识与关于上帝的知识，仅仅依赖人自身显然是不可能的，即或我们有某种理性能力也不行，人要获得那样的知识，必须由上帝进行“光启”，或者说“照亮”。

要对这上帝的光启进行很深的认识是很难的，我们不妨通过这样的方式去做一种形象的理解：有一片漆黑得伸手不见五指的夜里，上帝手拿一盏宝莲灯给我们照明，凡祂照到的地方，我们的心灵之眼——就是我们的理智——就“看见”了，由于上帝所在之处都是永恒的事物，例如理念或者上帝自身，因此我们便通过这样的方式认识了理念与上帝。

当然，在这之先，一个必要的前提是，人的心灵之所以能够接受这些光，是因为上帝在创造人类的时候，就预先给了人类这样的本领，这就是人的理性与知性之类，这样才使得心灵能够接受光，并且由之得到光所照耀到的、给它显示了的东西，那就是最高的知识或者说真理自身。

这可以说是奥古斯丁对于知识的终极理解，这个理解归根结底就是：知识与真理源自上帝。

谈完知识之后，我们要谈的奥古斯丁思想的第二项内容是怎样证明上帝的存在。

上帝为何存在 我们知道，神学最基本的使命或者说命题是论证上帝的存在，这种论证以托马斯·阿奎那最为有名，托马斯·阿奎那也因此成为最伟大的神学家，但在他之前，奥古斯丁已经做了相当简明而有力的论证。

奥古斯丁是从两个角度论证上帝的存在的，第一个角度是从普遍真理的角度去论证。

所谓普遍真理，就是大家都了解且认同并作为不变的判断标准的真理。奥古斯丁认为，存在着这样一种真理，他说，这真理不能说它是我的或者是你的，或是任何一个人的，而是平等地呈现给大众的，即我们所有人都认为它们是真理。

那么，这种真理是怎么来的呢？

这真理是人的理智构造出来的吗？当然不是，否则的话，真理就是一种主观的东西了，因为我们的理智诚然是每个人都有的，并且是带有主观性的，倘若真理是我们的理智所造出来的，那么就会因为各人自己的理智特点有所不同而得到不同的真理，这样一来就没有普遍的真理存在了。

同样理智也不能修正真理，原因也是一样的：倘若理智可以修正真理，那么不同的人会以不同的方式去修正真理，那么也就没有普遍的真理了。这就像一块大理石，它可以雕出一尊像，倘若由不同的艺术家去雕刻之，即使这些艺术家个个是艺术大家，所雕刻出来的像也不是一样的。但真理却不是一样，有着普遍的真理，这一普遍的真理不是由理智所构造或者修正而来的，它是高于理智的，理智只能接受它，理解它。

那么，现在的问题是，这个普遍的真理究竟是怎样来的呢？它的根源在哪里？奥古斯丁说，它的根源就在于上帝。因为只有在上帝那里才存在着永恒与普遍，才存在着必然。这真理既然是普遍的、必然的，那么当然只能源自上帝，这个推理是很明显的。

从这里，我们可以反过去推理，由于存在着普遍的真理，由于这普遍的真理只可能来自感动上帝，于是上帝便必然存在了。这就是关于上帝存在的一种证明方式“普遍同意说”。

奥古斯丁论证上帝存在的第二种方式是从这个我们可以感知的世界出发的。

我们知道，人否认上帝存在的一个最有力也最简单的依据是人看不见上帝，即无法感知上帝像感知日月星辰或者花草树木一样。对用这样的方式去否认上帝存在的人，奥古斯丁的反驳简单而有力，就是看不见、感知不到某个事物并不能证明其不存在，他在这里举了灵魂为例。就是说，我们人并不能看见自己的灵魂，而人要活着是需要灵魂的，那么，我们既然看不见灵魂，又如何去证明人是活着的呢？就是通过人在说话、走路、做事，通过人的身体的各种运动，就可以判断人是活着的，并不需要看见灵魂。

证明上帝的存在也是一样，我们虽然看不见上帝，无法感知上帝，但我们却可以看见上帝所创造的一切，就是这个外在的世界，这些日月星辰或者花草树木，这一切都是上帝创造的，既然有了这些上帝的创造物，我们就可以判断上帝的存在了，又何必亲眼看见上帝呢？这就像我们不必亲眼看见灵魂也知道人是活着的一样。

当然，奥古斯丁在这里还隐含着一个前提，就是上帝所创造的感觉世界是伟大的、了不起的，这样的世界只有上帝才能创造。对此我们可以打一个简单的比喻：我看到了一幅画，我并不知道这幅画是哪个画家画出来的，但我感觉它是一幅伟大的杰作，从它的构图、色彩与立意都可以明显地看出来，于是，即使我不知道这幅画是哪位艺术家创作的，我也可以断定创造它的是一个伟大的艺术家，这是显而易见的。

而这个我们生活于其中的世界，它是何等的伟大、丰富而复杂，可以说是超越了我们人类的任何想象，远远不是我们的感觉所能够理解的，更不是任何艺术家所能想象出来的。这个如此伟大、丰富而复杂的世界是怎样来的呢？是自己产生的吗？这显然是难以理解的，甚至是不可能的。一个更为合理的设想应该是，它有一个创造者，一个无比伟大的、万能的创造者，用另一个词来表达，那就是神。也就是说，我们不必亲眼看到神，仅仅从这个世界的伟大、丰富而复杂就可以知晓神的存在，就像我并不知道凡·高的存在，仅仅看到他的作品就可以知道创造这幅作品的人一定是个伟大的艺术家一样。

对于这一点，奥古斯丁说过这样一段名言："在一切可见事物中，这个世界是最伟大的；在一切不可见事物中，上帝是最伟大的。我们看见这个世界存在，而我们相信上帝存在。"

……

即使撇开先知们的声音，这个世界本身，依据它的变化运动的完善秩序，依据它的一切可见事物的宏大瑰丽，也已经无声地既宣告了它是被造的，也宣告了它只能由一位在宏大瑰丽方面不可言说、不可见的上帝来创造。

恶是怎么来的　讲完了上帝为什么存在，我们现在来讲奥古斯丁另一个独特而重要的思想，就是他关于善与恶的思想，特别是恶的思想。

在善与恶之间，对善是比较好理解的，简而言之，在奥古斯丁看来，人的善是人转向上帝、信仰上帝，并且遵照上帝所规定的律法行事，这就是善。通过这样的善，人便能得到幸福，人的善与人的幸福是一致的，都在于上帝，包括善本身。而人之所以会向善，也在于上帝，或者说是上帝赐予了人向善的、有德行的能力。

但恶就不一样了，我想大家可能都想到过样的问题：既然上帝是万能的，那么上帝为什么要创造一个有恶的世界呢？而不创造一个完美的、没有恶的世界呢？还有，既然万物都是上帝创造的，那恶也是上帝创造的了，上帝创造了恶，祂还能算是完美的吗？如此等等，这些问题都是基督教神学中面对的最难回答的问题之一。对于这样的问题，作为基督教的大师，奥古斯丁自然会予以回答。

对于为什么会有恶的问题，我们首先要清楚的一点是，在奥古斯丁看来，上帝绝对不是恶的原因，即恶不是由上帝创造的，上帝是没有创造恶的，也没有决定人去为恶。

恶不是自上帝而来，那么它源自何方呢？要回答这个问题，我们要先清楚在奥古斯丁那里，有两种类型的恶，或者说可以从两个角度去理解恶，一是从具体的恶事的角度，即具体的人所犯的各种具体的恶，例如奸淫掳掠之类，另一种是抽象的哲学意义上的恶，对于这两种恶的起源，奥古斯丁分析的方法也是不一样的。

对于具体之恶，奥古斯丁的回答比较明了，就是恶来自贪婪。他的《论自由意志》的卷一第三章名字就是《贪欲是恶的来源》，在这一章里，奥古斯丁简单地列举了一些恶，例如奸淫、谋杀与渎圣，指出它们的起源在于贪欲：

> 再清楚不过了！我看没有必要用冗长的讨论来说服我了，在谋杀、渎圣以及每一诸如此类的犯罪中情况都是如此，很清楚是贪欲引起了每一种恶行。

奥古斯丁的这个观点是可以理解的，确实，人世间大部分的恶事，倘若我们具体地分析每一桩，那作恶的人几乎都有一个共同的作恶之因，那就是贪婪，奸淫者是为了贪图性欲的满足；偷盗者是为了贪图钱财；谋杀者之所以要谋杀，无非是为了贪求权位、金钱或美色之类；即使是为了报仇，也是为了贪图报复的快感；即使是那些一时兴起的无因之恶，同样是为了贪图那种为恶所带来的快感。总之，在万千具体的恶事之后，我们总可以看到一个大写的“贪”字！

我们知道，佛教中的三毒：贪嗔痴，其中贪是指染着于色、声、香、味、触等五欲之境而不能离之，即“于外五欲染爱名贪。”为什么会有这贪呢？那是因为我们生活于世间，以各种感觉器官如眼、耳、鼻、舌、身等与外界相接触，就产生了色、声、香、味、触等感觉，而这些感觉能自然而然地引起人们的欲望，即“五欲”，有这五种欲望是自然的，但倘若对之产生了过度的爱念，执着而不能离之，那就是贪了。而这贪是人之觉悟的大敌，也是人产生种种烦恼的根本原因，故可列于三毒之首。

其实，老子也有相似的说法：

> 五色令人目盲；五音令人耳聋；五味令人口爽；驰骋畋猎，令人心发狂；难得之货，令人行妨。
>
> 是以圣人为腹不为目，故去彼取此。

这里的“去彼取此”就是要人不要去接近、痴迷于那些五色、五音、五味之类，这些接近、痴迷也就是贪，“去彼取此”就是不要贪。

为什么不要贪？那原因是不言而喻的，因为贪乃万恶之源。

前面我们分析了具体之恶的起源，再来看哲学意义上的恶。

对于这个哲学意义上的恶或者说抽象的恶的起源，奥古斯丁也说得很清楚，那就是人的自由意志。

奥古斯丁认为人是有自由意志的，即人的意志是“自由的”，这个自由决定了其可以自由选择向善还是向恶，倘若其选择向善——上帝，那就是善；倘若其转向恶，那就是产生恶了。这就是恶的起源。

奥古斯丁还将人的善分成了三个等级，即大善、中等之善与最低之善，这些善都是上帝创造的，人的意志之自由本来也是一个中等之善。

然而，人的意志却并不会停留于之，而是为“转向”，这就是它的“自由”，它既可以转向最高等级的善，同样也可以转向最低等级的善，这时候它就犯罪了、为恶了。

不过，这并不说明自由意志本身是恶，自由意志本身是善的，或者说它本来是善的，只有当它转向之后，才恶了，或者说，行了恶事。这里在言辞上有着微妙的差别，我们要仔细地辨别。

我们前面讲了两种恶即具体的恶与哲学意义上的恶的起源，现在我们要来谈一下奥古斯丁对恶的另一种更加深刻的认识，那就是恶不是一种东西，而是一种缺乏、一种虚无。

在奥古斯丁看来，恶是一种缺乏，即善的缺乏，正是这种缺乏导致了恶，例如在动物生病了，就是意味着健康的缺乏，生病是恶，健康是善，缺乏健康就是恶，即恶是善的缺乏。

还有，在奥古斯丁之前的新柏拉图主义哲学家柏罗丁提出了一种有趣的观点，认为物质是一种恶。但奥古斯丁认为物质是善，因为物质是“存在者”，而在奥古斯丁看来，一切存在者都是善。

当然，由于存在者是上帝创造的，它们不可能像上帝那样是至善，因此它们是可能趋向恶的，即它们的善是可以减少和增加的，而善被减少，这是一种恶，尽管无论它减少了多少，都是一样。

在这里就呈现了奥古斯丁对于善的一种巧妙而独特的理解，我们前面说过，柏罗丁认为物质是一种罪恶，原因之一就是因为它是可朽坏的，在柏罗丁看来，这些形态万千的物质、这个感性的物质世界，既只是一种可能性或者说偶然性，又是暂时的，转眼就是明日黄花，又和它来自的神圣的太一与理念毫不相似，甚至和祂们对着干，是祂们的否定与反动，是典型的“不肖子”。

但奥古斯丁却巧妙地从物质的这种“可朽坏”、暂时的特性得到它不是恶的，而是善的这个结论来，并且继这得出了恶的来源，即恶是虚无、恶不存在的结论来，并进言之赞美了上帝所创造的这个世界的美好，也就是说赞美了上帝的伟大。

对这个思想他在《忏悔录》中有一段话进行了很好的说明：

> 我认识到，清楚认识到你所创造的一切，都是好的，而且没有一个实体不是你创造的。可是你所创造的万物，并非都是相同的，因此万物分别看，都是好的，而总的看来，则更为美好，因为我们的天主所创造的，“神看着一切所造的都甚好。”

奥古斯丁的意思简而言之就是，事物之所以能够朽坏，是因为其中有善，这是其能够朽坏的“资本”，这就像一个败家子之所以能够挥霍浪费，是因为他有家产以供挥霍一样，这些家产就是他挥霍的“资本”。对于事物而言，这个资本就是其存在，即其是物质，而这些存在着的东西之所以是善的，是因为它们是上帝所创造的，作为上帝的造物，当然是善的，这道理是显而易见的。

进而言之，有两个极端：一是至善者，若为至善者便不会朽坏了，即是永恒的了！这就是神及与之相关的天使之类了；二是无善者，即其没有任何的善了，这时候，其就不再存在了，也属于恶了，而恶是不存在的，即恶是缺乏与虚无，这我们前面也分析过了。

奥古斯丁的这些关于善与恶的思想是不难理解的，并且是非常恰当的、系统化且具独创性的理论，我们理解了上述这段话，就理解了奥古斯丁关于善与恶的思想，理解了奥古斯丁理论中一个极重要的部分。

当然，奥古斯丁的思想是很丰富的，我们还可以继承写下去，就像周伟驰先生一样，写一部《奥古斯丁的基督教思想》，再加一部《奥古斯丁的神哲学思想》，甚至再写几部也是写不完的，要知道，奥古斯丁不但是最伟大的教父哲学家之一，也是最伟大的哲学家之一，还是留存著作最多的哲学家之一，甚至要远远超过绝大部分现代哲学家，要完整地分析思想如此伟大而丰富的哲学家，一章是远远不够的，遗憾的是我们只能打住了，因为还有很多也很重要而伟大的哲学家等着我们去述说呢！

第十章　阿奎那：最伟大的神学家

基督教有史以来最重要的哲学家是托马斯·阿奎那，因为其地位的重要，又被基督教尊为圣托马斯·阿奎那。这个圣就是圣师之意，就像我们称孔夫子为“至圣先师”一样。

托马斯·阿奎那1225年生于意大利的两西西里王国，他出身高贵，阿奎那家族是全意大利最有名望的世家之一，是伦巴底王族的分支，神圣罗马帝国的皇帝以及统治意大利大部分地区的两西西里王国国王是家族的近亲。他的父亲还是一位杰出的军人，令他倍感自豪的是他有七个儿子，其中六个与他一样成了军人，个个身强体壮、武艺高超，然而谈不上有多少文化。要知道在那个时代，有文化只是极少数人、几乎是教士们的专利，就连国王也常常是文盲。

托马斯·阿奎那5岁时，父亲便把他送进了修道院学习识字，他在那里待了差不多10年，又到了那不勒斯上大学。四年后，18岁的托马斯回到了家，但不久便与父亲吵了起来，吵得天翻地覆。

争吵的根由是托马斯·阿奎那竟然不愿参军，而要去当修士！

当托马斯·阿奎那说出这个心愿时，父亲的惊诧可想而知。在他们这样一个武士世家，他长大后要参军作战简直像他要吃饭穿衣一样理所当然。他应当像他的先人一样一生做三件大事：东征西讨、生儿育女、统治人民。尤其当他的父亲看着儿子的身躯时就不但惊诧而且愤怒了，因为这时的托马斯·阿奎那已经是高达两米的巨汉，魁伟得像大象、强壮得像犀牛，只要他肯从军，会是一名多好的武士！将为他的家族带来多少荣誉！可他竟然不愿意。这令他的父亲既愤怒又伤心。他决心不惜采取一切措施来阻挡儿子的疯狂举动。他甚至叫夫人直接给教皇写了一封信，请求教皇“把她的儿子从疯狂中拯救出来”。教皇答应尽量帮忙。

但父母这些行动更坚定了他的决心，在家里待了两年后，1244年托马斯·阿奎那加入了多明我修道会。这是一个托钵僧会，参加它的人们过着像乞丐一样的苦行生活，希望在肉体的痛苦中获得灵魂的幸福，他决心用双脚走到巴黎去向当时最伟大的基督教哲学家大阿尔贝特学习。

这天，他在半路上被一群武士拦住了，为首的是哥哥们，他们不顾小弟的反抗，凭人多势众将他牢牢抓住，送回老家，幽禁在一个高高的塔楼里。

但母亲含着眼泪的请求丝毫也动摇不了他如钢的意志，终于他的亲人们使出了最后的撒手锏——美人计。

在一个冬日寒冷的日子里，托马斯·阿奎那穿着单薄的衣衫坐在暖暖的火堆旁，这时门开了，一个苗条的身影闪进来，原来是个美貌之极的姑娘。他看了一眼，什么也没说，就从火堆里抓出一根正在燃烧的木头向那位美女刺去，仿佛她是一条毒蛇。

终于有一天他的妹妹偷偷给了他一根绳子和一个篓筐，把他从塔楼里放了下来。

获得了自由的托马斯·阿奎那赤着脚跨过了滔滔波河，走过了一望无际的伦巴第平原，翻越了白雪皑皑的阿尔卑斯山，奔波了3000里漫漫长路后，终于到达了他梦想的地方——巴黎。

他在巴黎大学却没有见到渴望师事的阿尔伯特教授，原来他已经到科隆讲学去了，托马斯·阿奎那毫不犹豫地直奔科隆，终于到达了科隆，到达了阿尔贝特身边，他挤进阿尔贝特正讲学的讲堂，坐到了大师脚边的地板上。

大阿尔贝特全名叫圣阿尔伯图斯·马格内斯，又称作阿尔贝特（科隆的）或者阿尔贝特（劳英根的），从他的名字前那个“圣”字就看得出来他在基督教哲学里崇高的地位。他大托马斯·阿奎那19岁，是当时最有名的基督教哲学家。阿尔贝特的学识极其渊博，博览群书，特别是对古希腊经典有独到研究，是那时唯一一位注释了当时已知的亚里士多德全部著作的哲学家。更可贵的是，他对自然科学也有精深的研究，1941年罗马教皇曾颁布敕令，尊他为所有研究自然科学的学者的守护神，他还是唯一在世时就获得了“圣人”称号的学者。

这个大阿尔贝特除思想精深外，还口才出众，讲起课来雄辩滔滔，如行云流水，令人着迷。

托马斯·阿奎那到了大阿尔贝特身边后，每天默默地坐在讲堂里听课，由于他那引人注目的公牛般庞大强壮的身躯和沉默寡言的态度，同学们送了他一个绰号“哑牛”。

有一天，因为一个偶然的机会，导师注意到了他，他们谈了很久，第二天在课堂上，阿尔贝特对学生们说，你们说这位托马斯·阿奎那同学是哑牛，但有一天他的声音将让全世界侧耳倾听。

打那后，托马斯·阿奎那与导师就成了忘年交，他们经常在一起讨论各种问题，当阿尔贝特回巴黎大学去时，托马斯·阿奎那也跟着去了。

1250年，25岁的托马斯·阿奎那正式成了神父。两年后，在大阿尔贝特力荐下，这个得意门生成了导师的助教。

六年后，31岁的托马斯·阿奎那戴上了神学博士帽，成了远近闻名的辩论大师。

那时大学里的讲课方式主要有三种，第一种是老师拿出《圣经》等课本来，自己读一段，然后就给学生们讲一段，这是最常用的。第二种是学生甚至外来听课者向老师提问题，然后由老师回答，这当然要难得多，因为谁都不知道学生们要提什么古怪问题。但最令老师们发怵的还是第三种——老师与老师们之间的互相问答，学生们听。这实际上是老师们之间的辩论大赛，这种辩论大赛每次进行时都有专门的人进行笔录，紧张刺激的程度可想而知！

一般老师对第三种讲课方式都退避三舍，然而托马斯·阿奎那却迎难而上，他不但大搞辩论，甚至设立了另一种辩论会，任何人，无论教师还是学生，都可以向他提问，并且对提问没有任何限制，随问随答。

这样的讲课方式大大提高了他的知名度，他立即成了巴黎以至整个欧洲哲学界的名人，获得了大批追随者，33岁时就被任命为巴黎大学的神学教授。

这时的巴黎大学号称“哲学家之城”，大批著名哲学家荟萃于此，不过大部分人都沿用了柏拉图哲学作为思想工具，但托马斯·阿奎那早就发现了这个工具的缺憾，转而采用亚里士多德哲学。他的新工具的确比柏拉图的老工具管用，能更有力地论说诸神学问题。如此一来，他不但得到了学生们的崇拜，还得到了教皇的认可。1259年教皇亚历山大四世把他召到罗马，从此托马斯·阿奎那成了教皇的神学顾问。

到罗马后，托马斯·阿奎那立即成了整个基督教世界的理论权威，他的观点成了教廷的官方理论，教皇也把他奉为宗师。在罗马他写下了《反异教大全》《神学大全》等基督教哲学的经典之作。

1269年，他回到了巴黎大学，在这里，他极力宣扬亚里士多德哲学才是为上帝服务的最佳工具，并且在与对手的辩论中取得了彻底胜利。

三年后，他又应教皇之召回到罗马，准备为多明我会筹建一座巨大无比的修道院，这时的托马斯·阿奎那已经声名赫赫、如日中天了。

然而托马斯·阿奎那在这人生的高峰上没有待得太久，两年后当他应教皇之命到法国里昂去解决一次教派纷争时，在途中得病，并且一病不起。

1274年3月7日，托马斯·阿奎那逝世于罗马之北一座荒凉的修道院，终年仅49岁。

此后，教皇们屡次发布通谕，申明托马斯·阿奎那的思想是基督教哲学唯一的正统与权威，他也一直是最伟大的神学家，是不折不扣的神学之王，直到700年后的今天他仍牢牢地占据着这个地位。

第十一章　最伟大的神学体系

在这一章里，我们来探讨一下托马斯·阿奎那的神学。

在托马斯·阿奎那的神学中，我们主要讨论他最重要的一个命题，即：如何证明上帝是存在的？这也是神学所要面临的第一个问题。

上帝存在可否证明　我们知道，神是不可见的，没有任何世人见过神，对于一般的常识而言，一个从来没有人见过的东西是很难说它必定是存在的，而如果神不存在，那么整个的基督教信仰也就没有存在的意义了。反之，如果能够证明神的存在，那么基督教以及对神的崇拜就有了充分的合理性。如此，神学的第一个目标自然是回答神学可否证明，即要向从来没有见过神的世人证明上帝之存在。

为了证明上帝的存在，托马斯·阿奎提出了上帝存在的五个证明。

第一推动　托马斯·阿奎那的第一个证明是“运动的证明”。

托马斯·阿奎那看到世界万物都在运动，而且我们根据常识知道，一个物体要运动必须要有某种力量推动它，物体是不会自己运动的，除非有什么力量去推而动之。例如黄叶飘零是因为瑟瑟秋风在吹它，马车飞奔是因为马儿在跑，马儿在跑则是因为它的头上有鞭子在响呢。也可以这样说，万物都在运动，同时每一运动之物必有其推动者。这我们是可以理解的，因为确实我们看到的任何运动总可以找到一个使之运动的力量。但这时便出现了这样一个问题：假如物体A的运动是由B引起的，而B的运动是由C引起的，C是由D引起的，如此推下去，那么最后会是什么样的结果呢？

首先我们必须承认，这个推下去必然是有限的，因为万物虽然很多，但总有一个限止。那么这也就是说，最后我们必然会找到这样一个推动，它是一个推动者，自己却不为任何别的力量或物体所推动。这就是托马斯·阿奎那所说的“第一推动”。

这第一推动，托马斯·阿奎那说，就是上帝。

存在这第一推动唯一需要的前提是宇宙运动之物是有限的。这也正是托马斯·阿奎那的观点：即我们不可能无限制地追溯下去，总会追到了一个尽头，达到尽头之日也就是找到上帝之时。

第一原因 托马斯·阿奎那第二个证明上帝存在的方法是利用原因与结果的证明。

我们知道，宇宙中任何物之所以存在必有某种原因，可以说宇宙万物就组成了一个因果之链，没有任何东西不是这因果之链的一环，就像没有任何孩子没有他基因上的父母亲一样。

这样，物A是物B的原因，而物B又是物C的原因，物C则是物D的原因，如此下去，但是否可以至于无穷呢？

当然不！就像推动之链不能至于无穷一样。

这也就是说，我们推溯上去必然会找到一个最初的原因，这个最初的原因就是上帝。

不难发现，托马斯·阿奎那的这个证明方法实际上同第一个差不多，不过把运动改为了因果而已。

唯一之必然 托马斯·阿奎那第三个证明上帝存在的方法运用的是可能性和必然性。

托马斯·阿奎那认为，世间万物虽然存在着，然而它们的存在并非必然的，而只是一种可能性，这就是他这个证明方法的起点。

我们先来谈谈这个起点。它其实不难理解。因为确实地，我们在世界中看到的各式各样的事物，从太阳地球到花鸟虫鱼到任何一个人，我们姑且叫他张三，虽然已经实实在在地存在着了，然而其存在却并非必然。就拿张三来说吧，难道我们能说他一定得存在？当然不，如果他母亲怀他的那天不是行了房事，而是左手一只鸡、右手一只鸭回娘家去了，那么张三自然就不会来到这世界了。并且大家也应当相信，张三的母亲完全可以这样做的。那天之所以没有回娘家只是因为鸡和鸭刚好遭了瘟病，两口子只好待在家里，吃了饭没事做，就做那事了，于是张三的母亲就珠胎暗结，十月之后他便来到了人间。

张三如此，世间万物皆如此，我们只要想想就明白了。就像释家所言，万物都因十二缘起而生。然而这缘起并非必然，而是一种“纯粹的偶然性”啊。

了解这一点后，托马斯·阿奎那便问：世间万物都只是偶然而非必然，且有生必有死，天之道也，那么有否必然之存在呢？永恒之事物呢？

答案是有的。因为托马斯·阿奎那还有一个想法，如果万物只是可能的、暂时的，即它们可以存在，也可以不存在，现在存在，待会儿就不再存在，一切都会有归于无的时候。这样一来，就必定会存在某个时候，到那个时候，一切都不再存在了、都归于空无了。反过来也可以说，再逆序上推，也必有一天，那些可能与暂时的事物一个都不存在。

于是，托马斯·阿奎那又提出了一个问题：存在能产生存在吗？无中能生有吗？

答案是：不能！无不能生有，存在不能产生于不存在。以托马斯·阿奎那自己的话来说：“如果什么都不存在，某事物开始存在，这是不可能的。”

而可有可无的万物已经存在是一个显而易见的事实。所以，在世间可有可无的万物之上，必然存在一个必然之存在。而且这个必然之存在是其他一切可能存在之根、之母，是一切可能性得以成为实在的原因。

托马斯·阿奎那说，这个必然就是上帝。

不过，也会有许多哲学家质疑托马斯·阿奎那那个想当然的前提：无不能生有，相反，他们认为无中可以生有，就如老子所言：

> 天下皆知美之为美，斯恶已。皆知善之为善，斯不善已。故有无相生。难易相成。长短相较。高下相倾。音声相和。前后相随。
>
> ……
>
> 天下万物生于有，有生于无。

最高级的存在　托马斯·阿奎那提出的第四个证明是“事物存在等级的证明”。

托马斯·阿奎那看到万物不但在运动、有因果、是可能，而且看到了它们一个更为具体的特征——等级性，即万物，从无生命的金木水火土到有生命但不能走不能叫的植物到能走能叫但不能说的动物直到能走能叫能说话的人，明显地形成了一个等级结构。它们有好坏美丑之分、有高级低级之别。

这样，托马斯·阿奎那就自然而然地问：那么，是否有一个最美、最纯、最高级的存在呢？

答案是——有的。这个最美、最纯、最高级的存在就是上帝。

如果说存在物的等级结构是金字塔似的话，那么这个上帝就是金字塔的顶尖。

我们不难发现，托马斯·阿奎那论述的前半部分是可以成立的，即万物确实形成了一个等级结构，但是否就此可以断定有一个最高等级的存在呢？抑或这个最高等级的存在是否便是上帝呢？这就可资考问了，我们可以根据自己的思索给出答案。

万物之目的　比起前面的几个证明来，这个证明要复杂一些。

这个证明简而言之是这样的，托马斯·阿奎那发现，世间万物虽然看上去错综复杂，但却似乎都有某个目的，就像太阳绕着地球转一样，万物也围绕着这个目的行事。仿佛它们是有眼睛有智慧的一样。

但我们同时也知道，万物，除了人，当然是没有智慧的，特别是花草树木石头这些东西，更是感觉智慧都没有，它们自己是不可能有这个目的的。

那么是什么令它们看起来像有目的似的生存、运动着呢？

那就是上帝，上帝就像百步穿杨的养由基一样，以自己为弓、以万物为矢，令万物，从无情木石到有情男女，准确地、互相协调地、有序地朝向一个目的前进，就像箭飞向靶标一样。

神学中的人　谈完了神之后，托马·阿奎那又谈到了人。

他关于人的第一个命题是人是灵魂与肉体的统一。这个统一表现在，任何个体的人，从王侯将相到平民乞丐都是灵魂与肉体的结合，二者同时存在于每一个活着的人身上，它们紧密联系、互相作用，共同构成了一个完整的人，对于任何现实的人而言这二者都是不可或缺的。它们一旦分离，那么人也就不存在了，就两腿一伸、呜呼哀哉了。

那么肉体与灵魂是如何结合的呢？托马斯·阿奎那认为这是一种水乳交融的关系，灵魂融于肉体之中，用化学术语来说，它既非悬浊液，也非乳浊液，而是真溶液。灵魂充盈于肉体之每一部分，二者完美均衡地结合在一起。

托马斯·阿奎那关于灵魂与肉体的第二个观念是：这互相结合的灵魂与肉体又是有区别的，不但有区别，而且区别还大得很。

可以从两方面看这区分，一是特征，二是地位。

就特征而言，灵魂与肉体当然是不同的。灵魂是看不见摸不着的，如老子所言，“视之不见名曰夷，听之不闻名曰希，搏之不得名曰微”，灵魂这东西就是夷、希、微的整合了。或者也可以用我们前面讲过的亚里士多德关于形式与质料的学说来解说：灵魂是一种精神实体，是“形式”，而肉体则是物质实体，是“质料”，作为质料的肉体当然是可见可听可触的了。

肉体与灵魂之间另一个不同的特征是：作为质料的肉体是速朽的，人的生命一旦终结，它也就腐朽了。不管这肉体生前是多么的美如西施貂蝉还是丑如无盐嫫母，都变成了骷髅一堆，最后化为尘土。这就是死亡，是任何人，哪怕是圣徒彼得或圣师托马斯·阿奎那都无法避免的死亡。就像西方一句俗语所言：“死神踏着公平的脚步，迈过穷人的茅屋和王侯的华府。”或者像中国人所言：“纵有千年铁门槛，终须一个土馒头。”

但灵魂就不同了。托马斯·阿奎那认为，人的灵魂是不朽的。即使肉体死灭了，灵魂也不会随同肉体一同腐朽，相反，它将永生。

以上是灵魂与肉体特征的差别，二者的地位也是有差别的，具体而言就是灵魂的地位要高于肉体。

托马斯·阿奎那认为，尽管人的个体是由灵魂与肉体不可分离地构成的，然而并不说明二者的重要性是等同的，相反，灵魂的重要性要高于肉体。这是为什么呢？

我这里不妨打一个比喻：肉体好比是一堆石头木料，而人则是建筑师。如果没有石头木料当然建筑师也不能建成房屋，但如果没有建筑师，石头木料就只是一堆无意义的石头木料而已。当然，灵魂与肉体的结合较之石头与建筑师的联系还要紧密得多，也因此如果没有灵魂，肉体就较之没有建筑师的石头更无意义了。这是一，即无灵魂的肉体是无意义的，也可以这样说：是灵魂赋予了肉体以意义。

第二是当肉体与灵魂结合起来后，二者中起主导作用的是灵魂而非肉体。这里我们也可以打个比方：灵魂是建筑师，而肉体则是建筑师用以搞建筑设计的工具。工具当然要听人的，是为人所控制的。同样肉体也要听灵魂的，也是为灵魂所控制的。

至于这个灵魂的起源，不用说，是上帝创造的。

知识是一个过程　在分析完灵魂与肉体的关系之后，我们再来看第二个与人相关的问题，即人类知识的起源问题。

托马斯·阿奎那认为，人类知识的形成是一个过程、一个认识的过程，知识的形成就像产品的制成一样，先是原料，经过几道工序之后，逐步加工而成为产品。

我们现在就来详细描述一下知识这个“产品”的“制成”过程。

我们知道，制造产品必须有三样基本的东西：生产者、生产工具和生产原料，那么什么是制造知识所需的生产者、生产工具和生产原料呢？

生产者当然是人。

生产工具就是我们人类的认识能力，例如感官和感觉能力，但还不止于此，托马斯·阿奎那认为，人类仅有感觉是不能达成知识的，此外还需要有理智，唯有通过理智人类才能得到完整的知识。

至于生产原料就比较复杂了。总的说来是外在世界的万千事物。然而又不尽如此，因为人类不能够一下就将外在事物变成知识，这需要有一个过程，这个过程有好几步，其中前一步产生出来的东西——它们也可以称为知识，当然是较低级的或“半成品的”知识——也是后一步所需要的原料。这不难理解，例如生产海洛因的过程，最初的原料是花朵如牡丹般美丽的罂粟，它的籽经过加工后就成了鸦片，鸦片已经是一种毒品了，但同时又是一种原料，是生产海洛因的原料。

那么知识形成的具体过程又如何呢？

知识形成的第一步是形成感性认识。

我们知道，我们人有感觉器官，眼耳鼻舌皮等，这些感官分别有自己的感觉功能，即视觉、听觉、嗅觉、味觉、触觉等，托马斯·阿奎那称这些为外部感觉。除此而外他认为人还有一种内部感觉，共分四种：综合、想象、辨别、记忆。当人的外部感觉与外在世界的事物发生接触时，就会形成一些他称之为“感觉印象”的东西。然后外部感觉会将这些感觉印象传递给内部感觉，内部感觉便将这些印象进行加工，成为“形象”。形象产生之后，感性认识也就完成了。

知识形成的第二步是形成理性认识。

除了形成感性认识的感觉外，托马斯·阿奎那认为人还有一种形成理性认识的能力——理智。这个理智将形象保存起来作为进一步加工的原料。加工的方法简而言之就是抽象，即理智把感性认识所形成的形象进行抽象，抽掉那些具体的、个别的成分，汲取抽象的、普遍的形式，这时候就形成了托马斯·阿奎那称之为“理解印象”的东西。这时候人所使用的是所谓的“能动的理智”。除了能动的理智外，人还有一种“被动的理智”，理解印象形成之后，能动的理智就会将之转给被动的理智，由之进行下一道程序的加工。

理解印象被传递给被动的理智之后，它就变成了“理性印象”，被动理智对这个理性印象再进行加工，于是就产生出了“表象”，这表象还有一个更加通俗的说法，就是“概念”。

托马斯·阿奎那认为，在这个“概念”形成之后，人类也就完成了一个认识过程，也就是产生了知识。

至于人类创造知识的理智，不用说，是上帝赋予我们的，是上帝在我们心灵的沃壤中种下了“理智之光”。

幸福在于上帝　　人之存在不仅要认识上帝、追求知识，同样重要的是要获取人生的幸福，对这个问题托马斯·阿奎那也做出了简单而深刻的总结——幸福在于上帝。

托马斯·阿奎那认为，财富、权力、荣誉、性爱等固然可以使人达到一时的满足，有人认为这是一种幸福，但实际上并不是，人永远不会因为拥有了金钱美女权力名声之类而满足，人还会不断地继续追求，直到得到真正的、完满的幸福。

那么，这个“真正的、完满的幸福”又是何方神圣呢？我们用托马斯·阿奎那自己的话来说吧：

> 人类的幸福，绝不在于身体上的快乐。
>
> 从上文看来，说人类幸福在于身体的快乐，这显然是不可能的。身体的快乐，主要指食色两方面的快乐。
>
> ……

最后的目的，总是属于现实事物中最高贵的事物，它具有最好的事物的性质。

……

不但如此。万事万物的最后目的就是上帝。我们已经在前面证明。因此，我们必须把那些特别接近上帝的东西作为人的最后目的。

从这段话可以看出，在托马斯·阿奎那眼中，所谓最完满的幸福便是接近上帝。

为什么这样说呢？托马斯·阿奎那说，这是因为人类从那些金钱美女醇酒之类所得到的只是一种感性方面的享受，人类是不可能满足于此的，人所需要的是一种理性的满足，这才是幸福，他说："幸福是理智的完满福利。"

那么，更为具体地说，这个"理智的完满福利"又是什么呢？我们知道，感性的幸福是那些肉体上的满足，即食色之类，与此相对，理性的幸福则当是精神上的满足。而所谓精神上的满足，就是真善美。当理性的幸福达到完美时也就是至高的真善美了，这也就是"理智的完满福利"。

更进一步地，这个至高的真善美又是何方神圣呢？

祂就是最高的神圣——上帝！

所以，什么是幸福，一言以括之，就是上帝，是幸福在于上帝。追求上帝，靠近主，这才是幸福，这才是人生真正的意义所在。

关于托马斯·阿奎那的神学思想我们就讨论到这，在这章中我们可以看到许多理论与大家平常所听所闻的有所不同，这就如上帝本身的存在与否一样，可能会使许多人感到困惑甚至反对，然而我在这里劝大家慎重对待这个问题。对于上帝与神学我也曾不屑一顾，认为这太荒唐以至于讨论它都是可笑。然而现在，我却不能再采取这种态度了。

为什么呢？因为我发觉从前对这个问题采取的是一种想当然的态度，这种态度并非来自理性的思索，而纯粹来自我从小所受的唯物主义教育。它使我否认上帝的存在，犹如承认1+1=2一样。

然而，上帝是否存在这样的命题同1+1=2这样的命题是同一类型吗？能够同样地想当然吗？

那时我没有想过这问题，但现在我认为不能，这就像我们不能因为从小所看到天鹅都是白的就断言所有天鹅都是白的一样；或者不能因为太阳经常升起，就认为太阳永远会升起一样。

我们可以想一个简单的问题：为什么世上竟有如此多的人虔诚地相信或真心地否

认上帝之存在呢？其中包括古今中外无数杰出的政治家、作家、艺术家与科学家，例如牛顿这个最伟大的科学家同时也是一个最虔诚的基督徒。杰出人物如此，更遑论普通人了，现在全世界的基督徒有数十亿之多，他们都相信上帝的存在，难道这些人都是傻瓜吗？仅此就足以让我们不能轻率地否定上帝之存在。

当然我们也不能由此就承认上帝之存在，毕竟谁也没有见过上帝或者用科学的方式证明上帝之存在，不相信上帝存在的人也有数十亿，其中也有杰出的政治家、作家、艺术家与科学家。

那么，上帝究竟是否存在呢？人究竟应当相信抑或不相信上帝之存在呢？究竟会相信抑或不相信上帝之存在呢？

这真的无法说，否则我就成了传说中万能的神了，或许我可以打这样一个模糊的比方：有一堵墙，墙上有许多草，风一吹来，有的东倒，有的西歪，只有那些最坚强者依旧挺直。

第十二章　培根：贪官哲学家

1561年，培根出生在伦敦一座叫约克宫的堂皇府第里，他的父亲是尼古拉斯·培根勋爵，他是使英国走向强盛，成为威震西方、雄霸世界的大国的伊丽莎白女王的掌玺大臣，勋爵的妻子、培根的母亲安妮·库克的父亲曾是英王爱德华六世的首席教师。

培根

培根有一大堆兄弟姐妹，他是最小的一个，很早就显示出超凡的天才，1573年进入剑桥大学三一学院时仅12岁。

三年后他从剑桥毕业，随即投身政治，当了英国驻法使馆的随员。又三年后，他的父亲突然暴毙。当公布遗嘱时，培根发觉父亲把所有财产都分给了哥哥们，自己一无所有。

这样，培根在18岁时人生来了个180度大转弯，由一个衣来伸手、饭来张口的“高干子弟”沦为一文不名的穷光蛋。

不久，培根进了格莱律师事务所，当上了律师，然后去向父亲的故旧们求助，希望能找到人帮他。但一开始他就遭到了冷落，这就是他的姨父威廉·塞西尔，大英帝国首相和财政大臣。虽然做姨父的只要点个头就能给侄儿一个他做梦都想的好职位，但他一辈子也没这样做。

尝尽世态炎凉的培根知道想发达唯有靠自己了，他没有退缩，他勇敢地迎接命运的挑战，决心用自己的力量往上冲。

这时英国已经建立起基本的民主制度了，即有了议会下院，议员由普选产生，谁有本事得到选民们的支持谁就可以做议员，走近国家权力中心。那些最成功的竞选者往往既非贵族官僚也非贫民大众，而是唇枪舌剑的律师。培根做的正是律师，也正有着非凡的巧舌，他自然而然地把竞选议员当作了进身之阶。

1583年，父亲去世仅4年后，他便当选下院议员，是年只有22岁。此后他连选连任，一直保住了议席。

这时，培根遇上了贵人，他就是年轻英俊的南安普顿伯爵，当时他与培根的姨父并称宫廷两大势力，他十分看重才华横溢、又经常写些文笔优美的信来拍马屁的培根，常送钱给他，还屡次向女王力荐培根，但不知什么缘故，女王没有理睬。

没替培根弄到一官半职的伯爵很是过意不去，便送给培根一处漂亮的大庄园。1598年，培根因为太过挥霍，欠下大笔债还不了而锒铛入狱，又是伯爵替他还钱，将他赎了出来。

后来，可能纯粹是因为头脑发昏，伯爵竟然搞起了一场反对女王的阴谋，结果被送上了断头台。

伯爵之所以闹到送命的地步，主要就是因为培根在关键时刻做证，控诉伯爵阴谋弑君、篡夺王位，伯爵才被处以死刑。为此他从政府得到了1200英镑赏金。

但除了1200英镑外，培根并没有从把恩人送上断头台中得到更多好处，直到伊丽莎白女王于1602年去世，詹姆士一世继位。

新王一继位，培根立即呈上了一封贺信，信中说："在陛下的臣民中，我比任何人都更热切地渴望为陛下效力。"

他的效忠得到了回应，几天后，在詹姆士一世的加冕大典上，他被封为爵士。

培根受宠若惊，立即给新王写了更多的表达效忠的信，信中甚至将詹姆士一世颂扬成"万能的上帝、宇宙的原动力"。詹姆士一世也许算不上大昏君，但明君就更算不上了，一句话，他只是个平庸之君，还特别贪财好利，想尽一切办法搜刮民脂民膏，搞得英国民怨沸腾。

但培根的努力得到了国王的欣赏，1604年，培根被任命为詹姆士一世的顾问。

1606年，他结婚了，他老老实实地告诉别人，他这样做不过是为了钱。因为这个新娘的父亲家财万贯，能给女儿大笔嫁妆。凭着这份丰厚的嫁妆，培根举行了一个轰动全伦敦的盛大婚礼。

这一年培根可谓双喜临门，他又被任命为副检察长，后更成了检察长。到1616年他更升一步，进入了英国的权力中心内阁，官拜掌玺大臣，不久即担任了更重要的大法官，同时被封为维鲁兰男爵，后来又被封为圣亚尔班子爵。

不过所谓盛极必衰，至此培根的官场人生走到了顶点。

1621年，培根东窗事发，被控受贿。正式决定对培根进行调查起诉的是议会下院，它拟好起诉书后，派人送达了大法官家中，发现培根病了，正躺在床上。对调查人员的讯问遮遮掩掩，不做正面回答。

后来由于事态进一步恶化，迫于国会和举国舆论的压力，培根承认受贿，法院随之做出判决：

他被处以罚金4万英镑，监禁在伦敦塔中，期限由国王来定，斥夺贵族称号，被免除一切职务且终生不得再担任任何官职。

不过，由于培根经常在下院替詹姆士一世的苛捐杂税辩护，他对培根一向青睐有加，现在当然也不想把他怎样。判决一完，他暂时将培根送进了伦敦塔，几天后就让他回家了，那笔巨罚款他一个子儿也没付，国王全免掉了。

不过，他无论如何也不能再当官了，只好回老家隐居。被迫归田园居后，培根一方面为了忘掉过去的荣华富贵，在现实中找到生活的新支柱，另一方面也确实出于对哲学与科学久已有之的爱好，一头扎入了观察、沉思与创作之中，写出了大量杰作，如《科学推进论》的拉丁文增补本、《培根论说文集》的新本、《林中林》片段以及《亨利七世史》，等等。

这样的日子过了几年，1626年3月的一天，他为了在雪地里用鸡做实验，受了风寒，到4月9日就死了，时年65岁。

安葬之后，应他自己在遗嘱中的要求，他的墓碑刻上了如下的铭文：

> 我把灵魂留给上帝，
>
> ……
>
> 把躯体留给一抔无名的黄土，
>
> 把名字留给未来的时代和异国他乡的民族。

第十三章　培根的经验主义

培根最响亮的名言是“知识就是力量”，这也是培根整个哲学的主题。培根的哲学就是围绕着教人类如何从自然中汲取知识这一中心进行的。

不破不立　培根认为，人类要获得知识，首先要克服横亘在我们获取知识之路上的两大障碍，正所谓不破不立。

这两个障碍一是经院哲学，当时它正牢牢地控制着人们的思想乃至肉体，也牢牢地封死了人们获得知识的路径，所以要获得知识首先必须破除之、摒弃之。

第二个障碍是我们自己。

为什么呢？培根说，这是因为我们人自身有四种缺憾，它们阻挠我们获得知识，这四种缺憾就是培根著名的“四幻象说”，人类要获得知识首先必须冲破这四个幻象。

人类所要破除的第一个幻象是“种族幻象”，也就是人作为人这个种族而导致的幻象。

培根认为，人虽然有了智慧，但人也充满虚荣心、容易骄傲，认为人是万物之灵。这使得人在观察世界、认识万物时，总以自我为中心，就像阿Q所言：“我喜欢谁就是谁。”但实际上人类并没有这么大的本事，他们对事物的认识并不一定是，甚至常常不是事物的本来面目。例如我们的诸感觉器官，论视觉，我们看不到一公里远，看不见分子和原子；论听觉，我们听不到超声波和次声波；论嗅觉，我们比狗儿差得远。不只是无能，人的感觉还常常会有错误，产生幻听、幻视等。这些都说明，人的认识只是“人”的认识，而非宇宙万物本身。所以，在认识与事实之间必定存在差别。

但许多人并不肯承认这一点，他们总幻想自己的认识是明白无误的，一旦提出一个认识，不管它是对是错，总敝帚自珍，沉醉在虚幻的满足之中。即使事实表明它错了，也总不肯承认，总之是盲目自信。这种态度是要不得的，它使得人类难以得到正确的认识。我们可以打个比喻，人类用这种独断的态度去认识事物就像用一面凹凸不平的镜子去照东西，这样照出来的镜中像自然不是事物的真实形态。如果人类想要获得正确的认识，首先就必须放弃这种独断的认识态度，砸烂这面凹凸不平的镜子，正视自己作为人的不可避免的有限性，然后再谦逊客观地去认识世界，这就像要看到事物的真实影像，首先就要使镜子变得平整一样。

第二个幻象叫作“洞穴幻象”。洞穴幻象是与种族幻象相对应而言的幻象。我们知道，种族幻象是人之作为人这个种族整体的缺陷而导致的幻象，相对这个来说，洞穴幻象就是人之作为个体而导致的幻象。

世界上没有两片完全相同的叶子，更没有两个完全相同的人。所以人都是各有特征的。特征这个东西当然像性格一样，有好的也有不好的。也就是说，人各有缺点，无人是完美的。例如，有的人看问题喜欢从好的方面看，觉得世界上什么都好，特别是明天，总感觉明天会更好；有的人则是悲观主义者，像叔本华一样，觉得人生即是痛苦和空虚。但实际上这个世界不是太好，正如也不是太坏，希望总是有的，但人生不如意事十常八九。

我们都听说过“盲人摸象”的故事，六个没见过大象的盲人摸象，摸到耳朵的说大象像把扇子，摸到腿的说大象像根柱子，摸到尾巴的说大象像根绳子。他们为什么会犯这样的错误？这是因为他们个人所处的位置不同，站在大腿边的摸到了大象的大腿，站在耳朵边的摸到了大象的耳朵。也可以打个比方说，他们都是躲在自己的洞穴里去感觉大象，因而产生了认识的谬误。这种因个人的原因而产生的认识谬误就是洞穴幻象。

人类的第三个幻象是市场幻象。市场幻象来自语言。培根认为，人类使用的语言必然具有一些缺憾，经院哲学家们正是利用语词的这种缺憾而大搞无聊的争论，例如他们臆造出许多根本没有具体所指的概念，像“无限物”“第一推动无动力”之类，它们根本没有实际内容，经院哲学家们却用这些空头概念建立了大量的哲学命题甚至哲学体系。这些东西其实只是表明了他们的无知，虽然他们竭力想用深沉的言语来掩而盖之，但只是掩耳盗铃，结果欲盖而弥彰。

人类的第四个幻象是剧场幻象。培根认为，人们在认识世界的时候，并不是根据自己的所见所闻去朴素地认识的，而常常是在所谓权威们的指引下去认识的。这些“权威”指导人们去认识世界，让人们这样做那样做，就像当人们在看戏时，看到舞台上的演员流泪，他们就跟着流泪；看见演员笑，就跟着笑。他们没有想到，这一切只是演员们在做戏，那些令他们落泪的事也是子虚乌有的。培根说，这世界其实也是个大舞台，只不过一般人是看戏的，唱戏的是少数人而已，这少数人便是所谓的权威。他们为我们这些看戏的人造出许多所谓的权威理论，让人们去信奉它，把它们当作不可更改、绝对正确的教条。这些，就是剧场幻象。

人类要获得真正的知识，就必须破除以上四种幻象。

破除了横亘在我们认识之路上的两大障碍后，我们就可以去寻求知识了，这时候我们首先要弄清楚的是从何处去寻求知识，即知识从何而来。

知识与经验　知识从何而来，其答案可以一言蔽之：知识来自经验，按培根的说话：人是自然的仆役与解释者。

培根说，我们获得知识的第一个原则就是经验认识的原则。这个原则包括两部分，第一部分即知识是存在的反映，这是经验认识的基础。

我们知道，经验之为经验，首先要有被经验者，就像我们吃东西首先得有食物一样，然后才谈得上吃，像俗语说“巧妇难为无米之炊”。这个被经验者就是外在世界，就是自然的万事万物。

有了被经验者后，经验认识的第二步就是用我们的眼睛、鼻子、舌头、皮肤等来接触这些被经验者，于是就有了感觉或者说感觉经验，这就是经验。

还有，为了获得知识，我们应当对经验有所要求。

首先，我们应当尽量使经验更加丰富而准确。须知人的感官有时是会骗人的，医学上有幻觉，就是说人在某些情形下，例如患了某些病，就会“看到”某些东西、“听到”某些声音，可实际上他们所听所见的并不存在。所以当我们接受经验时，还必须对经验本身进行一下考察，使之准确，这是第一。其次，是要使经验尽可能地丰富，要努力多拥有经验。

除了这些从生活实践的感觉中获得经验的正常途径之外，培根还找到了另一条经验之途——实验。培根认为通过实验所得到的经验比平常所感受到的不但要准确，也要深刻一些，由此我们也可以更加迅速准确地探索真理、获取自然之奥秘。

那么，是不是有了合乎上面要求的经验就说明获得了知识呢？还不是，因为感觉虽然是知识之源，但却有着明显的缺憾。以我们日常的感觉为例，那些太大或太小的、太近或太远的、太快或太慢的东西凭感官我们都是看不见或看不清楚的，还有那些我们看得太多、习以为常了的东西也是这样，不能有正确的感觉。这也许听起来有点怪，其实一点也不，您只要问问大夫们，医院里的药味儿是不是很难闻？他八成会睁大眼问：“什么药味？我怎么闻不到？”你看，那我们一踏进医院大门就给熏得皱鼻子的气味他成天在这里竟然闻不到！那是为什么呢？是因为感觉太经常了的缘故，这就是“入芝兰之肆，久而不闻其香；入鲍鱼之肆，久而不闻其臭”。

所以，在感觉经验与知识之间还有一段漫漫长路，这之间还有待理性的帮助。

培根这里的理性有两个主要含义，一是当人类在处理一件事务、看待一样事物时，能够避免感情用事，而是冷静地、客观地、正确地看待它、处理它，这时它与“理智”的含义差不多。二是理性表示一种能力，指人类不但能凭感官感受一个事物，而且能用大脑思维之，即我们不但能看到它的颜色、听到它的声音、尝到它的味道、摸到它的温度，我们还能更深刻地了解它，不但能知其然，而且能知其所以然。例如我们看到花儿是红的，但花儿为什么这样红呢？眼睛就不知道了，但理性可使我们知道，那是因为花儿里有一种呈红色的“花青素”的缘故。

那么理性究竟如何将经验变成知识呢？培根认为，理性的工作是收集、消化，然后排列、整理之类。为此他提出了著名的“增减表”。这个方法就是，当我们感觉到了某个现象，进而想寻找某个现象的原因时，就通过观察与实验来寻找某些因素，将它们一一列将起来，当这个因素增或减时，如果那个现象也随之增减，那么就可以说这个因素便是这个现象的原因。

例如某位男士，他觉得某个女士可能爱上了他，因为他觉得那晚她与他在一起时，她十分兴奋，眼睛里闪烁着幸福的光芒，甚至好像看他时目光也脉脉含情呢。但只是“好像”而已，他并没有十分的把握。主要是因为那晚还有许多其他人在场，焉知她是不是对别人脉脉含情？

怎么办呢？他就可以利用一下培根的“增减表”。他先把那晚在场的朋友们都找来，请他们再去拜访她。他呢，先用个什么法子，使她看不见他而他看得见她，例如在她房间里装上闭路电视，或者躲在什么地方之类，然后让那些人先于他一个个进去。如果他看到当那些人一个个进去时，她虽然高兴，眼睛里并没有什么特别的表情，然而当他一走进去，她立刻便露出了幸福的微笑，眼睛也一下放了光。这就说明此女已无可救药地堕入了对该男士的爱情之陷阱。

当然我这是有意举个让大家轻松一下的例子，并不高明，培根举的例子也许更精确。

通过这些收集、消化、排列、整理之类的工作，理性便可以将经验上升为知识了。

培根认为，这个用理性对经验进行加工的过程是必不可少的，就像经验是必不可少的一样。他把那些只重经验不重理性的人喻为蚂蚁，而把只重理性不要经验的人称为蜘蛛。

理性固然重要，然而培根重视的仍然更是经验，他再三指出，理性的作用是有限的，千万不可让理性自由化，这样就会再次陷入培根最为警惕的经院哲学泥潭里了。

相反，我们应当严格地限制理性。用他自己的话说："与其给理智加上翅膀，毋宁给它挂上沉重的东西，使它不能跳跃与飞翔。"

在经过以上的三个程序之后：即首先冲破由于人作为类、自身，还有社会传统等导致的幻象，然后从感性出发，再将理性与感性相结合起来，经过这样三个步骤之后，将它们形成一个有机整体，就构成了一条通向知识之道。

真理与方法　在追求知识与真理的过程中，培根对人类做出的最大贡献并非具体的零碎真理，而是发现了找到真理的方法。

为什么这么说呢？我们可以打个比方，有两个大夫，一个高明无比、医术通神，另一个从没有临床行医，但他发明了一种新疗法，能治好过去的不治之症。请问：两人谁能救治更多的病人呢？

当然是那个发明了新疗法的人。

须知一个高明的大夫，哪怕他一天工作18小时，一小时救4个病人，一天可以救72个，一生行医50年，一共能治好的病人不过20来万——对于临床大夫们这个数字已是高不可攀的天文数字了。然而有的人一生所救的病人却远远超过最好的大夫，连100万都不止。这是什么样的大夫呢？

就是发现新疗法的大夫。例如琴纳，他发明了种牛痘的方法，每年有多少儿童因之而保住了生命？还有伊戈纳斯·塞梅尔斯，他找到了避免产妇患上产褥热的方法——在他发明这个方法之前，每年有无数的母亲和她们新生的孩子因产褥热死去——这方法又挽救了多少母亲和她们的孩子生命？

医学如此，哲学亦如此。为了知识与真理而奋斗的哲学家所能做的最大贡献也不是一个个具体真理的发现，而是找到一种追求真理、达到真理的方法。倘若用这个方法人们能更快更好地达到真理，那么他就像医学界那些找到新治疗方法的人一样，是为知识与真理做出最大贡献的人。

培根就是一个这样的人，因为正是他为人类找到了一种达到真理的好方法。

这种方法就是他的逻辑学，具体地说，是他找到的归纳法，我们现在就来大致地看一下培根这个了不起的方法，这把通向真理之门的万能钥匙。

我想大家很清楚什么是归纳法。它是同演绎法相对而言的方法，演绎法是从普遍原理出发推导出个别结论的方法。例如由"天下乌鸦一般黑"这个普遍性的前提可以推导出某个乌鸦，我们姑且叫她美美，一定是黑的，尽管我从来没见过这只叫美美的乌鸦。

下面是这个推论过程完整的表达式：

天下乌鸦一般黑，

美美是一只乌鸦，

所以，美美是黑的。

大家看出来了吧，这个表达式就是我们在讲亚里士多德逻辑学时讲过的三段论。

这便是演绎法。与之相对，归纳法是由个别推导出一般的过程。不过，较之演绎法，归纳法似乎更要复杂一些。它有很多种，例如代数学中有所谓完全归纳法，但实际生活中的归纳法并没有这么复杂，举个例子吧：

太阳昨天升起了，

太阳今天也升起了，

所以，我相信太阳明天照样会升起。

这就是一个简单的归纳法样本，它就叫作简单归纳法。

显然，这种方法虽然也有“归纳”二字，然而并不可靠，只是一种简单的列举，要达到可靠的结果，需要另一种形式的归纳法。

培根找到了，他的新归纳法可以分为三个步骤，我们试举例说明。

第一步是要搜集材料，这就像煮饭一样，首先得有米。

第二步是对这些材料进行加工，这就是我们用米煮饭的过程了。

第三步就是从这些加工过的材料中得出结论了，这就是吃饭并吸收营养。

我们现在更详细地说明一下这三步。

第一步搜集材料，这是归纳法的准备步骤，也是整个归纳法的基础。

具体而言有两样材料：一是自然的，二是实验的。培根认为这两样材料同样重要，甚至第二种比第一种更为重要。这正是培根归纳法的优越之处。培根认为，纯粹自然的观察诚然亘要，但它所能揭示的东西相当有限，而且真假混淆，不是最好的认识原料。最佳原料应当是通过实验而得到的材料。我们知道，实验其实就是对经验的环境与条件加以限制，如此得到的材料等于是对自然材料进行了细致的加工。这就像两堆大理石，一堆被打磨得平平整整，另一堆则只是奇形怪状的毛坯，这样用经过加工的大理石当然更能建造起美观坚实的大厦。

第二步就是整理通过自然观察与实验而得来的材料了。

培根为整理这些材料提供了一整套美妙的法子，就是三表法。

所谓三表法就是用“三表”来整理材料的三个方法，下面我就一直用摩擦产生热这个经典例子来说明之。

第一表叫本质与具有表，就是我们先找到一些摩擦发热的现象。例如用布摩擦手、用铁丝摩擦石头，或者用纸摩擦木板，等等，这些都会生热。

我们把以上这些现象一一阵列起来，就构成了本质和具有表。

造好这个表后，就来第二个表了。

第二个表叫差异表，或者也叫“接近中的缺乏表”。它是同本质和具有表相对而言的。前者是找出拥有所要研究现象的例证，而它则是找出没有要研究现象的例证。例如要研究摩擦生热，在找出摩擦生热的现象后，要再找一些没有生热的现象。例如一块静立在冬天的冰，或者一片随秋风飘零的黄叶，不过最好还是铁丝、木板、石头之类，因为我们想知道的是摩擦是否是产生热的原因，所以得找些方便摩擦——同时可以方便不摩擦——的东西，好作比较。然后我们摩擦它们，看是否生热，又不摩擦它们，看是否仍生热或者不再生热。

这样的反面例证是必须的，因为如果这些木片石块不摩擦，或者说停止摩擦它们也照样发热的话，就说明刚才的摩擦根本不是发热的原因。

第三个表叫作“程度表”，或者也叫比较表。

我们做好前面两个表之后，是否万事大吉了呢？是否说明摩擦就是热的原因了呢？还不够，还要更有力地证实，这个更有力的证实就是程度表。

怎么弄这个摩擦生热的程度表呢？很好弄。例如我们可以找一块布、一块木片，再加一个温度计。先量一下布和木片的温度，例如是20℃，然后将布在木片上摩擦30秒钟，量一下温度，记下来，再摩擦30秒，再量一下温度，还可以过30秒再量一次。如果三次分别量得的温度是逐渐升高的，例如分别是30℃、40℃、50℃，那就说明摩擦的的确确是生热的原因。但如果三次量得的温度都是20℃，那么虽然有许多现象表明摩擦就生热、不摩擦就不生热，也难说摩擦便是生热的原因了，也许还有别的什么神秘原因呢！

经过了上述几步后，我们就可以正式进行归纳了，也就是说我们可以正式做出一个肯定的、可靠的、明确的结论了。这就是第三步了。

在上面的例子里，最后归纳出的结论就是：摩擦是生热的原因。

三步到这里也就完成了，通过它们我们可以得到肯定的结论。

这个结论才是具体的知识，也是真理性的知识。

第十四章　霍布斯：长命哲学家

培根之后，与培根同时代的英国还诞生了另一位伟大的唯物主义哲学家——霍布斯。

霍布斯在英国哲学史上的地位也是相当重要的，还有，与17世纪的其他伟大哲学家一样，霍布斯也是一个十分博学的人，远不仅仅是一个哲学家而已，就像《劳特利奇哲学百科全书》所言："在17世纪那些意识到了一种新科学的发展的人物当中，英国人霍布斯在伦理学、政治学与心理学都是杰出的革新者。他在许多别的领域也很活跃，特别是几何学、弹道学与光学，并且，作为一个有关光的理论家，他显示出了相当的敏锐性。"

从这些领域看出来，就知识的广博而言，霍布斯可以说不亚于17世纪的任何人物，包括培根与笛卡尔在内，甚至有过之。

不过，在讲霍布斯的各种理论之前，我们先来讲一下他的人生。

我们将看到，霍布斯度过了一个哲学家当中罕有的漫长人生。

霍布斯生于1588年，这一年是很有名的，因为发生了一件大事，就是英国摧毁了西班牙号称当时天下第一的"无敌舰队"，这是英国成为海洋大国，进而称霸世界的第一步。

霍布斯是家里的第二个孩子，父亲是个牧师。他有些早慧，4岁就在家乡村子里的小学上学了，在这里一直上到8岁，然后就去马尔蒙斯堡"深造"了。

在这所学校里，霍布斯遇到了一个叫拉特默的老师，师生之间感情很好，据说霍布斯几十年之后都专门去拜访过他。

在这里，霍布斯一直学习到14岁左右，就去牛津上大学了。

但就在这一年，他的人生也有了一个变故，就是他的父亲，他一向对家庭不怎么负责任，脾气还很暴躁，作为牧师，有一次竟然在教堂前面打人，为了逃避惩罚，他就三十六计——走为上计，抛下老婆孩子，从此消失了。

父亲消失后，还没有成年的霍布斯就归一个叫弗兰西斯的叔叔抚养了，这对霍布斯是好事，因为他的叔叔是马尔蒙斯堡的行政长官和国会议员，那当然可以提供比牧师好得多的生活条件。他对侄子也很好，不但抚养他成年，后来还留给他一块牧场，每年有60英镑的收入，这在当时可以让一个人一辈子过得舒舒服服了。

霍布斯在牛津的学习生活现在所知不多，但他肯定算是个比较出众的学生，不过有时候也犯些小错，例如逃课。除了学习，据说他最爱干的事是抓寒鸦。寒鸦是一种有点像乌鸦的鸟儿，虽然也黑，但比乌鸦好看得多，脖子是灰色的。霍布斯抓寒鸦的方法很简单：就是在铅块上系根绳子，再放上些面包屑之类，当寒鸦过来啄食时，就一拉绳子，铅块上的粘鸟胶就会粘住鸟儿，而且它越挣扎，就越粘得紧。

1608年，霍布斯从牛津毕业了，获得了文学学士学位。毕业之后的第一件事当然是找工作了，由于在学校里表现不错，他所在的牛津大学马格德伦学院的院长向当时声名显赫的卡文迪许家族的威廉推荐了他。

这次推荐从此改变了，或者说奠定了霍布斯人生的基本面貌，他从此就在这个家庭里度过了漫长的一生。

威廉的母亲叫贝丝，在当时更是赫赫有名，她有个绰号，叫“善嫁的贝丝”，共结了四次婚，每一次都很成功，丈夫既富且贵，而且先她而逝，死后还把巨大的财富留给了她，结果是她比他们任何一个都富有了。

有这样的母亲，威廉自然过着锦衣玉食的生活，而且根据当时的习惯，是需要专职家庭教师的。当然，这里教师的含义和现在的不一样，其实相当于男保姆，学生就是雇主和老板。

这个学生老板只比霍布斯小两岁，一个二十、一个十八，都是爱玩的年龄，可以想象，两人在一起玩的时间肯定比学习的时间要多，而且霍布斯在这方面也是尽心尽力，据说经常帮学生到处借钱，好供他挥霍，反正有妈还账。

应该说，在卡文迪许当家庭教师对霍布斯的一生都发生了巨大的影响，事实上，霍布斯一生主要就是在这里生活的，也是在这里去世的，他和这个家庭建立了亲密的友谊，完全不是通常意义上的主仆关系，而有类于朋友甚至亲人的关系，因为他事实上已经是这个家族的一员了。霍布斯一生共服务于两代人，威廉和他的儿子，名字也叫威廉，分别是德文郡的第二代和第三代伯爵。

在卡文迪许生活不但对于霍布斯的生活是有用的，就像我们今天描述的理想职业一样“钱多事少离家近”，对他的思想与学术研究也是同样有用的。一是因为当时的贵族们家里都拥有丰富的藏书，当时的书籍可是很贵的，一般人根本买不起，在贵族家里工作，霍布斯就可以尽情地、免费地读书了；二是当时的贵族之家还有一个传统，就是年轻人都会到欧洲各地旅行游学、增长见识，自然会带着家庭教师随行，这自然也就是家庭教师的免费出国旅行了，他们自然也可以增长见识。

因为事儿不多，于是他便有了很多自己的时间可以读书、写作。他最早的作品之一是欧陆的旅行见闻录。

1620年左右时，发生了一件比较特别的事，就是他给伟大的培根当了一段时间的秘书。

身为威廉伯爵秘书的霍布斯怎么会去给培根当秘书呢？个中原因不得而知，也许是威廉派他过去帮忙的。据说培根对霍布斯很是满意。

下一件大事发生在1628年，这时候霍布斯已经来威廉家20年了，这一年，不到40岁的威廉就因病去世了。他的去世令霍布斯伤心万分，在霍布斯一生漫长的时光之中，和威廉在一起的时光也是霍布斯一生中最幸福快乐的时光。

威廉死后，他又成了他的儿子小威廉伯爵的老师，并且和学生开始了此前一样的生活，例如游学欧洲大陆。

在巴黎时，他遇到了笛卡尔和伽桑狄这两位了不起的哲学家，后来又到了意大利，见到了伟大的伽利略。

1636年霍布斯才回到英国，这时候他已经50岁了，一般而言，作为一个学者与著作家，黄金年龄都已经过去了，但霍布斯除了一些翻译和散文之类外，还没有出版有分量的作品。

但这时候他实际上早已经在创作了，并且许多重要的思想快要成型了，他最先出版的著作是1642年出版的《论公民》。

虽然一心扑在沉思与写作上，但这时候的英国已经容不下霍布斯一张平静的书桌了，这时候的英国已经处在了内战的边缘。

这时候霍布斯怎么办呢？他逃走了，跑到法国去了，算是自动流亡，长达十年。

流亡期间，霍布斯主要生活在法国，在这里他又遇到了笛卡尔，并且两人有了不少的交往，两人都读到了对方的著作甚至未出版的手稿——据说霍布斯是最先读到笛卡尔的巨作《第一哲学沉思录》的人之一，因为两人有共同的朋友，为他们传递这些。但这样的结果并不好，因为两个人观点的差异实在很大，结果就是没完没了的争执，最终成了陌路人。

这并没有妨碍霍布斯的创作，他的代表作《利维坦》就是在流亡期间写成的。

“利维坦”（Leviathan）这个名字有点怪，源自古代希伯来神话，它是一条巨大的、甚至能够将大地整个地盘绕起来的蛇怪。之所以用了这个怪名字，就是标志着他在这本书中所要记载的内容也和利维坦一样可怕。

1652年时，霍布斯回到了英国。回到英国后，霍布斯的日子并不好过，不但他脚下的路是坎坷的，他的整个人生也是这样。

之所以如此，主要原因固然是他的思想，但更深层次的应该是他好斗的性格。

我们前面说过，霍布斯在巴黎时就和笛卡尔争了个不可开交，笛卡尔可以说是打骨子里看不起他。回到祖国后，他的敌人不是少了，而是更多了，主要原因就在于他的个性，他十分自负，容不得别人有不同意见，因此经常陷入无休止的争执，这样一来朋友自然就少了。

霍布斯这样的脾气，自然不但不会有多少朋友，更是不会有女人缘的。因此霍布斯像无数哲学家一样，孤独一生。

不过，他也有支持者，例如当时的国王查理二世，他对霍布斯一向有好感，现在又对他更加宠信了，据说当他坐着马车经过街上时，看到了霍布斯，认出了他，立即摘下帽子向他问好，对他十分亲切，后来又专门请他过去谈话，从此后就经常和霍布斯见面了，甚至特许霍布斯可以随时去见他。这样的荣耀自然非同小可，恐怕是所有哲学家和科学家当中独一无二的吧！不久还给了他一份年金。

除了国王外，英国还有其他显赫人物也喜欢霍布斯，例如被称为英国斯图亚特王朝时期伟大人物的玛格丽特·卡文迪什。作为卡文迪什家族的一员，对一直生活在这里的霍布斯自然喜爱有加。据说她的裙子特别长，当她去见国王时，人已经到了国王面前，但裙子的很大一部分还在候见室里呢。

他不但有不少的达官贵人朋友，还有许多的崇拜者，有些人为他画像，把他的像挂在画店里出售，不用说有人买的，甚至还有人写诗赞美他。

至于他这时候的生活片段，也有记载：

> 他的桌上总放着乐谱……晚上，他把门关严了，然后躺在床上，确保没有人听见了，他便放声歌唱（不是因为他唱得好，而是为了他的健康），他认为这对他的肺有好处，并且能够延年益寿。

霍布斯的想法应该是很有道理的，事实胜于雄辩！霍布斯的长寿不但在近代西方哲学，即使在整个西方哲学史上也是数得着的，就连1665年的英国的大瘟疫和1666年伦敦的大火灾也没能把他怎样。

1678年时，霍布斯还出版了《自然哲学的十篇对话》，这时候他已经整整90岁了！

还有一件趣事是，他自己想好了墓志铭，其中他最喜欢的一句是与墓碑有关的幽默之语：这是真正的哲人之石（Phibsopher 's Stone）。

确实够幽默，哲学家墓碑前的石头——墓碑——不是名副其实的“哲人之石”吗！

到了1679年10月中旬，霍布斯的身体已经差得不行了，据说连小便都解不出了，谁都知道他已经油尽灯枯、行将就木。

到了11月底，冬天了，伯爵家准备去附近的哈德威克过冬，由于霍布斯实在太老，他们准备不带他一起去，但霍布斯坚决不干，非得要一起去。伯爵家自然要尊重这位老人的愿望，于是将他包裹在厚厚的羊毛围巾里，放进大马车，去了。

这次旅行耗尽了霍布斯最后一丝元气，到哈德威克几天后，他就去世了。

伯爵家将霍布斯安葬在自己家族的墓园，给他树了墓碑，上面用拉丁文写着这样的墓志铭：

> 这是马尔蒙斯堡的托马斯·霍布斯的埋骨之处。他为德文郡的两代伯爵，父亲与儿子，服务多年。他是个有德行的人，他因博学而在国内外享有盛誉。

虽然霍布斯一生的确有这样那样的毛病，例如脾气不大好，但谁没有类似这样那样的毛病呢？因此墓志铭中的话还是恰如其分的。

第十五章　霍布斯的知识、语言与幸福

霍布斯的思想是极为丰富的，不但涉及哲学，还涉及伦理学、政治学与心理学、几何学甚至弹道学等，并且在许多方面都是杰出甚至伟大的革新者。

当然，由于本书不是专门的霍布斯思想著作，不可能真的讲他全部的思想，例如他的光学与弹道学是不会讲的，几何学虽然对霍布斯的思想有重要影响，但也不会讲，而是将我们的火力集中在哲学或与哲学直接相关的思想上面，如政治与宗教等，对于他这些思想之外的思想，虽然也非常丰富，但由于篇幅有限，都只能遗憾地略过了。

霍布斯的思想既然如此丰富，我们应如何去谈呢？我们将分四部分来谈，先从他对哲学的整体性观念入手，谈他对于语言的理解，再谈他对知识起源的观念，最后谈他对幸福的认识。

现在我们先来谈第一部分，即霍布斯对哲学的整体理解。

哲学之意义　霍布斯无疑是极为重视哲学的，在他看来，哲学对于整个人类都有着极为重要的意义。并且，更加重要的是，由于哲学家在研究他们的哲学时，并不会得到世人所谓的那些好东西，例如财色名利之类，因此人们更加应该体谅哲学家的研究，并且给予他们充分的研究自由。

还有，虽然哲学家从哲学研究之中得不到多少功利，但却对于他的国家乃至整个人类都是极为重要的。他还具体地指出了有哪两个方面的重要性，即利益与荣誉。

关于利益，我们后面马上要说，现在先说荣誉。为什么说哲学家的研究对于人类的荣誉是很重要的呢？这个原因说起来是很复杂的，但我们可以简单地这样理解：人为什么是人而不是低于人的普通动物，例如阿猫阿狗之类？难道是因为人比它们长得漂亮吗？力气大吗？飞得高吗？当然不是的！实际上，人在这些方面甚至比不上一般的动物，例如人的力气怎么比得过大象犀牛呢？人也不能像鸟儿那样自由地飞翔，但在这些情形之下，人为什么还比动物要高级？可以称为“万物之灵”——这就是人类的“荣誉称号”，那是因为人拥有理性与知识，而对于人的理性与知识，那最高的表达者是什么呢？就是哲学，哲学是人类对于世界的本质性与整体性的认识，可以说是人类知识的最高境界，也是理性的最高境界，因此倘若有一门科学可以称得上是人类的荣誉的话，那一定是哲学。

上面的引文里，除了荣誉之外，霍布斯还说到哲学可以带来利益。这也是他对于哲学另一个简单的却又本质性的理解，即他认为哲学对人是“有用”的，这个“有用”通俗、简单但却又真实地概括了他对于哲学的最基本的观念：我们之所以要学习哲学，就是因为哲学有用，可以为人获得利益。

我们知道，哲学是一种理性认识，是一种很抽象的东西，这是毋庸置疑的，正因为如此，许多人认为哲学仅仅只是一种抽象的理论而已，是“没有用的”，也就是说它不能给人带来实际的好处，即那些一般意义上而言的好处，如升官发财、金钱美女之类。

这种观点直到今天都是很普遍的，也因此哲学成了冷门学科，哲学家们也只能边沉思着哲学，边过着清汤寡水的日子，甚至过着胼手胝足的生活，这确实是符合事实的。

但在霍布斯看来，哲学可以使我们获得一个真正的、重要的好处——力量。就像培根所言：知识就是力量。这个力量就是从哲学获得的。

当然，力量是一个比较抽象的词汇，但可以对之进行简单的具体化，例如科学知识是不是一种知识？当然是一种知识。在霍布斯看来，科学知识也属于哲学，在霍布斯这里，知识的范畴有类于古希腊，是将许多科学门类包括在里面的。我们可以从科学之中得到的东西可就太多了，例如他那个时代的坚船利炮——英国人正开始通过它们从全世界抢好处，英国之所以能够建立那巨大的殖民帝国，依赖的是什么？就是他们的力量，这力量的根本就是科学的力量，也就是知识的力量。

所以，从这个角度来说，称哲学能够给人类以力量是完全正确的。

以上就是霍布斯对于哲学一种总的认识，是哲学对于人类的整体性的意义。

但在霍布斯看来，哲学的意义不止于这种整体性的意义，对于个体的人，哲学也是有意义的，不过这意义就有点像上面排除过的意义了，那就是一种有类于过去许多哲学家从苏格拉底、柏拉图到伊壁鸠鲁等一直提倡的我们当从哲学那里获得的“利益”，即一种由智慧所带来的精神享受。

在他看来，一个人从自己的研究哲学中获得的个人的好处是可以看到自己的智慧，并且以自己有这样的智慧而感到自豪，这就是哲学的“享受”。例如，一个哲学家沉思某个问题，后来得到了答案，于是他欣欣然感觉自己很聪明、很智慧，这就是他研究哲学的好处了。

进一步，霍布斯还认为不但哲学家，其实许多人都是一样的，例如那些一心想发财的人，他们为什么要去发财呢？这是因为当他们发财之后，他们感觉自己很有智慧——发财当然是需要智慧的，笨蛋是发不了财的，他们从感觉自己有智慧之中得到了快乐，当然是一种精神的愉悦。对此他在代表作之一《论物体》的“致读者书”中有一段话说：

> 但是不管你喜欢什么方法，我都要向你推荐哲学，也就是对智慧的研究，因为缺少这样的学习，我们大家近来都受到很多损失。因为甚至于研究发财的人，也是由于喜爱智慧才去做这种研究。因为他们的财宝对于他们只是作为一面镜子用的，在这面镜子里可以观看他们自己的智慧。那些喜爱为公共事业服务的人，也没有别的目的，而只是为了在那方面来表现他们的智慧。放荡享乐的人也并不是轻视哲学，这只是因为他们不知道，处在最美丽的世界的有力而永恒的怀抱中充满欢悦，对于人的心灵来说，是一种多么大的愉快。最后，纵然不是为了别的目的，可是由于人的心灵忍受不了空的时间，正如自然界忍受不了空的空间一样，为了你自己可以找到事情消磨时间，不至于因为无事可干而去打扰有职务的人，或因为与无聊的人交友而受害，我劝你研究哲学。

最后这句话使我想起了孔夫子的话：“饱食终日，无所用心，难矣哉！不有博弈者乎？为之，犹贤乎已。”

这句话的意思就是：整天吃饱了饭，什么心思也不用，真太难了！不是还有下棋的游戏吗？干这个，也比闲着好。

这话用在霍布斯这里相当地恰当，霍布斯上面引文中的最后一句意思就是说：整天吃饱了饭，什么心思也不用，真太难了！既要消磨时间，又不要打扰那些有正事干的人，还不能交坏朋友、干坏事，那就去研究哲学吧，干这个，也比闲着好。

知识之起源　关于知识的起源问题也是哲学上的大问题，在这里也有所谓唯物主义和唯心主义两大阵营，但无论何种阵营，其实都是承认有两类知识的，即所谓感性知识和理性知识，或者说感性认识与理性认识，只是对这两种知识的重要性以及知识最为重要与根本的源头有着不同的观念而已，作为伟大的唯物主义者，霍布斯的观点是旗帜鲜明的，那就是认为感觉是一切知识的起源。

这种观点当然也不是霍布斯独创的，西方哲学很早很早以前就有人提出过来过，例如亚里士多德、伊壁鸠鲁与培根。但霍布斯对感觉有了更深的认识，他分析了感觉的具体产生过程，例如认为感觉首先来自外部对感觉器官的某种压力，这种“压力”由人的神经系统等传导到心脏与大脑，于是就在那里产生了感觉这种印象。

这是好理解的，霍布斯在感觉中还有一个比较有意思的说法是将心脏提到了和大脑相类的地位，认为都可以产生感觉与认识。

这种将心脏与大脑并列的观念似乎是有问题的，因为心脏在感觉之中并不起特殊的作用，和胃肝肺之类是差不多的，没法和大脑相比。但这种传统说法现在也遭到了一定的质疑，那就是所谓心脏记忆的发现。

现代医学越来越发现心脏可能有记忆的功能，这一发现是伴随心脏移植手术的产生而来的，在过去，由于心脏是每个人自己身上的东西，即使它能够记忆，也与大脑产生的记忆是一样的，因此无法判断哪个记忆是心脏产生的，因此也就不会认为心脏能记忆了。但现在，随着心脏移植手术的大量出现，就随之发现了许多心脏也能够记忆的事例。例如有一个8岁的女孩在移植了一名被谋杀的10岁女孩的心脏后，开始做噩梦，梦中重现了她被谋杀的过程，包括显现了谋杀者的形象。这个梦帮助警察破了案，因为警察要女孩将梦中的谋杀者描述出来，据之画出肖像，然后只要按图索骥就可以了。另有一个害羞、内向的妇女在做了心脏移植后变得更为自信，甚至梦中见到了她从未见过的捐献者。如此等等，例子不少。

关于心脏能够记忆的最早的思考也许是我们中国的古人，在中国古代甚至认为人类思考的器官不是大脑而是心脏呢，孟夫子就说过：“心之官则思，思则得之，不思则不得也。”

从心脏记忆中，可以看到心脏确实能够产生与大脑相类的作用。我们知道，记忆来自感觉，例如之所以记得这个人是因为我们看到了这个人，既然心脏能够记忆，我们可以进一步地询问：心脏的记忆从何而来呢？一个最自然而然的答案就是从感觉中来，也就是，当我们的感觉器官受到刺激，当神经系统将这些刺激传递时，并不只是传递到了大脑，还传递到了心脏，于是我们的心脏也产生了感觉，并且将这些感觉印象记忆下来，这就是心脏记忆产生的原因。

我们这里说了不少感觉是知识的起源，但同样地，感觉本身并非知识，更非哲学知识。那么，在有了感觉之后，知识或者说哲学知识又是怎么得来的呢？

对此，霍布斯明确地指出来了知识的起源，那就是要通过分析与综合两种方法。

这两种方法的含义我们都很清楚，这里不必多说。在这里霍布斯还具体地指出了怎样进行分析与综合，这就是一种心灵的推理。

在霍布斯看来，心灵的推理就是有类于一种加与减的活动，他将数学的加与减类比于心灵的推理，甚至于认为心灵的推理就是心灵的加与减。这是一种颇有特色的思想，也是有其道理的。因为当我在进行推理之时，无非是将一些推理所需要的要件放在一起，对这些要件之中所包含的元素进行分析，对于论证有用的就留下去，没用的就去掉，这留下和去掉当然也可以说成是加与减。

霍布斯还举了看到一个人的例子，先模糊地看到一个影子，于是得到了物体这个认识；再就是看到了它在动，于是得到了活的这个认识；再走近时，就看到了其形状、听到了其声音，于是得到了他是有理性的这个认识。将这些合起来一相加，于是就知道了他是人，甚至知道了他是谁。这就是推理。

我们的知识就是通过这样的心灵之推理而来的。

语言之意义　　我们要讲的霍布斯的第三个思想是他对语言的认识。

霍布斯首先认为语言是有重要意义的，具体而言，语言的重要性有四点：

一、语言可以记录思想，以便供以后参考使用。

这也是语言最基本的用途。我们之所以要有语言，当然是为了记录自己的思想。这里的思想可不必是哲学思想，而是任何的有记录必要的意识。例如看到太阳升起，可以在树上划一道，这其实就是一种记录，也是最早的语言形态，同时还是最基本的语言与语词，也就是我们汉语中的“一”，或者印度数字中的“1”，前者是躺着的一横，后者是竖着的一横，意思都是一样的。为什么要在树下刻下这么一道呢？当然是为了记录一个思想：过去了一天！或者这一天发生了一件什么特殊的事。大家看过《鲁滨孙漂流记》吧，他为了在荒岛上记住时间，每过一天就在一棵树上划一道“一”，过一段时间再数一下，共度过了多少个孤独的日子，这就是供以后回忆与参考使用。

二、语言可以交流思想。

这是语言的第二个重要用处。我们用语言当然不仅仅是记录自己的思想，而且同样重要的是要将这种思想与他人分享，告诉他人我们有什么样的想法，例如我要和你做朋友，和你一起打猎，我在哪里看到了一头大野猪，一个人打不下来，两人一块打吧！或者猎人打猎时看到一个美女，就想追求她、把她引诱成老婆，这人当然需要语言，这个引诱的过程还可以用美丽的语言——诗歌——的形式记录下来，就像《诗经》所言：“野有死麇，白茅包之；有女怀春，吉士诱之。”

三、语言是人类组合起来，建立村落、部落与国家的基础。简而言之，语言是人类文明的基础。

这也是显然的，人本是一个一个的人，为什么能够组合起来呢？例如先结成夫妻与家庭，然后一个个的家庭组成村落，一个个的村落部级更大的部落，一个个的部落最后组成国家。在这个过程之中，语言都起着至为重要的作用。因为在这一个个的组合过程之中，语言是必不可少的。例如一个男人要一个女人当他的老婆，不说话行吗？几个家庭要相互通婚，不说话行吗？所谓父母之命、媒妁之言，这“命”就是命令，言就是“言语”，都是语言。村落、部落与国家更是如此。而且，越往上，需要的语言就越复杂，例如到了部落里，要开部落长老会议，当然需要比较复杂的语言；而到了国家的阶段，就需要制定各种规章制度了，这就是法律，当然需要更为复杂而系统的语言表达。总之没有语言，以上的一切都是无从谈起的。

四、没有语言，就不会有人类，人将如一般非人的野兽一样。

这是从最后一句引申出来的。但也是符合事实的，人之所以是人，一个主要的标志就是人类比普通动物有更高的智力。这主要表现在哪里呢？就是表现在语言上。人类有语言的能力，可以通过语言进行相互的交流。正是在这种不断的交流之中，人类的智力也一天天进步，终于从普通的哺乳动物、灵长类动物进化成了人类。其中语言起着至关重要的作用。

这个我们不但可以在人类那里看到，还可以在动物那里看到，例如普通的动物如鸟类牛马之类也有相互的交流，但那是一些极简的声音，远称不上语言。而比它们更低等的昆虫则连这样的声音也没有，只有通过肢体的相互触碰去相互交流。也就是它们在语言上更低一级，因为语言当然是以声音去表现的，鸟儿虽然不能说话，但至少能够鸣叫，那鸣叫也是一种声音，已经具有语言低层的物质基础了。到了灵长类动物那里，它们发出去的声音就复杂多了，有时候甚至近似于简单的语言，据说有的猩猩能够掌握上百个的词汇。这既说明它们的语言能力，也说明它们的智力已经远远超过普通的哺乳动物了。下一步当然就是人了，只有人才真正掌握了语言，这也是人之为人的标志。

总而言之，无论人类的智力、人与人之间的相互交流、建立家庭村落部落与国家，语言都在其中起着核心的作用，可以这样说：没有语言，就没有这一切，这是毋庸置疑的。

对于语言的产生，霍布斯也提出了自己的主张，例如关于整体的语言的产生。在霍布斯看来，第一个创造语言的就是上帝本身。

我们知道，《圣经》开篇是这样的：

起初神创造天地。

地是空虚混沌。渊面黑暗。神的灵运行在水面上。

神说，要有光，就有了光。

在这里，整部《圣经》的第三句就有了一个字“说”，这“说”当然就是语言，可以说，这既是语言之始，也是世界之始。事实上，语言甚至比世界更在先的，因为上帝是先“说”，然后世界才被创造出来了。

不过，霍布斯同样指出，上帝虽然创造了语言，但祂的创造是很有限的，即祂只创造了一些最简的语言，例如万物的名称，而语言的其他内容，例如其他的词汇以及复杂多样的表达形式，上帝都没有创造。而这些，当然是人自己创造的了。

这就是著名的“巴别塔”的故事了。在这里，霍布斯同样从《圣经》入手，述说了现在多种多样、纷繁复杂的语言是怎样产生的。

我们知道，现在全世界上成千上万种语言，使用人数较多的语言就有上千种，这么多复杂的语言又是怎样产生的呢？这仍然和上帝有关。这段话就是著名的巴别塔的故事了，据说人类当初只有一种语言，就是上帝初创并且告诉了人的那唯一的语言吧，后来，人的数目越来越多，力量也越来越大，于是想建一座通向天堂的高塔，上帝当然不能让人类这样为所欲为，于是就变乱了人类的语言，使大家互相不能沟通。这就是今日复杂多样的人类语言的起源。

什么是幸福　霍布斯的幸福观是与欲望联系在一起的，具体而言有四点。

首先，幸福是与欲望相关的，幸福就是欲望得到了满足，不幸福就是欲望没有得到满足。

其次，他认为人是一定会有欲望的，也就是说会竭力去求取幸福的，因为没有欲望人就无法生活。

再次，人对幸福的追求是无止境的，正如人的欲望是无止境的一样。所谓幸福就是欲望从一个目标到另一个目标不断地发展。也就是说，当人满足一个欲望——获得一个幸福——之后，马上会有另一个欲望——要获得另一个幸福，而且，前一个欲望与幸福不过是为后一个欲望与幸福的准备而已，这是一个无休无止的过程。

至于这样的原因，就是人想要确保他的幸福，不但要确保现在的幸福，还要确保将来的幸福，要永远地幸福，因此他就要永远地怀着幸福的欲望。

最后，各人有各人的幸福，每个人的幸福都是不一样的。

之所以如此，主要是因为各人的欲望会有所不同，例如有些人是为了追求安逸和肉体之乐，还有些人则希望在某些艺术或智能方面出类拔萃，如此等等。而对由各种欲望所产生的效果的评估也各人有各人的差异，同样的结果有些人可能觉得效果很好了，应该幸福了，而有些人却还不满足，甚至觉得不幸福。因此由之获得的幸福也有所差异。

这样的说法当然也是成立的，就像俗话说的：萝卜青菜，各有所爱。人与人之间的欲望当然会有所不同，还有些变态的欲望，例如中国有一个成语“嗜痂之癖”，伤疤上的痂这么恶心的东西竟然也有人当成美味去吃，吃了还会感觉幸福！爱也是一样，除了正常的异性之爱，还有各种各样变态的性爱，例如恋物癖——如男人爱上女人的内裤或者鞋子，恋童癖——对儿童甚至女儿有性欲，还有著名的俄狄浦斯情结，等等，这些性倒错现象的客观存在也表明了的确各人有各人的欲望，那从欲望获得的幸福当然也是不一样的。

这就是霍布斯对幸福的一般性认识了。除了这几点外，霍布斯对幸福还有另外两个有名的观点：

一是认为不存在像中世纪哲学家们追求的那种永恒而宁静的幸福，二是认为在所有的欲望之中权势欲是最强大的。

关于第一点，就是说没有传统的基督教的那种因信仰上帝而得到的永恒而宁静的幸福，因为人的欲望是永在的，而欲望一旦有了，人是不可能宁静的；至于永恒，就更加不可能的了，因为人生是速朽的，怎么可能有永恒的幸福呢？

关于第二点，霍布斯认为在所有的欲望之中，权势欲是最根本的。

霍布斯将权势欲作为人类各种欲望与幸福的代表，因为权势欲最好地体现了欲望的特质，从其中获得的幸福也是最大的。例如权势欲是无休无止的，而且无休止的原因也是明显的：倘若君主满足于现有的权势，不进一步地追逐新的权势，那么这原有的权势也保不住。因此，为了能够满足现在的权势欲，君主便必须不断地追求新的权势。

这令我们想起了尼采的权力意志吧！从这个角度上说，霍布斯是尼采思想的先驱呢！

霍布斯的思想是非常丰富的，他的其他许多思想也是值得我们分析的，例如他关于国家的思想以及关于自然状态的思想等，但由于篇幅的缘故，我们这里就不多说了。

第十六章　笛卡尔与瑞典女王

笛卡尔生于1596年，他的父亲是个贵族，曾经当过法官与议员。

笛卡尔从小体质孱弱，父亲专门请了一位保姆来照料他，即使长大后也不准他出门玩耍，这养成了笛卡尔娇羞腼腆的性格，就像《红楼梦》里的秦钟，“怯羞羞有些女儿之态”。

虽然如此，笛卡尔的身体却很健康，44岁那年他曾洋洋得意地宣称说，他从来没有“蒙受过值得称为患病的不幸”。

笛卡尔

8岁时，笛卡尔进了一所保守的耶稣教会学校，在这里孩子们每天一大早就得起床背《圣经》，不过笛卡尔被特许躺在床上背，这就养成了笛卡尔一辈子都喜欢成天躺在床上的习惯。

就是在床这个温暖又宽敞的特殊课桌上，笛卡尔阅读了大量书籍，从希腊罗马古典名著一直到数学、神学、修辞、法学甚至医学等，可谓天文地理、无所不包，其中花时间最多的是哲学与数学。

1612年，16岁时笛卡尔离开了学校，去读世界这本大书。

他先到了巴黎，这座法兰西乃至整个西方世界的文化之都。

在巴黎，他立即像那些贵族子弟一样，投入了红灯绿酒和贵妇名媛的石榴裙下。

除了同朋友们喝酒、同美女们打情骂俏外，笛卡尔在这里还学会了一样本事——赌博，而且几乎每赌必赢。

他在巴黎一混就是5年，到1617年，一天他突然发现了这种生活的可悲，立即断然离开了美女与醇酒，开始了另一种生活。

离开巴黎后，他进了军队，这的确很奇怪，其原因也许像他自己后来说的一样："我参加军队是由于一时心血来潮。"

这次心血来潮令他在军队中一待就是4年。在这4年里他是个相当古怪的军人。他不要军饷，也拒绝打仗，还在荷兰、德国和匈牙利的多支军队中转来转去，好像他参加的不是军团，而是旅行团，随军每到一地，他都要找这些地方的精英之士切磋一番，例如当他加入了德意志人的军队驻防乌尔姆时，遇到了一个精通数学的市民，笛卡尔就虚心向他讨教，学得了不少东西。

1621年，笛卡尔已经25岁了，终于决定离开军队，此后他在欧洲各地到处浪游，足迹遍及从波兰到意大利的广大地区。

1629年，他终于厌倦了这种流浪生活，找了一个家，安顿下来。

他选择安家的地点是荷兰，17世纪是荷兰继西班牙成为西方新霸主的时代，充满了自信与宽容，能够容忍当时别的欧洲国家不能容忍的自由思想，所以当时许多欧洲思想家都在这里安家。

笛卡尔在荷兰一住就是20年，在这漫长的岁月里几乎过着与世隔绝的生活，甚至对朋友们也隐瞒了自己的所在，只有很少几次因为生计问题不得不暂时回法国。

离开了酒肉朋友们，远隔了军旅生涯，笛卡尔开始了他一生中最多产的时期，他的几本主要著作，像《方法论》《沉思录》《哲学原理》等都是在这段时期写成的。

这也是他一生中、至少成年之后最安宁幸福的时期，除了替他做饭洗衣的仆人外，他总是形单影只，把所有光阴都用来搞哲学研究。不过他像在学校时一样，并非伏案奋笔疾书，而是每天花一大半时间蜷缩在温暖的被窝里，叫仆人把饭菜都送到床上。

笛卡尔是个制欲的人，一生既不好饮，也不爱色，终生未婚。但这并不说明他是个在家的和尚修士，他也有过自己的情爱，只是我们对这段罗曼史所知不多，只知道这段情缘为他留下了一个名叫弗朗西妮的女儿。由于他并没有同那个女子成婚，所以是私生女。笛卡尔把这个私生女儿接到了身边，视之为掌上明珠，对于父母双亡、深居简出的笛卡尔，小女儿是他在世上最大的牵挂。他全心全意地爱着她，胜过爱世上其他的一切，包括哲学。

真是天有不测风云，人有旦夕祸福，漂亮的小弗朗西妮在5岁那年的一天突患重疾，一下就死掉了。

笛卡尔肝肠寸断，如他的传记作家贝利特所言：

> 孩子的死使他极为悲痛，这一时的痛苦使他从前那些不朽的思想显得黯然失色。

他离开了原来所居之地，那里的每件东西都令他心碎。

他在莱顿城附近买了一座美丽的小城堡，小城堡坐落在一个美丽的花园里，一年四季各有各的花儿，争妍斗艳，与青青小草相映成趣。

在这里，他终于重新拾起了笔，钻进了被窝，开始了新的创作与沉思。然而，此时发生了一件令人大出意外的事，使没有被痛苦打垮的笛卡尔却被幸运之神击得粉碎。

这个幸运来自瑞典女王克里斯蒂娜。这个克里斯蒂娜女王，大家可能听说过，甚至看到过，她的经历曾被拍成一部西方电影史上的经典之作，中文译作《琼宫恨史》或《瑞典女王》，葛丽泰·嘉宝扮演美丽的女王，美之极矣，简直是国色天香。

在女王的要求之下，这两位欧洲当时最伟大的女人之一和最伟大的男人之一成了笔友，期间笛卡尔曾奉献给女王一部有关爱情问题的著作。

但女王很快就不满足于单纯的笔谈了，她要求同哲学家面谈，直截了当地发出了邀请。

笛卡尔并不愿意去遥远而寒冷的瑞典，他给女王写了封信，请求女王不要让他去"沐浴她优雅风度的阳光"。他说："我已隐居了20年，而且年纪已经不轻了，所以我恳求殿下赦免我不必要的旅行劳累。"

然而女王坚持要他去沐浴她的阳光，为了表达对哲学家的宠爱，她甚至专门派了艘军舰去迎接他。这是1649年9月的事。

到达瑞典后，女王立即请笛卡尔教她哲学，她认为早晨5点钟左右脑子最灵敏，所以要哲学家这个时候来给她讲课。大家想想看吧，要笛卡尔先生早晨5点钟起床，那不是要他的命吗?

不久，笛卡尔便病倒了。

几天后，1650年2月11日，他悄悄地离开了这个世界。

第十七章　笛卡尔的思想

笛卡尔哲学有一个鲜明的起点，就是一切从怀疑开始。

思想之起点　我们知道，哲学家们在论述他们的哲学以前总是习惯于将某些命题作为基础，然后在这些命题之上构筑起思想的大厦，而这些作为基础的命题并没有经过证明，因此实质上仍然是一种假设。不但哲学家们如此，我们一般人也如此，我们在做出某种判断之前总得有判断的基础，然后我们才在这个基础上建立起自己的判断。

您也许会问：真的吗？我怎么不觉得呢？

我要回答：正是！您之没有发觉那些判断的基础就像您在不知不觉中运用了三段论一样。举个例子吧：您给了一个乞丐10块钱，他感激地连说："您真是个好人！"这句话就有一个基础命题作为他下判断的基础。这就是：您是个人。

这本是哲学与日常生活中都常见的现象，但笛卡尔认为这样做是不对的，因为那些人们视之为基础的理念很可能只是一种成见，并非真理。

对于这些可能是成见的东西当然必须加以怀疑，又由于到处充满了这些成见，因此我们必须对一切都加以怀疑。

生活中这类可以怀疑的例子所在多有。我举一个吧，现在我说这样一句话：王蒲是个哲学博士，王常是个文学硕士。大家认为这两句话对吗？或者哪句对，哪句不对？

您可能不好做出判断吧，除非您认识两个分别叫这两个名字的人。事实上的结论是：前面一句是对的，因为我认识王蒲，他的确是哲学博士；后面一句是错的，因为我并不认识一个叫王常的人。

也就是说，这两句话的基础是这两个人的存在与否，而事实上他们的存在与否是不确定的，所以，如果我们在对这两个人的存在与否做出正确判断之前就冒昧地做出结论，那就很可能犯错误。

不但普通人在说普通语句时如此，哲学家们在得出哲学命题时同样如此。例如大家最常听说的一个命题——物质决定意识，对于这个命题，大家也许认为是不言自明的。然而它也有其基础，那就是必须存在着物质与意识这两个东西。然后才能谈它们谁决定谁。这个物质与意识的存在就是这个命题视之为基础的前提，或者也称为假设。

对其他的哲学命题我们也可以做出相似的分析，可以得出其作为基础的命题。

笛卡尔认为，对于这一切命题，我们都可以加之以怀疑。他在《哲学原理》中开宗明义地说：

> 因为我们生下来的时候是儿童，早在能够充分运用理性之前，已经对感性事物做出各式各样的判断，所以有许多成见摆在那里作梗，使我们不能认识真理。看来我们只有一种办法摆脱这些成见，就是在一生中有那么一次把我们稍微感到可疑的东西都来怀疑一次。

从笛卡尔这段话中我们可以得出这样两个结论：一是我们判断中有极多是成见，因而必须对这一切都加之以怀疑；二是我们不必怀疑一切，而只要怀疑那些“稍微感到可疑的东西”。

这两个结论所凸现的正是笛卡尔怀疑论的精髓。因为笛卡尔的怀疑论正有两个要点：一是尽可能地对一切加以怀疑，二是并非绝对的怀疑主义。

对于第一部分，我们前面已经说过了，就是无论常人还是哲学家们，他们所做出的判断之中都有太多的假定，我们应当对这一切加以怀疑。

用另一句话来说，就是我们在做出结论时，要尽可能地不做任何假定，同时尽可能地怀疑一切。

结论的第二部分则是为了使我们免除对笛卡尔怀疑论的一个致命误解。

我们知道，哲学史上有一群怀疑论者，例如普罗泰戈拉、高尔吉亚和皮浪，其特点是对一切都加以怀疑，因而认为一切都是不确定的，对一切都既不能肯定，也不能确定，甚至于“一切都是可以怀疑的”这个命题本身也是如此。

这种怀疑论的特点是为怀疑而怀疑，从怀疑出发，以怀疑结尾。

倘若依据这种观点，那么一切哲学，包括笛卡尔自己的哲学就都成问题了。其必然结局是自己打自己嘴巴，或者什么也不能说。就像那个笑话中所说的一样：

某个人断然说：“这个世界上没有好人。”

人就问：“那么你自己是不是好人呢？”

他便无话了，因为他不愿承认自己不是好人。

但笛卡尔并非如此，他不是怀疑论者，他的怀疑实质上只是一种达到不怀疑的目的的手段。打个比喻说，这个从怀疑走向不怀疑与确定的过程就像从沙子里淘金一样，为了找到黄金，必须将浮土与沙子挖掉。

从怀疑里寻找可以确信的东西，这既是笛卡尔怀疑论的目的，也是其自然的归宿。

思维与存在　那么笛卡尔到底从怀疑中得到了些什么样的可以确信的东西呢？

第一个可以确信的东西就是"我"的存在。

笛卡尔在各种各样怀疑之中，第一个怀疑的就是我们的感觉。他认为，人的感觉是大可怀疑的。例如就他笛卡尔自己来说吧，他此时正穿着睡衣坐在火炉边，对这个能不能怀疑呢？他说：能。例如他昨天在梦中感觉自己正坐在火炉边，可实际上他正一丝不挂地躲在被窝里睡大觉呢。还有，有时候我们看到远处宝塔的尖儿是圆的，可它实际上是方的。这就是感觉的可疑。

笛卡尔说：不但我们对自己身体的感觉可以怀疑，连对自己身体的存在与否都可以怀疑。大家都听说过"庄生梦蝶"的故事。庄子一天夜里梦见自己变成了蝴蝶，在蓝天白云下飞来飞去，真是痛快极了。第二天早上他醒过来，记起了这个梦，他不由自问：到底是我庄周梦见自己变成了蝴蝶呢，还是一只蝴蝶正梦见自己变成了一个人——庄周？

感觉的这种易受怀疑我们早知道了，并不会感到奇怪。但对那些看上去比感觉更可靠的东西呢？例如数学这种不依赖于主观感觉的东西？

笛卡尔说，那也是可以怀疑的。例如对1+1=2，说不定这也是错的，只是魔鬼的魔术让我产生的幻觉，觉得它对而已。

这样，不但我们的所见、所想，甚至于我们自己的躯体连同那些我们视之为最基本原理的算术都是可资怀疑的了。其他东西，如外界物体，甚至于外在世界的存在等，更可以做出相似的怀疑。

一句话，一切都是可疑的了。

但这是不是说明，一切真的是可以怀疑的呢？笛卡尔认为不是，因为即使这一切都是可以怀疑的，但有一样东西，我们是怎么也不能怀疑的。

这个东西就是我们自己的思维。笛卡尔说，我们可以否定我们思维着的任何东西，例如我们看到的花草树木、听到的溪水潺潺、摸到的柔软肌肤，甚至于想到的上帝神灵等等，都可以否定，我们可以否认这一切存在于这些思维活动中的东西，然而有一样东西我们却无法否认，这就是思维活动本身。

大家明白笛卡尔的意思了吧？他是说：大家尽可以什么都否认，说你看到的听到的想到的甚至于你自己的身体都像庄子所说的一样是梦在作怪，弄不好你是一只做梦的蝴蝶，然而你总得承认毕竟还有一个什么东西在做着这些否认，例如幻觉，你可以否认你面前的这堵墙是真实存在的，但你不能否认你在做着这个否认，这个否认是什么呢？当然是一种思维活动。

这样笛卡尔就得出了结论：无论我们怎么否认一切，但有一样东西是我们绝不能否认的，那就是“认”本身，这个认就是思维本身。

笛卡尔将这看作是他的哲学的第一原理。

将“思”肯定之后，笛卡尔便开始进一步推理了，他说，既然思是肯定无疑的，那么也就肯定无疑地存在着一个思的主体了，这个主体当然是“我”，是我在思——我思。

这个“我”，便与“思”一样，成了笛卡尔哲学的另一个基地。

得出“我思”之后，笛卡尔得出了另一个结论：我在。

这个结论是如何得出来的呢？初一看上去，好像这是一个被简化了的三段论：因为我思，所以我在。笛卡尔由思维推导出了存在。

然而这恰恰不是笛卡尔的观点。他认为并不是由“我思”推导出“我在”，而是“我在”直接地蕴存于“我思”之中。

什么是直接地蕴存呢？我可以打个比方。例如我现在说一句话：雷锋是个好同志。接着我又问：您猜雷锋是不是人？您八成会不屑地说：“呸，你真傻，雷锋既然是好同志，当然是个人呗，还用问？”这也就是说，“雷锋是人”这个判断是存在于“雷锋是好同志”这个判断之中的。所以，当你断定雷锋是个好同志时，也自然而然地肯定雷锋是人了。

这就是说：“雷锋是人”这个命题是直接地蕴存于“雷锋是好同志”这个命题之中的。

“我思”与“我在”的关系也一样，当“我思”推导出之后，“我在”就自然而然地得出了，这里不需要任何进一步的推导，也不能进行这样一种推导。因为如果这样推导的话，就是说由“我思”去推导“我在”，这会让人觉得存在是包含于思维中的，而这是不成立的，这种推导也不能成立。

那么存在与思维在这里是一种什么样的关系呢？这就比较复杂了，我们不必要去做更多的论述，这里只简单地说：思维与存在之间具有某种形式的直接同一性，二者是统一的、不可分的。当然这里的同一不是等同，而是有差别的同一，但这种差别并不妨碍它们的同一。

这样，笛卡尔就由“我思”引出了“我在”，从而得出了他那个著名的“我思，故我在”。

在推究出“我思，故我在”后，笛卡尔继续用他那富于创造性思维的大脑进行思辨，由之不但得出了“我”的存在，而且得出了神与万物的存在。

为何存在　笛卡尔在得出“我思，故我在”之后，进一步追问，为什么“我思”如此毋庸置疑呢？

他想了一会儿，脑袋一拍，恍然大悟：这个“我思”之所以如此明了，原来是因为当我设想它、考问它时，它都是那样的明白，以至于对它的任何怀疑都会是不近情理、不讲道理！

于是，他得出了这样一个结论：凡我们能够设想得很清晰、很显然的一切事物都是真的。

这就是他得出的又一个根本性结论，由之他将进一步得出许多结论，其中第一个就是上帝的存在。

我们且来看他是如何得出上帝存在的证明的吧。

他首先说，人的心中都有一个关于最高本体的观念，它是全知的、全能的、全善的，一句话，是最高的、绝对的完美，这个观念清晰地存在于我们心中。这是第一。

对于这个，大家可能要问：为什么我们的心中有一个关于绝对完美的最高本体的观念呢？说实话，我并不觉得我的心中有呢！

如果您这样问，那我就被您问得张口结舌、不知如何是好了！因为这是一种信仰，是没有道理可言的，但对基督徒而言完全是可能的。

笛卡尔说，其次，我们知道自己并不是完美的、是有许多缺憾的。因此这个绝对的、最高的完美并非我们自己。

再次，这个最高的完美也不可能是由我们自己来产生的，因为我们不是完美的，而不完美者不可能产生完美者。

现在我们再联系上面那个结论：凡我们能够设想得很清晰、很显然的一切事物都是真的。

将上面的“首先、其次、再次”合并到一起，我们就得出了结论：这个最完美者对于我们的心灵而言是很清晰、很显然的，它明明白白地存在于我们的心中。

所以，它必然是存在的。

而这个必然存在的最高的、绝对的完美是什么呢？

当然是上帝！

就这样，笛卡尔证明了上帝的存在。

怎么样？这种论证方式有点怪吧？这就是所谓关于上帝存在的本体论证明。其实在他之前的奥古斯丁和安瑟尔谟等人已经用过了，不过笛卡尔用得比他们稍微好一点。

我们还可以看到，笛卡尔的推论赖以存在的基础就是所谓思维与存在的同一性。我们可以把这看作他哲学的基础。前面当他分析“我思，故我在”时运用的就是这个基础理论，现在再次运用了，后面他还会运用。

这种证明方式是否有道理呢？这是个既易又难回答的问题，显然这是一种唯心主义观点，如果像有的人所做的一样，将标签一贴就万事大吉、证明它是错误的了。那么这就很容易证明。

但事实上这算得上是一种证明吗？大家可以自己做出判断。

我想说的只是：笛卡尔是一个比我们绝大多数人都要聪明的人，他的任何思想必有其原因，必有其深刻的道理，而这种道理未必是那么容易了解的，我敢说一般人，包括批判者们，都难以理解他，他们只是根据字面的含义进行所谓的批判。这实际上是把大象当蒲扇似的行为。

我自己经过一番努力思索之后，感觉到像笛卡尔这个上帝存在的本体论证明以及思维与存在的同一性等这类理论的基础，即我们思维中感觉明白地存在的东西就一定实际存在以及前面谈过的为什么我们心中就得有一个关于最高的、绝对完美的本体的观念，这些问题实际上是不可能进行充分证明的，它们对于哲学与哲学家而言就像1+1=2一样，是一些最基本的常识，或者仅仅是约定，是没有道理的，就像笛卡尔自己所言：

> 虽然这是完全不能证明的，但是人人都自然而然地肯定。

我们或可用另一句话来说明，这是一种信仰，就像一个数学家无须证明何以1+1=2或者为何“2”字写成一个弯勾一样，一个笛卡尔派的哲学家也无须证明何以可以清晰地思维的东西就是存在着的东西。

证明上帝存在后，笛卡尔又开始了另一个证明：万物的存在。

这个证明是接着上面来的，因为笛卡尔认为，“我们必须从神的存在引导出一切创造物。”

我们且来看看神是如何引导我们的吧。首先，像笛卡尔在《哲学原理》第一部中所说：“凡是神启示我们的，我们就必须相信，不管我们是不是理解。”

为什么人要这么盲从于神呢？当然是因为较之于神，我们人真是太幼稚、太无知了，所以对那么神圣高明的神的启示根本没有资格提出质疑。可以打个比方说，人较之于神，就像桌椅板凳较之于人——甚至于不是阿猫阿狗较之于人，阿猫阿狗还有点力量，可以有时向我们瞪瞪眼、吠几声，但那桌椅板凳就不能了，只能随我们坐就坐，扔就扔。

紧接着笛卡尔又提出了另一个观点：神不但本领大，而且还很诚实善良，也就是说，神绝对不会欺骗我们。

这句话的意思是什么呢？就是说，凡神启示我们什么，那就肯定是什么，绝对假不了，而且质量三包，绝无伪劣产品。

那么神到底给了我们什么样的启示呢？神给我们的启示就是：神令我们强烈地、清楚地相信万物的存在、世界的存在，按他的说法，是广延、运动、时间、空间的存在。

这样结合上面两步，世界当然也就存在了，对此作为人的我们不应、也没有资格存一丁点怀疑。

这个证明还算清楚吧？说不定就像上帝的启示一样清楚呢。但我相信大家还不一定全懂，这不是因为我们不行，而是因为笛卡尔不让我们去懂，他不让我们去问这样一些更为本质的问题：

为什么我们清楚地思维到了的就一定存在？我们真的清楚地思维到了有一个最完美的神吗？神真的启示我们、令我们强烈地、清楚地相信万物的存在吗？

笛卡尔说，这些问题可以一言以括之：信仰而已！是“完全不能证明、也不必证明的”。

身心二元　前面我们谈过了上帝和物质世界，还有一个对象没有谈，就是我们人自身。在笛卡尔眼中，人应该是怎样的呢？

笛卡尔在《哲学原理》第48节中说过：“我只承认两类事物，即：一类是思维的东西，另一类是与广延相联系的东西。”不难看出来，他所说的这两类东西其实就是我们现在所说的精神与物质，因为所谓广延也就是形体之类，就是物质。

笛卡尔认为精神与物质之间相互独立，都是自在自足、自成一体的。因此它们之间的关系就是——没什么关系。

这是一种有趣的观点，我们进一步地看看再来评论吧。

我们先得把笛卡尔这两类没有关系的实体运用到人身上来。

对于人而言，这个思维当然就是人的思维，而与广延相联系的就是人的肉体。

那么，笛卡尔认为在人的肉体与思维，或者说在身体与心灵之间，是什么样的关系呢?

笛卡尔在这里找出了一个独特的关系：身心二元论。这个身心二元论的大体意思就是上面笛卡尔所讲的两类实体的关系——没有什么关系，即人的身心两者的关系也是没什么关系。

笛卡尔干干脆脆地告诉我们：人的身体是身体，心灵是心灵，两者之间是你不管我，我不靠你，大家井水不犯河水，风马牛不相及。

这个观点的薄弱之处显而易见，因为他说身体与心灵无关，也就是说身体不能决定心灵想什么，心灵也不能决定身体做什么，这显然违背了我们的常识。

生活中我们每时每刻都在感受着身心的相互作用，例如我的头不小心碰上了桌子角，痛得我眼冒金星，大喊一声："妈呀！"这就是身作用于心。我看到地上有张美女的照片，心就想："好美！捡起来欣赏欣赏吧。"于是，我的腿就向前迈步了，我的腰就弯下去了，我的手就将纸片拾了起来，这一系列动作配合得天衣无缝、妙至毫巅。这不是心对身的作用吗?

笛卡尔说什么身心不相干的二元论简直荒唐至极矣!

笛卡尔当然不傻，岂不知其论点的这个毛病?正如他岂不知头碰到桌角会痛、看见地上的美女照片心动了就会让身体去拾将起来?也岂会不知如果要让他的身心二元论不成为笑柄，他就必须解决这些个问题。

笛卡尔提出了两种方法来解决这一问题。

第一个方法是将神作为中介。他说，之所以当我们的心里产生某种意欲时身体会有相应的行动，是因为有神当中间人。可以这样比方说：当我们的头碰上了桌子角时，那个神知道了，就赶快对心说，快痛、快痛！神的话当然是要听的，于是我们的心就感到痛了。还有，当心知道前面那张花纸片可能是美女照片时，神也立即知道了，赶快对身说：快去拾起来！神的话身也是要听的，就去拾了。可是由于神是感觉不到的，所以我们总以为是身和心两个东西在互相作用。

再打个比方，我们在给朋友打电话时，好像就是在同朋友直接对话，是朋友把他的话语直接送到了我的耳朵，就像两个人面对面交谈一样。实际上岂是如此呢！朋友的话语岂能传遍千山万水、从北京传到南京、从纽约传到上海呢！就是《云海玉弓缘》里懂天遁传音的孟神通也没这本事啊。那其实是电波在我们中间把声音进行了一系列复杂的转换传递，只是我们不知道罢了，就像我们不知道神在身心之间进行信息传递一样。

笛卡尔的第二个方法不是用神，而是用一个叫作"松果体"的东西来在身心之间当赫尔墨斯。

笛卡尔说松果体位于人大脑的中央，悬挂在通道之上，大脑先前的精气神在这个通道中与它随后空腔中的精气神互相沟通。我想，笛卡尔这样说也许是觉得借用神来做这样的事未免太小觑了神，大家可以看到，上面的神简直就是跑腿跟班呢，身和心有了什么事它就急火火地在两者间跑来跑去，哪像个神的样子！

为了避免这个尴尬局面，笛卡尔便开始找另一个在身心间跑腿的，它就是松果体。

为了找到一个新跑腿，笛卡尔猛研究了一番人体解剖学，他在那些尸体上找呀找呀，费了九牛二虎之力，终于在尸体的脑袋里发现了一个叫松果体的小东西，他就像阿基米德在澡堂子里一样，兴奋得大叫起来："我找到了！我找到了！"

找到松果体之后，笛卡尔认为一切问题已经迎刃而解了。他说，松果体这东西奇妙着呢，它就像一个最忠实的跟班一样，随时听候身体与心灵的差遣。当身体部分有所变动时，它便立即将这消息传递给心灵，由它去产生各式各样相应的反响。例如，如果头被桌子角撞了一下，松果体便立即将这个不幸的消息传递给心灵，心灵便产生了"痛"这个感觉，在笛卡尔看来，这就是思维的一种形式。与此相类，当心灵感觉前面那张纸片是美女照片时，松果体也会飞似的将这消息送给身体，身体便去捡照片了。

用这个办法，笛卡尔认为就彻底解决了身心二元论所遇到的诘难。

不难看到，因为找到了这个松果体，他的身心二元论至少在形式上是功德圆满了，能自圆其说了。

经过这样的自圆其说之后，我们看到，在笛卡尔的二元论里，身心还是一点直接关系也没有，就像两个吵得天翻地覆的同胞兄弟一样，虽然就住在隔壁、鸡犬之声相闻，却已经形同陌路、老死不相往来。

第十八章　莱布尼茨的生与死

现在我们要来讲莱布尼茨了，不是件容易的事。

在近代西方哲学之中，莱布尼茨和康德与黑格尔可以说是三个最难讲，但同时也最为重要的哲学家，这是他们三人共同的特点。所不同的是，后两个人的重要性已经得到了广泛的重视，莱布尼茨却不是如此，人们对于他的哲学并没有应有的重视，这有点像霍布斯，他们都是非常了不起的哲学天才，但他们的思想却一直没有得到应有的地位，也就是如康德与黑格尔那样的地位，甚至于也没有培根、洛克或者斯宾诺莎那样的地位，这是很遗憾的事，也有些不公。

若究其原因，也许在于他们两人有一个共同之点，就是都并不只是哲学家，他们有着极为广博的知识，所取得的成就也是多方面的。但唯此之故，在哲学上的成就有时候反而被人忽略了。但事实上，他们对哲学的贡献殊不亚于前面提到过的那些伟大的哲学家。

特别是莱布尼茨，他在哲学史或者思想史上的地位更是要超越霍布斯的，因为他的思想更加渊博，取得的成就也更加全面而伟大！只要一个简单的事实就可以得到证明：莱布尼茨不但是伟大的哲学家，而且是伟大的科学家，特别是伟大的数学家，是微积分的发明人之一，而微积分对于现代数学乃至科学的重要地位是怎么形容也不过分的。他在科学史上的贡献之伟大有目共睹，纵观整个哲学史，有这样地位的哲学家除莱布尼茨外就只有笛卡尔了。

莱布尼茨不但是伟大的科学家与哲学家，他在其他的许多领域也都取得了巨大的成就，例如他是数理逻辑的创始人，甚至在地质学与历史学上，他也有独到的贡献，简而言之，莱布尼茨是一个文艺复兴式的全才，也可以说是天才式的人物。他在许多领域都有重要而深刻的影响，如形而上学、逻辑学、宗教哲学、数学、物理学、地质学、法学以及历史学，等等。

对于一个这样了不起的人物，我们理当尽可能详细地了解，只是由于篇幅的缘故，在这里也只能蜻蜓点水了。

我们先来简单地述说一下他的人生。

莱布尼茨1646年出生于德国莱比锡一个书香之家，他父亲是德国名校莱比锡大学的哲学教授，母亲则是一个法学教授的女儿。

不幸的是5岁多时他的父亲就去世了，因此他主要是在知书达礼的母亲教养下长大的。

除了母亲外，另外有一样东西对莱布尼茨的成长也产生了极大作用，就是他父亲庞大的藏书，他们这样一个书香之家，家里自然藏书丰富。还在很小的时候，他母亲就打开了书库的大门，让幼小的儿子在知识的海洋里畅游。

在智慧上，莱布尼茨是一个很早熟的孩子，他从小就阅读了在我们看来也许根本不适合于小孩子阅读的艰深著作，例如柏拉图与亚里士多德的著作，还有诗歌、历史与科学著作，他无所不读，也无所不知。不仅如此，他还很早起就有了自己独特的思想。

当莱布尼茨还只是一个十三四岁的孩子时，不但掌握了丰富的知识，还精通了多国语言，如法语与拉丁语等，以后他的许多作品都是以这两种语言写成的。

到15岁时，1661年，莱布尼茨进入了莱比锡大学，专业是法律。

在这里，莱布尼茨遇到了第一个对他人生产生很大影响的人物，哲学家托马修斯，正是他引导莱布尼茨不断加深，步入了哲学的殿堂。

学习了几年后，莱布尼茨毕业了，他的毕业论文名叫《论个体原则》，由此获得了学士学位。

此后，他转到了位于纽伦堡附近的阿尔特多夫大学，在那里继续攻读博士学位。

1666年，莱布尼茨写出了《论组合艺术》，其中表达了这样的思想：一切推理与发现，无论其是否用语言表达，都能归结为诸如数、字、声、色等元素的有序组合。

据说莱布尼茨曾经以这篇论文申请大学的博士学位，但被拒绝了，原因只有一个——他太年轻了，还只有20岁，于是他改为申请阿尔特多夫大学的法学博士学位，并顺利成功。

这时候，他遇到了一个贵人，就是克里斯蒂安·冯·博因堡男爵，他是当时德意志最强大的君主之一美因茨选帝侯的重臣，他很欣赏年轻的莱布尼茨的才能，满足答应为他在选帝侯家中谋一个美差。在选帝侯那里当官自然比在大学里当老师好，也更符合莱布尼茨的志向，——他从来是个胸怀大志的人，断乎不会在一所大学里单调地度过人生。

他从此就在博因堡男爵手下干活了，到1672年，他被博因堡男爵派往巴黎，这对他的一生都产生了很大影响。

因为在巴黎他遇到了哲学家马勒伯朗士和阿尔诺，还有著名的科学家惠更斯，这些人对他产生了重要影响。

1673年时，他又被男爵以外交使节的身份派往伦敦，在那里又遇到了许多著名的哲学家与科学家。莱布尼茨将自己发明的一台“计算机”献给了皇家学会，它不但会算加减乘除，甚至还会算开方立方，比我们此前说过的帕斯卡的计算机要先进得多，他也因这个了不起的成果被接纳为皇家学会的会员。据说他还想去见这时候仍活着的霍布斯，但这时候霍布斯已经85岁了，年老体弱，没法和他谈哲学了。

从英国回到巴黎后，不久传来噩耗，他的两个雇主，也就是博因堡男爵和美因茨选帝侯都去世了，他并没有失业，而是当了博因堡男爵的儿子的家庭教师，继续生活在巴黎，一直到1676年才离开，因为他有了新雇主，就是不伦瑞克–吕内堡公爵弗里德里希，并应公爵之邀移居其首府汉诺威。

在汉诺威，莱布尼茨的工作是十分繁重的，所谓能者多劳，他几乎什么都做，也什么都喜欢做，例如他建议公爵在领地内进行全面的经济普查、建立经济理事会、建立专门的档案局管理委员长档案和文书；当时公爵领有哈尔茨山的银矿，莱布尼茨甚至设计了一种风车，能够大量地排除采矿时会遇到的淹水；如此等等。因此之故，莱布尼茨被时人称为“万事通”。

1679年时，弗里德里希公爵死了，他的弟弟恩斯特·奥古斯特继位，但莱布尼茨的地位没受影响，甚至比以前更受宠了，他与公爵夫人索菲关系也很好，她很崇拜莱布尼茨的哲学，据说“世界上没有两片完全相同的树叶”就是他与公爵夫人谈话时留下的哲学名言。

在新公爵手下，到1686年左右时，莱布尼茨有了一项新的大差使，就是编写公爵的不伦瑞克家族的历史。为了寻找有关资料，他从维也纳到柏林到罗马四处奔波。在此过程中，他一直鼓吹建立科学院。

他的鼓吹收到了不少成效，例如普鲁士的柏林科学院建立起来了，他荣膺首任院长，后来的维也纳科学院、俄罗斯彼得堡科学院都建立起来了，其间也有他的功劳。据说他还向北京的康熙皇帝建议成立科学院，不过我们可以相信这封从蛮夷番邦来的信件没有被送到康熙大帝的驭手上呢。

令人感到不胜惊讶的是，莱布尼茨在做着这些数不清的工作之余还能进行广泛的科学与哲学研究，并且在许多方面都取得了伟大的成就。

一方面由于这些工作，另一方面也由于他在科学与哲学方面业已取得的卓越成就，还由于他颇善于为自己谋取利益，莱布尼茨获得了许多荣衔，例如他是法国科学院院士、罗马科学与数学科学院院士，还是俄罗斯的彼得大帝以及神圣罗马帝国皇帝的科学顾问。他一度同时被不伦瑞克-吕内堡、维也纳、柏林、彼得堡四个皇室雇佣。1713年，神圣罗马帝国皇帝封他为男爵，这是他一生荣位的顶峰了。

不过，当他服务的第二代公爵去世，新公爵乔治·路德维希上位后，他不喜欢莱布尼茨，莱布尼茨从此处境艰难。

对了，这位公爵是世界历史上的重要人物，因为他不但是德意志的公爵，还是未来的英国国王乔治一世。

1714年，乔治·路德维希凭着他是詹姆士一世外孙的身份继承了英国王位，是为乔治一世，建立了英国的汉诺威王朝，直到现在依旧统治着英国。

当新王继位的消息传来时，莱布尼茨正在外地，他于是匆匆赶回汉诺威，然而三天前英国新王乔治一世已经走了。莱布尼茨黯然神伤，后来他又恳求乔治一世在宫廷中给他一个小小的职位，但也被拒绝了。从此这个老人只得待在几乎空无一人的汉诺威宫廷，继续他的历史研究，由于这时候他的敌人众多，甚至品行也遭到了一些人的攻击，加之年事已高，又孤身一人——莱布尼茨终身未婚、更无子嗣，那日子过得堪称孤苦伶仃。

不仅如此，他还陷入了许多争论之中，成为许多人攻击的对象，最著名的两场就是和克拉克的哲学争论以及和牛顿关于微积分发明权的争论。他都没有成为胜利者。

这些论战耗尽了已经年老体衰的莱布尼茨的最后一丝精力，他在争论之中、在胆结石和痛风及其引起的腹绞痛的折磨之中离开了人世，终年七十。

虽然这时候莱布尼茨已经名满天下，但亦谤满天下，他无亲无故，相好的朋友故交本来就少，又大都已经去世了，总之，为他送葬的人寥寥无几，据说聊聊几名的送葬者中有一个人不由喟然长叹：

> 他其实是这个国家的荣耀，但今天却像个强盗般入土！

第十九章　莱布尼茨的哲学

讲完莱布尼茨的生平，我们来讲他的哲学。

莱布尼茨的哲学思想是极为丰富的，但我们在这里只能非常简略地说说。你倘若想进一步地了解，可以参考我在商务印书馆出版的《西方哲学家中的中国之友——马勒伯朗士、莱布尼茨、伏尔泰思想研究》。

关于莱布尼茨的思想，我们首先要讲的就是莱布尼茨思想的几个基本原理，正是在这些基本的原则之上，莱布尼茨发展出了他规模庞大且相当复杂的哲学体系。

四大基本规则　这些基本原则或者说原理之中的第一个就是充足理由律。

充足理由律可以说是莱布尼茨最重要的一条哲学原理，莱布尼茨认为它是他的哲学最核心与最好的部分，也是他自己最了不起的、最有核心的思想创造。

为什么呢？原因是很多的，简而言之有两个：

一是世界万物都是符合于这条原则的，即万物之存在都要符合于充足理由律，都要有一个充足的理由才会存在。这是莱布尼茨坚持充足理由律最根本的原因。而且，莱布尼茨坚持这条原则可不是凭空说的，是他对整个世界包括上帝在内进行深入观察、研究与思索的结果。

据说他曾经向那些反对这条原则的人提出挑战，看他们是否能够找到反例，即找出任何事物，其存在没有充足的理由，是无充足理由而存在的。在他看来，没有一个人能找出这样的例子来。

第二个原因是，在莱布尼茨看来，正因为充足理由律是基本而重要的，因此它也就成了他的哲学之基础与最重要的部分，他甚至坦率地说，“推翻这条原则就会推翻整个哲学的最好部分”。

既然充足理由律这么重要，那什么是充足理由律呢？

这个要理解起来是不难的，从其名字就看得出来，就是说万物之存在都要有一个“充足的理由”，这是万物存在的规律了！故名“充足理由律”。

所谓“充足理由”，就是说，理由要足够、充足，倘若只有理由而无充足的理由，那事物也就不会存在。例如吧，张三存在，他是有理由的，但还要有充足之理由。这么说吧，张三是独生子，没有弟弟，但理论上说，他的弟弟也有存在的理由啊！张三父母结婚几十年，性生活有N次，按理说可以为张三生几个弟弟妹妹，但为什么只生了他一个呢？所以，倘若只就理由说，张三的弟弟妹妹之存在也是有理由的，但他们事实上不存在，是因为他们没有充分之理由。这充分之理由是，张三要有弟弟妹妹不仅决定于他的父母有生育能力，还决定于其他的理由。反过来也就是说，张三的弟弟妹妹虽然有存在的理由，但没有充足的理由，因此不存在。就是这样！

推广言之，任何事物之存在都是这样，其之所以事实上存在，不但要有理由，还要有充分之理由，如此才能存在。反言之，倘若没有充足之理由，则任何一个事物都不能够存在。

除了充足理由律之外，莱布尼茨还提出了其他的三个重要原则。

第一个是矛盾的原则或同一性的原则。

所谓矛盾的原则或同一性的原则，指的就是我们前面说过的矛盾律了，即相互矛盾的陈述不能同时真同时假，换言之就是说，若两个陈述是相互矛盾的，则必有一个为真，这就是排中律，这是两个基本的逻辑定律，很好理解。

第二个是“无法分辨者的同一性”。它是莱布尼茨提出来的另一条基本原则，具体而言就是说，倘若两个事物是毫无区分的，那么它就是同一个事物，而不是两个事物。言下之意当然是，根本不存在两个完全一样的事物。因为只要存在两个事物，那么就说明它们是互不相同的。又为什么呢？因为倘若是两个完全相同的事物，它们就是同一个事物，这就是“无法分辨者的同一性”！这里面有些拗口，可能要仔细推敲才会懂。

以之用于上帝的创造万物，在莱布尼茨看来，之所以会有无法分辨者的同一性，也就是说没有两个完全相同以至于无法分辨的事物，在于倘若存在这样的事物，那将是毫无选择的，即上帝无从选择究竟要创造哪一个，而这也就导致上帝在这两个存在者之间没有意志，即没有要选择这个还是那个的意志，因为要有意志、要有选择就必须有不同，这样才有选择的理由。

莱布尼茨的第三个原则也是很有名的，那就是“自然界没有飞跃”。理解这个原则不难，就是我们可以将任何事物的生成与发展都看作是一根完整的链条，一旦断掉，就会全然崩溃。就像一个人，生下来后，是从一岁至两岁三岁四岁直到七十八十岁，中间是没有断裂的，是一年一年地长大的，不用说一年，就是一天一分一秒也不能中断，倘若中断，也就意味着后面的一切不会发生了，即这个人整个就没了！

我们还可以从量变与质变的角度去理解，一切的发展变化，一开始都是量变，量变慢慢地递增，然后才有质变。就像达尔文在进化论中所表达出来的物种的进化过程一样，这也是一个“不做飞跃”的过程。

以上就是莱布尼茨所说的四大基本规则，即充足理由律、矛盾律、无法分辨者的同一性以及自然不做飞跃，这四大规则之中以充足理由律最为重要，也最为莱布尼茨所倚重，是他整个哲学之核心。

人与自由　对于我们人，在莱布尼茨看来，我们的一切都是上帝安排好的——这就是后面要讲的前定和谐了，上帝也在创造万物之先就预知并且决定了将要发生的一切，但这一切都不会损害人同样也具备自由意志。

这话何解呢？上帝安排、决定了我们的一切，竟然还说我们是自由的！这样一来，那监狱的犯人也可以说是自由的了，因为监狱不也就是安排了他们的行为吗！

对于这个问题，我们要从这个角度理解：

自由与限制或者限度本来就是有关的，自由不是无限度而是有限度的，正因为如此，才有了自由。

为什么呢？我们还是举例说明吧，例如我们上面讲过的小孩子，他们不是无限制的，例如他想不吃饭只吃糖，那是不行的；想一天到晚玩耍打闹，那也是不行的，他无限制，大人就会限制他，因此他是不自由的。小孩子如此，大人更是如此，倘若他不限制地追求快乐，想干啥就干啥，想要钱就去抢银行、想要美女就去非礼，那结果也一定是没自由的——因为他要坐班房去了。

那么我们要怎样才能自由呢？当然就是不能无限制，而要有限制了，即知不可以为才能自由、不知不可以为则不自由。简而言之就是：只有有了限制才会有了自由。

这就是说，我们要首先给自己规定了一个限度，然后依据这个限度去规范自己的行为，自觉地不超越这个限度，这时候，我们当然就有了自由：我们想干啥就干啥，因为我们所想的都在这个限度之内，自然想啥就可以干啥，这就是自由。

还有，我们也不会因为想干啥就干啥而失去自由、去坐班房。而这个自由的最高境界就是我们将这些规定置入我们的心灵深处，让它们成为我们的本能，这样一来，我们就自然而然地按照规定而行事了，这时候我们连想都不会想到这些规定，而是本能地去遵守这个位于我们心灵深处的规定，做任何事情都不知不觉地遵守规定，这样一来，我们就达到了自由的最高境界：心灵的自由。这个境界也是孔夫子所追求的最高的、最后的境界：

子曰："吾十有五而志于学，三十而立，四十而不惑，五十而知天命，六十而耳顺，七十而从心所欲，不踰矩。"

"从心所欲，不踰矩。"怎样？一个人能够做什么事情都随心所欲，却不会逾越规矩，这个规矩就是限定、限度。这也就是说，一个人可以随心所欲地做他任何想做的事，这难道不是自由的最高境界吗？

显然，在莱布尼茨这里，上帝的预先安排就是对人的一种限制，就像学校预先安排了作息时间，那就是限制了同学们的作息行为一样：他们什么时候吃饭上课睡觉都被预先安排了具体的时间，例如早晨六点起床，晚上九点睡觉，这就是他们必须接受的限制。

进一步地，我们还可以看到，在莱布尼茨这里，上帝先天的安排对于人而言应该是更加自由的，因为先天的安排就意味着这种安排已经在先天之中就进入了我们的大脑，成了我们的本能，我们会自觉地接受这种安排与规则，这样一来，就先天地不会觉得遵守这种安排与规则是对我们自由的妨害了，所以人也当然更会觉得自由。

这就是莱布尼茨对自由的基本理解。

单子论　单子论是莱布尼茨最著名的理论，也是他整个理论的一个缩影或者总结，那么什么是单子呢？怎样给它一个定义？这实际上是相当困难的。我们总结了一下，找到了所有单子都具有的共性，这些共性也可以说是所有单子都有的特点，总结起来有八个。

单子的第一个共性或第一个特点是单子是一种精神实体。

将组成万物的基本单元认为是一种精神性的而非物质性的东西，这也许让人听起来有些不可思议，是相当古怪的。精神性的东西怎么能够组成物质呢？难道世界万物如日月星辰花草树木甚至我们人的身体之类都是由精神的东西组成的不成？这实在太奇怪了，与我们一种最基本的常识都是违背的，也与哲学史与科学史上的传统——从德谟克里特到牛顿——相违背的，也难怪这种观点会遭到克拉克等人的大量抨击。

要理解莱布尼茨的这种古怪的观点，我们当超越常识，而从一种逻辑的角度去理解。因为倘若是物质性的，那么一个自然的逻辑结论就是可以无限可分，这样一来就不可能存在无限可分的最小单位了。这样一来，一个必然的逻辑结论就像，倘若存在构成物质的最小单位，就必然只可能是精神的，因为精神性的东西是不可能分割的。

与单子的精神性同样基本的是，单子是没有广延性的。这是它的第二个特点。

这实际上是一种很自然的观点，单子既然是精神性的东西，当然是没有广延性的，要知道物质与精神之根本区别就在于前者有广延性而后者没有。

正由于不是物质，没有广延，没有部分，不可分，这样一来，就可以推出单子也是没有固定的形状的。这是他的第三个特点。

单子没有广延是不难理解的，但由此却可以导致一个新问题，就是没有广延的单子是如何可能形成有广延的物质的？这是一个很重要的问题，也可以说是单子论将要面临的一个主要问题：既然单子是精神，精神是无广延的，而物质却是有广延的，这是两者之间最基本的区分，单子以何种方式能够抹平这种区分、由无广延的精神走向有广延的物质呢？

对于这个问题，莱布尼茨是这样说的。他认为，单子虽然是精神性的，但同时也是一种“阻力”，这是一种被动性，正是这一特质才使它成了物质的基础。

还有，单子之中既有活力，也有阻力，这是单子一种被动的性质，但也是一种重要的性质，他又称之为“质料”，有了这个质料，单子就具有一种“阻抗性”，他又称之为惰性，我们可以将这种惰性理解为懒惰、不想运动。这是单子的第四个特点了。

我们知道，单子是很爱运动的，但并不总是如此，它同时也有惰性，正是这种惰性使之具有了成为物质的基础。

惰性之外就是不可入性了，当然，这两种又是相互结合的，共同构成了质料另外一类性质，正是这些性质使单子成了物质。

那么单子之间有区别吗？当然是有的，我们要知道，在莱布尼茨看来，世界上是没有两个完全相同的事物的，单子也是如此，所有的单子都是不相同的——当然从另外的角度看它们又都是一样的，都是单子。不同的单子当然会构成不同的事物，这是好理解的。

由于单子是没有广延的，而万物是有广延的，这样一来，我们就可以推导出一个简单的结论：任何个体之物——哪怕是最小的物例如一个不到一微米的病毒或者比病毒还要小得多的味夸克——都是由无数个单子组成的。

在这里会产生一个问题，既然都是无限，无限=无限，那么岂不是万物都是一样的了？都是由同样数目的单子组成的了？对于这样的说法，莱布尼茨是很反对的，他指出：当我们说一个物体是由无数单子组成的时候，并不是说它真的是由无限个，即现实的无限、真正的无限、无穷无尽的那个无限，对这种无限莱布尼茨是否定的，我们也可以将这种无限看作是绝对的无限，只有上帝才具有这样的无限性。单子组成万物的无限是一种相对的无限，我们可以将把这个无限简单地理解成无法知道限止，即它实际上是有限的，有一个限止或者说数量，但我们不可能知道那个数目究竟为何。这样说吧，我们可以指定任何一个数目，但构成物体的单子的数目一定要大过这个数。——因为它大于任何具体的数，于是我们只能称之为无限。这就是莱布尼茨所说的无限的含义。

在莱布尼茨看来，单子不但是精神性的与无广延的，还是永恒的。这是单子的第四个特点。

单子的这个特点很好理解，由于单子是精神，它不同于肉体，倒有似于灵魂，怎么会死亡呢？因此它是永恒的，如同灵魂是永恒的一样。

再来说单子，莱布尼茨关于单子的第五个特点是，单子是无窗口的。

这是单子一个特别有意思的特点。既然无窗，那么单子之间是不能互相影响的，一切影响来自上帝。

单子的第六个特点是，每个单子都是宇宙的缩影。

这又是莱布尼茨单子论一个独特之点，所谓单子是宇宙的缩影，即在他看来，每个单子都反映着每个事物的全部，甚至于说，表现着整个的世界。

这就是说，在莱布尼茨看来，每个单子都是一个小宇宙，在它里面囊括了一切：它过去、现在与未来的一切发展都早已经预定在其内，就像上帝所创造的整个宇宙一样。单子的这种内在拥有一切的特性，莱布尼茨称之为是一种原初力。不用说，这种原初力是单子内在与固有的。这种力也独立地决定了单子一切的发展。

与这个单子的无窗以及作为宇宙缩影相应的是，在莱布尼茨看来，所有单子有一种“自我满足性”，这可以说是单子的第七个特点了。

单子的第八个也是最后一个特点是每个单子随时都在运动变化着。

就是说在每个单子里，随时都有变化在进行着，在莱布尼茨看来，这是单子的一种本质。换言之就是，没有静止的单子。

通过以上这些分析，我们可以将单子的各种性质统一起来，也可以看到莱布尼茨的理论是一种相当圆满、有着内在坚强逻辑的理论，只是这种内在的逻辑性并不好理解，理解之要很费一番精神的，而且要有一定的哲学之天赋才成。

前定和谐　顾名思义，前定和谐首先是一种和谐，然后这种和谐是前定的，前定，就是注定，即这种和谐是早就注定的，这就是前定和谐的基本含义。

所以我们要理解前定和谐就要从这两个角度去理解，首先理解和谐，其次要理解前定，理解这两者之后，将之综合起来就可以理解前定和谐了。其中前定是好理解的，所谓前定简言之就是注定，即这种和谐是早就注定好了的。这样一来我们就主要从和谐来理解这个前定和谐了。

要理解和谐，我们首先当从美或者说好这个角度去理解。

莱布尼茨有一个基本观点，认为上帝所创造的这个世界是最好的世界。这可以说是他对于这个世界的一种基本的理解。

为什么这个世界是美的呢？原因当然很简单，因为这个世界是上帝创造的，作为万能、智慧且至善的上帝，祂当然会创造一个美好的世界，关于这一点前面我们在讲充足理由律时已经说过了。莱布尼茨对此还打了一个比喻，就是将上帝比作一位能工巧匠。

上帝既然是一个“完美的”工匠，当然会打造一个完美的世界，倘若不如此，如何能够说明祂是完美的呢？或者说如何能够说明祂是万能的至善的上帝呢？这道理是很明显的。因此之故，这个由上帝所创造的世界必定是美的，甚至完美的。

世界是美的，换言之就是说，这个世界是和谐的，因为美之本质实际上就是和谐，和谐就是美，美就是和谐。

这是从对世界之美与和谐一种本质意义上的分析。

此外，我们还可以从发展的角度去理解前定和谐。就是说，整个宇宙及其万物在被创造之始就决定了其是和谐的，这样一来，上帝创造万物之后，万物整个的发展，哪怕是最细小的变化，都已经在上帝的预先设定之中，上帝明察秋毫，掌控着一切。这是前定和谐一种更加深刻，也更具莱布尼茨特色的观念。

因此，要理解莱布尼茨的前定和谐思想，就要把握其中的一个核心，就是要从发展的角度去理解。在莱布尼茨看来，整个宇宙由于是前定和谐的，因此之故，整个宇宙和一切万物都已经被上帝在创造世界之初就决定了，这样说吧，即使是一片落叶，它何时落地，也是由上帝决定了的，当然，它何时生长也同样如此，树叶如此，一切皆如此，这就是前定和谐的核心含义。

为什么这世界应该有恶　现在我们要来从一个很广的、哲学的角度去分析善与恶的问题，即世界上为什么有恶的问题。之所要讲这个问题，是因为这是一个很有意思的问题。

对于这个问题，莱布尼茨的回答却是很简明的，这个回答有两个要点：

一、恶是必然的，二、恶是必要的。

我们先来分析第一点。

这个问题主要当从形而上学的角度上去理解恶。在莱布尼茨看来，恶是一种缺乏或缺陷，正是这种缺乏导致了恶的存在。为什么要有这个缺陷呢？因为倘然没有缺陷，那岂不万物都完满了？岂不万物都成了上帝？因此之故，从这个角度而言，恶是必然要有的。

万物有缺失，就是说万物缺乏某种美的、善的东西，所以是不完美的，而这种不完满性就必然地导致恶。打个比方，就像一个人倘若吃东西不合理，缺了某些必要的营养物质，就会生病一样。例如若缺少了维生素C，就会牙齿出血、皮肤干燥，甚至得败血症一样。

从善与恶上讲也是这样，人因为不完满，也就是说缺少了某些东西，因此之故，人就一定会有恶的产生，就像缺乏某些必要的营养就必然会生病一样。从这个角度上说，恶是一种必然，是人之为人的必然。

在莱布尼茨看来，这种可能是神所允许的，神容许恶的存在，是莱布尼茨一个很鲜明的观点，也可以说是恶之存在的本质原因，因为倘若神不容许恶存在，那么恶当然不可能存在了！这是显而易见的。

不过，我们在这里要注意，上帝只是容许恶存在，并不是自己为恶，这是很重要的。就像一个父亲一样，他是一个仁慈而胸怀宽广的父亲，不会要求自己的儿子是完美的，相反，他会容许儿子有这样那样的小毛病，即使他是一个坏人，他也是会包容的，因为毕竟是他的儿子。而上帝，是一个最仁慈、胸怀最宽广的父亲。

这时候，也许有人会问：上帝为什么要容许这种恶存在呢？倘若一个父亲容许他的儿子为恶，他一定不是一个好父亲呢！对此莱布尼茨也有回答，就是他认为，上帝之所以容许这种恶的存在者，是因为这恶的存在是为了更大的善，甚至可以说，只有这些恶存在了，才可以达到更大的善，即恶是善之必要条件，甚至于可以变成更大的善。

为了说明这一思想，莱布尼茨将善与恶比喻为音乐，例如一部交响曲，正因为其中有了一些不和谐音，才使得整部音乐更加动听。

这是一个绝妙的比喻，足可以用一篇长文来分析，这里只说一点，它并不是简单地说善与恶是相互依存的，这个老子等许多中西哲学家都说过了，不新鲜。但莱布尼茨更进了一步：恶之存于世是一种“点缀”，就像交响中不谐和音只是一种点缀一样。更形象地可以以一束鲜花为例，其中不但要有红玫瑰、香水百合等大花一样，还要有小花甚至绿叶，如满天星和松枝，这样才能构成一束整体上更加美丽的鲜花。善与恶也是一样，二者并存，但恶并不居于主导，它只是善之点缀，善是红玫瑰与香水百合，恶是松枝与满天星，二者混合而共成一束美丽的鲜花。用之于现实生活中的善与恶，就是：世上有恶，但主要是善；世上有坏人，但还是好人多。

通过这样的分析，我们当可以了解恶之必然性了吧！实际上，这里不但说明了恶是必然的，也说明了它是必要的，就像小花与绿叶在一束花中是必要的一样，就像一部交响曲中必须有一些不谐和音一样，否则就构成一部交响曲了！

将之用于世界上，就是说，对于这个世界，有恶比没有恶更好，只有有了恶，才能构成一个好的世界，甚至是一个最好的、最完美的世界。

至于其中的道理，可以进行长篇大论的分析，这里就不多说了。

其实，我们用膝盖想都能知道，永远不可能存在着这样的没有恶的、完美的世界：

这个世界没有一切的苦难，没有病痛，没有穷人，没有丑人、没有不道德的行为、没有犯罪，人人自由、富有、幸福、美丽、健康、正直善良、遵纪守法，这种世界才是最不现实，也最不和谐的。

所以，世界必然有恶，也必须有恶。

总之，在莱布尼茨看来，世上有恶，善与恶并存，这些都是相互关联的，共同构成了这个宇宙的实情与自然的秩序，这其中所蕴含的是一种最终的、同时也是前定的和谐与完美。

以上我们分析了莱布尼茨的充足理由律、单子论、前定和谐论以及世界的善与恶等思想，从上面的分析可以看出来，这几个观点实际上是相互关联、融为一体的，也是莱布尼茨思想的主体。

第二十章　斯宾诺莎的孤独人生

斯宾诺莎先祖是从西班牙迁来的犹太人，1632年11月24日生于荷兰阿姆斯特丹，他父亲是个成功的生意人，先后娶了3个妻子，斯宾诺莎6岁时母亲就去世了，不久父亲娶了第三位妻子，因此斯宾诺莎实际上是继母带大的。

稍微长大后，斯宾诺莎上了一所传统守旧的犹太教会学校，职责是把孩子们培养成未来的拉比，生活极为刻板。

在学校里，斯宾诺莎得到了两位教师莫泰勒拉比和伊色拉尔拉比的欣赏，因为斯宾诺莎在犹太经典之类的学习中表现出了极高的领悟力，令老人家既惊且喜，甚至公开宣称他将成为阿姆斯特丹最出色的拉比。

离开学校后，斯宾诺莎进了父亲的商号帮忙，这时生意格外红火，父亲准备将整个事业交付给他。

然而，斯宾诺莎最喜欢的不是做生意，而是哲学，他找到了一群年轻朋友，经常聚集在一起讨论哲学问题，这时他遇到了凡·丹·恩德。

恩德先生在阿姆斯特丹开了一所学校，讲授拉丁文，斯宾诺莎进了他的拉丁文学校，学起了拉丁语。这时他遇到了恩德的美丽女儿，她聪明、博学、漂亮，斯宾诺莎爱上了她。终于有一天，他向她求婚了。

结果他遭到了无情的、甚至是轻蔑的拒绝，原因很简单，年轻的斯宾诺莎虽然不丑，但实在也谈不上英俊：他个子相当矮、皮肤相当黑，也没有百万家财，更重要的是，他是个犹太人，而姑娘可不是。

这次求婚对他打击很大，但真是福无双至、祸不单行，这时候他家的生意也惨败了。这使得斯宾诺莎老爸一蹶不振，整日愁眉深锁、郁郁寡欢。

前面我们说过，他在犹太教会学校时曾是勤奋的学生和虔诚的犹太教徒，然而到了恩德先生的学校后，他的思想不知不觉改变了，变得对本民族的宗教不那么热衷了，反而开始阅读一些异族思想家，例如宣传日心说的布鲁诺的作品。这样，他的思想也异端起来，还毫不隐讳地宣扬出来：他公开说他不相信人的灵魂不灭，说灵魂就像生命一样，生命完了，灵魂也就消灭了；还说压根儿没什么天使，所谓天使只是人的幻想。他甚至付诸行动：他不再履行犹太教的各种仪式，包括神圣的安息日。

他的这些行动在犹太人中间激起了公愤，先是几个犹太长老找到斯宾诺莎，对他说，只要他在外表上保持对犹太教的忠诚，他们将给他一笔不菲的年金。这时候，由于海盗们的掠夺，斯宾诺莎家日见窘迫，这笔钱真是雪中送炭。

然而斯宾诺莎表现出了他那视金钱如粪土、视真理如常人视金钱的崇高品德，他断然拒绝了。

结果是，1656年7月27日，他正式被犹太社会宣布弃绝，大拉比向他发出公开而强烈的赌咒，其间有这样的话：

> ……让他白天遭到诅咒，晚上也遭到诅咒；让他躺下遭到诅咒，站起来也遭到诅咒；出门遭到诅咒，进门也遭到诅咒。愿主永不再宽恕或承认他。……任何人都不得同他交谈，任何人不得与他通信，不准任何人给他以帮助，不准任何人与他同住一屋，不准任何人走近离他四腕尺以内的地方，不准任何人阅读由他亲笔书写或口授的任何文件。

从这天起，他成了世界上最孤独的人，这是1656年，斯宾诺莎仅24岁。

他被迫从阿姆斯特丹市内迁到了郊区一个叫奥特德克的小镇，租住在一栋房子的阁楼。由于父亲已公开声明同他断绝父子关系，他再也没有经济来源了，只好自谋生路。他先在一所学校里做了一阵子教师，但不久又失业了，被迫改行做打磨镜片的工匠。斯宾诺莎在上犹太教会学校时学会了这门技术。

斯宾诺莎磨镜片的技术相当高明，完全可以靠它吃香喝辣，但他只是偶尔磨磨，所挣的钱只够勉强维持生命，不致饿死而已。

在奥特德克住了4年之后，他搬到了莱茵斯堡，据说是因为房东搬到了这里，斯宾诺莎就跟着搬来了。

在莱茵斯堡，他过着与世隔绝的生活，成天窝在那间极其狭小的阁楼里沉思与写作，这时他主要写了两本书：《笛卡尔哲学原理》和《知性改进论》。第一本书1663年在阿姆斯特丹问世，原文是拉丁文，一年后出版了荷兰文译本，这是斯宾诺莎用真名发表的唯一作品。

1663年，斯宾诺莎又迁居到了海牙郊外的小城沃尔堡，从这时候起他开始全力撰写经典之作《伦理学》，不过他没有一口气地将《伦理学》写将下去，两年之后便转而全力以赴地写另一本书《神学政治论》，它同《笛卡尔哲学原理》和《伦理学》一样并称斯宾诺莎三部最重要的著作。它也是斯宾诺莎的成名作，1670年匿名出版，但瞒得了谁呢？从此他一夜成名。

就在《神学政治论》出版的这一年，斯宾诺莎由沃尔堡又搬到了海牙市内，他的好朋友荷兰三级议会议长、实际上的荷兰共和国总统扬·德·维特邀请了他。

但两年后维特就在海牙街头被一伙被煽动起来的市民杀死了，朋友的死令斯宾诺莎伤心欲狂，他甚至想冲出去同那些暴民拼个你死我活，房东太太将他锁在房间里才没有去成。

这时的斯宾诺莎已经不再是碌碌无名之辈，他成了荷兰乃至整个欧洲的名人，许多人慕名而至，想一睹这位思想伟人的风采。听斯宾诺莎的一个传记作者说，斯宾诺莎这时候简直成了海牙的名胜古迹，那些来海牙旅行的人纷纷把看看他住的房子当作一个旅游项目，千方百计想同他说上几句话。还有许多富翁官僚看到这位伟大的学者生活如此清苦，硬是要帮助他，例如有一个大富翁先是要给他一笔钱，但斯宾诺莎拒绝了，他又要在遗嘱中将自己的全部财产送给他，斯宾诺莎当然不会要，最后在临死前，他还是在遗嘱中要送给斯宾诺莎一笔年金，斯宾诺莎又不要，后来在人再三要求之下，只得要了一部分。后来连法王路易十四也听说了斯宾诺莎的大名，也想给他一笔年金，斯宾诺莎又拒绝了。

他这时候也得到了一些出色的朋友，例如亨利·奥顿伯格，他是大名鼎鼎的英国皇家学会的秘书；惠更斯，一个杰出的科学家；冯·切恩豪斯，一个贵族；路易斯·迈尔大夫；还有那个富翁德·弗里斯，等等。此外还有一个人就是在学术上也许与斯宾诺莎同样伟大、但在品格上却远逊于他的莱布尼茨，他在斯宾诺莎这里住了整整一个月，却声称说只见过一面，而且斯宾诺莎只给他讲过几件趣闻逸事。

最后，当1672年法国与荷兰兵戎相见时，法军统帅孔代亲王也听闻了斯宾诺莎的大名，去信请他往兵营一晤。斯宾诺莎也许是想乘此机会劝法国人与荷兰化干戈为玉帛，便在同荷兰政府谈过后，到兵营去了。这一去可惹了大麻烦，那些疾恨他的人趁机大造其谣，说他去是要把荷兰卖给法国人。他回来后，便有一些市民鼓噪着要宰了他，他的朋友维特当初就是这么丢命的。

然而斯宾诺莎毫不畏惧，他是个哲学家，不会害怕死亡；而且他只是个哲学家，岂会害人呢！市民们明白过来，于是放了他。

这时已经是1673年了，此年他41岁，对于普通人，这时正当壮年，是一生中精力最旺盛的时节，然而对于斯宾诺莎，他却已经是日薄西山了！他可怜的肺从来就不健康，磨制镜片时，那些玻璃粉末更进一步伤害了它，他变得一天比一天虚弱了。

他一生中最后要记叙的一件事就是他那唯一一次可能从事他理应从事的职业——大学教授。就在他41岁这年，他得到了来自海德堡大学的邀请，请他担任哲学教授。说实在的，校方尽量地给了哲学以尊重，并且保证给他有“充分的自由讲授哲学”，如果信就此打住，说不定斯宾诺莎真的会去，然而它后面还带了个小尾巴“深信你将不会滥用此种自由以动摇公共信仰的宗教”。

这个小尾巴彻底打消了斯宾诺莎的主意，他回信说，“对您的邀请真是不胜感激”，只是“我不知道这种自由具体的极限在什么地方，所以也难以确保不触犯贵国公共信仰的宗教”，因此，“为了保持我所热爱的宁静生活，我不得不打消担任教席的念头。”

拒绝做大学教授后，斯宾诺莎的生活又沉浸于一贯的宁静之中了，他继续沉思、写作，只是他的健康一天坏似一天，能沉思和写作的时间一天少似一天了。

1677年，2月21日，是个寒冷的日子，这时斯宾诺莎的肺已经被病毒彻底摧毁了，只是由于回光返照，他在早上并没有显出这是他最后的日子。这一天刚好是星期天，平时照顾他很好的房东看到斯宾诺莎似乎好一点了，就到教堂做礼拜去了。

等他们从教堂回来时，他们看见哲学家的生命之光已经熄灭了。

这就是一个伟大哲学家孤独的一生。

第二十一章　斯宾诺莎：善与恶的幻象

斯宾诺莎对于宇宙有一个最鲜明的观念：宇宙是一个整体，要想把握宇宙就必须首先把握这个整体，而不是其各个部分。为此他做过一个有趣的比喻：

作为整体世界　大家知道我们的血液里有各种各样的寄生虫，比起咱们人来它们有如泰山上的一只鸟儿。斯宾诺莎说，假如有这么一个小寄生虫，它想看看世界是怎么样的，于是它便开始看了，它看到了什么呢？它看到周围有许多红色的一块块的东西，就像我们看到的岩石或山峰一样，这些东西其实就是血粒。由于这个寄生虫并不知道世界上除了血液还有什么别的东西，所以在它看来，每一滴血都是一个独立的整体，而世界就是由这些血粒构成的。它根本没有想到这些血粒其实只是整个血液的组成部分，它的特性也是由血液的整体特性所决定的。斯宾诺莎还进一步说，不但血粒只是血液整体的组成部分，就是整个血液也只是整体人体的组成部分，它们的特性也是由整个人体的特性来决定的，我们要理解血液的特性也须根据整个人体的特性来理解。

进而言之，我们人之居于整个宇宙，就像那个小寄生虫居于血液中一样，只是整个莫大宇宙的一个微小至极的组成部分而已。因此，我们如果想要理解我们自己、理解周围事物，决不能像那个小寄生虫一样认为世界只是血粒，而要把我们所看到的一切，包括我们自己当作一个更大的整体的部分，并且依据这个整体来理解事物。

斯宾诺莎的这个说法是有道理的。大家知道，我们认识宇宙或其中的具体事物大致有两种方式：一种是先对组成宇宙之万物的各个部分进行细致研究，然后再在这个基础上对整体进行考察；第二种是先对宇宙或事物进行整体性的把握，然后再从这个整体性认识入手去把握部分。泛泛言之这两种方式孰优孰劣很难说。我的看法是：凡属大尺度的考察，例如对宇宙、星系或者地球的考察，最好是先整体而后部分；而对于那些微观事物的研究，最好是先部分而后至于整体。为什么呢？因为那些大尺度之事物往往由许多甚至无数个部分组成，若先从具体部分入手，请问：一、从哪个部分入手呢？二、如何随便挑一个部分，我们怎么知道这个部分的属性是整体的公共属性呢？因为我们之研究整体，其目的当然是要找出属于整个整体的性质，而非不为整体所具有、只是某个部分的属性。

相反，对那些微观的事物，例如一只麻雀，如果我们想了解它，当然要从部分入手，例如先看看它的翅膀有什么特征，再看看它的眼睛有什么特征，然后还要解剖麻雀，看看它的各个脏器各有何性状，须知“麻雀虽小，五脏俱全”。

我们可以把大尺度与微观之物比作森林与树木：研究森林，我们当从整体入手，否则会只见树木，不见森林，因而无以了解森林；研究树木，则当从部分入手，否则会只见树木，不解枝叶，因而无以了解树木。

宇宙无疑是大尺度的，所以我们在研究它时当从宏观入手，先把握其整体，然后再及于部分。这用斯宾诺莎自己的话来说，就是从“神”开始。大家不用奇怪，在斯宾诺莎看来，他的宇宙有另一个名字，就是神，或者还可以用另一个字来说，是实体。

我们下面就来看看他这个又称为“神”和“实体”的宇宙到底有些什么样的特性。

大统一　斯宾诺莎的观点常被人称为泛神论。之所以如此，是因为他认为实体、神与自然是三位一体，并且包括了整个宇宙及其万物。

这三个概念中的两个是无须分析的，神就是上帝，自然就是自然。但实体又是个什么东西呢？对于斯宾诺莎，实体是其哲学的基本概念，要想理解他的哲学，就必须理解他的实体。

关于实体，斯宾诺莎说，当我们要理解实体时，只能通过实体自己去了解，而不能通过别的什么东西。这同我们通常理解一个事物，或者定义一个概念的方法截然不同，往常当我们要理解一个未知的事物时总得借助于他物。举个例子：假设我没见过鸭嘴兽，您想让我知道它是什么样儿的，您就会说：“鸭嘴兽就是一种像鸭子又像小野兽的动物，它长着鸭子的嘴巴，却有一身老鼠似的毛。”这样，你就通过鸭子和老鼠使我了解什么是鸭嘴兽了。另外，我们知道对一个事物进行定义的最普通方法是“属性+种”，例如定义人，我们通常所用的概念就是“人是能制造工具的动物”，能制造工具是属性，动物是人所属的物种。

用这样的方法定义普通事物是管用的，但斯宾诺莎认为用来定义实体就不行了！我们不能通过任何别的东西去理解实体，要理解实体唯一的方法是通过实体自身去理解。也就是说如果把实体当作鸭嘴兽，我们只能说：鸭嘴兽就是鸭嘴兽，这还能了解吗？

斯宾诺莎说能，他靠指明实体许多特有的属性让我们大致了解了它是什么样的东西。

实体的第一个特性是：实体是自因的。这个“自因”的意思就是说：对于实体而言，它既然是实体，那就意味着它是本来就存在的，无须依赖任何别的东西存在，存在是它的本性。

实体的第二个特性是：实体是唯一的。为什么这么说呢？斯宾诺莎认为如果有多个实体，那么就会出现实体之间关系的问题，出现一个实体要依赖于另一个实体、靠另一个实体来说明等情况，这是同实体基本特性相矛盾的，所以不能成立。

由这第二个特性便带出了实体的第三个特性：实体是不可分的。因为实体如果是可分的，那么它就会像雨后春笋一样，生出许许多多小实体，这同实体的唯一性当然是矛盾的。所以实体不可分。

实体的第四个特性是无限。这也好理解，因为有限就意味着受限，一个有限的东西必然要受到什么东西的限制，甚至被什么东西所产生，而这是同实体的基本性质相矛盾的。所以实体必然是无限的。

实体的最后一个特性是：实体是永恒的。这同自因是相联系的。因为实体是自因的，所以它没有产生的一天，也没有毁灭的一日。因为如果它有产生的一天或灭亡的一日，就必然可以问：那么是什么产生了、又是什么灭亡了实体呢？所以，实体不能有产生与灭亡的一天，也就是说：实体是永恒的。

谈完了何为实体以及它到底有什么特性之后，我们再来谈斯宾诺莎另一个主要的观念：实体就是神，神即实体。

要理解这个观念，首先就必须理解这句话里面那个加了着重号的字——神。

何谓斯宾诺莎的神？那就是将神与实体联成一体的，并且是一个完美无比的实体。

其实这我们从前面斯宾诺莎对实体的属性进行的分析就知道了，那些自因、不可分、永恒什么的，哪个不是神才有的特性？所以他在对实体进行定义时，就把它当作了神。

除了神即实体外，斯宾诺莎还把他的实体学说归结到我们熟悉的东西——自然，也就是说——神即自然。这便是他有名的泛神论。

这里斯宾诺莎的上帝观与自然观同一般的基督徒有根本性的差别，他对上帝的主要看法是认为万物都存在于上帝之中，且与上帝同在。

为什么说万物都存在于上帝之中呢？这个万物就是自然万物，那么自然或自然万物存在于上帝之中又是什么意思呢？

这句话从字面上而言可以做这样的理解：自然存在于上帝之中，就是上帝像一个巨大无匹的包裹一样，将万物包裹在里面。同时，这包裹也是万物之一。

这也许听起来有点儿怪，但实际上斯宾诺莎就是这个意思。斯宾诺莎关于万物与上帝的一个基本观念就是如此，他认为万物存在于上帝之中，反过来说亦就是上帝存在于万物之中。这种观念的根本特征是不将上帝与自然分开，认为上帝与自然是一体的，神即自然。这就是他的泛神论。

那么这个"神即自然"又是什么意思呢？是不是指属于自然中的东西，例如日月星辰、我们这些人乃至花草树木、蛇蝎虫豸等都是神的组成部分呢？倘若如此，那么在斯宾诺莎看来，神不就是宇宙的同义词了吗？

也许有人认为斯宾诺莎的泛神论指的就是这个，但对这个说法，斯宾诺莎的答案是绝对否定的，他的上帝虽然可以说就指自然，然而他这个自然却根本不是那些我们所看到的自然万物，而是指的另一种东西。

那么这个与自然相关的、却又并非具体的自然万物的东西究竟是什么呢？这就是自然规律，它既与自然相关，又不同于自然。并且，斯宾诺莎进一步说：这自然规律是上帝所规定的，是上帝的意志。

这时我们得出了两个结论：一是上帝与自然并不是一回事，二是自然规律是为上帝所规定的，是上帝的意志。那么，到底自然与上帝之间是什么样的关系呢？

斯宾诺莎在《伦理学》中还说过这样一段话："一切存在的东西都存在于神之内，没有神就不能有任何东西存在，也不能理解任何东西。"[3]

上面这个"一切存在的东西"无疑应当包括自然万物，"一切存在的东西，都存在于神之内"就是说自然万物都存在于神之内，是神的一部分。

这句话再联系上面的：自然规律是上帝所决定的，即是上帝的意志，总结成一句就是：自然存在于上帝之内，自然规律就是上帝的意志。

我们可以把这句话看成是对自然与上帝关系简明的判断。

自由的幻觉　前面我们谈过了斯宾诺莎的实体、神、自然这些概念，现在要来谈谈斯宾诺莎眼中的人，主要谈两个内容：一是人之自由意志，二是善与恶。

在谈人之前，我们必须进一步谈谈神的问题。

我们前面说过，斯宾诺莎所称的神、自然与实体的一体中，实际上可以说是将自然与实体也神化了，成了一个精神体，而不是一个物质体。对于这个神，斯宾诺莎是充满了敬畏的，他说这个神是最伟大的力量，才是决定一切的力量，它具有两个特点：

3　见斯宾诺莎《伦理学》第一部分，命题十五。

首先，神是绝对自由的，它不为任何其他东西决定。

其次，有一种力量能驱使神行动，那就是“神的本性的必然性”，或者说是“神的本性的完满性”，它们也就是“那种出于他的本性的规律”。

我们先来谈第一点。“神是绝对自由的”这句话是什么意思呢？简言之，它的意思就是说，神不会受任何目的，或者任何人的制约，因为它是绝对自由的。换言之也就是说：神不按任何目的而行动，神的行为没有任何目的。

这个结论大家也许觉得奇怪，因为我们似乎不能从神是绝对自由的得出神行事没有目的这个结论来呢。

对于这个不理解其实好说，只要我们来个脑筋急转弯就行了：大家想想，什么是绝对自由呢？就是不受任何东西的制约，记住，是任何东西！如果神有了一个什么样的目的，他的行事就须依据这个目的而行，那么，这岂不是一种制约？例如：如果我是一个高中生，我将上大学作为我的目的，那么我在三年高中生涯里还能有自由吗？我还能想看电影就看电影、想溜旱冰就去溜旱冰吗？甚至于，极端点，我在高考那天忽然不想去考试了，想待在家里睡个大懒觉，请问，我有这些自由吗？

所以，神正因为是绝对自由的，所以不可能有任何目的，因为任何目的都将限制神的自由。

我们现在来看看第二点，有一种力量能驱使神行动，这种力量就是“神的本性的必然性”，而说具体点，这种力量是“那种出于他的本性的规律”。

这里的意思是很明白的，就是说绝对自由的上帝也有一个力量在驱使他行动，这就是一种出于神的“本性”的必然性和规律。

如果单讲必然性和规律我们还好说，但这个什么“神”的必然性与规律又是怎么回事呢？其实这再好理解不过了，我们前面不是说过了吗？在斯宾诺莎看来，神、自然、实体三者是统一的，因此，出于神之本性的必然性和规律也就是自然的必然性，即自然规律了。这种自然规律正是上帝行动的原则，上帝正是按这原则，也就是自然规律而行事的。

神是如此行事的，那么人呢？人又是如何行事的？

我们在讲神如何行事时实际上已经讲了人是如何行事的，因为我们前面在分析斯宾诺莎是否是无神论时已经说过了，斯宾诺莎主张我们所谓的世界是根本没有的，世界只不过是神的一个形式而已，世界并没有真正的实在性，只有神才是存在的东西。这个我们所谓的世界其实就是指我们人所在的世界，在斯宾诺莎眼中，这个世界其实并没有真正的实在性，它只不过是神的一个形式而已，因此这个世界的一切行事自然也必须遵循神行事的规则——这个规则，如上所言，就是自然规律。

世界的万物呢？当然也是如此，就如斯宾诺莎自己所言：说万物遵循自然律而发生，和说万物被上帝的天命所规定是同一件事情。

人也当然是处于这个世界之中的，是万物之一，他的一切行事当然也必须遵循这个规律，即自然律。

这就导出了斯宾诺莎一个关于人的十分重要的观念：即人的所谓自由意志是并不存在的。因为人的一切行为都是由上帝的意志早就决定了的，是按照自然律而行事的。也就是说，无论我们做任何事情，以及这件事无论是做、不做、或怎么做，都是上帝早就决定了的，是沿着一条预定的轨道而前进的。

听了这个观念，肯定会有人说："胡说！谁说我没有自由意志？我现在有一个自由意志：我本来想买你这本书，现在我不买啦！"说罢，您还可以拂袖而去。再反问我："这是不是我的自由意志呢？"

这话听起来十分有力。但我，实际上是斯宾诺莎，同样会有一个让您大吃一惊的理由让您这个有力化作没力。

下面我假定您是某个认为有自由意志的读者，我试着同您来辩论辩论。

请听：您之所以认为你是自由的，有自由意志，是因为你们只意识到了你们的意愿和希望，却没有认识到是什么原因引导你们去产生这些意愿和希望。

这话的意思明白吧？也就是当你在用行动实现你的意愿与希望、也就是说表达您的自由意志时，却没有想到是什么使您产生这些意愿与希望、使您如此地表达您的自由意志。

具体地说：您没有想到，令您产生您的"自由意志"的正是上帝！正是他令您有如此意愿与希望，并如此行事的！

我打个比方吧。大家看过《三国演义》，听过诸葛亮和关云长们的奇谋异计，例如第九十九回里，司马懿引兵到长安去与孔明拒敌，他派了郭淮、孙礼去救武都、阴平二城，并乘机偷袭孔明后路，以为这是出其不意、攻其不备，蜀兵势必大乱。郭淮、孙礼便依计而行，路上还对司马懿这个妙计赞叹不已。可正当他们赞叹司马懿，以为这下蜀兵完了时：

> 忽然一声炮响，山背后闪出一支军马来，旗上大书："汉丞相诸葛亮"，中央一辆四轮车，孔明端坐于上；左有关兴，右有张苞。孙、郭二人见之，大惊。孔明大笑曰："郭淮、孙礼休走！司马懿之计，安能瞒得过吾？他每日令人在前交战，却教汝等袭吾军后。武都、阴平吾已取了。汝二

人不早来降，欲驱兵与吾决战耶？”

这段话有什么“哲学意义”呢？它正表明了您的“自由意志”的实质。可以把您比作司马懿和孙、郭两将，而将孔明比作上帝。司马懿和孙、郭二人正是认为自己有“自由意志”，他们按自己的意愿行事：去偷袭孔明后路，以为这是攻孔明之不备。然而事实上呢？孔明对他们的意图知道得一清二楚，甚至是有意使他们这样做呢！

您也是这样，当您在做什么事时，以为是凭自己的“自由意志”行事的，无论什么力量，包括上帝，也束缚不了您，其实，您这正是中了上帝的计呢！其实正是上帝使您这样想、这样做的！

这就是您的自由意志的实质！

斯宾诺莎也做过一个比喻，他把那些自认有自由意志的人比作一块在空中飞行的石头，以为可以决定自己运行的轨道和落下的地点。

到这里，我想大家应当知道人有没有自由意志了。当然我们可以不相信斯宾诺莎这个观点，他的这个观点无疑也是可以反驳的——就像任何哲学家的任何观点一样，但我们至少应当理解斯宾诺莎为什么认为人没有自由意志，理解他这样说的理由，并且认识到这个理由是可以成立的，是能自圆其说的。

善与恶的幻觉　与斯宾诺莎的认为人无自由意志相联系而致的另一个观念是他认为我们人所称的善与恶同自由意志实质上是一回事，都是一种幻象。

这是我们可以相当容易地从上面的那些话中推论出来的。因为人既然没有自由意志，也就是说，他所做的任何事情其实都是上帝早安排好了的，人就像那块空中飞行的石头一样，以一个什么样的轨道，在什么地方落下，全是身不由己。

这样我们可以得出一个什么样的结论就可想而知了：既然人做的什么事都是上帝早决定了的，那么也就是说，人做的任何恶事其实都不是他自己想做的，而是上帝决定要他做的，甚至可以说，是上帝假他之手而做的！

这样，尼禄之先与母通奸继而杀之不能说是他恶，因为这是上帝决定他做的；雷锋之扶老大娘过马路全心全意为人民服务不能说是他善，因为同样是上帝决定他做的。

上面这样的结论是从斯宾诺莎的说法中合乎逻辑地得出来的，面对这样的诘难，斯宾诺莎又如何辩解呢？

首先，斯宾诺莎当然也知道他的理论势将得出类似的结论，并且也早做了相应的回答，他的中心意思就是所谓善恶只是以自己为中心的看法，他说：“所谓善与恶只具有相对的意义；所以同一事物在不同的观点之下，可以叫作善，亦可以叫作恶。”

这意思很好懂，没有什么要诠释的。

斯宾诺莎的这段话大家可能不会同意，然而却是不但有他的哲学基础，而且也是有事实基础的。不信您可以去找找，看能不能找出有什么事在任何时候、任何地点、被任何人认为是恶事呢——善事同样如此。

我可以举出几个既善又恶的例子。例如乱伦，这在我们看来从古至今都是极恶的事吧？俄狄蒲斯还为了这个刺瞎了自己的眼睛。然而在古埃及，哥哥娶妹妹却是最正常不过的事，一个法老如果有一子一女，他往往让儿女结婚，他死后共同统治天下。图坦卡门二世是如此，著名的克莉奥佩特莉拉同样如此。就是希特勒的种族灭绝，那般邪恶的事，然而在希特勒及其纳粹党徒们看来，这是正当不过的事呢，就是现在，欧洲各地还有大量类似的新纳粹分子。

这样看来，善恶真是人的主观感觉而已，是互相矛盾的，作为根本不可能有矛盾的、完满不过的上帝来说，怎么可能将他们如我们人一般视为善恶呢？如果要他判断，他就要抉择，那么他该如何抉择呢？听哪些人的意见呢？

所以，我们可以断定，说善道恶只是人类才有的事，至于上帝，他是不可能这样做的，在他那里，无善亦无恶。

一句话，善与恶只是人类的幻象而已！

第二十二章　洛克：作为政治家与哲学家的神医

洛克1632年生于英格兰西南部一座叫林格通的小城。

当他还是一个咿呀学语的小孩时，母亲就离开了他，家里只剩下父亲和一个哥哥。他的父亲是个乡村律师，也是个彻头彻尾的革命派。1642年，当查理一世向国会宣战，英国内战终于爆发时，他立即加入了国会军同王军作战。

洛克从小天资聪颖，14岁进了著名的伦敦威斯敏斯特中学，成绩优异，1652年中学毕业后进了牛津大学的基督教会学院。

这时他已经是一个20岁的青年了，头脑自由而活跃，但进的是教会学院，读的是亚里士多德和托马斯·阿奎那等这类人的著作，还要将它们看作神圣不可怀疑的经典，对此洛克感到乏味极了，后来他写信给一个同学说，他上大学尽是浪费时间，简直一无所获。

虽然不喜欢大学里的教学方式，洛克仍凭着聪明的脑袋取得了优异成绩，毕业后得以留校任教，教授希腊语。

不久他的父亲和兄长都得病死了，二十几岁的洛克就已经举目无亲。也许正是为了排遣心中之痛，洛克找到了一件他可以全心全意地做的事——科学研究。

他同时探索许多科学领域，如医学、物理学、化学乃至气象学等，并取得了可观的成绩，尤其在医学上造诣非凡，他还因此同一大帮著名的医生和科学家成了好朋友。

这些朋友中有玻意耳，他是当时英国最知名的科学家之一，称得上是近代化学与物理学这两门自然科学的主体学科的奠基人，他与一群杰出的朋友建立了高贵的科学团体——英国皇家学会。1654年，玻意耳来到了牛津，当时正在牛津大学当老师的洛克不久便与他成了知交，他们无话不谈，当然主要谈的还是科学，在这个领域内洛克是学生，他经常把自己科学观测的结果和科研成果送到玻意耳面前，虚心请教。

洛克的这些科学研究到底有多大价值我们不得而知，不过他与伟大的科学家成了知心朋友却是可知的。例如玻意耳因为健康的关系，无法亲自出版他的重要著作《空气通史》，便委托给了洛克，请洛克帮助他印刷出版。对于视科学如生命的科学家们来说，这无疑表达了他们最大的信任和最深的友情。

除玻意耳而外，当时另一个更伟大的科学家依萨克·牛顿同样是洛克志同道合的好朋友。

1668年，36岁的洛克成了皇家学会的一员，还被委任为实验考察指导委员会委员。

自然科学诸领域中洛克取得最大成就的是医学，他获得过正式的医学学位，还获得过相关的奖金，是当时最有名望的医生之一，不过由于他实在太忙，没有专业开诊所，只有少数幸运者获得过他高明的诊断。

这些幸运者中首推阿希利勋爵及其家人，洛克治好了勋爵一种经久不愈的怪病，救了他的命，勋爵感激之余，请求洛克离开牛津到伦敦去，做他的秘书兼家庭医生。

洛克答应了，这是1667年的事，从这年起，洛克就将自己的命运同阿希利绑在了一起。

勋爵是当时英国的主要政治领袖之一，不过，他之所以追随勋爵并非为了博取高官厚禄，而是因为他支持勋爵的政见，勋爵所代表的正是当时反对王党的国会派，也是洛克的父亲曾为之战斗的那一派。

我们前面讲英国革命时说过，克伦威尔死后，1660年5月，在蒙克将军主持下，查理一世回到英国继位称王，是为查理二世，他依旧试图扩张王权，为此同国会展开了斗争。而在国会这边领导反抗国王的就是阿希利，他领导国会议员们坚决反对国王想复辟君主专制的企图。他当过大法官，1672年被封为索尔兹伯里伯爵，他联合反对扩张君权的人组成了辉格党，而拥护国王的人则组成了托利党，这两个党像现在英国的保守党和工党一样，轮流坐庄。

当阿希利高官厚禄时，他的得力助手洛克自然也就直上青云了，在阿希利担任了贸易和殖民委员会主席这个掌管英帝国庞大殖民地的美差后，便将洛克也拉进去，在里面做了一个不小的官，许多事情都与他商量着办。

与阿希利一起在政治风浪中搏斗的同时，洛克将一部分目光转向了哲学，大约在1671年左右他开始写作其不朽的经典《人类理智论》。它耗费了洛克近二十年光阴，他开始写这本书时是39岁，到这本书出版时已经58岁了。

当然，在这期间他并没有也不可能只写这本书，他还继续同阿希利一起沉浮于政治斗争的旋涡之中，甚至连牛津大学的教职都没有辞去，也就是说，他多多少少还是牛津大学的老师，得履行一点老师的职责。

1682年，由于涉嫌领导一场反对詹姆士二世国王的阴谋，国王下令逮捕阿希利，不过他手眼通天，在逮捕他的警察来到之前逃之夭夭，溜到欧洲大陆去了。

这时候，洛克由于得了肺结核，已经从伦敦移居到了蒙特贝里尔，此地的气候对他的肺有好处。当阿希利倒霉时，他的死党洛克自然也跟着倒霉了。

当时他仍是牛津大学的教师，詹姆士二世就从这里开始对洛克下手，他不顾当时牛津大学的传统，以英国国王和国教最高领袖的名义，命令学校当局赶走洛克，牛津大学迫于无奈只得让洛克自动辞职。

本来，阿希利逃走后，洛克并没有离开的意思，他仍待在英国，直到被牛津赶走，国王的密探们还像猫头鹰般日夜窥视，时刻准备找个借口将他送进伦敦塔时，他才被迫三十六计——走为上计，溜之大吉了，这是1683年的事。

他跑到了荷兰，这时仍处在17世纪，正是小荷兰替代西班牙成为西方新霸主的时代，作为新生的强国，充满了自信与宽容，能够容忍别国不能容忍的新思想，所以当时欧洲的许多思想家都把这里当作了自由之家，笛卡尔和斯宾诺莎都生活这里。

他在荷兰生活了近6年，在这段时间里他写出了许多著作，最重要的是《人类理智论》。

正当洛克安安静静地待在荷兰时，英国国内的局势却在经历大变化，结果就是1688年11月爆发的“光荣革命”，荷兰执政威廉和妻子玛丽登基为王，威廉称国王，即威廉三世，玛丽称女王。

发动“光荣革命”的便是当初由阿希利领导成立的辉格党，革命成功后，流亡的辉格党人自然要回家了，其中就有他们最重要的理论家洛克先生。

回国时洛克已经57岁了，他被委任为英国上诉法院法官，并参加了论战，写了不少文章替英国的新政治制度辩护，这些后来形成了他的政治哲学理论，而这些理论将成为现代西方通行的政府体制的理论基础。与此同时，他还在进行哲学的沉思与创作，回英国的第二年，洛克终于出版了《人类理智论》，这是他最重要的哲学著作，也是人类历史上最重要的思想经典之一，被称为“思想编年史上的伟大的独立宣言”。英国各地一时为之洛阳纸贵，不久又被译成了欧洲各国文字，像一阵春风吹遍了欧洲大地。

但这时他已经患上了可怕的肺结核，且日趋厉害，他只得辞去公职，退隐到一座小小的乡村别墅，在那里一面同病魔搏斗，一面顽强地创作。

1704年10月28日，洛克与世长辞。

第二十三章　洛克伟大而通俗的哲学

黑格尔在评论洛克的哲学时，说了这样一句话："洛克的哲学无疑是一种很易了解的、平凡的哲学，正因为如此，也是一种通俗的哲学。"

的确，相对于前面我们讲过的几乎所有哲学家，洛克的哲学是相当容易了解的，也许比任何人的都容易了解。如果说康德与黑格尔的哲学是深不见底的大西洋，那么洛克的哲学就是水平如镜、清澈见底的多瑙河了。

洛克的哲学可以分为两大分支：第一支是他的认识论，第二支是他的政治哲学。

没有什么天赋观念　洛克认识论所关注的第一个问题就是破除一种错误的认识论——天赋观念论。

什么是天赋观念论？我们在前面讲笛卡尔时已经讲过了。笛卡尔说，当我们分析上帝的存在时，我们心中就有一个强烈的观念，相信存在着一个最高的、绝对的完美；在分析世界的存在时，他又说我们强烈地、清楚地相信万物的存在、世界的存在。这些相信换言之就是一些观念。

那么人这些观念是从哪里来的呢？人如何会有相信上帝与世界的存在这类观念呢？

对这个问题笛卡尔做出了回答，他说：这些观念当然不能来自感觉，因为感觉是不可靠的，那么它来自哪里呢？笛卡尔答道：是"天"将这些观念置于我们心中的。

对这句话，我们不能顾名思义，以为笛卡尔是说有一个什么上帝将天赋观念放到我们脑袋里，就像往罐子里盛水一样。笛卡尔在这里强调的天赋观念的含义是：对于人而言，这些观念是我们心中自然存在的、是心灵自身恒有的观念，是本来就有的，因此是不需要后天学习的，这就是他著名的天赋观念说。

洛克之反对天赋观念论主要就是把矛头对准了笛卡尔。他进行反击的方法是对天赋观念论用来论证存在天赋观念的证据一一进行反击，这样，依赖这些论据生存的天赋观念论自然也就不能成立了，正如一句俗语所言：皮之不存，毛将焉附？

天赋观念论者的第一个论据是"普遍同意说"。他们认为某些观念是全人类共同拥有、普遍同意的，因而可以说这些观念是天赋的。

对此，洛克毫不客气地说：根本没有什么观念是全人类普遍同意的。洛克说，那些刚生出来的婴儿、白痴等都不懂那些所谓的天赋观念，有的就连没有受过教育的人都不懂，所以他们心中当然也没有这些所谓的天赋观念了。他举了许多来自世界各地生动的生活实例来表明不存在什么全人类普遍同意的观念，例如有的民族以尊老爱幼为美德，有的民族却杀掉老人甚至吃婴儿，并且认为这没什么不道德。

对于在天赋观念论者们眼中最为重要、也最有力量证明天赋观念存在的那个关于上帝存在的天赋观念，他也否认是天赋的，不承认人一生下来心中就有一个上帝的观念。因为既然上帝给了人类认识事物包括上帝的能力，那么就不必要再把这个观念印到人类的心上去。还有，基督教的上帝观念并不是人人都有的，例如异教徒的上帝就不是基督教的上帝，无神论者们则根本就不承认有什么上帝，有的民族则整个一股脑儿没有上帝的观念。所以，上帝的观念是经由后天的培养而成的，根本不是天赋的。

一切知识来自经验 既然没有什么天赋观念，那么另外两个问题就冒出来了：一是我们人心中的观念是从哪里来的呢？二是在没有形成这些观念之前，我们的心灵又是什么样子的呢？

对这两个问题，洛克的回答简明扼要，就是：我们的观念是从经验而来的，而在得到这个经验之前，我们的心灵是白板一块，像一张白纸一样空无所有，然而也像一张白纸一样，既然空无所有，就可以绘上任何东西，这些东西就是知识，而那个在白纸上面绘画的画家先生就是经验了。

于是现在的问题就是：画家经验先生到底是如何在人类大脑这张白纸上绘上知识之像的呢？

在回答这个问题之前，我们先来看洛克一个有特色的理论：二重经验论。

洛克认为人类有两种经验：一种是外部经验，一种是内部经验，所谓外部经验就是感官，眼睛、鼻、舌、皮肤等，被外物作用而产生的感觉，例如亮堂堂、响当当、香喷喷、硬邦邦，等等。洛克认为这个外部经验是人类知识的主要源泉，大部分知识来自之。

内部经验则是指心灵反省自身内部活动而得到的各种观念，因此也称之为反省观念。诸如怀疑与相信、推理与直觉、意欲与厌倦，等等，这些都是反省观念。

洛克认为，通过这两种经验人们就能获得知识，同时也可以说，只有通过这两种经验人类才能获得知识。

这样一来，我们对于上面那个问题：伟大的画家经验先生是如何在我们的大脑这张白纸上绘画的这个问题就解决了：他是通过感觉与反省，或者说外部与内部经验二者将知识绘在我们大脑上的。就像用颜料和水在我们的脸上画一朵盛开的牡丹一样。

两种性质 上面在谈知识的起源时，我们得到了一个结论：一切知识起源于经验，而经验来自外物，这个经验包括内部与外部经验，并且洛克又给了它们一个总名——观念。

那么，这时又出现了一个新的要解决的问题：在观念与外物之间有什么样的关系呢？

洛克给出了一个简明的回答，他说，在外物内部有某些“性质”——洛克把这看作是一种能力，正是这些“能力”在我们的意识之中产生了观念。他并且举了一个例子：有一个雪球，我们知道它是白的、冷的、圆的，为什么呢？这是因为雪球里有某些性质或者能力，正是有它们，才在我们的心中产生了白的、冷的、圆的这些观念。我们所有的对外物的观念都是这么来的：在外物中有某种性质，它们作用于我们的感官，便产生了相应的观念。

洛克接着对产生观念的物的性质做出了进一步的分析。具体地说，他将物体的性质分成两类，分别称之为第一性质与第二性质。

第一性质就是凝性、广袤、形象、运动、静止、数目等等，又可称为物体的原始性质。可以看出第一性质之为第一性质，是因为它们无论如何也不能从物体上消失。

这也当然不能理解说物体的这些性质是绝对不能变化的，正确的理解是说：无论在什么样的情况下，物体的这些性质都是不能被磨灭的。我们可以举个例子：一个物体，假设是一根棍子罢。我们可以将它折断，或者将它涂上不同的颜色，或者将它怎么怎么，它仍会具有这些性质，或者说这性质仍不会从它身上消失掉。像广袤，也就是体积，我们怎么可能将这个性质从物体身上去掉呢？因为“一尺之棰，日取其半，万世不竭”。

在洛克眼中，物体的第一性质是物体最根本的性质，可以用之来描述自然界中的一切物体。

什么是物体的第二性质呢？洛克说，第二性质就是任何物体中一种特殊的能力，它可以借不可觉察的第一性质，在某种特殊形式下，在我们的感官上产生作用，并且由此使我们产生不同的各种颜色、声音、气味、滋味等等观念。从这里我们可以得到关于第二性质的两个特性：一是它是借第一性质而来的，二是它能使我们产生颜色、声音、气味、滋味等等观念，或者可以说它是一种使我们产生这些观念的能力。

这个第二性质像第一性质一样不难理解，我们可以举个例子：一朵鲜花插在牛粪上，我们看到鲜花是红的、闻到牛粪是臭的，为什么如此？这是因为在鲜花上有一种能在我们的心灵里产生红的观念的能力，即第二性质；而牛粪里则有一种能在我们心灵里产生臭的观念的能力，也是第二性质。

洛克认为，第一和第二性质从某个角度看是相似的，即它们都是物体身上一种不可觉察的“能力”作用于我们的感官而产生的结果，它们产生的方式与途径是一样的。但它们的地位却是完全不同的，像数目、体积、运动、静止等第一性质是名副其实的第一，它是好的，因为它表里如一，看上去怎样，实际上就怎样，诚实得很。相反，第二性质，即物体的颜色、气味、声音等却不过是一些虚有其表的东西，也不可靠。洛克举了一个篝火的例子，如果离得不近不远呢，就会温暖而舒适，如果隔得太近，那种温暖舒适的感觉马上就会无影无踪了，替而代之的是说不出的灼热痛苦。那么，到底是温暖舒服还是灼热痛苦是火的第二性质呢？都是，又都不是，所以说第二性质是不可靠的。

从经验到观念　以上我们谈论了经验是知识之源，然后又谈了观念与外物之间的关系，我们之所以对外物有某种观念，原因在于在外物之内有某种性质，正是它们在我们的心灵之中产生了相应的观念。

现在我们再来谈一个新问题：这些观念到底又是怎么样的呢？洛克又把观念分成了简单观念与复杂观念，就像把经验分成直接经验与间接经验一样。

他说，所谓简单观念就是由直接经验与间接经验，或者说感觉与反省等得来的观念，从特征上说它们是一些结构相对简单，因而不能再进行分解的非混杂的观念。例如12345等数目、赤橙黄绿青蓝紫等颜色、长短宽扁圆等形状，这些就是简单观念。

这些简单观念虽然简单，然而对于我们人类的心灵之重要就如砖瓦木石对于建筑师之重要一样——建筑师有了砖瓦木石就可以造出亭台楼阁、高楼大厦来，而心灵有了简单观念就可以造出各种各样的复杂观念、知识体系来。因为在洛克眼中，无论一个观念多么复杂，或者理论多么庞大，它总之是由许多的简单观念构筑而成的，就像万丈高楼也是平地而起，是由许多块小小的砖瓦木石垒积而成的一样。

如上所说，复杂观念就是由上面的简单观念复合而成的观念。这个复合过程可以是相对简单的，例如复合成纽约帝国大厦的无数砖头中的一块，但也可以是极复杂的，例如复合成整座的帝国大厦，不但帝国大厦是复杂观念，连整个宇宙都是一个复杂观念。他说：“由若干简单观念结合而成的观念，我就称之为复杂观念——如美、感激、人、军队、宇宙，等等。”

洛克还认为，人在简单观念面前像一叶小舟在惊涛骇浪中一样，是无能为力的，只能听由浪涛将它飘荡；然而对于复杂观念就不一样了，这时，人就能够自由在自地发挥自己的“主观能动性”了，我们可以将这些简单观念看作泥巴或者积木一样，将它们任意地搓圆弄扁、搭成房子或者桥梁，从而形成无数的、千变万化的复杂观念——复杂观念就是这么形成的。

在由简单观念形成的复杂观念可说多如汪洋大海中的水滴，然而它们并不是一大堆毫无头绪的乱麻，而是自有其线索与规律可循：这些千姿百态的复杂观念可以分成三大类，分别是样式、实体、关系。

所谓样式观念就是由简单观念复合而成的用来表示事物的性质、数量、状态等特性的观念。例如，前面洛克在举例子时说过“美”是一种复杂观念，它就属于一种样式观念。

什么是美呢？它当然不能像黑与白那样是一个简单观念，而是由许多简单观念组合而成的。有人说美就是和谐，那当然也就意味着美是许多东西和谐相处而形成的。例如一个美人吧，在中国古人的眼里，她必须是肌肤似雪——这是颜色；鼻如悬胆——这是形状；樱桃小口——这是体积；行如弱柳扶风——这是运动。总之，由这些颜色、形状、体积、运动等简单观念组合在一起，便构成了洛克称之为样式的复杂观念——美。

所谓实体观念，它指的其实不是别的，就是我们所见的个别事物：日月星辰、花草树木、飞禽走兽，等等。洛克认为它们也是由简单观念集合而成的。这当然好理解，例如有个物体，它由亮亮的、圆圆的、热热的、东升西落的等等简单观念复合而成。

虽然实体观念由简单观念复合而成，但洛克并不认为实体就是简单观念的简单的集合堆砌，相反，他认为在其背后还有一个“神秘的”东西，一种基质或者说依托，正是这个东西令得简单观念们有了依托，能够组合成一个我们所能看到的实实在在的物体。可以说，这个神秘的基质就像是万能胶一样，将简单观念们，像白、圆、热、东升西落等简单观念牢牢地胶合在一起，使它们形成了那个物体，就是我们称之为太阳的东西。

洛克称这个基质为实体。

于是我们看到，在洛克的实体与实体观念之间有不小的差别，实体观念指的是由简单观念集合而成的复杂观念，也就是我们眼中的、我们所看到的具体的物，而实体则是指将这些简单观念黏合在一起的东西，虽然正是它使简单观念的组合成了可能、甚至于可以说是真正的物，它却并不是我们的凡胎肉眼所能看到的。

正是由于实在事物这种构成的特性，使我们在了解具体事物时，所能了解的只是它的名义而非实质，用洛克的话来说，就是名义本质。

所谓名义本质，就是一个由“名称”所表示出的实体观念。而名称，指的就是万事万物的名字。例如“黄金”这个词，它就是一个名称，一个复杂观念。当我们听到这个词时，马上眼前就会冒起一堆黄澄澄、沉甸甸、亮光光的东西，也就是说，在黄金这个复杂观念里包括了这几个简单观念，而黄金的名义本质也就是黄澄澄、沉甸甸、亮光光等这些黄金一看就知的特性。

但除这些之外，洛克认为物体还有一个实在本质。它指的是物体内部那些细微的结构与运动。洛克认为，这些细微的结构与运动才是物体存在的真正支柱，正是它们依托着名义本质。不过，这些实在本质的另一个主要特点是它是我们人所不能直接观察到的，就像不能观察到那使简单观念融合在一起的实体一样。

不过，就像我们不可能“看到”数学中的无穷小一样，不可能观察到物体的实在本质。

第三个复杂观念是关系观念。

关系观念是将几个观念并列在一起加以互相比较鉴别而形成的观念。

这些关系中最显眼的也许当数因果关系了。

因果关系是这样形成的：当我们观察到两个现象前后相连、并且老在一起发生时，便产生了因果观念，认为一个现象是由另一个现象引起的，并将前一个称作“因”而将后一个称作“果”。这就是因果关系的起源。例如人们在晚上看到两块石头相撞时会发出耀眼的火花，于是便相信在石头相撞与火花之间有因果关系，前者是因，后者是果。

然而这时便产生了一个认识论中最艰深的问题之一：这些因果关系到底是必然的呢还是偶然的？它只是人们的主观感受呢还是在两者之间有着必然的、内在的联系？如果有，人类是否真的能把握之？

对于这些问题，许多哲学家都做出过深入分析，得出了各种各样的答案，有的人认为有必然联系，有的人认为没有，有的人认为人类能把握这种必然联系，有的人则认为不能，有的人则认为这一切都是不可知的。洛克认为人类不能把握因果之间的必然联系，就像我们不能把握实体与事物的实在本质一样。

这样我们对于因果关系的了解就只是一种“猜想”了，我们看到两个事件连着发生，而且经常如此，便“相信”它们之间有因果联系，至于这种联系是否必然就不得而知了，也因此我们不能断定这种因果关系将必然地、普遍地发生。例如有一种毒草，就说是断肠草罢，我们在《神雕侠侣》里见识过它，那是一吃了就要丢命的，所以才叫断肠草，意思是一到肚子里就能将肠子都弄断，不可谓不毒。因此我们完全有理由在“吃断肠草”和“死翘翘”之间建立一个因果联系，前因后果。

然而我们因此可以说这个因果联系是必然联系吗？因一旦发生果就一定会接踵而来吗？即吃了断肠草人就一定会死吗？

当然不能，有两个理由：一是如洛克所言，因果联系只是人类的一种感觉，并不能说二者之间存在着必然的、普遍的联系，所以不能说人吃了断肠草就一定会死，即使张三李四吃了都死了，我们也不能断定王二麻子吃了也一定会死。要怎么样才能断定呢？——要一直到他真的吃了并且死了。二是事实上也不能，有个人吃了断肠草并没有死，例如神雕大侠杨过。

至此我们分析完了洛克的三种复杂观念，从这些分析之中我们不难看出，所谓实体、样式、关系实际上指的分别就是具体事物及其特征以及事物之间的关系，正是经由这三种复杂观念千千万万不同的排列与组合而逐渐形成了这个纷繁复杂、令人眼花缭乱的大千世界。我们可以将实体、样式、关系比作色彩中的“三原色”，就是红绿蓝，虽然我们所见世界中从晚霞到繁星、从绿叶到乌云、从白种人到黑种人，颜色极其多样，但所有这些颜色其实都是由红绿蓝这三种“原色”组合而成的，它们可以组合成任何您所需要的颜色，它们也实际上组合成了这个世界的万紫千红！就像实体、样式、关系组合成了这整个世界一样。

知识有三种　洛克认为，要了解知识，首先要了解知识的对象，而这个对象是观念。因此，理解知识的关键还是理解“观念”这个词。

前面我们已经谈过了三种观念：样式观念、实体观念、关系观念，也已说明由之组成了我们所看到的整个世界。对于洛克而言，世界只是观念的大聚会，更具体地说，是这些观念的相互之间的关联，而这些观念相互之间的关联就成了知识，这是对知识的简单的阐释。

谈过何谓知识之后，洛克又对知识进行了分类，他共将知识分成了三大类，分别是直觉知识、证明或推论知识、感觉知识。

所谓直觉知识就是人既不必借助于别的东西作为媒介，也无须推论证明就能直接觉察到的知识。直觉知识的特点就是人可以直接地看出来，一目了然，简单得很。例如白不是黑、直线不是曲线、1+1=2，等等。

洛克认为直觉知识正因为其简单与明白，所以才是最可靠、最真实的，也是一切其他知识之基础。

第二种知识是证明或推论的知识，大家可以顾名思义，推知这是一种需要依靠推论才能得出来的知识。当然它推论之时还得借助于上面的直觉知识。这类知识中最典型者当数数学知识了。大家都学过数学，那里头有着多如牛毛的各种推理推论，都是从几个最简单的称之为公理的东西一步步推将出来的。例如三角形三内角之和等于180°，就得借助于一条经过三角形一个顶点，与其对边平行的直线。在这个推论里面就借助了许多的直觉知识，例如一条直线就是180°，直线不是三角形等等之类，不一而足。

洛克认为，这类证明知识虽然需要一些直觉知识作为中介，但仍不失为一种可靠的知识，不过它不再具有直觉知识那种一目了然的正确性了。

最后一种知识是感觉知识。所谓感觉知识就是人对外界事物的知识。洛克认为人们对于其心灵之外的世界万物是否真是一种客观存在以及我们的观念是否同外界事物一致等问题都不可能有绝对的答案。因此我们的感觉知识也就必然地具有一个特点：不可靠性。当然洛克也并不认为它们像花心大少的爱情誓言一样不可靠，而是认为它没有前面两种知识可靠，具有一种或然性。

论政府　除了其著名的哲学思想外，洛克的政治学说也许更为著名，对现代西方世界的政治学说与政府体系都有着至为深刻的影响，不可不提。

这套政治学说的中心就是陈述人类为什么需要一个政府以及这个政府应该是什么样子的。

人类为什么需要一个政府呢？洛克说，还得从人类建立政府之前的“自然状态”说起。洛克相信有一个美好的古代社会，他称之为“自然状态”。它有三个特点：一是人人自由而平等；二是私人财产神圣不可侵犯；三是人人都只服从一种“自然法”，这个自然法要求人不损害他人、自己和世间诸物。

在这种自然状态下人类生活自然美好无比，然而正所谓美景不常、盛筵难再、千里搭长篷——没有不散的筵席，人类这种美好的自然状态终究是保不住了，因为这时出现了一批不安分守己的家伙，觊觎邻家的美衣美食美女，开始捣乱了。顿时使一个祥和安宁的社会陷入了动乱不安之中，甚至出现了人与人之间的自相残杀，这就是战争。

面对危机的人类怎么办呢？显然，唯一的办法是将人类再重新拉入某种秩序之中，建立另一种形式的和谐，因为人类显然不可能恢复到从前自然状态的和谐了。

那么根据什么方式建立新的和谐呢？主张君主专制的人说君权神授，或者说老百姓们自那日起就将所有权力全部交给了君主，总之是君主享有了一切权力，自己却不受任何限制，这就是君主专制。

而洛克却认为并非君权神授，也非老百姓将全部权力都白送给了君主，而是在人民与君主，或者说人民与政府之间建立了一种契约的关系。这种契约同我们日常所签订的合同差不了多少，就是签约双方都既有权利也有义务。

对于人民而言，他们将一些权利委托给了政府或者君主，从而使他们拥有了某些特定的权力，例如制订法律的权力、维护社会治安的权力、对违背法律和侵害他人的公民进行惩罚的权力等，政府拥有了这些权力后就可以用各种方法予以实施。

然而在这里洛克强调了两点：一是人民并没有将全部权力授予政府或者君主，也就是说，任何政府或者君主都无权实行专制政治。二是如果政府没有履行好自己的职责，例如没有能够实施法律、保护人民的安全，或者自己违背契约、想搞专制统治等，人民就有正当的理由反对这种政府或者君主，这就是洛克所主张的社会契约论。

除了社会契约论之外，洛克另一个几乎同样重要的政治理念就是立法权、行政权与外交权的三权分立，归于不同的三个主体来拥有。

三权分立起源于洛克的反对专制，他认为专制一则违反了人民与政府当初签订的契约，二则它容易使当权者滥用权力，造成腐败。因此他提出将三个最重要的权力——立法权、行政权与外交权——分别交给三个不同的实体，让他们互相制约，达到权力的平衡，以消除专制与腐败。

我们都知道现代西方的三权分立制度，三权即立法、司法与行政。这是整个西方国家制度的共同特色，也被历史发展证明是最好的政府制度，确实能够有力地维护国家的安全和社会的稳定，并促进经济发展，以及最有力地捍卫人民的权利，这种三权分立就是直接来自洛克的政治遗产。当然后来有了一定的进步，将洛克的外交权变成了司法权，变成了立法、司法、行政的三权分立，但其实质是一样的。

第二十四章　著名的历史学家休谟

我们知道，英国的哲学是以经验主义为代表的，而休谟可以说是经验主义哲学的大总结，也是耸立在经验主义哲学之原野上的最后一座灯塔。

休谟1711年生于苏格兰的首府爱丁堡。休谟的童年应该说是不幸的，两岁时父亲就去世了，所幸的是他有一个伟大的母亲，为了孩子，终身未再嫁，将所有精力放在孩子身上。

年纪稍长后，休谟开始上学。也许出于某种天性，休谟从小热爱学习，成绩优良。更重要的是，他从小就爱哲学。

休谟

1722年时，休谟进入了苏格兰最有名爱丁堡大学，学习了希腊语与形而上学等。这时候他还只有十岁多。

但由于家庭和健康等原因，他三年后就辍学了，一辈子没有获得过大学文凭。

当然，休谟并没有中止学习，一开始，他母亲想让他学些法律知识，将来当律师，休谟也同意了，但到了1729年，他18岁时，决然地放弃了法律，立志投身哲学事业。这是他人生的一个重要转折点。

虽然立了这样的志向，但休谟要现在就开始实践还有些早，原因很简单，就是他没有祖传的遗产，需要挣钱养活自己。于是，到了1734年时，他就去跟几个商人学做生意，但几个月之后就发现自己实在不喜欢这个，只得离开。

此后，他不但离开了生意，还离开了英国，去了法国。

在法国时，休谟大部分时间生活在小城拉夫赖士，这里有一所著名的耶稣会学校，是伟大的笛卡尔的母校。

此时休谟已经在全力以赴地写作他的第一部作品《人性论》了，这也是他一生中最大也最重要的作品。

三年之后，休谟大功告成。休谟深信自己写出了一部了不起的作品，甚至以为自己可以凭此一举登上哲学的殿堂，成为人人称颂的了不起的哲学家。只是事情并不像休谟希望的那么简单，他的书甚至找不到人出版。经过了一年的努力，休谟才同约翰·奈恩签订了《人性论》的出版合同，起印一千册，共三卷，先出前面两卷。合同中他可以得到的收入是50英镑外加十二部书。

1739年1月，《人性论》出版了。休谟对自己这部作品的价值是极为自信的，以为它一出版，就会投石冲开水底天、一石激起千层浪，他将一举成名。但结果却是非常失望，他的书完全没有产生什么反响。

不但如此，由于这本书中明显的怀疑主义以及所显示的对传统的基督教神学的批判，使得他在1744年想成为爱丁堡大学的道德哲学教授时，遭到了基督教卫道士们的强烈反对，他们正是从《人性论》中列举出了一条条的内容，力证休谟宣扬怀疑主义以及由此产生的对上帝的怀疑与无神论等，使休谟成为大学教授——也由此获得一份稳定收入——的愿望落空。

虽然《人性论》遭受了惨败，但休谟天性乐观，不久就从打击之中恢复过来了。他回到了家乡，在田野乡村里继续写作，不久就写成了另一部著作《道德和政治论文集》，1741年就出版了，次年出版了第二卷。

这部著作的命运就大不相同了，因为它大受欢迎，第一版很快卖完，第二版也很快出来了。这本书之所以成功，主要是由于它文笔好，并不是思想上比《人性论》优越，其中表达的观点也与时人大多一致，因此才赢得了许多的读者。这在古今中外都是一样的，有时候某些学术著作或者学者的著作销量大得像畅销书似的，并非这部著作的思想有多深刻，而是其文笔好，所以许多人爱读，大家爱读文笔好的书就像爱吃味道美的食物一样，并非是味道最美的食物对身体最好，甚至有时候还是相反的，著作的情形也差不多。

1745年时，休谟接到了一个重要的邀请，来自安南戴尔侯爵。这位年轻的侯爵虽然很高贵，但脑子有毛病，不知为何他的家人会觉得休谟的陪伴对他有好处。由于报酬极丰，正愁找不到可靠生计的休谟立即应允了。

离开侯爵不久，休谟又接到了另一个邀请，来自他的一个远亲克莱尔将军，这时候他正准备率领一支军队去加拿大和那里的法军作战，这样的邀请自然是有吸引力的，休谟又去了，但后来由于政治变幻，他没有去成加拿大，却和英国舰队一起攻打起法国的海岸来，无功而返。

此后，他又随这时候担任了英国驻维也纳军事使节的克莱尔将军一起，到了维也纳，在那里见到了奥地利的皇帝、皇后和太后等，总之见识了最上流的贵族社会。

将军的身份是“驻维也纳和都灵宫廷的军事使节”，休谟则是他的副官，这时候的休谟身穿军官制服，由于他相当的胖，这时候见过他的一个年轻人后来这样描述休谟：“这个胖家伙更容易使人联想到一个吃甲鱼的老头，而不是一个文雅的哲学家。”

这次回到英国时，已经是1747年11月底了。这两年也是休谟离开写作与读书生涯仅有的两年，但他因此也赚到了一辈子可以安下心来读书的银子。

在老家的乡下住了几年后，休谟再次离开了家乡，搬到了大城市爱丁堡，次年当上了苏格兰律师协会的图书馆员，工资不高，但工作环境对他却再好不过，因为他可以随时随地使用这个规模相当大的图书馆。

正是利用这个图书馆，休谟写成了他在世时最有名的著作《英国史》，共达六卷六册，述说了从恺撒侵入不列颠直到1688年英国内战的历史，由于文笔清通、思想独到，大获成功，休谟也顿时成为英国也许是全欧洲最有名的历史学家，比他哲学家的地位还要高得多。

在经济上同栏成功，休谟拿到了三千英镑的巨额版税，足够他一辈子花了。

这时候的休谟作为历史学家多有名呢？一个例子可以说明，就是休谟和赫特福德伯爵一起去凡尔赛宫觐见法国皇太子时的情景。当他走进皇宫时，看到了皇太子的三个儿子，三个小王孙，他们大的10岁，小的才5岁，都向他表达了很大的敬意，大王孙说：“先生，您在这个国家非常有名、非常受敬仰，能够欢迎您是我莫大的荣幸。”

只有七八岁的二王孙说："先生，我们的国家正在迫不及待地渴望见到您，当我能够拜读您杰出的历史大作时，期待能够从中获得莫大的乐趣。"最有意思的是小王子，他连话都不怎么讲得清楚，也发表了一通演说，休谟只听清楚了其中的"历史"和一些赞美的词儿。

对了，休谟见到的那位大王孙就是未来的法王路易十六，1793年1月21日法国大革命时将要被送上断头台。

在巴黎，欢迎休谟的可不只是王家，实际上，他受到了几乎整个法国社会的欢迎与尊敬，他成了全巴黎最受尊敬与瞩目的人物之一，结交了许多的朋友，其中包括当时法国哲学界的大头们，如它的领袖狄德罗。

和休谟友好的不但有男人，还有女士，有许多漂亮的名媛贵妇都是休谟的崇拜者，我们可以相信，倘若休谟愿意，以他这时候的声望、地位甚至财力，完全可以娶到一个年轻漂亮又有丰厚陪嫁的妻子，但休谟没有，他像大部分哲学家一样，孑然一身。

1765年时，赫特福德伯爵被任命为爱尔兰总督，他立即赴任去了，这时候英国驻法的新大使还没有来，于是休谟便当了几个月的代理大使，据说干得相当不错。

此后他就离开法国了，并不是一个人走的，他还带着另一个人——卢梭。

初到英国时一切还比较顺利，卢梭在英国受到了欢迎，据说休谟还为卢梭申请到了英国国王乔治三世颁发的二百镑的年金，靠这笔钱他可以生活得很舒服了。但不久，卢梭的性格缺陷就再一次让他和休谟的关系破裂了。起因是这时候有某个人写了一篇文章讽刺卢梭，卢梭却认为是休谟在背后挑唆的。这当然是天大的冤枉，休谟岂是这样的人呢！但卢梭的性格是非常偏执的，加上和他同居的女人也在一边说休谟的坏话，卢梭更是怒不可遏，和休谟公开决裂了，连国王颁发的年金都不要了。还给他的朋友们写了许多信，责怪休谟，甚至直接写信给休谟本人骂他。他们也就此决裂。

1767年，休谟又接到了一个邀请，来自赫特福德的弟弟、当时的国务大臣康威将军，请休谟当他的副大臣，负责北方部的工作。这可是相当于副部长级的高官了，休谟自然应命，他在这个位置上干了两年，据说也干得十分出色。

1769年，休谟回到了爱丁堡，这时候他已经年收入一千镑，称得上是大富翁了。他在一个名叫新城的地方盖了幢房子，为了表示对他的敬意，后来房子所在的这条街被称为"圣·大卫街"。现在大街上面一幢大房子的墙壁上还刻着这样的话："1771-1776，大卫·休谟在此处的一幢房子里居住。"

这时候休谟已经60岁了，算是退休了。1776年8月25岁，休谟在家中安然辞世。

第二十五章　休谟的人性论、经验主义与怀疑主义

在休谟的哲学之中，我们首先要谈的是他对于哲学的整体理解。

哲学是关于人性的科学　为什么呢？因为休谟对哲学的理解有一个特征，就是他实际上将自己的哲学称为“人性科学”，这从他的代表之作《人性论》的名字就可以看得出来，《人性论》也可以名为《人性科学论》，甚至于也可以说成是《休谟哲学论》，因为在其中包括了整个休谟哲学的主体内容。

所谓人性科学，顾名思义，就是关于人性的科学，在这“人性的科学”里，科学是好理解的，其实就是哲学。

许多西方哲学家们都有一个特点，就是喜欢将自己的哲学称之为“科学”，非科学就非哲学，哲学就是科学，科学的才是哲学的。这是一种自古希腊以来就有的传统。因此，休谟在这里将他的哲学称为科学是很自然的事。

至于人性科学中的人性，就指明了休谟哲学的核心，是为了理解人的，具体来说，是为了理解人的“性”，这里的“性”当然不是性行为的性，而是性质的性。

所以，人性简而言之就是人的性质。因此，人性科学就是关于人的性质的科学，同时也是关于人的性质的哲学，这就是休谟对自己哲学的整体理解。

为什么休谟要强调这个人性呢？这也是有原因的，就是休谟首先认为，哲学的中心应当是人，这是他对于哲学的基本认识。

而人是很复杂的，可以从各个角度去理解人，例如从生理、生物或者艺术的角度都可以去理解人，但在休谟看来，这些角度都不是最主要的，甚至于不是真正的关于人的科学，真正的关于人的科学应当是以人性为研究对象的，只有人性研究才是关于人的唯一的正确的科学。而休谟也将人性研究作为自己哲学研究的主要目标与对象。

还有就是，在休谟看来，虽然他表面上研究的只是人性，只研究与我们人自身密切相关的东西，但实际上它的范围可不止于此，它包含着一切的科学，即一切的科学都包含在人性的科学之内。而且任何问题，至少是与哲学相关的问题，要解决这些问

题的话，那个解决之钥匙都包含在对人性的研究之中了，换言之就是说，倘若我们不理解人性，也就不可能解决这一切的问题。

为什么这样呢？这是因为休谟的所谓人性其实与我们所理解的人性是有所差异的。在他那里人性的含义是十分广泛的。实际上，他将所有与人有关的东西都包括在人性之内了，例如知识、情感与道德这三大内容，休谟认为它们都是关于人性的。这还好理解，没有人当然也就没有这些东西。有些就不如此了，例如在休谟看来，因果关系也是关于人性的，例如太阳的东升西落与昼夜交替之间的因果关系，在我们看来是无关于人性的吧，但休谟认为那也是关于人性的，至于为何如此，我们后面再说。甚至就连上帝这个超人性的至尊的概念，在休谟那里也是关乎人性的。

总而言之，一切都是关于人性的，离开了人性一切都无从谈起，一切问题当然也就无从解决，这就是休谟对人性及其重要性的理解。

正因为如此，在将人性的重要性展现出来之后，休谟豪情万丈地说出了这样的话："在试图说明人性的原理的时候，我们实际上就是在提出一个建立在几乎是全新的基础上的完整的科学体系，而这个基础也正是一切科学唯一稳固的基础。"

在这里，休谟认为他的人性理论一旦建立，他的哲学一旦建立在人性理论这个基础之上，那么他的这个体系不但是全新的——因为他认为前人大大地忽略了人性，而且由此可以建立一个完整的科学体系，即哲学体系，在这个基础之上，还可以稳固地建立其他一切的科学，因为这个以人性为基础的科学体系可以成为其他一切科学的稳固的基础。

到这里我们讲了许多休谟的"人性科学"，虽然我讲得还是比较清楚的，但一定还是会给人以空洞的感觉，因为人性——人的性质——不管怎样都不能够说是一个具体的概念，它看不见也摸不着，是相当抽象的，虽然在逻辑上讲得通，但不具体，因此不好理解。

现在我们就要来解决这个问题，从一个更加具体的角度去理解休谟的人性。

这个角度就是经验。为什么要从经验去讲人性呢？因为休谟的人性科学是奠基于经验之上的。这也就是休谟怀疑主义之后的另一个"主义"了，这就是经验主义。这可以说是休谟哲学的核心与基础。

休谟的经验主义　我们知道，英国哲学的最大特色是经验主义，这是早从中世纪哲学中的爱留根纳与罗吉尔·培根就奠定下来的，而从近代西方哲学开始，从弗兰西斯·培根开始，英国这个传统进一步发扬光大了，特别是从洛克之后，以洛克、贝克莱与休谟"三驾马车"为核心，将经验主义发展到了顶峰，从某个角度上说，这也是英国哲学的顶峰。

还有，当经验主义凋零之后，英国就再也没有像在这个时代一样独步天下了！不过，直到今天，英国哲学的核心依然是经验主义的，现代西方哲学中的英国部分，无论是逻辑实证主义还是日常语言哲学，都是以经验主义作为核心的，本质上而言依然是经验主义的，就像欧洲大陆的核心依然是理性主义一样。

所以，休谟的哲学是怀疑主义的，实际上更是经验主义的，因为他的怀疑主义的核心与基础是经验主义。因此，若要给休谟哲学贴一个唯一的标签，这个标签不会是怀疑主义而是经验主义。

为什么说休谟的哲学是经验主义的呢？这个理由是很明白的，就是休谟认为一切科学牢固的基础是人性，而人性的牢固基础则是经验，即我们要理解人性，只有通过经验以及与之相关的观察，在观察的基础之上得到经验，在观察人的基础之上得到关于人的经验、人性的经验，这是我们了解人性的不二法门。

因此，休谟所称的“人性科学”实际上同样可以称为“经验科学”，因为它是完完全全地以经验为基础的。

实际上，在休谟那里，虽然他将自己的学说称为人性科学，但其真正的核心并不是人性，而是经验，经验不但是他的科学的核心，而且是他的人性的核心。在这个核心里，我们的一切知识，无论是人性的还是其他的，通通都不能离开经验。

不过在这里我们要清楚的是，休谟将经验看成是一切知识的源头，但并不说明他认为经验就有多么的伟大、光荣、正确，不是这样的，实际上，休谟承认，经验并不一定是可靠的，更不能够使我们理解所谓的终极真理，我们之所以要重视经验，就本质上而言是不得已而为之。这个不得已就在于，人类没有超越于经验去认识事物的能力。

打个比喻吧，当狮子与老虎打架时，老鹰在天上看着，不由暗暗地想：为什么它们不飞起来凌空一击呢？这样一定可以打败对手！显然，若是狮子或老虎能够凌空一击，一定可以打败对手的，但问题是，它们能吗？不能！它们天生没有翅膀，因此也就没有凌空一击的能力。

人也是这样，人何尝不想超越于经验去理解万物、理性人性呢？但问题是人没有这样的能力！人的认识只能限于经验，超越经验人就无能为力了，就像狮子老虎不能飞翔一样！

也正是因为如此，虽然经验有这样那样的缺点，不能使我们对万物有终极性的认识，但我们只能容忍它的这个缺点，将我们所有的知识都奠基于经验之上。就像狮子与老虎不能飞确实是个遗憾，但它们搏斗之时，只能容忍这个缺憾，将自己的战斗技能奠基于没有翅膀、只有尖牙利爪一样。

休谟还认为，不但哲学如此，一切科学甚至艺术都是如此，都只能基于经验，在经验的基础之上建立自己的体系。

从上面的分析可以看出来，要理解休谟的经验主义，其核心就是要理解在休谟看来，人对于世界一切的理解，或者至少是正常的理解，都只能基于经验，离开经验，我们就得不到任何知识，就不可能理解事物。

理解了这一点，我们就理解了休谟的经验主义之基础。

我们可以用一句更简明的话来进一步地表述休谟的这个意思。这就是说，倘若不是凭经验，我们就什么都不会认识，什么都不会知道，是个纯粹的白痴。

休谟还举了一个形象的例子来说明这一点。我们知道，当一个球撞上另一个球时，一定会把另一个球撞得滚动起来。在这里，当一个球撞另一个球之后，另一个球一定会滚动，这是一个最简单的知识了。但我们如何会得到这个知识呢？休谟说，这就是经验。什么经验？就是曾经看到过一个球或者一个东西撞另一个东西，另一个东西动了。我们看到过多次，于是得到了这样的经验，正是在这样的经验的基础之上，我们才会知道一个球撞另一个球，另一个球就会动，也才会获得这样相关的知识。换言之就是说，倘若没有这方面的经验，就是从来没有看到一个东西撞另一个东西，那么我们是一定不会知道一个球撞另一个球，另一个球就会动的。

休谟的这个例子及其分析都是既有趣又深刻的，也许有人会想当然地认为应当会知道，但我们再仔细想想吧！答案恐怕就会和休谟一致了！是啊，倘若我们从来没有看到一个东西撞另一个东西——尽管这可能性几乎为零，我们会知道一个球撞另一个球，另一个就球会动吗？应该是不会的！这是一种很明显的直觉，是一种经由思考得来的直觉，我们可以相信这个直觉是正确的。因为倘若从来没有见过一个球撞另一个球另一个就动这样类似的情形，即第一次看到一个球撞另一个球时，我们有什么理由会知道另一个球将要动呢？确实没有！

类似的例子我们还将看到许多，在这些例子里，可以得到一个鲜明的结论，就是休谟的一切理论实际上都只有一个来源，那就是经验，他正是从经验之中得到自己的各种理论的，包括对经验本身的理解。

这也就是说，休谟的理论不是来源于闭门造车似的空想与玄想，而是来自他对世界本身实际的观察与认识以及由此得来的经验。

休谟还指出，有时候甚至经常地，似乎我们的认识并不止于经验，例如我们可以随意地想象许多不可能经验到，即不可能感知到的事物，例如会飞的马、会说话的猴子、金山银山等，这些东西似乎并不存在，我们不可能直接地经验之。但休谟指出来它们依然是基于经验的，这些东西只是将不同的经验以各种方式混合处理而得来的结果罢了。例如金山——一座黄金的山——实际上只是把我们以前的两个经验——黄金和山——联合起来，于是就得到了关于金山的观念。会说话的猴子如孙悟空也是这样，只是猴子的形象加上人的说话——这些都是我们所熟悉的经验——综合起来而得到的。至于孙悟空，他不但是猴子、会说话，还有各种的异能，例如七十二变、翻筋斗云之类，我们可以看到，这些异能实际上也是由普通的经验演变来的，例如七十二变变的无非就是各种真实的事物，如一棵树、一座庙或者一条鱼，这些我们可是都有经验的。筋斗云也是翻筋斗加快跑，也是简单的经验。

总之，倘若我们愿意像休谟一样地深入观察和思考，将会发现休谟的话是有道理的，我们的一切知识归根结底是来源于经验的。

我们还可以举牛顿万有引力定律与爱因斯坦相对论的例子，它们够精细、够抽象了吧，但都是来自经验的，例如牛顿因为看到苹果落地而想到了万有引力，爱因斯坦因为在一个封闭的空间里例如电梯里人的运动而想到了运动的相对性，进一步想到了时间与空间的相对性，都是生动而有力的例子。

不过，正如我们前面刚刚说过的，休谟将经验看成是一切知识的源头，但并不说明他认为经验就有多么的伟大、光荣、正确，他认为我们之所以要重视经验，实质上是因为我们不得不如此。当具体地谈到经验时，休谟同样强调了这一点，他说，我们应当对于自己的感官有一种绝对的信任，但同时他又坦率地说，他同样觉得有一种十分相反的意见，更倾向于完全不信任我们的感官。

休谟在这里说的是感官，说信任感觉，这与说信任经验是一样的，因为经验是来自感官的，任何感官就是信任经验，信任经验也就是信任感官。因此休谟在这里说他不再相信感官了实际上就是他不再相信经验了，这岂不是自相矛盾吗？

当然不是，这里的怀疑经验实际上是自然而然地将休谟的哲学导向了他的哲学的另一个标签——怀疑主义，并且说明了怀疑主义的根源，那根源就是经验的不可靠性。

至此，我们就可以对休谟哲学的三个总的名称——人性科学、经验主义与怀疑主义——有整体的了解了，这三个名称实际上是三而一、一而三的，它们表达了休谟哲学的三个要素，即内容、形式与结果。

休谟哲学从内容上讲是关于人性的，从形式上讲是经验主义的，但其归宿与结果则是怀疑主义。

人性科学、经验主义与怀疑主义既是休谟的三个要素，同样也整体地构成了休谟哲学。理解了这一点，我们就从整体上理解了休谟哲学。

前面我们讲了经验主义，现在来讲怀疑主义。

休谟的怀疑主义 要理解休谟的怀疑主义，我们也许首先应该讲讲什么是怀疑主义。

怀疑主义之为怀疑主义的核心当然就是“怀疑”二字，何谓怀疑？怀疑就是不相信。

不相信什么呢？答案是两个字——一切！作为怀疑主义者，最大的最显著的特点就是怀疑、不相信一切，特别是不相信那些一般人都相信的东西。这个不相信又包括两方面的不相信：一是不相信它们的正确性，二是不相信它们的存在。这也是我们下面要讲的休谟的怀疑主义之主要内容。

我们先从休谟怀疑主义的起点开始。

休谟的怀疑主义的起点和笛卡尔是相似的，就是怀疑我们传统上种种所谓的“真理”。从怀疑主义角度而言，或者对于怀疑主义者，他们最反感的常常就是那些自命为真理甚至绝对真理的东西，总是对这样的东西予以坚决的批判与抵制。

休谟认为，在我们的传统认识中有许多的错误，或者容易犯错误，因而必须对已经存在的一切理念与判断之类都进行怀疑、进行重新检测。

之所以产生这些错误，其原因乃在于我们的主观官能，也就是说我们人的感觉与思维的主观性是产生错误的根源。因为一切的理论与观念之类显然都只能经由我们人自身的思维去理解、通过我们的感觉去知觉，这是显然的。而它们都是主观的，是人脑的一种官能，这就必然地决定了它可能出错，正如它不可避免地带有主观性一样。这是显而易见的。

这可以说是休谟怀疑主义的主观原因，即从主观上分析怀疑主义产生的原因。另外它还有一个客观的原因，这就与我们后面要说的休谟对因果关系地理解了。在休谟看来，所有的因果关系都不是必然的，都只是或然的。而由于所有知识都是与因果关系相关的，因此这也就是说，所有的知识都只是或然的，是一种概然判断，因此不会是绝对可靠的，而需要不断地修正。

具体而言就是，在休谟看来，自我们从感知即印象与观念得到第一个判断——其也是一个概然判断——开始，就要不断地以新的判断——同样是概然判断——去对最初产生的以及前面的每一人判断进行校正，以达到更高的准确性。

这是好理解的，我们人最初的认识很可能是比较幼稚的，因此也有可能不那么真实，于是，后来必须对之加以改进校正。

例如人们最初根据最直接的感知，认为太阳是绕着地球转的，但后来，随着知识与经验的积累，发现不是这么一回事，而是地球绕着太阳转，于是就提出了日心说，认为太阳是宇宙的中心。再进一步地，随着天文望远镜等的发现、随着经验与知识的更多累积，发现太阳也不是宇宙的中心。接下去呢？宇宙究竟有没有中心呢？就成了一个“罗生门”了！因为从某个角度看，它是有的，例如现代宇宙论认为宇宙起源于一次大爆炸，因此存在着宇宙红移，从这里就可以简单地推断出宇宙是有中心的，就是那个大爆炸的起点。然而这个起点我们并没有发现，因为现在所发现的一切天体都在红移，那个起始之点并没有找到，估计也找不到。但是，从另一个角度而言，科学家一般而论又认为宇宙是无边无际的。一个无边无际的东西怎么可能有中心呢？这样一来，关于宇宙中心的说法就成了“罗生门”了！而原来的那个最初的地心说，现在看来是最缺乏真理性的、最不可靠的，甚至可以说是一种谬误。

除了从概然性的角度论证科学理论的不可靠性外，休谟还从另外的角度提出了批判，那就是片面性的角度，他认为，传统的科学或者说哲学的理论都是片面的，但他们却将这种片面当成了全面。

休谟在此提出的怀疑的根据可以用四个字来表达——“以偏概全”。他认为，我们这个世界是极其丰富多彩的，但这些哲学家或者说科学家们往往先根据对世界的某一部分的片面性的观察，然后提出某种普遍性的原理，再将这种原理用之于一切的事物，认为这些原理是万事万物都必须遵循的“客观规律”，这实际上是对世界一种牵强附会的解释，是荒谬的，用一句中国成语说，就是“削足适履”。

以上是对传统真理的怀疑与否定，休谟怀疑主义的第二个方面是对存在的否定。

这里的存在包括个体之物、实体、上帝、我自己和存在本身等，其存在都是可以否定的。

例如个体之物的存在。这诚然是最主要的存在，个体之物也就是我们所感知到的万物，从日月星辰到花草树木都是，它们是不是存在的呢？这应该是我们最为关心的存在了。

在休谟看来，个体之物有两种可能：要么根本不存在，要么存在并且是观念，请问在这里有所谓的客观存在吗？当然没有，所以，从这里可以简单地得出结论说：个体之物是不存在的，也就是我们所感觉到的万物从日月星辰到花草树木都是不存在的，即都不具有我们所认为的客观实在性。

对了，我们要清楚的是，休谟在这里的否定存在并不是绝对地否定存在，而是否定一般人所认为的那种物质的客观实在性，否定的是这种存在，在休谟看来，这是一种独断主义，是他的怀疑主义最应该否定的。

在休谟看来，我们之所以认为个体之物是存在的，产生于知觉的一贯性与恒定性，例如我今天看到太阳，明天也看得到，无数天中都可以看到，并且太阳始终是一样的，运动也是有规律的，这样便产生了它是客观存在的信念。但这种信念正如我们对因果关系的正确性的信念一样，只是一种经验之谈，是一种印象，并不具有什么客观实在性。所以，只要我们根据理性进行思考，就会发现它和因果关系的必然性是一样，是一种假象。

实际上，我们在这里就可以找到一个因果关系：我们为什么认为个体之物如太阳是存在的？是因为我们感知了它。所以认为个体之物存在实际上是一种基于感觉的因果关系判断，因此，我们也完全可以像否定因果关系的必然性一样否定个体之物的客观存在性。至于具体的否定方法，我们看后面对因果关系必然性的否定就清楚了。

经过休谟的这种否定，一切物质包括我们自身就都不是存在的了，只是一种不可靠的经验之谈罢了。

这就是休谟的怀疑主义，通过这种怀疑，休谟从根本上否定了一切之存在，或者说否定了其是必然存在的。

对因果关系的认识　我们上面说过，休谟的怀疑主义是与因果关系相关的，而对因果关系的认识也是休谟最深刻而独特的思想之一，我们在这里也要简单说说。

在休谟看来，当我们说出因果关系的时候，首先一定不止一个对象或者说现象，而是有两个，这是因果关系成立最基本的条件；其次是，这两个对象一定是伴随而出现的，这又是因果关系存在的另一个基本条件，若是虽然有两个对象或者说现象，但它们并不伴随而出现，便不会被认为是因果关系；再次，我们认为这两个相伴而出现的对象或者说现象，它们是一定会这样相伴随的，为什么呢？因为我们认为它们之间有一种必然的联系，这就是因果关系，这三点就是因果关系及其产生的简单过程了。

举例说明吧，有这样两个现象，太阳的东升西落与昼夜交替，首先有两个对象或者说现象，这是显然的；其次这二者总是相伴随而出现，太阳升起了，就是白昼；太阳落下了，就是夜晚。如此轮流交替，循环往复。三是我们认为两者之间有一种必然的联系，即有因果关系，太阳东升西落是昼夜交替的原因，这样才能够说它们是因果关系。

现在我们来探讨这样一个问题：在存在着因果关系的例子之中，因果关系是如何产生的？

对于因果关系的产生，休谟认为有三个原因：一是经验，它是因果关系总的前提与基础；二是习惯，这形成了初步的因果关系，即自然而然地认为两个现象之间有因与果关系，最后就成了信念，即相信两个现象之间有因与果的关系，这就最后形成了因果关系。

对于第一点经验，休谟认为这是因果关系产生的最主要的基础。

我们知道，一般认为因果关系的产生是基于人的理性，是经过仔细的推理甚至科学的研究之后才认识的。例如我们为什么会知道太阳的东升西落与昼夜交替之间有因果关系呢？这当然要经过大量的观察、经过理性的思考与推理才能得出来。这似乎是理所当然的，但休谟却断然地否定之，认为因果关系的基础只是经验。

休谟在这里还举了一个很有力量的例子，就是婴儿的经验。我们知道，一个婴儿要是碰触到烫的东西，例如点燃了的蜡烛，会立马离开，因为他痛了。显然，这是一个经验，此后，这个孩子要是再看见这样的蜡烛，他一定会小心地避开，不再去碰了。甚至于，以后不是看见蜡烛，而是与此相似的火焰，如燃烧着的木头，他也会同样避开。显然，这个孩子已经在心中默默地将火与痛之间建立了因果关系，即认为碰到火是痛的原因。为了避开这个痛，就不要去碰火。

这个例子是很有力量的，小孩子怎么会有推理的能力呢，他只会有本能反应，这种本能的反应可以使他得到经验，而他可以从这个经验中得到对因果关系的认识。当然他并不清楚这是因果关系，但实际上他认识了因果关系。在休谟看来，因果关系就是这样产生的，是从经验产生的。

更进一步地，休谟指出，我们对于因果关系的认识是这么来的，是从经验而来的，在认识了这样的因果关系之后，我们就可以根据一个现象的存在而知道另一现象的存在，可以理解它们之间存在着某种“必然的”联系——不过休谟认为这实际上不是必然，这样，我们就可以得到某种知识，例如认为太阳的东升西落是昼夜交替的原因，这就是知识。而且，当其达到知识的程度之后，就具有了某种必然性，与人类的理性与推理等挂起钩了，这一过程就是人类获得知识的过程。

因此我们可以说：因果关系是人类知识的起源，或者至少是起源之一。

上面我们说明了因果关系的起源在于经验，其是一种“经验之谈”。

既然只是一种经验之谈，那么就产生了因果关系的另一个核心的问题，即关于因果关系的必然性问题。

对此休谟的回答是很坚定的，就是他公然地否定这种必然性。对此他从因果关系产生的过程上进行了分析。

在具体地谈到因果关系或者说因果关系的推断过程时，休谟认为它是分三步走的。第一步是先获得一些印象与观念作为推理的基础。第二步是在这一基础之上进行推断。第三步就是在这个基础之上产生一些“信念”，即相信某因产生某果或者某果是由某因而来。

对每一步的可靠性休谟都提出了质疑与否定。例如第一步人由感官得到某些印象，一开始是鲜明而活泼的，但此后立即变成了一些记忆观念，慢慢地，随着时间的流逝，这些记忆越来越朦胧，于是它们就慢慢地变成了想象。也就是说，在记忆与想象之间并无本质的区分，记忆可以变成想象，想象同样可以变成记忆，其差别只是在于鲜明性而已。

既然如此，就可能造成这样一个后果，我们现在以为记忆鲜明的东西，是不是只是我们想象的结果呢？也许一切并没有真实存在过，只是我们的主观想象而已。休谟还举了两个例子：一个人听朋友描述他经历的一个事件，他完全忘记了，但经朋友一再生动的描述，他就接受了，将之也当成了自己的记忆。但实际上他并不记得，他所记得的只是经由朋友的述说产生的一个想象而已。另一个例子是：一个撒谎的人，由于一再地撒谎，最后竟然自己也相信了，将之变成了鲜明的记忆，以为这记忆中的事情是真的。

显然，休谟所指的事是可能发生的。从原则上，我们的确难以在记忆与想象之间做出区分。因为它们的区分只在于鲜明度的差别：鲜明的是记忆，不鲜明的是想象，但这个鲜明度完全可以人为地改变：例如被朋友绘声绘色的描述、甚至被一个人主观地一再撒谎而改变，使想象变成记忆，或者记忆变成想象。

在莎士比亚著作里也有这样一个例子：一个农夫睡着了，一个公爵想戏弄他，就将他抬进了堂皇的官邸，说他其实是一个大官人，还有小妾……而这个人醒来之后，真的相信了。

这里实际上包含着一个极为深刻的观念：我们所面对的生活，包括我们自己的存在是不是真实的？要知道，我们的存在实际上就是我们的记忆，例如我叫什么名字，来自何方，身份又是什么，一切都只是记忆而已。但这个记忆却并难保并非我们的想象。也许有人说：这是一个记忆的系列，这个系列是不可能假的。但在莎士比亚之外，我可以举两部好莱坞电影为例，一部叫《移魂都市》，另一部叫《黑客帝国》，前者描述了在空中飘浮的一个城市，它由一奇异的种族控制，但也生活着普通的人。这个种族没有灵魂，但有一样本事，就是可以通过控制人的记忆，并且可以根据自己的意念塑造世界。于是，这个种族每天晚上十二点就会重新塑造一切：一到十二点，城市中的一切都会停顿下来，然后这些种族开始重新塑造一切：一个人此刻还生活在一所小小的破房子里，吃着土豆当晚餐。但瞬间他所居住的小房子变成了豪宅，他不是坐在皮桌子前，而是坐在长长的大桌前，桌子上满是美味。更有意思的是，他的记忆也全部被重塑，这夜睡前，他的记忆是他生于一个工人家庭，从小没受过教育，干着苦力，长大后娶了也是穷苦出身的妻子，就成了这副穷酸的样子。此刻，那个种族将他的记忆塑造成了：他从小生活在富贵之家，后来继承了丰厚的家业，他的妻子也来自富贵之家，他们一直过着这样的富贵生活。总之，他人生的一切记忆被重新塑造，但他自己并不知道。

我现在请问：以前那个工人是不是等于已经死了呢？从来没有存在过呢？虽然是同一个人。我们想想吧，的确如此，因为我们每一个人，说到底只是记忆，如此而已。这值得我们深思。

回到休谟与因果关系，在休谟看来，这印象与记忆是因果关系最初的基础，即我们在以后进行因果关系的推理时，依靠的就是这个基础。而这个基础显然是不可靠的，这也就决定了因果关系是不可靠的。

因果关系的第二步就是在第一步得到的印象与观念之上进行推理。

关于这一步我们就不多说了，简而言之就是休谟认为，这些推理都只是一些经验之谈，是不可靠的。

到这时休谟实际上已经证明了因果关系是不可靠的，接下来他还论证了因果关系是怎么产生的，或者说，一般人心目中那个可靠的、必然的因果关系是怎么产生的。

休谟的回答很明白，就是两个字——信念。也就是说，在休谟看来，我们所认为的因果关系的必然性只是我们的一种信念而已。

信念是好理解的，休谟这里的理解和我们的日常理解是一样的，就是说，因果关系不是一种客观存在，即在事物之间不存在所谓的因果关系，这些我们认为存在着的因果关系只是我们的一种信念，例如吧，我们相信地球绕着太阳转，所以产生了昼夜的交替。实际上并不是说在地球绕日与昼夜交替存在着因果关系，这种因果关系只是我们的一种信念。

例如太阳的东升西落与昼夜交替就是这样典型的信念了，正是由于无数次——不止几万次——地看到太阳的东升西落之后就是昼夜交替，于是人们就形成了这样的习惯性的认知，即太阳的东升西落是昼夜交替的原因，这也就成了一种信念。

正是基于这样的信念，我们才认为因果关系是可靠的。但实际上当然不是如此，从根本上而言，这是一种错误的、没有根据的信念。

第二十六章　卢梭的生平、性格与品德

在整个西方哲学史上，若讲到写传记的难度，在我看来，最大者应该是卢梭。为何？因为他太复杂。

这里的复杂并不是他的思想复杂，我们后面会看到，卢梭的思想相对大部分伟大哲学家而言并不是复杂的，也不是难懂的，思想比他复杂的思想家与哲学家大有人在，如果就思想的复杂度或者说理解起来的难度给出一个整体的等级评价的话，我给卢梭的是中等。但若讲人生的复杂，或者说给他写传记的复杂程度而言，卢梭就是最上等的了！

卢梭

总结起来，卢梭有四个复杂：

一是影响比较复杂，虽然卢梭的思想本身并不复杂，但产生的影响却是很复杂的，也是很广泛的，而且与一般哲学家影响所涉及的思想领域内不一样，卢梭对政治甚至对具体的政权都产生了强大的影响。

二是人生经历复杂，卢梭一生可以用“颠沛流离”四个字来形容，经常被迫害，被从这个地方赶到那个地方，居无定所，遇到的人也各式各样，生活方式也与众不同，总之人生经历很是复杂。

三是性格与道德也很复杂，既是理性的，又是感性的；既率真得像孩子，又多疑得像狐狸；既是一个善良的人，又做过许多的坏事；既对爱情抱着最美好纯洁的想法，又有过令人觉得不可思议的性生活……

但正因为如此，卢梭的人生又是极为精彩的，具有极强的可读性，同时卢梭思想与人生的关系也很密切，不但了解他的人生对了解他的思想有帮助，相反，不了解他的人生，对了解他的思想也会产生负面的影响。

卢梭1712年生于瑞士的日内瓦。日内瓦当时是一个独立的国家，类似于古希腊的城邦，他的父亲是一个技艺高明的钟表匠，曾在君士坦丁堡当过宫廷钟表师，娶了一个聪明美丽又有学识的牧师女儿为妻，他们俩从小青梅竹马，感情至为深厚，但不幸的是，生下卢梭时，他的母亲因难产而死，所以卢梭的出生之始也是他的痛苦之始。

卢梭生平中的第二个不幸发生于1722年，这一年，他的父亲与一个军官发生冲突，因此离开日内瓦迁居到了尼翁，四年后在那里再婚，而随着父亲的离开，卢梭等于是成了一个孤儿。

12岁时，卢梭就要准备将来的谋生了，后在一个镂刻师傅那里当学徒，但和师傅的关系都处不好，经常挨打。

这样的结果是，1728年3月的一天，他逃跑了。他离开日内瓦，开始四处流浪。后来经人介绍，找到了一个对他命运将产生决定性的女人——华伦夫人。

华伦夫人本来是一个新教徒，后来叛离新教，皈依了天主教，为此连丈夫也甩了，她也因此获得了不菲的报酬，完全可以过着优渥甚至豪华的生活，但她的种种行为却最终导致她在贫病中死去，当然，这时候卢梭早就离开她了。

在《忏悔录》里，卢梭是这样描述华伦夫人的形象的：

> （华伦夫人）是一位面貌楚楚可人的美女：一双目光温柔的蓝眼睛，白嫩的皮肤，两乳高耸，胸脯美得简直令人销魂。我这个年轻的信徒一眼就把她上上下下打量个遍；我登时就看入了迷，成了她的俘虏。

第一次见到华伦夫人时，卢梭才16岁，对这样的美女，他是一见钟情，从此不能自拔。

华伦夫人比卢梭要大整整12岁，几乎是两代人了，因此一开始，卢梭是不抱奢望的，想都不敢想自己可以和美人同床共枕。当然，后来卢梭俘虏了美人——也许应该说是被美人俘虏了。至于他是如何和华伦夫人发生肉体关系的，他在《忏悔录》中也记载了，那是华伦夫人主动向他提出来的，还让他先考虑八天，考虑清楚之后他们再发生关系，虽然本来就已经深深地爱上了她的卢梭激动之下，马上说不用考虑，但夫人真的让他考虑了八天，此后才与他做爱。

对于他和华伦夫人之间的性关系，卢梭是这样描述的：

> 我们的这种占有，很可能是世上绝无仅有的，因为它不是我在前面所说的那种出自情爱的占有，而是更真诚的心灵的占有，它与感官的享受、性的冲动和年龄的大小与容貌的美丑无关；它是建立在只有死后才能消失的种种使人之所以为人的道德观念上的占有。

不过，后来一件在一般男人看来是无法忍受的事出现了。原来，夫人除卢梭之外早有别的男人了，也是他们家的仆人，名叫阿勒。夫人并不隐瞒卢梭，而是老老实实地告诉了他，她还告诉卢梭，他和阿勒都是她的幸福所不可缺少的男人，她说得这样动听，以至于两个男人不但彼此接受了对方，还感动得流着泪互相拥抱，结果就是这样的：

> 就这样，我们三个人就结成了一个在世界上也许是独一无二的三友之家。

简而言之就是二男侍一女，这种关系维持了很久，直到阿勒因病去世。

卢梭和华伦夫人是这样分手的：当卢梭有一段时间出去治病时，夫人马上找了一个人来代替他，一样地管家和上床。卢梭并不生气，但感到这样做对华伦夫人的名声是不好的，为了她好，他便不再和她行房。但这事在夫人看来并不是为她好，而是表示他不再爱她了。于是也对他冷淡起来，结果是，他在华伦夫人家待不下去了。

于是他离开了华伦夫人家，也离开了他一生中最热爱的女人。这是1740年左右的事。

离开华伦夫人后，卢梭开始独自闯荡江湖。他先后到过许多地方，干过各种不同类型的职业，如仆人、家庭教师、冒牌音乐家、刽子手帮闲等，最好的位子是做过法国驻威尼斯大使的秘书，但又因为和大使闹僵而离开。

1745年，卢梭到了巴黎，虽然年纪轻轻，却已经饱经沧桑，但无论生活怎样，卢梭都没有停止读书和思考，这时候，他已经称得上是饱学之士了。

在巴黎，他认识了狄德罗为首的百科全书派，与思想家们的交流更激发了他思想的火花，他开始为百科全书撰稿，撰写了音乐家、政治经济学等条目。

这次在巴黎，他的另一个收获是认识了戴莱丝·瓦瑟，她可以说是个居于巴黎社会最底端的人，靠帮人洗衣服和缝缝补补为生，但卢梭却喜欢她，和她生活在了一起。

他们的感情很好，卢梭也对他的妻子情深义重，他们一辈子生活在一起就是很好的证明。

当然，这对夫妻生活中也有阴影，这也是卢梭一生蒙上的最大的阴影之一，就是他们的遗弃孩子。

在同居的岁月里，卢梭一共和戴莱丝生了五个孩子，他将他们全部送进了育婴院，大致相当于我们今天的孤儿院或者儿童福利院。

这样对待亲生的孩子，即便搁到今天，也是为法律所不容，还会遭到社会公德的谴责。这事在当时已经引起了人们对卢梭的强烈批评，卢梭也对此做出了解释。意思就是，他是没办法才遗弃孩子、将他们送进孤儿院的，因为他太穷了、身体又不好，根本养不起孩子。而且进孤儿院之后，他们可以得到比在他家更好的照料，吃更好的东西、穿更好的衣服。

与他不愿意为孩子付出形成鲜明对比的是，为了自己的思想，卢梭是可以付出很多的，也得到了很大的报酬，当然这报酬主要不是经济上的，而是名声。这样的名声在1749年时就来了。

这一年卢梭参加了由第戎科学院组织的征文竞赛，为此写下了著名的《论科学与艺术的复兴是否有助于使风俗日趋淳朴》，成功夺取了奖品，一面价值300利弗尔的金牌。

这篇文章迅速在社会上产生了巨大反响，卢梭一夜成名。

三年后，他还写了剧本《乡村巫师》，在王宫上演，也大获成功，法国国王路易十五亲自观看，并且大加称赞，甚至表示要召见他，还要赐给他一份年金，但卢梭逃走了，没见国王，年金也没了。

1754年时，他又回到了祖国日内瓦，并且重新皈依新教。

第二年，他参加了第戎科学院的又一次征文比赛，参赛作品是《论人与人之间不平等的起因和基础》，但这次没有获奖。但次年在阿姆斯特丹出版，引起了巨大的轰动，也遭到了大量的批判。

这可以说是卢梭被大批判的开始，此后卢梭的一生都将被浸没在这样的批判里，他的生活也从此更加不安定了，先在蒙莫朗西隐居了一段时间，后来又在卢森堡元帅府中安顿下来。

1761年，卢梭出版了小说《新爱洛绮丝》，又获得了巨大成功，不过这是一部小说，哲学味道不浓，我们不会涉及。

1762年是很重要的一年，因为卢梭在这年先后出版了两本堪称伟大的巨著，即

《社会契约论》和《爱弥儿》，前一部书倒没大事，后一部书则使他遭到了空前猛烈的攻击，巴黎当局正式将之列为禁书，公开烧毁，并对他发出了通缉令。

卢梭被迫逃亡。他先到了瑞士伯尔尼，却被驱逐；后来跑到了普鲁士所属、位于特拉维尔山谷中的莫蒂埃村，又被驱逐；1765年时跑到了附近的圣彼埃尔岛。这年他出版了《山中来信》，又遭到了当局的查禁，受到的迫害也更甚。

迫害他的可不只是法国当局，还包括他的祖国日内瓦，日内瓦当局甚至废除了卢梭的永久公民权。

1767年时，卢梭从英国回到了巴黎，居住在孔蒂亲王府中，此后又几经迁居奔走。但他并没有停止写作，这时候他写作的主要就是《忏悔录》。但他又有了一份挣钱的工作，就是抄写乐谱。

这也是卢梭一生中最有名也最有意思的事件之一：这时候他已经是一个名满天下的思想家与作家了，只要他愿意，他完全可以靠写作挣更多的钱甚至发财，而且为此并不一定要顺从当局，完全可以做到既自由又挣钱，但他不愿意，而是选择了靠抄乐谱挣钱。

他为什么要去抄乐谱呢？原因当然是因为他穷。所以为了生活，他必须挣钱，抄乐谱只是挣钱的方式而已。

1777年时，卢梭开始写作最后一部重要著作《漫步遐想录》，次年完成。

《漫步遐想录》成书后不久，应吉哈尔丹侯爵之邀，卢梭住到了侯爵位于爱默农维尔的一座山庄里，数月后去世。

时为1778年7月2日，卢梭的遗体被安葬于爱默农维尔湖中的白杨岛上。

第二十七章　卢梭的“三论”

讲完他的人生之后，我们该讲他的哲学了。

相较于他复杂的人生，卢梭的哲学反倒显得没那么复杂，就像卢梭的著作一样，不但通畅易懂，而且有一种文学的优美。

我们将主要针对卢梭的三大名著来讲述卢梭的思想。

这三大名著就是《论科学与艺术的复兴是否有助于使风俗日趋淳朴》《论人与人之间不平等的起因和基础》《社会契约论》。

这三大著作也是卢梭整个思想的主体，是卢梭之所以成为伟大的思想家、百年以来在西方乃至整个世界享有盛誉的原因所在。

若从整体的社会影响来说，这同样也是卢梭最重要的思想，它们对后来的整个西方社会与历史发展都产生了巨大的影响，例如法国大革命就是这种影响最明显的例子。

所以，若从其直接影响上来说，卢梭在“三论”中表达出来的思想即使放在整个西方的历史中也几乎是绝无仅有的，直到今天依然享有巨大的影响与声誉，值得我们在这里好好说说。

“一论”中的思想　我们先来说第一部《论科学与艺术的复兴是否有助于使风俗日趋淳朴》，即“一论”。

在“一论”的“小引”中，卢梭开门见山地说明了它的主题：

科学和艺术的复兴，是有助于使风俗日趋纯朴，还是促使风俗愈来愈败坏？本文要探讨的，就是这个问题。

此后，卢梭的所有论述都是围绕着这一主题展开的，我们下面就具体分析之。

我们知道，卢梭一生所追求的、也是他最向往的对象就是美德、高尚的道德。

卢梭是怎样看待美德的呢？他首先认为，美德是不需要装饰的，它是一种自然而然的东西，自然地表现在人类身上，反言之，若是有太多的装饰，那就不是美德了，或者标示着美德的失去。

就是说，一个人的善良或者一个善良的人都喜欢将自己的善良赤裸裸地、毫无装饰地展现出来，而不要用各种各样、花里胡哨的东西去装饰它，反言之，那些想方设法把自己的善良装点出来，使之花里胡哨的人，其实恰恰是为了掩盖自己品德中的缺陷，简而言之就是恰恰表明了他并不是善良的人。这就像一个身材健美的男人不需要，也不会愿意穿很多华丽的衣服，一个长得美丽的女人同样不需要把自己精心修饰打扮，涂脂抹粉一样。因为他们天然的样子就是最美丽的，而那些长得并不怎么帅的男人或者并不怎么漂亮的女人，才需要靠衣服和脂粉去装饰自己，使自己看上去漂亮一点儿。

那么，对于人的品德而言，这些装饰品又是什么呢？就是那些考究的衣着、优雅的举止与彬彬有礼的谈吐之类了，这些人就构成了我们生活之中的“风尚”，这种风尚包裹着每一个人，使每一个人都力求这样的衣着、举止和谈吐，卢梭认为，它们使得人人都像是“一个模子中铸造出来的”，因而根本看不出来他们是怎样的人，卢梭称这是一种“邪恶而虚伪的一致性”。为什么呢？简而言之就是因为这样的一致性掩盖了邪恶，使得善人与恶人都是一个样子，使我们不能从人的言谈举止之中看不出来他们的个性与品德是善还是恶。

打个比喻说吧，一筐水果之中好的和坏的本来一看就知道，但黑心的水果贩子却把所有水果都装在一个篮子里，还用各种漂亮的彩纸包裹起来，甚至插上几朵鲜花，美其名曰“果篮”，这好看是好看了，但实际上却是把好果子和坏果子混淆起来。在卢梭看来，“风尚”对待品德的和这个果篮是一样的。也就是它用“风尚”掩盖了“恶”。

但这还没有完，进一步地，卢梭指出，由于这种风尚的存在，使得我们根本看不清楚一个人的品德，因为它掩盖了恶嘛！这就导致了两个结果：一方面，那些恶人把自己打扮得和善人一样“风尚”甚至更加漂亮精致、谈吐更加彬彬有礼——这直到今天都是事实；另一方面，由于人们都很清楚，在人们那漂亮的风尚表面下掩盖着许许多多的恶，因此他们对所有人都彼此猜忌、冷漠以待甚至相互仇恨，连善人也会因此而猜忌、仇恨所有的人，总而言之，大大地败坏了人们的品德。

我们在这里还可以举个例子，一个男领导称赞一个女下属，说她有多么美丽性感，甚至摸着她的手说：瞧，您的皮肤多么白嫩啊！摸着她的腰说，你这身材多么曼妙啊！这分明就是一种性骚扰，是侮辱妇女，应该受到惩罚的，但由于他那满口的漂亮话儿，这样的恶事看上去似乎就不那么恶了，不但大家可能这么认为，连那个女下属也多半会这么认为。这就是当今的一种“风尚”，类似的风尚从卢梭时代的法国到今天的中国都所在多有，也正如卢梭所言，掩盖了恶，甚至导致了恶：因为有些领导本来不那么色的，但由于知道了这样的风尚，也会乘机利用之对女下属进行这样的骚扰了，而且一旦得逞，那接下去的后果是什么，大家心里有数。

总而言之，卢梭所说的话，即“风尚”掩盖了恶甚至导致了恶，导致了人们品德的败坏，这不但在他那个时代是有理的，在今天依然是如此。

对风尚的抨击只是卢梭的一个引子而已，在后面，他就进一步地指明了：科学与艺术对于品德的作用，和风尚对于品德的作用是一样的，它和风尚一样造成了人们道德的败坏。

他还举了历史上的许多例子，如古埃及、古希腊、古罗马、东罗马帝国等都是如此，例如古希腊人，本来是很强大的，甚至打败了强大的波斯，“然而，自从艺术一兴盛，他们的风尚便败坏了。接着，马其顿人便给他们套上了枷锁。”

卢梭这个说法大致是成立的，从希腊的历史与艺术史可以看得相当清楚，我们知道，使雅典和希腊走向强盛巅峰的是公元前490年和公元前480年发生的两次希波战争，但这时候，希腊的艺术并没有走上它的顶峰，例如其艺术巅峰的象征雅典卫城是从公元前448年开始直至公元前406年才基本竣工的，都是位于希波战争之后，而此后，艺术走向顶峰的雅典也的确走向了衰落，但衰落的第一个直接原因不是马其顿人的征服，而是伯罗奔尼撒战争，战争的结果是雅典被打败，雅典卫城也于公元前404年被斯巴达人所毁，——这时候雅典卫城才竣工不久，里面的巧合令人感叹！到公元前338年，马其顿国王腓力二世在喀罗尼亚之战中大败雅典和底比斯联军，将整个希腊并入了自己的领土，希腊第一次真正统一在一个政权之下。此后希腊人便再也没有站起来了，一直处于被征服之下。

这说明了什么呢？值得我们深思。

还有，卢梭在这里主要指明的不只是国家的衰落，还有道德的堕落，即由于文学、艺术、哲学与科学之类的发达导致道德的堕落。

卢梭还提到了中国，他认为中国人太重视学问了，有学问就可以当官。但结果是中国人被鞑靼人征服了！这里的鞑靼人就是满族人了，卢梭时代他们已经征服了中国，建立了清朝。在卢梭看来，这也是文学之类导致国家衰落而被征服的例证，和希腊被马其顿人征服是一样的。

总而言之，无论从古希腊、古罗马还是古代中国的历史，我们都可以清楚地看到，在文学、艺术、哲学的发展与国家的昌盛甚至与道德的发展之间，的确存在着一种矛盾，即前者发展了，后者就堕落了，卢梭也是从这样的矛盾出发陈述他的观点的。

在卢梭看来，那些所谓的文学家、艺术家、哲学家之类虽然并不懂得善，但却四处招摇，宣扬他们的主张，使得人们都跟从他们，这样的结果就是人们也像他们一样，不懂得什么是善了，也失去了善。于是，他们不但不能教人们以道德，反而会使人类堕落。

至此我们说明了为什么卢梭会认为文学、艺术、哲学之类有害人们的道德。倘若我们仔细些，会看到这里有一个问题，就是在这些历史例子里所分析的是文学、艺术、哲学之类的发展导致的道德堕落，但他文章的主题却还有一个科学，他还要说明科学的发展对道德的发展有什么危害。对于这个问题，卢梭当然不会不回答，而且做出了也许更加深刻的回答。

具体而言就是说，卢梭在批判中所针对的并不是科学本身，科学本身是无罪的，他所抨击的只是科学所导致的后果，但这个后果之产生并不可以责怪科学。举个例子说吧，一把刀杀了人，但我们能够责怪这把刀吗？当然不能。卢梭在这里就是这个意思。

卢梭这样的思想是极其深刻的，即使对现在也是如此。

我们想想吧，在当今这个时代，科学给我们带来的是什么？难道仅仅是汽车、洗衣机和电脑这些有用的东西吗？不！还有更多的，例如坦克、大炮、凝固汽油弹，飞机也不仅有客机，还有战斗机轰炸机！这些东西也是科学的成果，请问它给我们带来了什么？只有战争与灾难，而且，由于这些武器的出现，战争对人类造成的危害比以前要大得太多，

至于例子，只要看看已经发生的两次世界大战以及原子弹的可怕就知道了。

当卢梭在世的时候，科学的力量还没有如此巨大，只有一些最原始的火药枪，但他已经预见到科学可能产生的严重后果了，虽然这后果不能够说是科学本身的错，是人类之错，但我们可以这样说：倘若没有科学这把如此锋利的刀，仅仅有人类的残暴与贪婪，可能造成如此巨大的灾难吗？从这个意义上说，科学之罪也是显然的。

所以，卢梭在谈到科学时，早就发出了这样的警告：

> 人们啊，你们要知道，大自然之所以不让我们去碰科学，其道理，同母亲之所以不让孩子去玩危险的玩具是一样的。它不让你们知道的那些秘密，都是它小心翼翼不让我们遭受的祸害。

这样的话在今天听来还是振聋发聩的。

为什么会这样呢?

卢梭首先从科学的起源说起，说科学和艺术一样，都是诞生于人的“坏思想”的，例如天文学诞生于人们的迷信，数学诞生于人们的贪心，当它们诞生之后，自然也就是坏的了，打个比方说，一个人倘若在娘胎里就有了病，生下来之后自然会有病。

总之，通过上面的分析，卢梭认为，正是由于科学与艺术的发展，导致了人们的闲逸、奢侈与追求风尚，而这些追求则导致了两个后果，就是国家的衰落与道德的堕落，无论从历史还是从现状而言，都是如此。

那么，应该怎样避免这样的悲剧呢?卢梭简明扼要地说：

> 无论文学、艺术还是科学、哲学，这些东西都对人类是有害的，不但为害人类的道德，还会对人类的整个未来产生莫大的威胁。因此为了人类的美德与未来，必须将之铲除。

显然，这是一种非理性的思想，卢梭实际上是通过一种理性的方式，在对人类理性所产生的成果——文学、艺术、科学与哲学——的批判之中进而反对理性本身的，从这个角度上说，卢梭是一个典型的非理性主义者，他的思想也对后世的种种非理性的思想与哲学主张产生了巨大的影响。

“二论”中的思想　前面讲完了卢梭的“一论”即《论科学与艺术的复兴是否有助于使风俗日趋淳朴》，现在我们来讲卢梭的“二论”即《论人与人之间不平等的起因和基础》。

在“二论”的序言中，卢梭一开始就指出，为了找到人与人之间不平等的起因，首先就要分析人本身，因为不平等是人与人之间的不平等，是以人为分析对象的，理解人与人之间的不平等的起因实际上就是研究人的起因，即人在社会中是如何变化的，如何从人人平等走向不平等的。

而要这样，第一步当然就是要研究人最初是什么样子的，这是研究以后变化的基础，没有这个基础，后面的研究也就无从谈起。

那么具体地我们应该怎样研究最初的人类呢?卢梭的出发点其实是从现存的人，他先对现在活着的人——包括他自己——进行研究，看这些人有哪些天性，这些天性哪些是一开始就有的，哪些是后来才慢慢具有的，而那些一开始就有的，就是最初人类所有的东西，也所要研究的东西。

这种人类最初所有的东西就是卢梭著名的自然状态了。

在卢梭看来，只有文明人才有贪婪与自私之类的毛病，处于自然状态之下的人们是没有的。这也是卢梭对于远古人类的核心认识，是与他在《论科学与艺术的复兴是否有助于使风俗日趋淳朴》中所提出的立场一致的。

还有，他认为，人类在自然状态之下时，虽然在某些方面不如普通动物，例如没有鹰飞得高，也没有马跑得快，但就整体而言，人却有着很大的优势，这个优势就是人有智力，或者说学习能力，这就使得人可以向其他动物学习，这样一来，其他动物有的能力人就很多都有了，因此人也就高过了所有的普通动物。

此外，人还有一个优点，就是杂食。我们知道，普通动物的食谱是比较有限的，例如老虎只吃肉，羊只吃草，鸟儿虽是杂食动物，但由于体型小，也只吃些虫子草籽之类，人能够吃的东西却多得很。这样一来，人就可以比普通动物更容易在大自然中生存下去。

不仅如此，卢梭还认为处于自然状态下的人和斯巴达人是差不多的，首先是身强体壮，这是因为人必须赤手空拳地和大自然搏斗，自然而然地就变得强壮了，并且养成了吃苦耐劳的习性。其次是自然淘汰，也就是说，在自然状态里，那些生下来就不够强壮的孩子是无法生存的，会被自然所抛弃，只有生而强壮的孩子能够得以存活。这与斯巴达人对待孩子的态度是一样的，我们知道，斯巴达人的孩子在出生时会受长老检验，强壮的养下来，体弱的被扔入深潭。卢梭对这样的方式是很赞同的，只有这样才能使人类更加强壮、更会生存。

进一步地，卢梭指出，正因为人类在自然状态之下是如此强壮，因此他们根本不需要什么工具就可以生存甚至很好地生活，在这里他又顺便批判了科学与工艺之类。

在卢梭看来，正是由于人类后来使用了种种的工具如斧头、梯子之类，才使得他们的体魄日益衰弱。因此，他像反对科学与艺术一样，甚至反对工具，认为那些什么工具也用不着，完全只凭身体的强壮的原始人是“具有万能本领的人”，也是占优势的人。

这就是卢梭的自然状态，不难看出来，卢梭的这种自然状态有类于一种动物状态，在这种状态下，人类追求的唯一的东西就是生存，无论其他，与一般动物没有两样。当然，这并不是说在自然状态下人与动物是完全一样的，卢梭对此是明确否认的，他认为即使在自然状态下，人相较于动物也是有优势的，这他也说明了。

这就是卢梭的自然状态理论了。

显然，对这种状态卢梭是大加赞赏的，相应地，我们人也应当将这种状态作为未来的理想状态，即过一种类似于自然状态的生活，这种生活的特点简言之一是简单，二是少动甚至干脆不动脑子。因为在卢梭看来，自然状态的人是不应该动脑子的，这也是大自然所赋予我们人的应当之状态，是一种“自然状态”，倘若我们反其道而行之，动脑子，那就是违反自然之道的，不是自然状态。

这不由又使我想起了老子的话：

> 不尚贤，使民不争；不贵难得之货，使民不为盗；不见可欲，使民心不乱。
>
> 是以圣人之治，虚其心，实其腹，弱其志，强其骨。常使民无知无欲。使夫智者不敢为也。为无为，则无不治。[4]

他们的观点就本质而言是何其相似啊，只是老子在这里是要使得百姓不动脑子，而卢梭则是要所有人都不动脑子。哪个更好呢？不好说，但肯定都一样的不现实。

进一步地，卢梭认为，在自然状态之下，人人都是平等的。每个人、每个家庭都生产着自己需要的东西，也可以满足自己的需要。但后来，有人想要获得家庭之外的他人的帮助，还有就是有了贪婪之心，于是就产生了不平等以及私有的财产。卢梭在这里描述的情景大致是这样子的：

某一个人知道拥有两个人的食物比较好之后，就会去抢夺另一个没有他这么强壮的人的食物，要是那人没有，就会强迫他去弄到，那个人为了生存，就不得不服从，于是他必须生产两个人所需要的食物了，这两个人就需要三个人的食物了，这样一来，他就必须比平时更加辛苦地劳动，而原来他只需要一个人的，不需要太多劳动也可以得到满足。这样一来，人类就必须从大自然获取更多的东西了，于是，原来只要依靠自然采集就能得到食物，现在由于食物的需要量增加了，就必须开垦土地、种植作物，为了要获得人来种植，那些强壮者就会用战争的办法去俘虏人，逼迫他们为他人劳动，而这些人就成了奴隶。

这就是卢梭逻辑之下私有制与阶级产生的经过，这两者是联成一体的，其中私有财产是起源与基础，是最为重要的。

进一步地，私有财产产生之后，后来，人类会有越来越多的技术发明，如青铜器与铁器之类，这些将进一步导致人类建立越来越多的集团，也有一部分人会越来越有权力，有越来越多的财产，人与人之间的关系也会越来越复杂。后来，不但有了人与人之间的不平等，这些不平等还有了一种规则与制度的保障，于是私有制就产生了。

除了私有财产这个人与人之间不平等的最主要的起源之外，卢梭还提及了其他导致不平等的因素。例如人的天然能力的不相等，这是一种必然的、自然的不平等。还有某些情绪所导致的不平等，例如羡慕与嫉妒，还有荣誉心与虚荣心等。

4　见《老子》第三章。

这样的结果就产生了人与人之间的不平等，从而产生了以私有财产为基础的社会制度，即国家与法律就产生了。

“三论”中的思想 我们要讲的“三论”中的最后一论是《社会契约论》。

《社会契约论》的基础是自由。在卢梭看来，人生而自由，这是神圣而不可侵犯的权利，甚至是不可放弃的权利。

正是从此出发，卢梭否认“奴役权”的存在，所谓奴役权，就是一方拥有绝对的权力，而另一方必须绝对地服从，简而言之就是一方被另一方奴役。在卢梭看来，这种奴役是不可能成为一种“奴役权”的，即这不可能是一种合法的权利。

从这个角度上也可以看出来，从合法的角度而言，奴隶社会与奴隶制国家根本不是合法的社会与国家。

为什么呢？这是因为一个社会要成为一个真正的社会、一个国家要成为一个真正的国家，一个基本的前提是，组成这个社会与国家的人，其中的统治者与被统治者，需要有共同利益，或者说，这个社会与国家必须对所有人，无论是统治者还是被统治者，都要是有益的，这样一个社会与国家才有产生之基础，否则的话，倘若只对一方有益，所有好处都是这一方的，而对另一方根本无益，那么这个社会根本建立不起来，即使依靠暴力建立起来，也根本不能够称为一个社会。

显然，在这里“共同利益”居于核心地位，这也是我们理解卢梭社会契约论的一个关键，即为什么要有社会契约，甚至为什么要建立一个社会。一个基本的目的与前提是为了社会中所有人的共同利益，而不是只为了社会中某一部分人的利益。

分析了卢梭对自由的理解之后，《社会契约论》中的下一个核心问题是社会契约的订立与国家之产生。

上面说过，卢梭认为人是生而自由的，并且是不可剥夺的权利，即使自愿也不行，但这并不意味着自由真的是不可以转让的，而是可以的，这就是卢梭社会契约论的另一个目的了：即如何通过合法的方式去转让人的自由，甚至包括自由在内的一切权利。

这种合法的转让方式就是社会契约，不过在这里应该更为具体地称为“社会公约”。所谓社会公约就是说，这个约定是全体公民在自愿的基础之上共同制定的，并且是所有公民都必须遵守的。这可以说是社会公约的第一个含义。

社会公约的第二个含义是，它成立是为了全体公民的共同利益，而不是某一部分人的利益，这也是我们上面说过的社会契约存在的另一个基础。

社会公约的第三个含义是，在社会公约，全体公民都将自己的全部权利与力量都交出来了，并且愿意服从根据公约产生的指导力量，这时候，这种服从就成了一种义务，而公约中产生的领导者要求公民服从就成了一种合法的权力。

社会公约的第四个含义是：这一公约只能奠基于维护全体公民的共同利益的基础上，并且是自愿的，一旦不能满足这两个条件，就意味着公约被破坏了，这时候公约就不成立了。

不用说，通过这个社会公约所建立的组织就是国家了，有时候它也可以称为城邦或者共和国，或者“政治体”与“政权”之类，这些名称的含义都是大致相似的。

一旦通过这种社会公约而建立了国家，这时候，制定了契约的公民们就失去了原来的自由，因为他们已经通过契约将自由让渡给国家了，因此他必须服从国家，也就是服从他此前所制定的公约。而倘若他不服从，国家就有权强迫他服从，即他有服从的自由，但没有不服从的自由。

这时候，一个自然而然的问题是：倘若国家的统治者不遵守社会公约怎么办？卢梭对此的回答是，首先，由于国家的存在完全是基于社会公约的，因此其绝对不能做有违公约的事，这是一个总的原则。否则的话就回到我们上面说过的了：这时候社会公约就被破坏了，人们立即恢复了原来的自由。如果破坏公约的是执政者，那么执政者的政权将失去合法性，公民也有反抗的自由，并且政权必定会遭到毁灭。

在《社会契约论》中，我们要分析的最后一个大主题是法律与政府。

在卢梭看来，法律之所以有存在的必要，首先是为了维护正义。为什么要以法律去维护正义呢？这是因为人与人是不相同的，有的人是正直的人，尊重正义，而有些人则不然，唯利是图，无视正义，在这种情形之下，倘若没有法律去约束他们，那么他们就会无所顾忌，相反，那些正直之士反而会因为自己的正直而吃亏，这显然是不正义的，因此，为了维护正义，就必须制定法律，具体地说就是制定一些行为规则，人们必须遵守之，如若违反，就要受到惩罚，这些规则就是法律了。

这时候，或许有人会说：我可不可以不同意法律呢，就像我也可以不同意社会契约一样？卢梭对此的回答和社会契约是一样的：一个人可以不同意社会契约，但是，当社会契约制定之后，倘若他依然生活在这个制定了社会契约的国家，他就必须尊重社会契约。法律也是一样，倘若你不是这个国家的公民，你当然可以不遵守它的法律，但是，倘若你是其公民，那就意味着你同意了这个国家的法律，同时也就必须遵守之。

对于法律的具体制定，卢梭认为，制定法律可不能依赖全体公民，而是要依赖一些智慧之士，由这些人去担当“立法者”。

卢梭还将法律分成三类，第一类是政治法，它规定国家的一些基本原则；第二类是民法，规定公民之间以及公民与国家之间的关系；第三类就是刑法了，规定是哪些事业是违法的，以及倘若违反就要受到的惩罚。不过，卢梭认为除了这三种法律之外，还有一种没有文字的法律，就是一个国家的风俗与习惯，在他看来，这是比三种成文法更为根本而重要的。对这些具体的法律我们就不多说了。

有了社会契约，又有了立法者，并且制定了法律之后，下一步自然而然地就过渡到了政府。

在第三卷里，卢梭论述了政府建立的基本原则，还分析了各种类型的政府，还有如何建立一个好政府、防止出现坏政府，政府应该怎样保持自己的权威，并且还有政府是如何灭亡的。由于篇幅的缘故，这些我们都不说了。

第二十八章　康德的寂寞人生

伊曼努尔·康德是英国苏格兰移民的后裔，1724年4月22日生于德国的哥尼斯堡。康德的父亲名叫约翰·格奥克·康德，母亲名叫安娜·勒吉娜·鲁特，差不多是个文盲，但既聪明又能干，夫妻俩足足生了9个孩子，康德排行第四，但三位兄姐在成年之前就夭折了，所以他实际上是老大。

像康德这样出身的孩子在那个时代本来是没有机会上学的，但由于康德父母都是十分虔诚的基督徒，当地牧师便帮助他的儿子进入了由他管辖的一所学校，名叫腓特烈公学，这是1732年的事，是年康德8岁。

康德

康德在腓特烈公学共待了8年，由于他一向体弱多病，所以自小处处小心翼翼，避免接触任何有可能引起身体不适的东西，例如风吹呀、雨淋呀、日晒呀等等。还有，他身高不足1米5，这样的身体在牛高马大的日耳曼人堆里当然更要避免受到伤害。

从公学出来后，康德旋即进了近在家门口的哥尼斯堡大学，在大学里他几乎对自然科学与社会科学的一切领域都感兴趣，如数学、物理、天文、地理、哲学、伦理学、历史等等，获得了渊博的知识，在许多方面堪称专家。

当然康德兴趣最大的还是哲学，他这时候已经深入研习了古希腊–罗马哲人们的著作，对与他大致同时代的洛克、休谟、牛顿等人，还有当时正主宰德国哲坛的莱布尼茨和沃尔沃等人的著作也很熟悉。大学期间他曾写过一篇文章，有一个漫长至极的题目，叫作《关于动力的真正测量的想法并对莱布尼茨大师和其他力学家在这个争论问题上使用的证明的评论，以及先前有关一般物体的力的一些看法》。

上大学后不久，他的父母就因为操劳成疾去世了，他只得开始自谋生路，但收入很少，有时连面包都买不起。不过他还是尽一切努力保持体面。例如他的衣服虽然褴褛，但总是洗得干干净净，为了让他的破袜子显得笔挺点，不至于溜到鞋子里头去，他发明了一个穿袜子的妙法：他在裤子口袋的顶头缝了一根线，将线的另一头连着袜子，这样他的袜子就总像阔少的燕尾服一样笔挺了。但不知康德想过另一种可能性没有，要是有一天他的袜子带着裤子一起掉下去了呢？

1746年，康德大学毕业，当起了富贵人家的家庭教师，一做就是近10年，先后在三个家庭里工作过。

在这期间，有一回他闲来无事，竟然到离家足足有近百公里远的阿恩斯多夫去旅行了一趟！这是他一辈子到过的最远的地方！

此外，他还在1755年拿到了博士学位，博士论文题目叫作《论火》，就在这一年，他终于进了哥尼斯堡大学，当起了私人讲师。这是当时德意志大学里的一种特殊教职，做私人讲师的人虽然是大学老师，但学校并不给他们开工资，他们只能凭借开设某些课程，让学生来选修，然后选修的学生会给老师一些听课费，这就是他的收入了。这样的职业虽然比较清苦，不过仍不失为踏上教授宝座的有效途径。

当了私人讲师后，为了谋生，康德必须大量地讲课。他先后开过的课真是包罗万象，简直是一个大学的完整课程表，其中包括数学、自然观、自然地理、自然神学、人类学、逻辑学、形而上学、道德哲学、教育学，等等，甚至还开设过武器制作和城市建筑学之类。从这里大家可以看出康德的知识是何等广博。他每周要上超过20个小时的课，也就是说每周工作6天，每天平均讲3节课以上，常常一天有4节。

康德给自己讲课定的一个标准是以程度中等的学生为中心，让他们理解就行了。他之所以这样做，是因为他认为笨蛋学生朽木不可雕、教也无用，天才学生们则自己有办法。

1758年，当哥尼斯堡大学的哲学教授席位出现空缺时，他请求此时正占领着哥尼斯堡的俄国的叶卡捷琳娜女皇让他补这空缺。不过他的请求没有成功，他毕竟只有34岁，对于做教授实在是太年轻了一点。

康德虽然没当成教授，还是继续努力，随着著作的不断问世，他的声望也日益上升，并慢慢地传到了政府当局，这时哥尼斯堡已经回到普鲁士的怀抱了。普鲁士教育大臣很重视康德，准备一有教授职位的空缺就让康德补上。

又过了几年，某个诗学教授的席位空出来了，但康德拒绝了任命，这是1764年的事。第二年他当上了“王室图书馆馆员”，是个兼差，薪水每年62塔勒。

以后又有几所大学，其中包括著名的耶拿大学，请他去做教授。这次是哲学教授了，可康德还是没答应。因为他不愿意走远路。

到1770年，这时康德已经46岁了，哥尼斯堡大学的哲学教授席位终于空出来了，康德当仁不让，成为康德教授先生了，他教席的名称叫作“逻辑学和形而上学”。

做了教授后，康德的生活起了不大不小的变化，这时他的生活是典型的教授式生活，这段生活也许是哲学史乃至整个西方历史上最有名的个人生活场景之一。只是一般伟人的生活是由于其丰富多彩而引人入胜，而康德的生活则是由于其恬淡如水而青史留名。

他每天的日程是这样的：

早上五点起床，早餐是一杯咖啡，然后去上课，两节课后回家，开始工作，读书、写作或者沉思，这样直到下午一点，开始吃午饭了，他经常会请几位朋友共餐，他们边吃饭边闲聊，午餐过后又开始工作，这样一直到下午三点半。这时便开始他的散步了。关于他这不朽的散步，诗人海涅曾有过一段惟妙惟肖的记录：

> 每当伊曼努尔·康德身着灰色大衣、拿着手杖出现在住宅门口，然后向现在仍称为“哲学家之路”的菩提树大道悠然走去的时候，邻居们就知道时针准指向三点半。他如此来回踱步，一年四季，从不间断；当天气阴沉或乌云密布时，人们就会看到他的老仆人兰佩夹着一把大伞，焦急地跟在他身后，仿佛是谨慎的象征。

听说他的邻居们这时总是拿出自己的表来看看，如果不是三点半，例如三点二十九分，就会把指针调快一分钟，因为肯定是他们的表不准。

散步过后，回去就是吃饭工作再睡觉了，每一件事都像上面一样准时。

这是康德一天的生活，也几乎是康德几十年如一日的生活。

许多对于常人而言重要不过的事情康德好像全不放在心上，例如婚姻大事。没有任何记录说明康德一辈子曾经谈过恋爱，我们大可以相信，直到死的那一天他都是童男子呢。

但听说他也曾有两次想过要结婚，第一次是在他想了又想，到底要不要向某位女士求婚的当儿她已经同别人进教堂了；另一次则是在他还犹犹豫豫时，那位小姐已经离开哥尼斯堡了。

1772年，康德辞掉了王室图书馆馆员的差事，这时他已经是哥尼斯堡大学哲学系的系主任了，以后他甚至当了两年校长。

当然，康德依然将绝大部分精力孜孜以求地进行形而上学的玄思，1781年终于出版了《纯粹理性批判》，它不久像太阳一样照亮了西方哲学的天空。

此后的9年是康德哲学人生的巅峰，他在1788年出版了《实践理性批判》，1790年出版了《判断力批判》。这三本著作构筑了康德哲学大厦的主体，也是康德之后整个西方哲学的主体之一。

这十年时间被称作康德哲学的“批判时期”，完成时康德已经年近七十，是个老人了。

到1797年，康德73岁时，他退休了。

康德逝世于1804年2月12日，像他的生一样，他的死也很平静，没有给这世界增添一点喧哗。

第二十九章　康德思想的迷宫

这一章我们要来讲康德的哲学体系了。

有一则古希腊神话：宙斯的私生子米诺斯王曾建了一座迷宫关他的王后同一头白公牛生的半牛半人的怪胎，这座迷宫里的道路极其复杂，人一进去就休想出得来。但这座迷宫后来被忒修斯破掉了。他走进迷宫，找到怪物，杀死它，又顺利地走了出来。他是凭什么做到这一点的呢？是因为米诺斯王的美丽女儿阿里阿德涅爱上了英雄忒修斯，给了他一根红线，让他循着红线走，这样他在迷宫里就不致迷失方向。

在这里我们不妨将康德比作另一个米诺斯王，他的哲学是另一座迷宫，我呢，就是给你们线的阿里阿德涅，你们自己呢，当然是英俊神武的忒修斯了，而这根线就是让你们能够进入艰深晦涩的康德哲学之迷宫的线索与钥匙。

这线索与钥匙就是康德对现象与自在之物的划分。

神秘的物自体　从字面上看，很容易将现象看作是我们所看到的自然现象，也就是万事万物，从浩瀚宇宙、花鸟虫鱼直到我们看不见的细菌、电波。

上面这些我们所见所感的万事万物确是康德所指的现象，但这只是问题的表面，问题的实质是我们如何理解这个现象。

康德认为，我们人所看到、听到、摸到的万事万物这些现象其实也只是我们的感觉，它是一种由我们的感觉所形成的表面现象，是一种主观的表象，这就是现象。

除了这些与感觉想联系的现象之外，康德认为还有另一个世界，一个“彼岸世界”。

这个彼岸世界有三个主要特征：

第一，它是现象的缔造者。

我们为什么会有感觉？为什么会感觉到世界上有万事万物？有浩瀚宇宙、花鸟虫鱼、细菌电波？这是因为在这万千现象背后有一个东西，正是它在我们的感官里造成了这些感觉，而这些感觉就是我们所看到的万物——现象。打个比方说，看电影时，我们看到银幕上有许多映像，有人有狗有鲜花。这些是我们的感觉，是现象。但它们并不是自己跑到银幕上去的，在这些活泼的映像背后还有制造者，如摄影机和演员等。康德认为，我们在这世界上所看到的诸现象同样有一个制造者——彼岸世界，具体而言，是彼岸世界的“物自体”们。正是它们刺激我们的感官，从而产生了各式各样的感觉，变成了我们所看到的万事万物——现象。

第二，它是客观存在的。

这个彼岸世界及其中的物自体们是肯定存在的，并且的的确确是它们刺激我们的感官而导致了感觉，这感觉就造成了现象。而且，这个物自体是一种不以人的意志为转移的客观存在。

第三，它是不可知的。

我们虽然可以断定这个彼岸世界及其物自体是客观存在的，但我们对于它的认识也就到此为止了，它别的任何特征我们都一无所知，也不可能知道。

打个比方说，这个物自体好像是我们每个人的祖先，大家知道我们都是由类人猿进化而来的。也就是说，如果我们将自己的身世往上追溯，从父亲、爷爷、曾祖、高祖，一直下去，经过几万代几十万代，也就是几十几百万年后，终究可以推到某一只类人猿，这是必然的。但对于这只作为我们直系祖先的类人猿我们又了解多少呢？它有多高？多重？身上有没有毛？有多少？是什么颜色的？它小时候是一只安静的小猿呢还是个顽皮宝，经常气得猿妈妈在地上跺着脚，用那种人语不像人语、猴叫不像猴叫的嗓音责骂？

对于这些祖先的特征我们是一无所知了，也不可能知道。实际上我们只能断定它在若干万年前是存在的，除此无他。

但我们却也的的确确可以断定它是存在的。康德认为，人们对于这个彼岸世界及物自体也是这样，只知道它是存在的，除此无他。

但这里又出现了一个新问题：既然它是不可知的，那么我们又如何能够断定它的存在呢？这里面有没有一点自相矛盾的味道？对于这个问题康德是这样回答的：正因为它们作用于我们的感官，使我们产生了感觉或者说表象，我们才由此知道了、并且可以肯定它们的存在。

在分析了现象与物自体后，下一个问题是：它们二者之间是一种什么样的关系呢？既然现象是由物自体刺激感官而来的，那么它们之间是不是很相像？就如同一枝花同它的镜中之像一样？

康德回答说：既不是像，也不是不像，而是我们根本不知道像还是不像！

这个答案其实可以自然而然地从康德前面的说法得出来，我们既然对物自体除存在之外的一切茫然无知，当然对于它是否同现象相像也一无所知了。也就是说，现象虽然是因物自体刺激我们的感官而引起的，但它根本不反映物自体的什么特性，同物自体也没有任何关系，我们这种感官仍然只是一种主观的心理状态。例如我看到前面那条小狗的毛白如雪，那么是否说明物自体有这个白如雪的特性？当然不！还有其黑如墨的小狗呢。

至此我们便可以知道，在康德看来存在着两个世界了：一个是由我们所看到的万物——即现象——组成的“此岸世界”，另一个则是由物自体组成的彼岸世界。对于那个彼岸世界，人们除了其客观存在之外是一无所知的，因此，我们的一切认识只能停留于这个此岸世界，即自然界。

真正的知识从何而来　在说清楚康德的两个世界理论后，我们就可以以之为基础进一步分析他的其他理论了。

第一个就是他对人类认识的批判性分析。康德认为，以前的形而上学家们存在着一个共同的缺点，就是武断。也就是说，他们在没有对人类的认识能力，即人类到底能认识什么、又不能认识什么之前就武断地去研究一些问题，也就是形而上学问题，而这些问题实际上是人类无法回答的，对它们的回答只能是一种没有力量的主观臆断，用康德自己的话说，是一种“独断论”。

因此，正确的方法是，在我们进行一切认识之前，必须先对我们的认识能力做一番细致的批判性考察。

康德认为，我们的认识能力只能及于经验，不能超越之，也可以用另一句话来说：我们所能研究的只能是现象，而不能达到物自体。

从这个结论我们可以直接得出，在康德看来，原来的形而上学与神学所研究的一切问题，例如有关上帝、灵魂、本体等都越出了人类所能研究的现象范围，因此我们不可能对它们做出真理性的研究，而与此同时，那些已经做出过的研究，包括古往今来的所有形而上学家和神学家所得出的关于这些问题的结论也必然都是不可靠的，是他们凭借错误的想象而建立起来的空中楼阁。

关于认识论的问题，也就是我们凭一种什么样的能力获得、如何获得真知的问题，以前的哲学史有两种主要看法：一种是以笛卡尔等为主，被称之为唯理论，认为我们虽然有经验，然而它所给我们的东西并不是可靠的，人们可以、并且只可以凭借理性这种人类生而有之的本事才能获得知识，并且这是一种具有普遍性与必然性的知识；另一种看法是培根、洛克等人的，与笛卡尔相反，他们认为认识开始于经验，人们只有从经验之中才能获得知识，然而从经验而来的知识却并没有，也不可能有普遍性与必然性。

康德对这两种观点都看得很透，他用哲学家的精明和智慧看出了这两种观点都既有长处也有短处，而且此之长即彼之短，反之亦然。具体说来就是经验论者们发现了知识开始于经验这一重要的、正确的原则，但他们却没有为知识找到一个可靠的基础，令知识虽然来了，却不能说自己是真理，缺乏权威性，因此像一座奠基在沙土之上的城堡，随时有坍塌之虞。唯理论者们却相反，他们为知识找到了一个可靠的基础，然而他们的知识本身却并不是可靠的，它们是由心灵闭门造车而来的，所以令得它们虽然看起来可靠，仔细思量却是无源之水、无本之木。

于是康德采二者之长、去二者之短，再融和自己的创见，提出了他关于知识的独特见解。他的观点可以如此概括：知识来自经验，而如果它要具有普遍性与必然性则必须依赖理性。

具体说是可以将知识的形成看作是一个过程：首先它是经验，然而经验这东西是乱七八糟的，不能算是知识，就像乱堆在一起的砖瓦木石算不上是楼台亭阁一样。是什么将这些乱七八糟的经验上升成为知识呢？康德说：是人类一种先天的认识能力。这种能力具有普遍性、必然性，因此它能将那些乱七八糟的经验转变成具有普遍性、必然性的知识。

这样，将经验与这种先天能力结合起来，就构成了知识：它既来自经验，是有源之水、有本之木，又经过了那种具有普遍性必然性的先天能力的加工，因此令得这种知识同样具有普遍性与必然性，这样它才成为真正的完整的知识。

我们可以看到，这种真正的知识是由经验与先天能力融和而成的，在构成知识的两个元素之中，对于第一个，经验，我们理解时没什么困难，然而对于第二个——那种先天的能力——就不一样了，我们至此还没有清楚地说明它。

现在我们就来说明这个问题，看看康德所说的人类那种先天能力到底是什么。

康德认为人类有三种先天的认识能力，他分别给它们取名为“感性”“知性”“理性”。它们三者与经验相结合就形成了我们各式各样的知识：

感性这种先天的认识能力同经验相结合就形成了“感性直观知识”，它有另一个更为通俗的名字——数学知识。

知性这种先天的认识能力同经验相结合就形成了自然科学知识。

我们可以看到，这两种知识都是既有经验做基础，又有先天能力做后盾的，因此它们是具有普遍性、必然性的可靠的知识，或者用现在的话来说是科学知识。同时我们也可以看到，既然它们是由经验而来的，它们所涉及的当然是现象世界的事，无涉于物自体或彼岸世界。

然而理性呢？它又如何？康德认为，它与前面的感性与知性就大不相同了。它的主要特征是想要抛开经验，超越现象世界，去把握那彼岸世界及物自体，由此而得来的知识也就是形而上学。

我们当然可以看到这种追求知识的方法是不可行的、它所得到的知识也是不可靠的，其主要原因当然是它想要超越经验去把握物自体，而那是不可能为我们所知的。一句话，形而上学不是真正的知识，只是伪知识而已。

现在我们再来进一步分析这三种知识，看看它们究竟如何得来。

感性与数学知识　我们前面说过，数学知识是感性与经验的结合。在康德看来，感性是这样一种人所具有的先天能力：它能将我们的经验加以改造，变成可靠的知识，具体来说就是数学知识，例如1+1=2。

那么这种能力到底是一种什么东西呢？康德说，它就是“感性直观形式”，而由它形成的知识当然也就叫作感性直观知识了。

人类有两种感性直观形式：空间和时间。康德说，正是空间与时间这两种先天的感性直观形式整理零零碎碎的经验，并使它最后成为严谨有序的数学知识的。

康德认为空间与时间是一种感性直观的“纯形式”，为什么说它是纯形式呢？因为这两个东西是人的大脑先天就有的，与经验无关。不但如此，经验实际上都是来自空间与时间的。

这里包括两个关系，一是经验与空间，二是经验与时间。

关于经验与空间，康德认为经验是要以空间为条件的，经验的形成得有一个过程，因为经验并不等于就是一个原始的感觉，它得与这单个的原始感觉以外的某个或某些东西结合在一起，如此才可能形成完整的经验。这就说明，感觉要成为经验，必须先有“以外”这个概念，而这就是空间。

可以举个例子来说明之，比如有这么一个原始感觉——看，请问，这单单独独的一个“看”算得上是一个经验吗？算不上，甚至于我们连想象都想象不出它是什么呢。我们总得看一个什么东西，这东西当然也不是这个看，例如看一枝红花，看当然不是红花。也许有人会说，我在伸手不见五指的黑夜里张开眼来，什么也没有看见，但我觉得那也是一种经验呢。那么我要说，你哪里是什么也没有看见？你分明看见了“一片漆黑”啊！

同空间相似，时间也是这样。康德认为，时间观念包括同时与前后相继两种关系，而我们的经验也如上所言，不能是一个单纯的原始感觉，而必须是许多东西在同一时间存在或在不同时间存在。这实际上同上面作为经验前提的空间是一致的，因为既然经验是某个原始感觉同它之外的某个东西发生关系时才形成了经验，那么在它们发生关系时，必须存在着一个时间关系，要么是同时的，要么是有先后，这是不可避免的。就像前面那个看到红花，是“看”这个感觉同它之外的“红花”结合而成的，在这里有“之外”这个空间关系，那么同时必然还藏着一个时间关系，例如我们张开眼睛，然后看到红花，这里就有一个前后相继的时间关系，先有看，然后有红花。即除了“之外”，还有“之后”。

这就证明了空间与时间是经验的基础。有了这个基础后，我们就可以得到知识了，这个知识就是数学知识，又叫作感性直观知识，这个感性直观知识就是由经验同作为感性直观的纯形式的时间与空间结合而成的。

我们知道，数学主要有两大分支——代数与几何，康德认为先天的时间观念同经验结合形成了代数知识，而先天的空间观念同经验结合就形成了几何知识。我们现在来分析一下，看看康德为什么这么认为。

我们先来看代数，算术无疑是最简单的代数知识。我们拿一个最简单的算术命题“1+1=2”来说吧，看看它为什么是由后天经验同先天时间观念相结合而形成的。

我们之所以认为1+1=2，当然是因为我们在经验之中经常看到1根棍子旁边再加另1根棍子，或1个人旁边再站上另1个人，就成了两根棍子或2个人。我们其实是用“2”来描述“1根棍子旁边加另1根棍子”，或者“1个人旁边站另1个人”而形成的状态，这实际上是对同一种情形进行另一种形式的描述，也是一种更为简化的描述。由于它们描述的其实是同一种情形，只是形式不同而已，二者之间当然没什么不同了，这“没什么不同”人们便用“=”来描述。这样合起来就是1+1=2了。我们也可以看到，这里面的过程只是一种简单的经验过程，其实完全用不着什么数学这种玄虚的术语，找个大字不识一个的文盲来看他也会立马就懂。因为他可以轻易地凭经验而发觉这1+1=2。

但这里是不是只有经验在做主呢？不，如果我们更仔细地看看，就会发现还有另一个东西也在扮演着一个不可或缺的角色呢。

这另一个角色就是时间。

可以看到，当我们在1根棍子旁边再加1根棍子，或1个人旁边再站上1个人时，这里总有着一个东西在起作用——时间：我们是先有了1个，然后再加另1个，这样才形成了2的经验。在这里我们可以明显地看到时间，具体而言，就是前后相继的时间关系。

而且我们只要稍加思索就会发现，这时的“时间”概念是不可或缺的。

也正因如此，康德才说算术是人们的经验加上先天的时间观念而形成的。

我们还不难看到，这个1+1=2只动用了最简单的经验，然后再加上同样简单的时间观念就构成了，即使用我们现在的常规标准来看它们也是很感性的，用不着多少理论分析，同样是很直观的，用不着拐弯抹角就看得出来，因而是一种不折不扣的“感性”“直观”知识。

这时也许有人问：这里难道不也需要空间吗？为什么康德只说要时间呢？为什么不说代数是由时间、空间与经验三合一而只说是时间与经验二合一呢？

这正是因为当我们合成代数知识时并不需要空间而只需要时间。大家可以想想吧，当1+1=2这个数学知识形成之后，它还需要像1个人或者1根棍子那样需要空间吗？当然不需要，它已经成为一种思维形式，并非一种物质形式的东西，所以不再需要空间。

为什么说几何是经验加上先天的空间观念而形成的呢？

我们也拿一个最简单的几何学命题，如“两点之间线段最短”，来做例子。这个命题也是从经验而来的，例如我前面不远处的地上有一只乱扔的可乐纸杯，我想将它捡起来丢进不远处的一个垃圾筒。我怎样才能最快地走到那只可乐杯旁边呢？当然是直直地走过去，捡起来后也只有直直地走到垃圾筒才能用最短的路线完成这件事。把这个简单经验数学化后就变成了“两点之间线段最短”这一几何命题。

但在这里只有经验在起作用吗？当然不是。因为那“两点”——我与可乐杯、我与垃圾筒——都是在空间中的并且占有一定空间的呢。还有，它们之间的距离，不管多短，总是有一点的啦，这些都是空间，而其他几何定理，不管是平面几何的还是立体几何的，当然都可以如此地同空间关联起来。

这样，再联系上面算术是后天经验同先天的时间观念相结合而成，我们便可以理解康德为什么说数学知识是后天经验同先天的空间与时间观念相结合而形成的了。

至此，另一个问题，即数学知识为什么具有普遍性与必然性的问题也迎刃而解了。这是因为既然它们是后天经验同先天的空间与时间观念相结合而形成的，而这先天的空间与时间观念具有普遍性与必然性，所以数学知识当然同样具有普遍性与必然性了。就像一个灰姑娘要是同国王结了亲，那么不管她先前如何，她总是享有王后之尊了。

从前面的分析我们当然还可以明白，对于数学知识而言，后天的经验与先天的空间与时间观念是缺一不可的；还有，这个先天的空间与时间观念如果想要继续保持它的普遍性与必然性之位，当然不要妄想去结合彼岸世界及其物自体，因为这样的话它就不可能得出具有普遍性与必然性的知识。对于康德的认识论而言，彼岸世界不可触及，这是达到知识与真理的第一原则。

理性与科学知识　讲完了康德的感性以及与之相关的数学知识的来源，我们该讲康德的人类第二种先天的认识能力——知性以及与之联的自然科学知识之起源了。

如同感性一样，知性同样可以说是一种能力，这种能力能够与经验结合成为自然科学知识，就像感性与经验结合而形成数学知识一样。这感性对于知识的形成是一个不可或缺的步骤，因为如我们所知，经验是相当散乱而无系统的，它独个儿无法成为知识，顶多只是一些知识的原料，只有通过感性与知性的整合与改造才能成为知识。感性与知性在这里起了建筑师的作用，它将零散的建筑原料——经验——建筑成为一座座精巧的知识之屋。

什么是感性我们已经知道了，它就是时间与空间这种先天的感性直观形式，那么现在知性又是一种什么东西呢？它是一种思维能力，并且，在康德看来，正是这种思维能力将那些感觉经验结合成为自然科学知识。

我们知道，经验这东西就是感官同外在对象的结合，它就像个花心大少一样，既可以同这个小姐结合，也可以同那个小姐结合，前面它同性感的感性小姐结合了，在这里她将同理智的知性小姐结合。前面生下来的孩子是数学知识，而现在他的第二次结合生下来的就是自然科学知识了。

前面我们也已经知道，作为一种能和经验相结合成为数学知识的感性具体来说是空间与时间这两种感性直观的纯形式，那么，作为能和经验相结合成为自然科学知识的知性具体来说又是什么呢？

康德也为它找到了具体的形态，而且足足有12种，这就是康德的12范畴，它们分别有四大类：量、质、关系、样式。其中每一类又各包括三种范畴：量包括统一性、多样性与全体性三种范畴；质包括实在性、否定性与限制性三种范畴；关系包括个性与偶性、原因与结果及交互性（即主动与被动之间的相互作用）；样式则包括可能性与不可能性、存在性与不存在性、偶然性与必然性三对。

大家不难看出来，这12个范畴其实只是12种思维的模式，或者是12种事物可能的性状，这两种说法其实是一致的，因为我们头脑的思维模式当然是依据事物本身而来的。它指的是事物的几种可能性：它可能存在，也可能不存在；也许是必然的，也许是偶然的；要么是可能的，要么是不可能的。如果再加上其他9个范畴，将会发现当我们在思考一个事物或事物之间的关系时，不可能超出这12个范畴所规定的内容。

更进一步地还可以看出来，这12范畴实际上又是一些句式的内在结构，当我们用一个句子做出某个判断时，实际上就隐含着这些范畴，而且如果缺少了这些范畴，句子就无法成立，只能是一些散乱不堪的经验，这也正如如果没有空间与时间，数学公理与定理也只是一些零乱的经验而已。举例说明：我现在说这样一句话："我渴了，想喝水。"这句话里头就包含着关系范畴中的第二种：原因与结果。

实际上我们不难看出，康德对于这些范畴的界定就是根据人们在说话、在做出一个判断时所用的句式特征而得来的。如果我们想要说出一个完整的句子、做出一个完整的判断，就必须有至少有两个句子成分：主语和谓语。这主语与谓语联结的方式，也就是判断的方式，便构成了不同的范畴，就像上面例子中所说的一样，"我"是主语，"渴了"则是谓语，而"我渴了"则构成了一个实在性范畴。当然许多情况下不会这么简单，即主语与谓语是以隐含的形式而存在的，而范畴也同样隐含于其中，必须经过仔细寻找，甚至花很大力气才看得见。虽然如此，这默默无闻地存在着的范畴却仍是我们之所以能做出判断的基本条件，如果没有它们，那么我们所能够有的永远只会是一些乱七八糟的感性经验，而不可能形成完整的、有内容的判断。

可以打个这样的比方：一栋大厦，它看上去高耸入云，外面装饰着玻璃幕墙，反射着阳光、蓝天和白云，既美丽且壮观，令人心醉——就像贝聿铭设计的中国银行香港分行一样。但实际上使得这座大厦屹立不倒的是什么呢？难道是外面的玻璃幕墙吗？当然不是！是存在于那"幕后"的钢筋水泥结构，如果没有它们，整座大厦便会立时倒塌，成为一堆玻璃碴。更准确地说，它当初根本不可能立将起来，成为一座大厦。

在任何一个判断之中，范畴的作用便有如这玻璃幕墙大厦中的钢筋水泥结构。

康德还给这些范畴取了另一个名字——纯概念。意思就是这些范畴是与经验无关的东西、是纯粹主观的东西，是先天的，是我们的大脑生而有之的。

不过经验却又必然会同经验发生关系，它要与经验"结亲"，那孩子就是自然科学知识。这过程当然不会简单，它里面还有许多文章。具体说就是，在自然科学知识发生之前，在这个世界上有许多感性经验，它们就像一堆乱放的砖瓦木石一样搁在那儿，看上去简直是一堆垃圾。这时我们的知性来了，它是一个了不起的工程师，将那些散乱不堪的砖瓦木石一一搜集起来，经他生花妙手的设计加工，最后便成了一栋栋精致的房子，这就是一项项的自然科学知识。

例如，我们知道，石头砸石头会发出星星之火，这星星之火又可以成熊熊烈火，帮我们的猿人先祖们烤熟兔子野鸡什么的，吃起来美味又卫生。但我们不要以为猿人先祖们仅凭经验就可以做到这一点，实际上，如果单讲经验，那么碰石头和发出火花是两码事，它们之间虽然有很简单的因果联系，但我们的经验是个挺傻的小子，压根儿没本事将二者联系起来考虑。

谁有这个本事呢？当然是知性了。要知道知性事实上就是上述12范畴，因果便是其中之一。这将碰石头与发火花两者联系起来，做成一个因果关系自然是它的“强项”了。

知性不但可以得出这样简单的因果联系范畴，就是复杂得多的它都可以，总之，知性作为一种思维能力，又是思维的12范畴，将我们从自然界中得到的经验一一摸了个透，然后将那些内在的客观关系找了出来。

而这些关系，用另一句话来说，就是各种自然规律。例如上面所说的“砸石头将发火花”这个自然规律。

然而这里要着重说明的是，我们不要以为这些自然规律是所谓的客观规律，我上面的说法也似乎给了大家这样的印象，但实际上恰恰相反，康德并不认为这些规律是自然界中存在的客观规律，而是我们的头脑外加给它的，或者说它们并不是理智从自然界“找”出来的，就像从沙子里掏出金子来一样，而是理智强加给自然界的，是我们的知性或者说理智断定自然界有此法则，并且要求循此法则。这个法则就像塑料一样，自然界中虽然有石油，然而并没有塑料，塑料是我们人自己造出来的，这些规律也是我们自己造出来的，当然它们的原料早存在于自然界之中。

这样，在康德看来，人在自然界面前就根本不只是一个被动的旁观者了，而是一个主动的创造者，不是自然界将规律给他，而是他为自然界创造规律，对于自然界而言这些规律就是它的法，它们须循此法而行，不得有违。

这句话大家也许会奇怪，它同我们平时在“辩证唯物主义”课上所学到的不一样，甚至于同我们日常想当然的也不一样，在我们平常看来，自然规律顾名思义，是属于“自然”的，即使我们没有找到，那规律也是存在于自然之中的。事实上远在我们人类存在若干年之前，打有自然那天起，就存在了。我们人类只是在有了智慧理性之后，将之找出来罢了，这就像我们利用自然界中的树枝烤火、果子果腹一样，就是我们没有用它们果腹，它们也一样会挂在树枝上呢！

但这只是我们的说法，康德可不这么认为，在他看来，所谓的自然规律当然是我们自己想出来的东西，也是我们加于、甚至是强加于自然界的。用康德自己的说法，当我们从自然界中找规律时，并不是像学生请教老师一样，要老老实实地请教，请求老师回答我们，如果老师不愿，我们当然得不到答案。而是，当我们问自然时，我们是一种“考问”，或者“质问”，这时的自然就只能像被告面对法官的质问一样，老老实实地回答了。

这也许听起来有些不对头，我们可以从另一个角度去了解康德这样说的确是合乎人类认识的历史事实的。大家想想，从古至今，有多少被认为是自然界本质的、必然的东西，被证明只是人类强加给它的？事实上既不是它的本质，也不是它的必然。但人类到这里并没有因而认识到那规律的主观实质，而继续像往常一样去追求客观规律，并且像过去一样相信它的客观性，直到证明是错的，如此循环往复。至此我们应当进一步询问：这些替代旧“规律”而起的新“规律”又是必然的吗？我们怎么能相信它们不有一天也会被证明只是一个新谬误呢？一个最简单、最典型的例子就是西方人眼中宇宙的中心了。先是，西方人相信托勒密的地心说，认为地球是宇宙的中心，就像人是万物之灵一样。后来哥白尼否认了地心说，认为太阳才是宇宙的中心，人类便有一段时间又信仰起它来，相信所有天体都在围绕太阳转动，认为这就是自然规律，然而现在呢？我们又相信什么是宇宙的中心？还有人相信太阳或地球是宇宙的中心吗？

我认为人类应当将过去当成未来之鉴，这鉴告诉我们，现在这些被我们当成“客观规律”的东西焉知过了若干年之后被未来的人们证明又只是我们的幻觉呢？就像哥白尼证明托勒密是幻觉，我们知道哥白尼也在幻觉一样？

其实不单自然如此，社会同样如此，只是社会上的客观规律比自然界更加具有人为的强制力而已。

从这点而言，康德也是对的，自然的自然规律只是我们人类外加于自然的，是我们为自然立的法，并非自然自身之法。

这些自然规律当然也就是我们所谓的自然科学知识。

理性之限度　康德有一句名言：“我们的一切知识开始于感官，然后进达知性，最后终止于理性。”

理性像它前面那两个有能力的感性与知性一样，也是一种能力。更精确地说是一种欲望——因为它的能力事实上只是无能——是我们人类心中一种想超越现象世界去把握彼岸世界及其物自体的欲望。

前面当我们讲感性与知性及由之造就的数学与自然科学知识时，总强调它们的运用只能限于现象世界而不能及于彼岸世界及物自体，那一切的数学公理定理、科学知识与自然规律之类也仅能止于自然界、仅是对现象做出解释，绝不能逾越此雷池一步。但问题是，人类是不是就此老老实实地只注意现象，而像康德所嘱咐的一样，不去理会物自体之类呢?

康德回答：不！人类恰恰总是想要超越这个现象世界，去把握那居于现象之外的物自体。

我们也知道，凡属现象世界的东西总是相对的、其成立也是有条件的，人类却总想要在得到现象之后进一步去追寻物自体，因为他们觉得那些物自体同现象不一样，乃绝对的、无条件的，这当然听起来更美好，他们当然要尽力地去追求之了。康德说：此种欲望便是人类的理性。

人类追求物自体的方式可以分成两种：一种是给本来属于现象的东西硬加上物自体才有的性质，拼命让它们去合乎物自体，另一种则是直接去追求物自体。

对于第一种情形，康德给我们举了个例子，就是国家。我们知道，世界上的政府与国家都爱王婆卖瓜——自卖自夸，把自己称为最完美的：有最完美的政治体制、最民主自由的宪法、最好的政府，总之是最好的国家，完美得不得了。但事实上，众所周知，世界上任何国家都不可能是完美的、是绝对自由与民主的，而且往往那些越是独裁专制的政府越是将自己说成是“最好”的政府、自己的制度是“最有优越性”的制度，并且用暴力来镇压那些胆敢不承认它们就是“最美好”的人——用康德的说法，好像它们的国家与政府是物自体本身一样。

至于人类追求物自体的第二种方式——直接的追求，具体而言就是人类对三大物自体的追求：灵魂、上帝与本质世界。因为这三者中，灵魂是一切精神现象中之至高统一体；世界的本质，或者称本质的世界是自然物理世界之最高统一体；上帝则是比两者还要高的统一，也可以说是一切之中的最高统一体，是最高的物自体。我们也可以将这三者称之为理念，因为它们有点像我们早讲过的柏拉图的理念，都是存在之物的最高范本。

那么人类，具体而言是人类的理性，是否能达到自己的欲望，即达到或了解物自体呢?

对于这个问题，我们在讲康德哲学之初就已经说过了，康德将世界划分为现象与物自体，认为人类只可认识现象、不可认识物自体是整个康德哲学的基点。因此这个问题的答案其实我们早已知晓。不过现在我们在这里也非白谈，因为我们要考察一个更深的问题：为什么?

康德说，这是因为当人类的理性想要考察这三个理念时，所能运用的同样只能是他们考察现象时所用的知性，然而知性我们早已知道，它只能用于考察现象，而不能用于考察物自体，如果我们硬要用它去考察物自体，那么这就是硬要它做力所不及的事，这样势必会陷入谬误之中而不能自拔。就像硬叫一个身无缚鸡之力的书生去举一块300斤重的石头一样，要么就是猢狲摇石柱，即使偶尔有个大力的书生能举起一点，可一压下来，不把他压个筋断骨折才怪。

为了让上面这个说法更有力一点，我们还是具体地来分析理性考察灵魂、本质与上帝时所遇到的实际结果罢。

对于灵魂，我们前面说过，那些形而上学家们一个普遍的观点是将灵魂当作一种实体，并且由之断言灵魂是不灭的，然而康德说，实体只是一个知性范畴，所以它只能用以规定时间与空间中的事物。而灵魂则根本不存在于时间与空间之中，不是现象世界的东西，属于物自体，所以灵魂当然不可能是实体了，我们也不能用属于实体的东西来规定它。这样我们从理性而来的关于灵魂的各式各样的性质，例如灵魂是否不灭、是否会下地狱还是上天堂等，都是些不可能用理性回答正确的问题，因而那些所谓的答案也只是些根本没有真理性的主观臆断。

关于上帝的存在，形而上学家与神学家们做出了许多的证明，以证明其存在。我们在讲托马斯·阿奎那和笛卡尔时都曾讲过。其中最主要的就是本体论证明。这个证明简而言之是这样的：我们在思考世界万物时，总感觉到它是不完满的，这也就是说，在我们心中有一个完满的观念。像笛卡尔所言，这是很清楚明白的，那么，既然如此，这个绝对完满的东西就必然存在。这样绝对完美的东西是什么呢？当然是上帝，所以，上帝当然是存在的，并且是绝对完满的。

对于这个本体论证明，康德反驳说："存在"只是个知性范畴，所以它只能用于规定此岸世界中的现象，而不能用于规定彼岸世界中的物自体，而上帝当然是不存在于这个现象世界中的，所以怎么能用存在去规定呢？又怎么能用我们心中存在一个完满的概念之类的方法去推定事实上存在一个完满的上帝呢？这是很荒唐的，也是不可能的，就像不能用我的头脑中想有一百块钱，进而断定我的口袋里也有一百块钱一样。

康德就这样将形而上学家和神学家们奋斗了千年之久想要证明的灵魂与上帝等的存在否定了，并且我们看得出来，这是一个极有力的否定。

然而康德并没有就此将灵魂与上帝丢到垃圾桶里就完事了，而是相反，他用两根支柱保存了上帝：第一是就认识论而言，康德上面的反驳并不是否认上帝的存在，而只是说不能去那样证明上帝的存在，对于上帝是否存在这个问题，他的答案只是：不知道。也就是说并不否定上帝的存在。

此外，康德又在另一个地方干脆将上帝拉了回来，这就是在伦理学中。他说，上帝应该作为一个道德的假设而存在，因为这有助于人类提升自己的道德水准，维系人类社会并且促使其发展。在这方面灵魂也与上帝一样。

康德这样说的理由其实是很明白的，我们只要读读《圣经》就明白了，在那里，上帝岂不是无处不在指导人们向善呢？还有灵魂，如果不是害怕做了恶事死后灵魂会下地狱，遭受万劫不复之痛苦，不知会有多少人干出坏事来呢！既然上帝与灵魂事实上对于人类有这么大的功劳，我们又何必将它一棍子打死？何不作为一种道德上的假设，让信徒们继续来信受奉行呢？

最后，对于世界的本质这个老形而上学问题，康德同样进行了反驳，只是其反驳方式不同于前。

在探讨哲学史之后，康德指出，关于我们这个世界的本质是何者的问题历来有大量争论，这些争论不外乎二者：一是机械论宇宙观，二是形而上学理性宇宙观。对它们康德既不是分别反驳二者，也不是赞同一个而反对另一个。而是采用了一种更佳的法子，他深刻地指出：这两种说法是公说公有理，婆说婆有理，各有各的理，谁也驳不倒谁。与此同时，这两种观点又是截然对立的，这样两种世界观便同时陷入了深不见底的泥潭之中不能自拔。用康德自己的话来说，是陷入了“二律背反”之中。所谓二律，就是两种宇宙论所言的世界之规律，背反当然是说它们彼此相反。

我们现在就来看看到底是些什么样的二律背反。康德共提出了四组二律背反，我们把每组的第一个称为正题，是属于形而上学理性宇宙观的；第二个称为反题，是属于机械论者们的：

一、正题：世界在时间和空间上是有限的。

反题：世界在时间和空间上是无限的。

二、正题：世界上的一切都是由单纯的不可分割的部分构成的。

反题：世界上的一切都是由组合的可分的部分构成的。

三、正题：世界上存在着绝对自由。

反题：世界上的一切都受着因果必然性的制约，没有自由。

四、正题：世界上存在着一个绝对的必然存在者。

反题：世界上不存在一个绝对的必然存在者。

大家都不难理解这八个正题反题的意思，它们有什么样的特点呢？主要有两个：一是它们都是对有关世界的几个最本质问题的回答；二是它们似乎都有其道理，谁也驳不倒谁。我这里只以其中第一个来分析一下，对于余下三个大家可以自己试着分析，并且很可能会发现真如康德所言。

第一组中的正题是：世界在时间和空间上是有限的，这也就是说，世界在时间与空间上都有一个开端。为什么这样说呢？我们就拿时间来说吧，理由是，如果世界在时间上没有开端，那么在我们所处时间的任何一点，例如公元999年9月9日9时9分9秒，这时我们就可以说，有无限多的时间已经过去了。而康德说，这是不可能的，因为无限是不可能过去、不可能完成的，否则便是有限了。因此，世界在时间上必是有限的。

反题是：世界在时间上是无限的，没有开端。因为如果这样，那么就是说，有那么一个时刻，那时世界和时间统统都不存在。而后来的时间与世界都是这某个时刻起才开始存在的。而这，康德说，又是不可能的，因为任何事物都不能在某个空的时间中开始存在，无中也不能生有。

这两种反驳法大家可以看到，都有它的道理吧？事实上也是如此，并且对双方的反驳我们还可以再反驳呢。例如对正题的反驳，我们可以反驳说，事实上，无限恰恰是可以过去的，因为有限之中就包含着无限。例如我们知道：一尺之棰，日取其半，万世不竭。这说明了什么？说明了这个一尺之棰是可以无限分割的，也就是说这有限的一尺之棰中事实上恰恰包含着无限个无限小的部分，而当我们一步跨过一尺之棰时，我们也恰恰跨越了无限。

而对于反题的反驳，无中也恰恰可以生有，我们前面在谈托马斯·阿奎那时已说过了，并且举了《老子》“天下万物生于有，有生于无”的句子做例子。

这一切都说明康德的二律背反是不折不扣的事实。我们必须认真地对等它，深入地领会它。

康德说，这一切都表明：人类的认识活动只能停留于现象世界，否则便是瞎扯。

但我们说过，人类理性仍然具有超越这类界限的自然倾向，那么人类是否有什么法子满足这个天生的倾向，即超越现象而达到对世界的本质性认识呢？或者如果不能，那干脆不要这样想、也不这样做好了。就像如果哪个男人不幸爱上了西施或者黛安娜，朝思暮想将她们拥入怀中，该怎么办呢？没办法，只好强迫自己丢掉这种念头。因为这想法不可能得到满足，并非由于她们是高不可攀的王妃，而是由于她们已经死了。

康德说这都是不可能的，因为如上所言，我们的理性存在这种“自然倾向”，所以它一定会引导我们去做这样不可能成功的事，就像我们不得不由那神秘的“时间”引导、必然地走向那条我们所不愿走的路——死亡之路——一样。

这也是无可奈何的。

第三十章　黑格尔的幸福人生

黑格尔1770年8月27日出生在符腾堡公国的斯图加特城。是家中长子，从小得到了父母宠爱，尤其母亲对他慈爱有加，遗憾的是才13岁时母亲就弃世了，这留给了他永远的痛。多年之后，当黑格尔已经是一个老人了时，他还在母亲的忌日那一天写信给妹妹说："今天是我们母亲去世的日子，这个日子我永远记得。"

黑格尔

也许正因为失去了母亲那共同的悲哀，黑格尔一家的关系非常好，无论是父子之间还是兄妹之间都有很深的感情。他的弟弟比哥哥早死好多年——他是拿破仑远征俄罗斯时在无边无际的冰面上留下的几十万冤魂之一，但他同妹妹之间的感情非常深厚，他妹妹终生未婚，在黑格尔去世后的第二年便自杀了。临死时留下一封信，信中记载着黑格尔的许多童年往事。成为我们为黑格尔作传的最宝贵的第一手资料。

从她所留下的这封信中，我们知道了黑格尔有一个多灾多难的早年，他6岁时得了天花，几年后母亲又死了，正当此时，又患上了痢疾和热病这类可怕的恶疾，他还得过一种叫“间日热”的怪病，一会儿冷得发抖，一会儿又热得冒汗，等等。

不过，所谓“大难不死必有后福”，这些早年的患难说不定给他幸福的未来打下了坚实的地基呢！黑格尔5岁时开始上小学，两年后就上了中学，据说成绩还不错，特别是对拉丁文与古希腊文情有独钟，这对他以后的哲学事业打下了良好基础。

黑格尔早年就显示出了两大优秀的学者品质：一是爱观察，二是爱做笔记。他总是仔细观察周遭的一事一物，从花鸟虫鱼的形态到他人的一言一行，并将所感一一记录下来。大家知道有两句至理名言，一句是西方的，叫“生活中不是缺少美，缺少的只是发现”；另一句是我们中国的，叫“烂笔头胜过好记性”。一个人如果有了前一个好品质，他就总能从生活中找出好东西来，无论是美还是思想；如果有了后一个好品质，他就总能将这些好东西保留下来，变成自己宝贵的精神财富。如此日积月累，最后定能创造属于自己的美、自己的思想来——不但黑格尔如此，大家同样如此，不信试试看！

18岁时，黑格尔进了图宾根大学。刚进大学时他主修的是哲学和古典文献，两年之后便获得了哲学学士学位。

除哲学之外，还有一件事对于年青的黑格尔影响甚大，这就是法国大革命，黑格尔对这场革命的态度像当时大多数热血青年一样，张开双手欢呼，为此他还特地在图宾根广场上栽了一棵“自由树”。

获得学位后，他又进了图宾根大学神学院继续学习，但对学院里那些陈腐的说教方式很不满意，并没有将很多精力用来搞神学，而是继续弄他的哲学。

大学时，虽然黑格尔还是个20来岁的年轻人，却已经露出一副学究气了，经常陷于哲学的玄思默想之中，因此同学们给他取了一个外号“小老头”。他在这里有两个好朋友，一位是荷尔德林，“诗界中的卡夫卡”，生前像黑夜一样寂寞，死后才像太阳般升起的伟大诗人。另一位则相反，生前被大肆吹捧，但历史却证明他并不值得这样地重视，他就是谢林。

1793年，黑格尔毕业了，老师在他的毕业评论上赫然写着：他学神学是三天打鱼两天晒网，但对哲学却全力以赴。

大学毕业后，黑格尔到了美丽如画的瑞士一个贵族家里去当家庭教师。除了做家教之外他几乎把所有空余时间都用在了当地一家大图书馆里，读了大量哲学、文学和历史等著作，从欧里庇德斯的《美狄亚》一直读到爱德华·吉本的《罗马帝国衰亡史》，这使他令人叹为观止地博学。——康德之后，我们再一次看到了，真正的天才和大师们，他们的思想可能迥然相异，然而都同样地博学。

1796年，他离开瑞士，因为他的好友荷尔德林来信了，说为他在莱茵河畔的法兰克福找了一个好家庭教师工作。

但他的朋友这时候正陷入一场大风波之中。荷尔德林既英俊又浪漫，他这时在一个银行家家里做家教，银行家的妻子名叫苏姗特，是个风流少妇。她就像那位司汤达笔下美丽的德·纳雷尔夫人一样，不知不觉地爱上她的于连·索黑尔了，而荷尔德林呢，又怎能抗拒夫人的魅力？就这样，他陷入了一场注定是悲剧的爱情……

但荷尔德林沉湎于危险的爱情之中，也许就像海洛因一样，正因为它的危险，也就更加具有无穷魅力，将诗人的整颗心都拖进去了。他哪还有心思管远道而来的黑格尔呢？于是，抱着一肚子美好希望的黑格尔再次陷入孤独之中。而且这次孤独得更厉害，甚至于患了严重的忧郁症，他只好将全部精力投入到哲学沉思之中，在冥想中逃避现实的苦恼。

直到3年之后他才总算苦尽甘来。这一年，他父亲去世后，给他留下了一笔不小的遗产。

得到这笔钱后，黑格尔立即不想当家庭教师了，他自然而然地想到了在某间大学做老师，这样他就有条件搞他的哲学研究了。他想到了另一个朋友谢林，虽然比他年轻5岁，但此时已经开始享誉哲坛了，前一年被耶拿大学聘为教授。黑格尔便给他写了一封信，谢林立即请他到耶拿。

他在19世纪的第一年到了耶拿大学，以一篇《关于行星轨道的哲学论文》获得了光给学校干活不拿工资的私人讲师职位。

此后两年他便在耶拿大学开课，内容是有关逻辑和形而上学的，开始选他课的学生有十多个，几个学期之后，由于黑格尔讲课真不错，虽然有点儿难懂，但他那渊博的学识和深刻的见解还是折服了不少听众，他的学生成倍增加，有了几十个，他也收到了不少票子。

到耶大没几年，黑格尔认为自己有资格做教授了，也不等别人推荐，自己向政府当局递交了一份材料，要求让他当教授。他的要求竟然顺顺当当得到了政府的批准，时值1805年。

大家也许会奇怪，黑格尔凭啥这么牛？政府又不是他家的，凭什么那么听他的话？难道他老舅是教育部长吗？

原来这次黑格尔能做成教授，虽然不是靠“当部长的老舅”，但也差不离，只是他的靠山可比部长还牛——他就是歌德。

歌德比黑格尔大了足足21岁，黑格尔在1801年刚到耶大时遇到了他。歌德老人家真是慧眼识英雄，立即对年轻的黑格尔施以青目，当他得悉黑格尔想做教授，焉有不伸手相携之理？歌德这时不但已经是享誉全欧的伟人，还是政府里一个不小的官，一度贵为首相。经他的大力推荐，黑格尔就这么顺利当上教授了。

第二年，在歌德的再次过问下，黑格尔拿到了第一笔工资，100塔勒。

以后他还帮过黑格尔不少忙，因此黑格尔对歌德自然是崇拜之余加上衷心的感激，他们这种忘年交般的友谊一直要持续到歌德离开人世。黑格尔曾写信给歌德说：

> 我纵观自己精神发展的整个进程，无处不看到您的踪迹，我可以把自己称作是您的一个儿子。我的内在精神从您那里获得了恢复的力量，获得了抵制抽象的营养品，并把您的形象看作是照耀自己道路的灯塔。

就在这一年，1806年，拿破仑来了。这一年的10月7日，普鲁士国王腓特烈·威廉三世向拿破仑宣战。普鲁士人一宣战，拿破仑就率15万大军急速北上，一战耶拿、再战瑙堡、三战荷尔斯泰特，彻底击溃了普军，开战仅10余天之后就兵不血刃地占领了柏林。拿破仑竟然在20天之内征服了欧洲最强大的国家之一普鲁士。

对于拿破仑的到来黑格尔并没有大叫大嚷，痛骂万恶的侵略者，其他大多数德国人，包括歌德，也是如此，因为他们的入侵对于广大人民而言实质上是一种解放，将他们从腐朽的封建桎梏下解放出来。当拿破仑挥师进入耶拿城时，黑格尔还在马路边瞻仰了他呢。是晚，他怀着激动无比的心情写信给朋友说：

> 我见到了皇帝——这位世界精神——骑着马出来在全城巡视。看到这样一个个体，他掌握着世界、主宰着世界，却在眼前集中于一点，高踞马上，令人有一种奇异的感觉。

然而那些趾高气扬的法国兵可不像拿破仑一般和蔼可亲，他们开始搔扰民宅，其中包括黑格尔的家。黑格尔三十六计，走为上计，逃之夭夭了，胳膊弯里夹着他的第一部杰作《精神现象学》的草稿。

逃离耶拿后，黑格尔到了一个叫班堡的小城。他本来就没什么积蓄，靠工资过日子，离开工作后，顿时口袋里布撞布，连吃饭都成了问题。无奈之下只好再次祭出了法宝，请歌德帮忙。歌德这时正好有一位诗人朋友在附近，就请他先借点儿钱给黑格尔，让哲学家不致饿倒在街上。

这段时期也许是黑格尔一生中最惨的日子，但不久他的难关便过去了，因为当地的报纸《班堡报》请他做编辑，他便在报馆里靠编编稿子维持生计了，这是1807年的事。

也就在这一年，黑格尔终于出版了使他不朽的著作之一《精神现象学》，它被称作是黑格尔哲学的“独立宣言”。

当了一年编辑后，黑格尔得到了一个比较理想的职位，纽伦堡埃吉丁高级中学请他去做了校长。听说黑格尔在这个位子上干得相当不错，他没有用许多教条和校纪去绑缚他的学生们，而是给他们自由，学生们看到校长这样信任他们也不好意思捣乱了，于是整个学校一切井然有序。后来他还当上了纽伦堡市的教育顾问，对当地教育提了许多宝贵意见。

当了校长后，黑格尔终于完成了他人生另一件大事——婚姻大事，娶了玛丽·封·图切尔小姐。

图切尔小姐系出名门，黑格尔娶她时已经41岁了，这位小姐的芳龄却堪堪19岁，不及丈夫的一半，据说长得还相当漂亮。

据说这对老夫少妻日子过得十分滋润，心满意足的黑格尔婚后不久写信给一个朋友，说：“我尘世的目的已经达到了，因为有了一个官职和一个亲爱的妻子。”

他们后来生了两个孩子。老大叫卡尔，后来成了一个著名的历史学家，老二叫伊曼努尔，后来做过不小的官。此外黑格尔还有一个私生子，是他在耶拿时生下的，黑格尔丢了孩他妈，但认了孩子，给他起名叫路德维希。

黑格尔在埃吉丁中学待了8年之久，直到1816年，这时黑格尔已经名声在外了，海德堡、爱兰根等大学纷纷争聘他做哲学教授，黑格尔得意之余，欣然选择了海德堡大学。

到了海德堡大学，黑格尔真如龙归大海、虎入深山，立即显示了他超凡出众的哲学才华。第二年，1817年，就出版了《哲学全书纲要》，展示了他的哲学的完整体系。

这部书再次将他业已到处传播的名声推得更高、传得更远，一直传到普鲁士教育大臣耳朵里，他赶快邀请黑格尔到整个德意志最高贵的柏林大学去主持哲学教席，这个教席算得上是全德国最尊贵的哲学职位了，原来由一度执德国哲学之牛耳的费希特主持，并且自费希特死后一直空缺，现在成了黑格尔的囊中之物。这是1818年的事。

至此黑格尔已经是无可争议的德国哲学界之王了。他再也不用愁谁敢抢他的饭碗，他遇到的只是一群群崇拜者，他们将他的课堂挤得满满的，仿佛这里不是在讲哲学，而是在讲发财秘诀。他凭着惊人渊博的学识、深邃动人的分析征服了听众们，让他们都成了他虔诚的弟子和追随者。我们不妨引用一段黑格尔讲课情形的精彩描述吧：

他坐在那里，面前摆着鼻烟壶，他的头低垂着，看上去不那么悠然自

> 得，不断翻动对开的笔记。他的讲话常常被一阵咳嗽打断；每个句子都是挣扎出来的。语调同样是不规则的：忽而平铺直叙，显得格外笨拙，忽而是深奥的妙谈，似乎无拘无束，发出一阵自然的雄辩，用富丽堂皇的措辞把听众搞得如痴如狂。

黑格尔不但课讲得好，偶尔还会闹些无伤大雅的小笑料让弟子们开开心。例如有一次他进课堂时仅一只脚穿了鞋子，光着另一只脚。那另一只脚的鞋在半路上给泥巴吃掉了——他竟然没有发觉。

1821年，黑格尔出版了他的第三部经典之作《天赋权利和国家理论概说》（就是后来的《法哲学原理》），此后他就不再埋首创作，而是全情投入讲课之中了，他此后的著作实际上只是他上课的讲稿了，有些是他自己出版的，但更多的是他的学生们后来根据听导师讲课的笔记整理出版的。

黑格尔之所以要如此投入讲课这个看起来比创作要低等的事，也许正是因为他凭着敏锐远大的目光看到，他的思想要更快、更好地传播开来，就像春风喜雨，或者暴风骤雨一样，更有效的不是一个人躲在家里猛写，而是要像演说家一样站出来，用讲课的方式召集追随者，这样，人多力量大，他的哲学才会具有无匹的威力！

这时黑格尔的哲学已经不是黑格尔一个人的哲学了，而是一整个学派——黑格尔派——的哲学了。

这个学派在很长一段时间内不但统治了德国哲学界，还进而几乎统治了整个西方哲学界，如罗素所言：19世纪末年，英美一流的学院哲学家大多数是黑格尔派。至于德国，那不是“大多数”，而几乎可以说是“全部”了！某个哲学家对此不禁大发感慨：

> 哲学从来没有吹响过如此高亢的调子，它的殊荣也从来没有那样充分地得到承认和保障，如1830年在柏林。

也就是在这一年，即1830年，黑格尔被授予了一个尊贵之极的职位——柏林大学校长，第二年，国王腓特烈三世郑重授予他勋章，对于一个哲学家而言这是几乎闻所未闻的崇高荣誉。

至此，黑格尔终于走到了他人生的顶点。

然而物盛极必反，人盛极必衰，就像俗话说的“水满则盈，月满则亏”，到达了人生顶点的黑格尔是否会像当初征服普鲁士之后的拿破仑，到达顶点之日就是开始走下坡路之时呢？他也会像拿破仑一样，遭遇种种失败之辱吗？

没有，因为他当校长的第二年，还正是如日中天的时刻，柏林发生了霍乱，他在11月13日这天不幸染上了这种病，第二天便溘然长逝。

第三十一章　黑格尔的绝对的理念

很对不起大家，前面康德的哲学已经够难的了，这里黑格尔的哲学更难，要干掉您的不少脑细胞了。

讲起黑格尔，我们最常听到的一个词是“绝对理念”，这个词及其含义也构成了黑格尔哲学的核心。

自我实现的绝对理念　什么是绝对理念呢？我们先按常规分析一下：所谓绝对理念就是“绝对的理念”，绝对是用以修饰理念的，理念才是中心词。这样，为了理解绝对理念，我们先必须理解何谓“理念”。

在康德看来，理念就是一切存在之物的最高范本，柏拉图的理念观也类似，黑格尔是同柏拉图和康德一脉相承的。因此，当黑格尔在这个理念之前加上“绝对”二字时，其含义并没有太大的改变，仍可视之为存在之物的范本，而绝对理念则可视为存在之物的最高范本。大家知道，“绝对”这个词常常就是“最”“无与伦比”等意思。例如说王重阳是武林的“绝顶高手”，就是说他是武功天下第一了。当黑格尔在理念前加上“绝对”时，也就是说它是最高的、无与伦比之理念了。

现在我们弄清了什么是黑格尔的绝对理念，紧接着第二个问题便来了：黑格尔认为这个绝对理念又如何呢？我们在前面讲康德时已经知道，康德认为，理念，也就是说物自体，根本不可能为我们所了解，亦如道德的理念——至善——不可能在人间得到实现。

黑格尔对此的回答同康德截然不同，他认为：绝对理念能够实现自己。我们可以将这句话看作是黑格尔整个哲学体系的真正核心。

所谓“绝对理念能够实现自己”，也就是说绝对理念能够在人间得到实现。

大家也许会感到奇怪：什么在人间得到实现？难道绝对理念这样抽象的东西是自由、平等、博爱或者共产主义社会不成？能够“在人间得到实现”？

正是这个意思！当黑格尔谈到绝对理念时，就像康德谈至善、自由、共和国等一样，是一种人类的理想状态，不过同康德认为至善只是一个“应当”、不可能在我们这个“此岸”世界得到实现，相反，黑格尔认为，这种理想状态能够在人间得到实现。

当然，黑格尔的这个实现并不是一种“完全的”或“完美的”实现，而是部分的实现，对此他说：

> 一切有限事物自在地具有一种不真实性，因为凡物莫不有其概念、有其存在，而其存在总不能与概念相符合。因此所有有限事物皆不可免于毁灭，其概念与存在间的不符合都由此表现出来。

所谓概念与存在间的不符合其实也就是那绝对理念与存在间的不符合，因为事物的概念也就是其绝对理念，正像实在事物本身就是绝对理念的不完全实现一样。

绝对理念之所以能够实现自己，黑格尔认为，那是因为它不是一个单纯的抽象观念，而是一个强有力的、能够实现它自己的原则，所以有着强大的力量，就像统帅一支强大军队的将军一样，当然有力量将自己的理想付诸实施。

我们现在就来对此做更深入的分析。

思维与存在的统一 为什么绝对理念能够实现自己，黑格尔对此的深刻回答是：这是因为思维与存在具有深刻的内在同一性。

为了理解黑格尔的这个基本命题，我们先必须来解释一下什么是他的思维和存在。

首先，黑格尔的思维不是指我们所说的大家头脑里的那个思维，例如思考数学题或想着考数学怎样捣鬼好加几分时大脑中进行的那种思维活动，而是一种在我们所有人头脑之外的“客观思维”，用另一个名字来说，就是做我们久仰大名的“绝对理念”。

黑格尔的存在同我们所讲的存在之关系可以用这样一句自相矛盾的话来说：黑格尔的存在既是，也不是我们所称的存在。

为什么这样说呢？说是，是因为当黑格尔讲存在时，其实指的也是我们所看到的这些东西，例如高天淡云、小桥流水、鸟语花香，等等。这些东西用我们习惯了的一个词来说，就叫作“物质”。

然而当黑格尔指我们这些“物质”时，他的意思恰恰同我们这些唯物主义者们不一样，甚至可以说相反。

在唯物主义看来，这些物质是一种“不依人的意志为转移的客观存在”，也就是说，一、我们人能够感知——看、摸、听——这些物质；二、这些物质的存在却是不依赖于我们的思维而存在的，不管我们有没有想到它们，它们依旧存在着、岿然不动。这就是唯物主义所称的物质的客观实在性。

以上这些看法恰恰就是黑格尔所反对的。他认为唯物主义所称的物质根本不具备所谓的客观实在性，而是一种完全主观的东西。用另一句话来说，如果有人坚持说物质具有客观实在性，或者具有客观实在性的东西才是物质，那么就意味着根本没有物质这种东西。因此他不用“物质”与“实在”等词而单用了“存在”。对于他而言，这个存在也是我们所指称为物质的那些东西，但黑格尔认为它们是一种主观性的东西，而思维与存在具有同一性就是说这种主观的“存在”同思维具有同一性。

我们已经讲清楚了何谓思维何谓存在，那么，在“思维与存在具有同一性”这个命题里除了“与”“具有”等意思一看就懂的语法词，就只剩下另一个有哲学意义的关键词——同一性了。

什么是同一性？词典上它的意思就是指两个或多个事物内外均相同或者说外表虽有差别但实质上是同一个东西。黑格尔所说的思维与存在具有同一性指的正是这后一个意思，具体说就是黑格尔认为思维与存在具有同一性就是：

一、一切存在都是通过思维而来的。

二、凡思维的东西一定会存在。

我们首先来分析第一个问题：为什么说一切存在都是通过思维而来的？

前面我们已经说过，黑格尔不承认有唯物主义所说的物质这种东西，也就是说不承认物质的客观实在性。关于不承认我们所看到的物质，从蓝天白云到靓妹丑女都不是客观实在这是种“古怪”的观念，但这种观念在西方哲学中是比较普遍的，例如洛克就这么认为，在洛克看来，我们虽然分明地感觉到物质世界的存在，但这只是感觉而已，也就是说我们实际上并不能断定它们的存在。因为我们之所以相信外在世界的万事万物是客观存在的，主要是因为我们能够感觉到它们，即能“看得见、听得真、摸得着”，而事实上这“看得见、听得真、摸得着”既非存在的充分条件，也非存在的必要条件。因此洛克的下述观念自有他的道理：即我们并不能断定物质世界的存在，我们所能直接接触的只可能是心灵中的观念。而康德的思想在这点上同洛克是一脉相承的，他说我们人所看到、听到、摸到的万事万物这些现象其实也只是我们的感觉，它是一种由我们的感觉所形成的表面现象，是一种主观的表象——现象。

如果还有谁在读过所有这一切后还想当然地认为我们所看到的各种物质是一种客观存在，那就说明他并没有将这些话真正读进去，甚至可以说还没有进入哲学的大门。因为一个人一旦进入哲学之门，他所表现的第一个特点就是怀疑：即对一切日常的简单现象与同样简单的结论进行怀疑与考问，并能得出属于自己的结论。而在这一切的怀疑之中最基本也最典型的便是对我们最常见到的万事万物的怀疑：怀疑在万物的表面之下有一个不同的本质以及万物看上去理所当然的客观存在是不真实的。前者如古希腊哲学家们的认为世界的本质是水或火之类；后者就是洛克、康德和黑格尔等人的怀疑万物是一种“客观实在”。

何谓哲学？此即哲学！

既然我们所看到的万物——存在——不是什么客观实在，而是一些抽象的东西、是一些主观的表象，那么它们是从何而来的呢？

洛克没有回答这个问题；我们没有谈及的贝克莱主教说：存在就是被感知；康德说：现象来自物自体。而黑格尔回答说：存在是通过“客观思维”而来的。

前面我们已经讲过了什么是黑格尔的客观思维，为什么说存在是通过客观思维而来的呢？黑格尔对此也有一番深刻的分析——正是从这些深刻的分析之中体现着黑格尔及其哲学，而我们也可以从这些深刻的分析之中了解黑格尔及其哲学。

黑格尔说，既然我们所看到的万物并非客观实在，而只是一些表象或感觉，那它们为什么能够存在并且表现为这些表象与感觉呢？要做到这一点显然不能光靠那外在的、虚幻的表象与感觉，必须有其他的、更为可靠的东西作这些表象与感觉的“支架”。

那么，这个更为可靠的东西又是什么？黑格尔说：是“类”。

这个类也就是我们经常说的与个别事物相区别的事物之间的共性、普遍关系或者说事物的规律。可以举个通俗的例子，如动物学中的“鱼类”，就是指“体滑而形如纺锤、呈流线型、具鳍、用鳃呼吸的水栖动物”。也就是说，鱼作为鱼都具有“体滑而形如纺锤、呈流线型”等类的特征，又如行星运动的规律开普勒三定理也是行星类的特征。

黑格尔认为，这些万物赖以成为其自身的东西光凭我们的感觉是不能认识的，要认识它们只能通过我们的思维、通过我们人类的精神才能认识。他说过这样一段话：“个体生灭无常，类则是其中持续存在的东西，而且重现在每一个体中，其存在只有反思才能认识。”

黑格尔的这段话当然是可以理解的，一个人无论多么聪明，他总不可以凭感觉，无论是视觉、触觉还是听觉，去看到事物的类或者规律，要了解这些东西必须借助思维。

这个思维既是我们人类的思维，更是客观思维、绝对理念，只有它们才能把握事物的类。

到这里的内容大家想必都不难理解，但黑格尔并不止于此，他将更进一步，并且这一步可没有这么容易理解了。这一步是，黑格尔认为，既然事物的类、本质或者规律只能靠思维去把握，那么它就是思维所思的那个样子。

这句话的字面意思易于理解，就是说既然只能通过思维去认识事物，那么事物就是思维所思维的那个样子。但难就难在为何如此，而且这句话似乎明显有些荒唐。事物就是所思的那个样子，那么如果我把一只杯子思维成一头大象，那么它就是一头大象吗？

如果是这样话，那么黑格尔当然错了，而且犯的似乎是一个傻瓜都不会犯的错呢！因为一个傻瓜也不会因为想象地上的一块石头是一块苹果就拿起它往嘴里塞。

但大家也应明白，正因这个荒唐是如此明显，所以黑格尔绝不会犯如此的错误，如果我们认为它显得荒唐，那么是因为我们错误地理会了他、因为我们没有理解在一个观念荒唐的外表之下深刻的合理性。

我们可以从两个方面来看：一、类的存在是依赖于思维的。二、类就是思维所思的那个样子。

对于第一点，这是因为事物的类是不同于其外表的，它既不能看到，也不能听到和摸到，甚至于不能用任何仪器间接地测量到。例如我们可以用电子显微镜看见某些原子，也可以用伏特计测量电压，但我们怎能测量那个“类”呢？这是不可能的！事物运动的规律也一样，例如，我们如何能看到、听到或者摸到行星运动的规律呢？这些都只是人类凭着思维而总结出来的。也就是说，如果没有这个思维，那么这些规律就不存在——事物当然仍在照原样运动着，不过规律这个东西却并不存在，就像如果没有牛顿就不会有惯性定律、没有爱因斯坦就不会有相对论一样。当然惯性定律与相对论并非只有牛顿和爱因斯坦才提得出来，但在这里“牛顿”也可以改成“马顿”呢，也就是如果没有一个人提出这些定律，那么它们就不会产生出来、就不会存在。如黑格尔自己所言：

> 类作为类是不能被知觉的，星球运动的规律并不是写在天上的。所以普遍是人所不见不闻，而只是对精神而言存在的。

这里的精神就是思维。请看，至此我们已经说明了事物的外表与个体本身是生灭无常的，只有它的类是恒久的，而类的存在却有赖于思维。

这时可能又有人要疑问了：既然如果没有思维就没有类或规律等，例如牛顿死了就没有了惯性定律，那么如果所有的人都死了呢？那世界就成个什么样了？难道它就会因此湮没了吗？成了一堆只有现象的、生灭无常的乱麻？

当然不会。因为当我们说思维时，它固然看上去只是人类的思维，但实际上却是一种比人类思维更为广大的思维——客观思维，或称绝对理念。人类的思维不过是“客观思维”之一种而已，也可以说是客观思维发展之一阶段而已。

这样，即使人类不存在或者灭亡了，万物仍是存在的并且照样有类，因为那客观思维永远在思维着它。

又，这个类既然是通过客观思维而来的，因此换言之对于每个具体事物而言，它的类就是客观思维所思维到的有关它的那些东西，而对于整个世界而言，它的类就是客观思维整体，而客观思维就是事物的本质，至少能够表达事物的本质。

对于个体而言，类也可以用另一个词来说，就是它的概念。因为我们知道，所谓概念就是超出事物的表面现象而对其类特征的描述。例如人的概念，无论说是“理性的动物”还是“会制造工具的动物”，这个“理性的”“会制造工具的”与“动物”等就是其类特征。

因此，像依赖客观思维与类一样，事物也依赖概念才能真正存在，即只有符合概念的实在才是存在的实在，而把握一个对象也即是认识这个对象的概念。

至此我们就表明了存在的存在有赖于思维，或者说一切的存在都是从思维而来的。

但这只是证明的第一步，前面我们说过，还要证明第二步，即类就是思维所思的那个样子。

这比证明类的存在依赖于思维要容易一些——甚至可以说用不着证明。既然类的存在依赖于思维，那么类到底是什么样子当然得由思维决定了。这就像既然一个雕像会不会存在有赖于雕刻家，那么它到底会雕成个啥样子当然也如此了。

这时也许有谁会打趣般地问：您怎么知道类的存在依赖于思维像雕像依赖于雕刻家而不是像孩子依赖于父母呢？须知父亲可以决定一个孩子是否“存在”，但他们却不能决定他长什么样儿啊！

这是因为思维之于类并不是像父母之于孩子，而是像雕刻家之于雕像。因为这个客观精神、绝对理念，像我们前面所言的一样，是一种有最高力量的东西，简直像上帝一样了不起呢！

好了，现在我们终于分析完了思维与存在的同一性的一半——为什么一切存在都是通过思维而来的。现在我们来分析另一半——为何“凡思维的东西一定会存在”？

这其实也像上面为什么类就是思维所思的那个样子一样好说明。思维既然是有最高力量的东西，简直像上帝一样牛，那么它当然会努力将思维不停驻于思维，而是将之付诸实践并最终实现。这也像一个雕刻家既然脑子里有了一个雕像，或者一个作家构思好了一部小说，他们当然不会将这些思维停留于脑海里，而是会将之付诸实践，创造出相应的雕像与小说——因为他们本来就是雕刻家和作家嘛！而上帝本来就是造物主嘛！

这样，为何凡思维的东西就一定会存在也就说明了。就像黑格尔自己所言："思维、概念必然地不会停留在主观性里，而是要扬弃其主观性并表示自身为客观的东西。"

这样，经过漫长的分析之后，为何思维与存在具有同一性终于得到了说明。

我们可以用简单的三句话来总结之：一、思维决定存在的本质。二、一切存在都是通过思维而来的。三、思维可以通过实现自己而成为存在。

理性与现实的同一 上面我们刚刚讲过，黑格尔的思维、理念、理性等概念都可用之于人类。事实上它们不但可用之于人类，而且当他真的如此做后，他就在其哲学中别开生面了，这就是关于国家与社会制度等的理论了。

我们在讲黑格尔的生平时，曾经说过从来没有一个哲学家像黑格尔一样，不但得到众多的信徒，而且还得到了政府的高度肯定——有点像马克思主义哲学在今天的中国哲学界一样。为什么能够如此呢？这一方面是因为黑格尔这个人虽然曾经是一个欢呼过法国大革命的热血青年，但当他渐趋老迈时，真的变得保守了，不再喜欢残酷血腥的战争与政治革命，从而十分欣赏给德国带来了和平、统一与强大的普鲁士专制政府，另一方面也是因为黑格尔不但将他对政府的这种欣赏表露在行动上，还表露在了他的哲学上，用他的哲学为普鲁士政府的反动与专制做辩护。

他最有名的一句作如此辩护的话当然是：

凡是合乎理性的东西都是现实的；凡是现实的东西都是合乎理性的。

这句话使他得到了普鲁士政府的高度赞赏，据说教育大臣为此特地写信给黑格尔，大大地夸了他一通。但黑格尔同时遭到了对政府专制不满的自由派们的愤怒，大骂黑格尔是走狗，甚至说他的哲学"不是长在科学的花园里，而是长在阿谀奉承的粪堆上"。

一向受不了批评的黑格尔愤怒地站起来替自己辩护，他是如何辩护的呢？对于两句话中的前一句话用不着辩护，自由派人所反感的只是后一句。对于这个惹是生非的句子，黑格尔是如此分析的，他首先说现实的东西都是合理的并不意味着现存的一切都是合理的。

他知道人们反对这句话时恰恰认为他说的是现在的一切，包括战争、屠杀、抢劫等以及独裁专制等，都是合理的。因为在他们看来这些都是现实的，也就是说是现存的，他们将“现实”与“现存”混为一谈。

对此黑格尔将“现实的”与“现存的”截然区分开来。他说，现存并不意味着现实，因为世界上有许多东西确实存在，然而它们却没有资格称自己为现实的，即那些没有什么价值的、可有可无的东西虽然现存，然而根本不是现实的。这就解决了人们反感的理由之一，即认为他把世界上一切垃圾，例如风高放火、月黑杀人的强盗们，当成了合理的东西。

那么，什么样的东西才配享有现实的美名呢？就是只有那些其存在具有必然性，是必然如此的东西才能称得上是现实的，这也就是说那些其存在是可有可无的东西则不是必然的，因而也就既不是现实的，也不是合理的了。

国家与政府正是如此。

他还指出，有些坏东西并不因为其坏就不成其为不合理的，相反，它们仍然是合理的，否则它们就不会存在。因为即使坏的东西，如果从它们的角度看，它们也是有其合理性的，当然这个合理性不是有道理或者正确，而是合乎理性之意。而这个合乎理性就是说某事物的发展乃有其必然性，因此尽管它坏，它却是必然要存在的，这种必然性就可以名之为理性。

我们可以举个最坏的例子来说，希特勒及其纳粹不用说是坏到了家的，然而它们的出现于德国却有其必然性，是德意志整个历史发展的必然结果，我们甚至从尼采的哲学和瓦格纳的音乐中就可以看到它的影子。

还有最后一点就是，黑格尔说现实与合理并不意味着永远如此，相反，一切事物都在改变，那些此时是现实的合理的到彼时将不再如此，那时它将成为不现实不合理的东西，将变成死灭的东西。

为什么这样说呢？这是因为黑格尔认为现实世界的所有事物都只不过是绝对理念的表现形式而已，而且只是暂时的表现形式，也就是说是绝对理念发展过程中的某个环节与阶段。当它们是现实的时候，它们是合乎绝对理念的，具有必然性，然而世移时易，渐渐地它们就同绝对理念发生矛盾了，于是就必然会变成不现实的、趋于灭亡的。

以一种发展变化的眼光看待一切，这就是黑格尔辩证法的精髓。这也就是说，那些坏的东西别看它们现在挺神气，然而它们是秋后的蚂蚱——蹦跶不了几天了，它们的末日一定会来临。

黑格尔用这句话为自己辩护，说他并不是在片面地维护现在的制度与政府，好让自由派们不那么痛击他。这意思还可以从他那句“凡是合乎理性的东西都是现实的”

看出来。据说，有一次，他的学生之一，诗人海涅对他说对那句“凡是现实的东西都是合乎理性的”不敢苟同时，黑格尔笑了笑，然后一脸神秘的样子，答了句：“也可以这么说：凡是合理的必然都会是现实的。”然后赶快往四周看了看，生怕隔墙有耳的样子。

为什么黑格尔这么小心翼翼？当然与他这句“凡是合理的必然都会是现实的”有关，因为根据这句话，那些合乎理性的东西一定会成为现实的，那么，自由派们提出的那些民主、自由、平等、博学等原则哪一样不是合乎理性的呢？这是谁都会承认的——包括黑格尔，那么，这一切早晚都会得到实现，这就意味着现存的不民主、不自由的政府和政治制度一定会完蛋！而民主与自由一定会得到实现。这样的话要是给政府听到了，不会将他关起来才怪。因此难怪黑格尔要小心翼翼了。

这样，我们应该理解当黑格尔那句“凡合理的都是现实的，凡现实的都会是合理的”话的真正含义了，他并不是一句保守的、维护现存反动制度的话，而恰恰是一句蕴藏着异常深刻的哲理的、并且富有革命性的话，这些话就是到了现在也还是合理的，并且同样深刻，真可谓高屋建瓴、高瞻远瞩。

同时，这一句话将黑格尔把他的思维、理念、理性等概念用于人类之后所得出来的结论之精粹一网打尽了。这个精粹与黑格尔的基本哲学观点“绝对理念能够实现自己、思维与存在具有同一性”是一脉相承的，那就是说：人类社会现存的东西，包括社会制度，它们一旦存在就具有其合理性，然而它们终有一天会变成不合理的，必将走向衰亡。

至此我们已经讲明了为什么黑格尔说绝对理念能够实现自己、为什么思维与存在具有同一性，还将这个观点置于社会制度进行了分析并由此展现了人类堪称光明的未来。

我们也说过，这只是黑格尔的“基本哲学观点”，黑格尔的哲学当然不会停留于“基本”，他那深邃的思想之触角必会更深入地进行形而上学的玄思。

他所玄思的第二个问题就是：绝对理念究竟是怎样实现自己的，这同前面那个绝对理念为什么能够实现自己配成了完美的一对，将构成黑格尔哲学体系的主体部分，我们现在就来讲这个问题。

绝对理念何以实现自身　就整体而言，黑格尔的哲学体系分成三大块，分别是逻辑学、自然哲学、精神哲学，这个整体围绕着一个中心问题：绝对理念之自我实现，他的逻辑学、自然哲学与精神哲学分别讲的就是绝对理念如何实现自己的具体过程。

逻辑学讲述的是绝对理念自身发展的进程，这时绝对理念表现为许多范畴——例如质、量、度、本质、现象、现实，等等——的依次推演。

自然哲学讲述的是绝对理念将自己“异化”，也就是说成为自然万物的进程。

精神哲学则讲述的是绝对理念超越了自然界而进入人的意识的过程。这时绝对理念在人的意识之中又回到了自己、了解了自己，并最终达到了思维与存在的统一。

我们这里只讲第一个即逻辑学的过程，这也是哲学中最精髓之处。

黑格尔为他的逻辑学建立了一个“范畴推演系统”，他将这些范畴称之为纯概念，即“纯粹的’概念，也就是说这些概念之中不含有任何经验或具体事物的成分。

这个“范畴推演系统”整体上共由三大块构成，分别是存在论、本质论和概念论。其中每个又由三个范畴构成，构成存在论的是质、量、度；构成本质论的是本质、现象和现实；构成概念论的是主观性、客观性、理念。

这些范畴也许看起来有些儿玄乎，但只要大家明白了是怎么回事就会发现事实上一点儿也不难懂——它们只是对我们所见所闻的生活世界以及我们表达这个世界的语言的总结。例如当我说“这是一只猫”这句话时，它里面就包含了质、量、主观性等范畴。其中“猫”是质、“一只”是量、而这句话又要一个判断，属于主观性这个范畴。

由此可见，其实我们每个人平时都在说着听着唱着范畴，只是不知道罢了，就像许多人觉得自己穷，要是能弄到什么宝贝就好了。其实我们的生命与健康就是无价之宝；同样如所罗门王和汉文帝所言，我们所饮的水、所穿衣服都是宝，比黄金珠玉更珍贵。

黑格尔正是在这些我们一贯拥有而不自知的范畴之宝那里建立起他的逻辑学大厦的，他先找出上面的诸范畴及其相互关系，然后对它们进行了深刻的研究，建立了这门以研究诸逻辑范畴及其相互关系为内容的逻辑学。

黑格尔认为他的逻辑学是其整个哲学体系的灵魂，其他两门，自然哲学与精神哲学，都只是逻辑学中那些逻辑原则在自然界和人类精神这两个领域中的具体运用，为此他将这两门哲学称之为“应用逻辑学”。

前面我们在讲康德哲学时曾讲过，康德认为自然科学知识就是由知性同经验相结合而形成的，而这个知识具体来说就是12范畴，它有四大类：量、质、关系、样式，这些中的每一类又包括三种具体范畴，例如第一类质包括实在性、否定性与限制性三种范畴，等等。不难看出，康德这12范畴其实只是12种思维的模式，或者是12种事物可能的性状及事物之间可能的关系。

但是康德的那12范畴显然同黑格尔的这9范畴差别很大，例如康德的范畴们排列虽然有系统，但还是有些令人摸不着头脑，例如上面质的三种范畴就是这样，而黑格尔的9个范畴可不同了，它们的排列是十分系统的、合理的，例如将存在论分成质、量、度三个范畴，它们之间的彼此相连与递进关系一看就能明白，确实排列得好。

还有，康德的范畴只在现象世界中才有用，同物自体毫无关系，然而黑格尔的范畴却不是这样，它不但是主观的，是我们头脑中的思维形式，也是客观的，是存在于客观事物之中并决定客观事物本质的“客观思想”，在它们之外再也没有超越一切、不能认识的物自体。

最后我要来详细地谈谈大家在上面已经看到了的一个现象，就是黑格尔在排列这些范畴时那巧妙的方式，例如质→量→度，这就是所谓的“三一式”，在这三个概念中，第一个范畴是肯定的，第二个范畴是对第一个范畴的否定，而第三个范畴则是前两个的综合，这也就是我们在高中时的“辩证唯物主义”课程中就学过的辩证法的第一个规律：“否定之否定规律”。我们现在就来大致讲讲这个规律。

平常而言，这肯定与否定是一对冤家，彼此势不两立、毫不相干。然而黑格尔却从它们的对立中看到了更深刻的一层，那就是肯定之中的否定、否定之中的肯定，所以肯定与否定是一种既对立、又统一的关系。

但大家要注意，这里黑格尔的肯定与否定并不是两个事物之间的肯定与否定，例如像两个死敌打架一样：这两个死敌其实本是一对好兄弟，只是出于误会成了死敌，后来又成了朋友。黑格尔说的不是这个意思，而是同一个事物之中的肯定与否定，或者进一步说，它们本来就是一体的，是肯定之中有否定，否定之中有肯定。我还是举个例子来说明吧。

例如一个生命体，就像一个人罢。我们知道，生存可以说是人最起码的本能，它的否定面就是死亡。我们也许会想当然地认为人只有生存这种本能，而死亡却是人所最为害怕的，当然处于生之外，不是一种本能。

然而在黑格尔看来，正是在一个生命之中除了有那个生存的本能之外还有一个相对立的本能——死亡，是生中有死，而死中亦有生，这就是说，在肯定之中包含了否定，否定之中也包含了肯定。

我们已经说明了肯定之中有否定，那么否定之中有肯定又是怎么回事呢？

黑格尔说，否定之中有肯定，就是说否定并不是单纯的否定，也就是说不是对所否定对象的全盘抛弃，不是弃之如敝屣，而是在否定之时又保留了被否定对象中的某些东西，是部分的否定。黑格尔给这种否定起了一个动听的名字，叫“扬弃”。

到这里，如果大家仔细看的话，可以看到，在这个否定之否定律或称扬弃里包含着三个步骤，分别是：肯定→否定→否定之否定。其中肯定可以称为单纯的肯定，而否定可以称为单纯的否定，否定之否定则是肯定和否定的统一，也可以说是否定之否定。较之单纯的肯定与否定来，它当然要棋高一着了，具体点说，是“内容更丰富，也更具体了”。

懂得黑格尔这个否定之否定律对于理解他的逻辑学十分重要，因为他正是以之来研究其逻辑学范畴体系的，可以说是整个逻辑学的基础。我们前面之所以不直接讲逻辑学的三大块：存在论、本质论与概念论就是因为如果不先讲清楚这个作为基础的否定之否定律就没法儿讲它们，就像建房子要先立地基一样。

现在我们已经打好这个地基了，现在就“万丈高楼平地起”，开始建黑格尔的“逻辑学”这块房子吧。先建第一层：存在论。

我们也已说过，存在论由三大范畴组成：质、量、度，我们在中学时也已经学过“质量互变规律”，黑格尔在这里正是运用否定之否定律来讲述质量互变律的。

存在论　黑格尔逻辑学的第一个范畴就是存在论的第一个范畴——纯存在，我们可以将纯存在看作是质这个大范畴中的一个小范畴，但也是一个单独的范畴。

黑格尔说，这个纯存在是一种“纯有”。这是个什么东西呢？就是说它是一个除了“有”之外没有任何其他性质的东西，我们只知它有，除此一无所知。

大家可以把这个“有”看作是整个宇宙万物之始，然而正因为它是宇宙万物之始，因此它必须不具有后来宇宙万物那些千变万化的性质，而只能是一种单纯的东西，它无形也无质，也无可状，只是单纯的“存在”而已，这颇像《老子》第二十五章所言：

> 有物混成，先天地生，寂兮寥兮，独立不改。周行而不殆，可以为天下母。吾不知其名，字之曰道，强为之名曰大。

黑格尔接着便祭起了他的辩证法法宝，说，既然这个纯有除了“有”这个性质外一无所有，那么它也可以说是“无”，是一种“非存在”。

这是一种黑格尔式的独特的推理方式，不过并不太难明白，这就像在法庭上一样，被告说他有证据表明他没有罪，可是却怎么也不能说出这个证据来，只是一味坚持说他“有”，那么他也就等于“无”，没有哪个法官会认为他是“有”而不是“无”证据。

经过这样的推理，黑格尔说，他就从“有”导出了它的否定“无”。

这样，通过如此思辨，那“有”便同“无”统一起来了，黑格尔说，这种统一便是一种变易，在这个变易中，既包含了存在，也包含了非存在，它是二者的统一。

我们不难发现，这个过程就是黑格尔否定之否定律的直接运用。通过这种“扬弃”，黑格尔得到了另一个东西——定在。

黑格尔说，这个定在同“纯有”和“无”都不同，它是将二者扬弃于其中的结果。通过这种扬弃之后的“定在”便不再像纯有一样是没有任何规定性的“无”了，而成了一种“限有”，这个限有拥有了某些规定性，也就是说有了某些“性质”。

这样，这个拥有了性质的定在便成了“质”了。这样就导出了他的第一大范畴——质。

我们可以这样表达黑格尔的这个推理过程：纯有→无→变易→定在→限有→质。

什么是质呢？质当然是一种规定性，黑格尔说，对于任何具体的存在物而言，质就是它赖以区别于其他事物的规定性，正是由于这样的规定性事物才可能同其他事物相区分。

存在论中质之后的第二个范畴就是量了。量属于事物的一种性质，与质不同的是这种性质不是事物之所以成为该事物的性质，而是一种次要的、附属的性质，也就是说即使它发生了变化，事物也不会因此而不成为该事物，仍是该事物。

我们还是举个例子来说吧，例如一个姑娘，她的漂亮与否就不是她的质，而是量了，也就是说，如果她漂亮，美如西施、貂蝉、玉环，那好，她当然是一位姑娘，但如果她不漂亮，甚至丑如东施、无盐、嫫母，她也仍是一位姑娘呢。

上面这个比喻如果联系到黑格尔的质与量之后存在论的第三大范畴——度——后，也许就会不那么恰当了。因为黑格尔认为，量的改变可以引起质的改变，这就引出了他的存在论中第三大范畴：度。

我们知道，事物的量是可以改变的，而且这一般不会引起质的改变。但有一些量一旦其变化超过某种限度时就会令事物的质发生改变。这种由量变引起质变的限度就叫“度”。

这个度是比较好理解的，举个例子就成了。最好的例子就是水温的变化：如果水温升高点，例如从10℃升到20℃，它还是水，是一种液态物，但如果温度继续升高，当它升高到100℃时，它就会变成水蒸气了，不再是液态，而是气态物了。同样，如果水温降低点，例如从80℃降到50℃，它仍然是水，但如果降到0℃，它就会变成冰，成了固态物了。

大家可以看到，在上面的例子中，那个100℃和0℃是一个关键，如果温度的升降突破了这一关键，那么它就会由量变演变到质变。这种关键之点，黑格尔说，就是

“度”，一旦事物量的改变突破了这个“度”，那么事物就发生了质变，由一种事物变成了另一种事物。黑格尔认为，物质的这种改变是一种“飞跃”。

至此我们就讲完黑格尔的存在论中的三大范畴——质量度，也就是讲完了存在论。

接下来我们讲他的本质论。

本质论 黑格尔的本质论描述的是一些成双成对的辩证法范畴，也是“绝对理念”发展过程中一些看起来相反相对实则相互依存的环节，它们都是我们平常所熟悉的，例如同一和差别、本质和现象、可能性和现实性、必然性和偶然性、自由和必然，等等。我们现在就来选择几个简单地谈谈，先讲同一和差别。

黑格尔的本质论分成本质自身、现象、现实三个阶段。他说，本质首先只在于自身，也就是自身，这就是所谓的“自身同一”。在存在论中我们已经说过，当存在还是纯存在的时候，它就只是一种单纯的存在和肯定，这个自身同一有点儿相似。不过它们有一个根本性的区别，就是纯有时本来就有且纯的，而自身同一却是被形成的，这个形成它的就是“抽象作用”。抽象作用就是将本来有许多属性的事物的那些属性丢掉大部分，只留下一种，或者干脆用什么法子将那多种属性合成一种，于是原来的多种属性便变成一种了，这就是抽象。

上面两种方法听起来古怪，我们还是举个例子来说吧。例如我家养了一只花猫花花，它有各种各样的特征，例如爱吃咸鱼、爱对着家里那条小白狗小白龇牙咧嘴，还长了一身又黄又白又黑的杂毛，如此等等，要完完整整地描述简直是不可能的，例如我不知道它的毛有多少根、牙有多少颗，但我们可以将这一切抛开，一言以括之，称“花花是动物”，它当然是动物，这就是抽象。

另外一种方式是将花花的所有一切特征都不具体谈，也不抛弃，只是将它们混合在一起，然后说：“花花是花花。”

大家可以看到，通过这种方式，花花就“同一”了。黑格尔将这种同一性叫作“抽象的同一性”。这个词大家也听说过，就是那种没有什么内容的同一性，是为同一而同一。这种同一性有两个特点：一是它是绝对正确的，二是它是废话。例如说“花花是花花”或者“什么就是什么”，那当然没有错，绝对正确，但这样一说同什么也没有说又有什么区别?

从莎士比亚的《第十二夜》第四幕里正可以读到这样一段“笨拙可笑”的话，也难怪，因那说话者是一个小丑嘛。专爱搞恶作剧的托比爵士要诡计把讨人嫌的马伏里奥关到了牢里，又想叫一个小丑装扮成牧师去戏弄他，小丑对托比爵士说：

早安，托比大人！目不识丁的布拉格的老隐士曾经向高波杜克王的侄女说过这么一句聪明话：“是什么，就是什么。”因此，我既是牧师先生，也就是牧师先生；因为“什么”即是“什么”，“是”即是“是”。

怎么样？一句很聪明的笨话吧？我觉得这样的小丑虽然笨，但也是挺聪明的，我们“与其做愚蠢的智人，不如做聪明的愚人”呢！——这句金玉良言也是那个小丑说的。

我们不难看到，上面这种“是什么，就是什么”的抽象同一根本称不上是事物一种真正的规定性，就像前面那个纯有一样，实质上也是一种无；也同那个纯有一样，在同一的肯定之中就包含着其否定方面即“差别”。

这样，两个看起来截然对立的东西，在黑格尔那里得到了统一，而且是统一于同一事物之中。

黑格尔也分析了“差异”这个词，他说有两种差异：一种是外在的差异，另一种是内在的差异，前者如一阵风一头牛一匹马之间的差异，这种差异当然就像那句俗话所说，是“风马牛不相及”了，它们互不相干，一个离开另一个日子照样过得滋润。内在的差异就不同了，它是这样一种差异性：二者虽然是一种差异，然而却相互依存，一者离开了另一者便不可能存在。举个最简单的例子，例如上和下、左和右、高和低，等等，它们固然是差异，但如果没有了一者，另一者可能存在吗？因此黑格尔将这种差异称之为内在的差异或本质的差异。

我们还可以看到，这种差异实质上也是一种同一，黑格尔称之为具体的同一，这是黑格尔辩证法一个十分重要的概念。

当然，这种作为同一的差异也是差异，并是一种本质的差异，这又像老子所言：“有无相生，难易相成，长短相较，高下相倾，音声相和，前后相随。”

黑格尔认为，这种内在的差异性存在于任何具体事物之中。

这样黑格尔就将这种在同一个事物之内存在着内在的差异性，同时实质上又是具体的同一不但用于本质与差异等概念对子，而且用之于所有事物之中，从数学中的直线与曲线直到地球磁场的南北两极，都是如此。

也就是从这里黑格尔得出了他那伟大的矛盾理论。

我们知道什么是矛盾，它的另一个名字就是对立统一，是既对立又统一。黑格尔的这种理性的矛盾又可以称为具体的同一，将它同抽象的同一区分开来正是将他的辩证法哲学同以前的形而上学区别开来并高于它们的主要资本。

黑格尔认为，我们认识一个事物的关键正是认识它的矛盾，因为这种矛盾是每一事物内部存在的本质，它典型地体现了黑格尔哲学的特色：从矛盾入手，寻找矛盾并且分析矛盾，以之作为认识事物的根本方式。

黑格尔这种认识物的方式也许听起来有点儿古怪，但仔细一想也有道理，例如任何一个生命，它总是求生，然而最后总归于死亡，这是不可避免的，难道说那事物之中本来只有生、死只是当事物发展到了要死的一刻才突然地来吗？就像神兵天降一样？当然不是这样，事实上任何生命之内都同时存在着死亡，我们可以这样理解：一个生物体内同时存在着两种倾向，即生的倾向与死的倾向，类似于弗洛伊德所说的生与死两种本能。在生物体生存时，它的生存倾向占据着优势，但那死亡的倾向，或者说是死亡本能总在想法实现自己，打败生存本能，虽然它一度失败，但最后的胜利却永远属于它。我们也可以用另一种方式理解：人虽然是一个生命的整体，但它是由无数个更小的生命体组成的，例如血液中的红细胞、神经元甚或体内大量存在的各种细胞，它们都是一个个小生命，它们的生命可没有我们的寿命长，可能只有几年、几天甚至几分几秒，然而我们的生命之所以得以延续却正是它们不断牺牲的结果。就像当我们感染时，体内的白细胞为了杀死侵入的病菌而牺牲自己一样。这正如叔本华所说："死亡并不触犯生命，因为死亡本身原已包含在生命中，并且是作为附属于生命的东西而有的，而死的反面，生又完全和死保持着平衡，并且尽管个体死亡，还是永远被生命意志捍卫着。"

像生命是生与死的矛盾统一体一样，运动也是这样。一个物体当没有受到外力作用时，是保持静止或匀速直线运动的，如果我们想要它由静到动或者改变速度与运动方向，就得给它施加力的作用，而且事实上，由于物体不可能不受外力的作用，例如它至少受到引力的作用，因此如果我们要让它不断地运动就要不断地施加力的作用，否则它就会停止运动。

上述事实说明什么呢？说明当物体在运动时，自身随时保持着静止的倾向。运动克服了静止，而静止随时准备征服运动，它们互相"征服"的结果就是物体的运动。运动与静止就是一对矛盾，它们既是对立的——是两种相反的方式，又是统一的，一者依赖另一者而产生、而存在，并统一于同一个物体之中。因此黑格尔说："矛盾是一切运动和生命之源，事物只因为自身具有矛盾才会运动、才具有动力与活力。"

从这里，我们看到了黑格尔那个独特而伟大的矛盾观，他像康德一样看到了事物中存在的矛盾，然而他没有像康德一样将矛盾的存在看作是人类理性不能认识物自体、却又竭力想去认识之的后果，而是勇敢地面对这矛盾，并且将它看作非但不是人类认识中的麻烦制造者，还是事物之所以能运动发展、生命体之所以能享有生命的根源。这同样也是理解黑格尔哲学的要点，如果大家想理解黑格尔哲学，那么就请首先理解他的矛盾。

前面我们讲了黑格尔的同一和差别，并且从中又推出了矛盾这个黑格尔哲学的核心，可以既将它看作是黑格尔哲学的本质（因为它是辩证法的本质），又可以看作是黑格尔眼中世界的本质。

然而，无论本质是多么的深奥或者重要，它们总有一个特点：不可感觉。例如矛盾，我们能看到事物内部的矛盾吗？不！因为矛盾并不是一个具体事物，它的本质就意味着它是抽象的，是不可能感觉到的，就像我们不可能感觉到哲学是不是美丽一样。我们可以看到的只能是像刺向盾的矛和挡住矛的盾这类具体的事物。

黑格尔说，这些本质具体表现出来的东西就是现象，它们是本质的表现，本质也必然地要表现为它们。

所谓现象当然也就是我们所感觉到的万事万物，从天上的飞鸟到地上的爬虫到海中的鱼儿再到山里的孩子，等等，凡我们所见所听所感的一切无不是现象。

我们在前面讲康德时曾谈过本质，在康德看来，现象和本质是截然不同的，现象属于此岸世界，本质则属于物自体，是人所根本不可能知道的。将现象与本质划在两个不同的世界是康德哲学的基本特色之一。黑格尔在这里接受了康德对于现象与本质的一部分说法，但却断然反对康德将现象与本质这样截然地划分到两个世界，认为二者有质的不同。相反，黑格尔提出了“现象即本质”的鲜明观点。

他认为一切现象其实都是本质的表现，而所有的本质也必表现于现象。这样在本质与现象之间建立了一一对应关系，在它们之间再没有质的不同，也没有不可跨越的鸿沟，可以打个比喻说：现象与本质像两户人家一样，分别住在一条大河两边，但这条大河绝不是《西游记》中宽逾八百里，“鹅毛飘不起，芦花定底沉”的流沙河，而是“一桥飞架南北，天堑变通途”的长江。因此，那隔岸而居的现象小姐与本质先生可以经常来往、相互了解、加深感情，达到心心相印、心有灵犀一点通，最后夫妇一体，这样，我们了解了夫也就意味着认识了妻，反之亦然。

现象即本质，本质正在于现象之中。这句话我们应该谨记。它不但正深刻地体现了世界万物——包括人类——的本质，而且告诉了我们应当怎么做。它告诉我们：

一、我们完全可以认识世界与人的本质；二、如果我们想要这样做并不需要跋涉万水千山去上下敏求，像寻找强盗们藏在地下的宝藏一样，只要观察那随时随地呈现于我们眼前的现象就可以了，通过对这些现象的观察与理解我们就可以知道万物之本质。这对于渴望了解世界万物的人们不啻是一针强心剂。

这句话也是有道理的，大家想想，一个事物无论多么复杂，其本质多么的深邃，它总得用一个什么法子直接或间接地表现出来，而它一旦被表现出来，就必定成了现象，而在这个本质与现象之间必有某种关系，只要我们睁大双眼、动动脑子，那本质迟早会呈现出来，像一幅画一样摆在我们眼前。

因此在我们追求本质的旅程里，最根本的其实并不是直接去了解本质——那无异于缘木求鱼，而是观察现象，本质不可能像看现象一样直接地去看，而是要通过现象才能看到。这样，对于想认识事物本质的我们最重要的是：一要有一双鹰眼，能看透现象；二要有一个灵活的脑袋瓜，能察知那隐在现象背后的本质。

除了上面的现象与本质之外，黑格尔还分析了许多其他范畴，如偶然与必然、可能性与现实性、自由与必然，等等，但分析的形式与这都差不多，而且也是我们在中学的《辩证唯物主义》课程中都学过的，因此我们这里就不一一讲述了。我想大家只要自己稍微动动脑子就能自己对这些范畴做出独特的分析。因为这些东西归根到底来自我们自身的生活之中。

讲完本质论之后，我们就该讲黑格尔逻辑学的最后一部分——概念论了。

回到绝对理念的本身　前面我们已经讲过黑格尔的概念论分成三部分，也可以说是它的三个发展阶段，分别是主观性、客观性、理念。其中每一阶段又都各有特征：第一阶段包括了概念、判断、推理这三种我们熟悉的思维形式；第二阶段则讲第一阶段得出来的诸概念如何异化为客体，也就是说如何化为自然科学的研究对象，这也就是黑格尔的“自然哲学”。第三阶段便是概念发展的最后、也是最高阶段了。其中最后一个就是我们久仰大名，并曾做过概念性分析的绝对理念，也是我们这一节所要讲述的。

究竟何谓黑格尔的绝对理念呢？我在前面已经从字面的含义出发讲过：理念就是一切存在之物的最高范本。当在它的前面加上“绝对”二字时，只是标明了它的重要与强大，其含义并没有质的变迁。但以前讲绝对理念只是为了能够让大家明白绝对理念之外的其他东西，并不是为了讲解绝对理念本身，在这里时我们才是为了绝对理念本身。

我们现在就来看看黑格尔的绝对理念有些什么样的特色。黑格尔认为，绝对理念的第一个特点是它是具体的。

我们都知道具体与抽象这一对概念，但黑格尔的意思同我们所“知道”的意思是大大不同的。他的这个抽象不是指我们想象中那种不能用感官感觉的东西，例如相对论或者形而上学．甚至也不是指可以用感官感觉到的东西，例如用眼睛看到、耳朵听到，等等。他的抽象指的是片面，而具体指的是全面。因此，所谓理念是具体的其实是说理念是全面的。与此相对，抽象当然指的是片面的了。

前面我们已经说过，绝对理念是一切事物的最高阶段，黑格尔的这个最高阶段当然不是对前面那些阶段的一味抛弃，而是扬弃，也就是说它是前面所有阶段的综合，是存在与本质的综合，是主观与客观的联结，是前面所有那些范畴的统一。

黑格尔又说过这样一句话："理念本质上是一个过程。"由此可知他不但认为绝对理念是具体的，而且还是一个发展过程。

绝对理念的这一特点其实我们早已讲过了，当我们说绝对理念是前面的存在与本质、主观与客观，以及所有范畴的大统一时，就默默地道出了它必然也是一个具体的过程——将这一切统一起来怎不会是一个过程呢?

具体地说，黑格尔的绝对理念是一个过程，指的是他认为绝对理念是一个由抽象发展到具体的过程，也可以说是一个由片面发展到全面的过程。

我们可以从黑格尔的整个逻辑学中看到它的这一特点。例如在他的存在论里，存在的最初只是一种"纯存在"，除了单纯的存在外一无所有，因此实际上也是一种"虚无"，然后它便成了一种质，在质之后便有了量，然后有了度，如此下来，它的内容是越来越丰富多彩，越来越全面，这用黑格尔的话来说，也是越来越具体。最后当它到达绝对理念时，当然比前面所有的还要丰富、全面，也就是还要具体。

这就是黑格尔的绝对理念的两个属性，结合前面所讲的我们能得到这样的结论：绝对理念是最高的存在，它是全面且具体的，达到它需要一个过程，但我们最后一定能达到。这就是绝对理念。理解了这个概念就理解了黑格尔的精髓。

至此我们已经讲完了黑格尔哲学体系中最基本的一块——逻辑学，我们可以看到，他的逻辑学实际上讲的是整个宇宙的发展过程，当然这个宇宙是他的哲学中的宇宙：

它由纯存在而开始，逐渐发展，先到质，再到量，再到度，再产生了种种范畴，然后总归入绝对理念，这个过程就像万川归海一样，绝对理念就是黑格尔的海，而其他是大大小小的支流，它们虽然渊流长远，最后必归大海。

至于黑格尔哲学体系中的另外两大块，即自然哲学与精神哲学，由于篇幅所限，我们在这里且不讲了。不过，倘若您理解了逻辑学，也就理解了黑格尔哲学的精髓，在此基础上，想继续去理解自然哲学与精神哲学，那就是水到渠成的事了。

第三十二章　叔本华传

1788年2月22日，亚瑟·叔本华生于德国的但泽，那里现在属于波兰，叫格但斯克。他的父亲是富商，母亲叫约翰娜，是当时一位相当有名的流行小说家。

叔本华一生中的最早几年先是在家乡度过的，从小得到父亲的疼爱，母亲却对他相当冷淡。1793年，父亲带全家迁居汉堡，又在4年后将他带到了巴黎，在那里生活了两年。

叔本华

1799年，11岁的叔本华回到了汉堡，被送进了一所私立学校，由于叔本华对学习经商不感兴趣，父亲就告诉他只要好好学习，就带他进行环欧旅行。于是从1803年5月起，叔本华一家开始了一段漫长的旅行，到过欧洲各地的许多国家，直到一年多后才回到了故乡但泽，此后叔本华在那里跟一个大商人学习经商。但这时他中意的已经是哲学了。

1805年的一天，他的父亲从一间仓库顶楼的窗口跳到或者是掉到了地面上的一条水沟里，当场死亡。他是叔本华在这个世界上最爱的人，也许还是他一生唯一真爱的人。关于他的死因一直众说纷纭，有人说他死于意外，有人说他是自杀的，至于自杀的原因，有人说是生意失败，有人说是因为妻子的不贞令他伤心欲绝、痛不欲生。

17岁的叔本华失去了父亲，却由此也得到了丰厚的遗产，可以全心全意地研究哲学而不必工作了。但他与母亲之间的关系却日益恶化，后来母子之间不但是形同路人，简直成了仇人了。

丈夫一死，约翰娜·叔本华女士就搬迁到了当时德国的文化中心魏玛，大量骚人墨客均集于此，其中包括伟大的歌德。

1807年，叔本华离开母亲，进了戈塔的文科中学，成绩出色。中学毕业后，他进了哥廷根大学医学系，但在医学课程之外读了大量哲学著作。

1811年9月他转学到了柏林大学，到第三学年时，由于拿破仑“百日王朝”的崛起，他逃离了柏林，不久回到了魏玛的家中，但回家不久他就与母亲彻底闹翻。他离开了魏玛，并且在有生之年再也没有见过母亲。这是1814年的事。

这时叔本华已经26岁了，此前一年他已经在耶拿大学获得了哲学博士学位，博士论文题目叫《论充足理由律的四重根》。这时他已经锁定了自己的一生：他将把自己的生命之链牢牢地锁在哲学之门上。

离开母亲后，他来到了德累斯顿，开始写作《作为意志和表象的世界》，到1818年3月就完成了初稿，这年叔本华刚好30岁。

修改完《作为意志和表象的世界》后，叔本华离开德国，到意大利搞了一次长途旅行，好松弛一下紧绷了一千多个日日夜夜的神经。他漫游了差不多整个意大利，从水城威尼斯到但丁和达·芬奇的故乡佛罗伦萨，从千年之前就被火山淹没了的庞贝到千年之后依旧辉煌灿烂的罗马，遍览了伟大的古罗马人故乡的迷人景致。

1819年初，《作为意志和表象的世界》出版了，出版者是布鲁克豪森，此后叔本华的著作几乎都是由他出版的，他死后由他的儿子继续出版。

《作为意志和表象的世界》出版后，不但没有热烈反响，简直连反响都没有，一句话，就像没有出版一样。绝大部分书在店铺的角落里躺了整整16年后，被当废纸卖了。而他的《论充足理由律的四重根》命运也好不了多少，它共印了500本，10年后还有350本躺在灰堆里。

自己杰作的遭遇使本来就有些怪僻不合群的叔本华更瞧不起人了。他说了好几句俏皮话来讽刺有眼不识金镶玉的凡夫俗子们，例如：“一头蠢驴去照镜时，你不可能在镜子里头看到天使。”还有：“当大脑和书相撞发出空洞的响声时，不能总是归咎于书吧？”

真是福无双至，祸不单行，在叔本华正为著作无人喝彩而痛苦之时，一个新的危机突然从天而降。这年6月，当他还在国外时，接到妹妹的来信，告诉他一个致命的消息：保管着他们家财产的穆尔商号倒闭了！这消息不亚于晴天霹雳，因为他的全部财产都存在这家商号里，他是不工作的，当然也没有薪水，生活所需的一切开支都来自他在这家商号投资所获的利息，倘若失去了这笔财产那他真只好喝西北风了！

他急急忙忙地赶过去，商号虽然倒闭了，但并非没有资产剩下，股东们答应归还他投资的70%，这本来是一项够优惠的条件了，叔本华的母亲和妹妹都答应了，但叔本华就是不干，坚持一定要全数返还。也不知道他用了什么妙计，竟然从骨头里榨出了油来，收回了全部投资。

事后，他不由得意扬扬地自称自赞道：“一个人可以成为一个哲学家，而又不必因此就是一个蠢人。”

1819年底，叔本华又向柏林大学提出了私人讲师的申请，他给自己的讲座起了个颇为诱人的名字：“论整个哲学，或者论关于世界的本质和人的精神的学说”，每周五次，每次一小时，每天下午5到6点。

叔本华是故意选这个时间的，因为他最不服气的黑格尔的讲座也在这个时候举行，这也就是说，如果谁选了他的讲座就不能再选黑格尔的了，反之亦然。

这时候，黑格尔已经凭着他那惊人渊博的学识、深邃动人的分析征服了听众们，卓然成了德国哲学界的王者。我们不难预见叔本华同黑格尔争生源会有什么后果，那只能用俗语来形容：蜉蝣撼大树，猢狲摇石柱。

结果，叔本华的教室里从来没超过3个人，聊聊几次后更是一个人也没了，他只好灰溜溜地偃旗息鼓、落荒而逃。

1822年，他又一次来到了意大利，重游了米兰、佛罗伦萨、威尼斯等优美又悠久的诸城，第二年才回国，在慕尼黑住了下来，住了一整年。

这是痛苦的一年，得不到社会承认，不断遭罹种种疾病的折磨，右耳也聋，他的母亲还正式宣布剥夺儿子对她一切财产的法定继承权。

读过叔本华著作的人常常感到奇怪：为什么他对人世如此悲观？其实这原因并不难解，我们只要看看他一生的遭际就行了。

1825年，他来到了柏林，在这座不把他当一回事的城市生活了整整6年，直到1831年。

在这6年里，他似乎什么也没干，在这漫长的岁月里有记录的事只是做了点翻译，例如将自己早期的那本《论视觉和颜色》译成拉丁文。

1831年柏林发生霍乱，黑格尔也因此去世，叔本华忙远远地逃到了南边的法兰克福。

叔本华是1833年抵达法兰克福的，此时他已45岁，却已经感到自己是个地地道道的老人了，无情的命运过早地催白了他的头发，也苍老了他的心，他决定不再四海为家了，要在此地度过余生。

在法兰克福，他依然每天辛苦创作，1836年发表了《自然界中的意志》，5年后又出版了《伦理学的两个基本问题》，1843年时完成了另一部重要著作《作为意志和表象的世界》第二卷。这些书也像他前面的著作一样，一出版便如泥牛入海。

1851年，叔本华又写了一本《附加与补充》，就是对《作为意志和表象的世界》的补充，竟然大受欢迎。人们终于认识了叔本华的著作，发现这个被他们打入冷宫数十年的宫娥原来是一个绝代佳人！

叔本华终于得到了他毕生向往的荣誉，这里简录如下：

他有了自己的忠实追随者，例如来自柏林的尤利乌斯·弗劳恩施泰特，他写了一本《关于叔本华的通信集》，又编辑出版了两卷本的《叔本华大辞典》和洋洋六大卷的《叔本华全集》。他开始被公认为是有世界意义的哲学家和思想家，一位叫威廉·格维纳尔的作家还为他作了传记。一个叫伊丽莎白·奈的艺术家创作了叔本华的雕像，法兰克福市还举办了“叔本华油画展”，展出他的光辉形象。伟大的音乐家瓦格纳将自己的经典名作《尼伯龙根的指环》献给他，他被称为“音乐中的叔本华”，而不是把叔本华称为“哲学中的瓦格纳”。波恩大学开设了专门讲授叔本华哲学的课程。他的《作为意志和表象的世界》出了第三版，受到空前欢迎，德意志一时洛阳纸贵。

在他70岁生日时，德意志最高贵的学术团体——柏林皇家科学院——决定授予他院士称号，这是授予一个学者最崇高的荣誉。真是“姜太公七十二遇文王，叔本华七十当院士”。

但叔本华拒绝了。这时候的他没有朋友，叫花子还有三个穷朋友呢，但叔本华却的确是一个朋友都没有。同样很孤独的尼采在谈到他时也说：

> 他孑然一身，没有一个朋友，有一个与一个都没有之间，存在着天壤之别。

1833年到了法兰克福之后，整整27年间他的生活简直是康德第二，过着极有规律的日子。

每天，他起床后，先洗个冷水澡，吃完早餐后，开始写作了，大约三小时后便准备吃午饭了。他没有家，当然也没有人替他做饭，他总是去当地一家叫安格拉特的饭馆吃，这里的菜很合他的胃口。他是个美食家，总是食不厌精，那饭量也很惊人。据说有次一个新顾客看到他面前小山一样的食品，很是惊讶，便站在对面看个不停。叔本华瞄了他一眼，很冷静地说："先生，你似乎对我的胃口感到吃惊。确实，我的饭量是你的3倍，但我的智慧也是你的3倍。"午饭后，他又回到家里，他总住在旅馆的一楼，因为他怕失火难出逃，再喝杯浓咖啡，然后开始下午的工作了，一般是读书看报，一直看到傍晚开始散步的时候。

这时他便带着他那只卷毛狗走上了法兰克福的大街，他的狗在法兰克福街头是很有名的，它与叔本华形影不离，那副高高在上、旁若无人的姿态正像它的主人。市民们便将这条狗叫作"小叔本华"，叔本华自己则称它"你这个人"。

1860年9月21日，这天，他像往常一样独自喝过早餐的咖啡，不过却没有起身去写作。这是很奇怪的事，所以房东太太过来看看，发现他已经死了。

第三十三章　叔本华的世界

《作为意志和表象的世界》是叔本华的名著，它是“哲学书林中的关云长”——单骑走千里，匹马过五关，孤独地创立了一个崭新的思想体系，为未来新哲学的发展开辟了一条阳关大道。

作为表象的世界　叔本华在《作为意志和表象的世界》中开宗明义地说：“世界是我的表象”。

这也是他全部哲学的基点。

应如何理解这个基点呢？这还要从康德谈起。

叔本华的哲学之起点是康德，具体地说，是康德对世界的划分，因此我们可以从康德推导出叔本华的哲学。

我们知道，康德认为世界分为两重：一重是现象；另一重是物自体。那物自体是不可知的，我们唯知其存在，而它其余的一切皆属不可言说之神秘，人甚至不可考问之。我们在这个世界上极目所见之一切——从“蓝蓝的天上白云飘”到“大海啊我的故乡”都是现象，我们人类可能认而识之的尽在于此。

依照康德的划分，叔本华也将世界分为两重：一重为表象的世界，另一重则是意志的世界。

什么是表象的世界呢？很简单，叔本华的表象实际上就是康德的现象，二者是同物而异名，因此叔本华的表象世界也就是康德的现象世界了。

然而叔本华对于另一个世界——意志世界——的说法却与康德的物自体大相径庭。

我们已经知道，在康德看来，那个物自体是十分神秘的，我们不唯不知，连问都不能问。但叔本华则认为那个物自体实际上就是我们的意志，也只是我们的意志，而世界就分成这样的两面：一面始终是表象，而另一面则始终是意志。

这样我们就可以分两部分来讲叔本华的“世界观”了，第一部分是“作为表象的世界”，而另一部分则是“作为意志的世界”。

我们现在就来讲第一部分：作为表象的世界，下节再讲作为意志的世界。

作为表象的世界也即是“世界是我的表象”。叔本华认为，所谓表象就是我们的感性、知性和理性所察觉的一切，也就是说，我们用一切认识事物的手段——不管是感性还是理性——所认识的一切事物都是我们的表象。请注意，这里“我们的”三个字加了着重号，它的意思就是说：这些表象既是我们的，同时也是我们制造的。因此它们的存在当然依赖它们的制造者——我们。

那么是我们的一个什么本事、一些什么器官制造了这些表象呢？叔本华说：就是我们的感官。例如我们听到鸟语，闻到花香，这个鸟语和花香就是表象，它的制造者就是我们的耳朵和鼻子。

那么如果没有我们的耳朵和鼻子呢？当然我们也就不能听到鸟语、闻到花香了。

如果仅止于上头这句话，那么谁都会同意，就像我们同意聋人听不见声音、盲人看不见颜色一样，因为否则他们就不是聋人盲人了。但如果叔本华仅止于此，那么他也就不是叔本华了。

他的意思是：如果我们没有耳朵和鼻子，不但听不到鸟语、闻不到花香，而且根本就没有了我们用耳朵听到的鸟语、用鼻子闻到的花香！

这句话的意思大家一看就明白，而且它与他就是这个意思。这个意思用更哲学化的话说就是：不但我们的感觉依赖于我们，而且我们的感觉从之而来的万物也依赖于我们。

还可以用一句更具有普遍性的话来说：世界不但依赖于我们这个认识者，而且仅仅存在于我们的意识之中，没有我们的意识也就没有我们所意识到的世界。

听到这句话，您也许会问：如果人死了，那么世界呢？叔本华会回答说：世界也死了。

因为世界万物只是我们的感觉，就像我们触摸到大地、看见太阳，但我们所有的其实只是触摸到大地的手、看见太阳的眼睛。甚至于我们的身体也仅仅是我们的表象，如同外物一样，它只是我们所见、所闻与所触到的东西。而除此之外根本没有什么独立自在的太阳、大地和身体。不但我们所感觉到的事物如此，就是我们用理性所认识到的一切同样如此。例如开普勒以为他理解了行星运动的规律、达尔文以为他理解了物种进化的规律，但实际上他们真正理解的不是什么行星运转、物种进化的规律，而只是他们用来认识的那个理性而已。

总之，如上所言，我们所感受的外在世界只是作为表象而存在的世界，叔本华认为，这是他哲学的第一条真理，而且是比任何其他真理都要普遍和绝对的真理。

作为意志的世界 康德认为没有任何办法可以了解自在之物。叔本华承认存在着这样一个彼岸世界，但认为它不是不可知的，而是可以在此岸与彼岸之间建筑起一座桥梁，它将导引我们从此岸世界走到彼岸世界，去探究那些神秘的物自体。

那么这座桥是如何建筑起来的呢？首先建造它的不可能是理性，这康德早已说过了，这是逼它做力所不及的事，势必会陷入谬误之中而不能自拔。就像强迫弱不禁风的林黛玉做女子举重运动员一样，不但夺不了冠军，反会断送了卿卿性命。

那么究竟何者能令人类建造起达到彼岸世界的桥梁呢？叔本华毫不犹豫地回答说：它就是那同外在世界没有关系的纯粹主观的直觉。

叔本华告诉我们：只有通过这种直觉才能找到事物的本质，才能建筑起通向彼岸世界的钢铁大桥，才能找到躲藏在那里的自在之物。

这时也许有人问：这个直觉只是对自我的直觉，它怎么能认识外在于我们的自在之物——物自体呢？

叔本华说，这是因为在直觉里，整个现象世界、我们自己和物自体被压缩了，成为一个整体。这就是说在直觉里现象即自我、自我即物自体、现象即物自体，它们已经由三个风马牛不相及的东西变成了新的圣三位一体了。

这个新三位一体就是意志。当现象、自我与物自体合而为一，就变成了我们自身——意志，这时我们自身不再是一个认识的主体或者客体，而是以直接展示自己内在本质的意志而出现的。

这句话也可以这样说：当意志展现自己时，它并不是用传统的、我们所习惯的形式，例如以主体与客体、精神与肉体的形式，而是干干脆脆地将自己内在的本质直接地呈现在我们眼前，就像一个娃娃刚刚从黑暗的子宫里来到这个世界，它是赤条条的，因此也是直接地、毫无隐晦地展现自己，并且自豪地说：“我就是意志！”

这个意志是人的本质。意志是欲望、本能、意愿、倾向还有冲动等的叠加，这些东西叠加起来后不但构成了意志，同时也构成了人的本质。因为我们人，叔本华说，实质上并不是一个有意识的、智慧的理性生物，而是在这个下面的无意识的、非理性的生命之冲动。可以打个比方说，意志就像一个饿了三天、看见面前终于有了一只肥烧鹅的大汉，或者一个性欲旺盛，结果因强奸罪被关了三年，回家看见老婆正在洗澡的男人。此时他们的冲动就如意志之冲动。

这是种什么样的冲动呢？不言而喻，它是剧烈的、自发的、永恒不息的，而且迫不及待的冲动——这便是生命之意志。

这种生命之意志占据着——也许是默默地占据着——我们全部的生命，展现着生之本质，它也就是人之本质。

我们每个人正是因为有了意志这个本质才能成其为人，我们可以如此宣称："我有意志，所以我存在。"

除了是人之本质外，这个作为自我、现象与物自体之融合的意志当然也是物自体，并且是唯一的物自体。作为物自体它也是一切现象之根基。这样，再一次地，人自我、自在之物、现象在意志里完美地统一了。

当一切统一之后，这个意志就成了唯一的自在之物、唯一真正的实在，也是万物唯一的始基，除它而外，世界其余的一切不过是表象，包括我的身体和世界万物，意志是世界之王、万物之母。

作为痛苦的世界　这个世界是作为意志的世界，意志是世界之本，那么，这个生活于作为意志的世界的人的生活又如何呢？

叔本华毫不客气地指出：一、人生就是痛苦；二、这痛苦是无可避免的。其原因一言以蔽之，就是生命意志，是生命意志使一切如此。

我们知道，人是生命意志的体现，我们的生命之中充盈着生命意志，它决定着我们一切行为的趋向。

而与此同时，这个生命意志又是自发的、无条件的、非理性的和盲目的，它有多种表现形式，第一个表现形式就是珍视生命、不惜一切手段使自己的生命不受威胁。

我们可以将生命的这种表现形式称作生存意志，生存意志就是生命生存的愿望，是要求生命最大限度地延续生命的欲望。用弗洛伊德的话来说，人们都拥有一种"生存本能"，这是人类的第一本能。

生命意志的另一表现形式就是对幸福、快乐的不可遏止的、永不停息的渴求。在这种快乐之中，首推对性享乐的欲求，性冲动是生命的内在活力，它居于人类心灵深处，是人类的另一种本性。

这种对生命的无限珍视、对快乐的不懈追求对于人类而言是理所当然、无可避免地，这一方面造成了人类个体——我、你、他——得以拥有生命，并且享受生之快乐，但另一方面它也不可避免地带来了许多其他后果。

这种后果之一就是利己主义，叔本华认为这是人类一切行为的根本特点。利己主义使得人类的一切行为都是为了求得行为人的一己之快乐、避免一己之痛苦，这种对于个人幸福的渴望是生命的形式，是生命中一切行为的共性。同时这也是生命意志要求的结果，生命意志要求我们去满足一切匮乏，以求取幸福。

然而，"幸福不是毛毛雨"，不是站到露天底下就能让幸福像雨一样淋到头上，它需要许多的条件，要付出相当的代价，并且，纵使人这样做了，仍可能追求不到幸福。

这时又会怎样呢？

叔本华说：这时人就会产生痛苦。所以人们追寻幸福的结果却是求到痛苦，而这痛苦，归根到底是生命意志造就的，是生命意志产生了痛苦。

前面说，痛苦来自匮乏，那么是不是说，如果这匮乏得到了满足，人就能幸福了呢？

也不是！因为我们说“这匮乏得到了满足”，并不是指“所有的匮乏得到了满足”，而是指“当前这个匮乏得到了满足”。也许我们在这个匮乏得到满足之后有片刻的“幸福”，然而它就像白驹过隙、转瞬即逝。为什么呢？

这是因为，当一个匮乏得到满足之后，自然而然地，人马上便会有了新的匮乏，于是就有了新的不满、造成了新的痛苦，那如美梦的幸福转眼间便真成了黄粱一梦，梦醒时分发现人生还是只有痛苦。

这样的例子在我们所闻所见的生活之中、甚至于我们自己的生活之中是举不胜举、随处可见的。例如一个高中生先是为了考上大学而奋斗，为之必得经历艰苦的学习、通过繁难的考试。后来考上大学后，以为总算可以轻松了吧，但很快发现新的需要已经来到眼前，例如想考试门门得A，拿奖学金，当上学生会干部。在得到这些后，他还没有得意三分钟，便发现自己又有了新的匮乏——没有女朋友。眼睁睁看着其他同学臂弯里女友的纤纤玉手，他那心里的痛苦真像火烧一样呢。

如果得到了女朋友呢？他又满足了吗？当然不，因为他漫长的人生道路还刚刚开始，匮乏也刚刚开始……

为什么如此呢？为什么人要如此不断有新欲望，导致新匮乏、新痛苦呢？叔本华说：不为别的，只为这不断的欲求是生命意志的本质。古人云：得陇望蜀，人之常情。这不但是人之常情，更是意志之常情，实际上正是这意志之常情令得人有了得陇望蜀的常情。

这样人就像钟摆一样，在匮乏与欲望之间来回摆动，新的满足只会带来新的匮乏，如此循环不已。

总而言之一句话——人生即苦。

超脱苦海之道　面对如此痛苦的人生，我们难道真的毫无希望了吗？毫无趋乐避苦的良方了吗？

叔本华又回答：不是，但也是！

说不是，因为叔本华认为，人类根本不可能真的“趋乐”，因为如前所言，痛苦来自生命意志，只要生命意志依然存在并且展现它的本质——痛苦，那么人生就不可能笑起来、快乐起来。这就是说：人生就是困乏、痛苦、哀怨、折磨和死亡种种痛苦之和，这是命中注定。

说是，因为我们虽然不可能趋乐，但却可以避苦。也就是说我们可以用种种方式逃脱人生的苦难，因而也就逃脱了苦难的人生，达到一个虽不快乐，但也没有痛苦的人生。

如何避苦呢？叔本华告诉我们，这其实很简单。前面我们已经说过，人类痛苦的根源在于人的生命意志，因此，避苦的基本原则也就是——放弃我们的生命意志。

我们要同令我们去追求所谓幸福的生命意志决斗，只要我们战胜了它、扼制住了生命意志，就再也没有什么痛苦与恐惧来束缚我们了。如果把痛苦比作一股从地底涌将出来的泉水，那么一旦我们克服了生命意志，那也就是堵塞了痛苦之源泉的泉眼。

那么如何才能战胜生意意志呢？

叔本华给我们指明了六条救治之道。其中前三条是治标，后三条则是治本。

前三条分别是：哲学、艺术、宗教，它们都能令我们克制生命意志。

第一条是哲学之道。这个哲学在这里可以用另一个词来表达，即理性，叔本华认为，理性完全可能驾驭意志。理性能令我们用一种更加清醒的态度看待人生万事，那些表面看来足以引起我们痛苦的事，当理性温柔地一抚，我们痛苦的心胸就可能平复下来，而痛苦也就消失了。

理性既然能驾驭意志，现在的问题是：我们如何才能获得这种理性呢？叔本华教给我们的方法是读书、读哲学书、并且读哲学大师的原著。他说，只有从哲学大师们的原作那里才能找到哲学与智慧，找到能驾驭意志的理性。

一旦我们通过哲学达到了这种理性之境，我们就能超脱意志强加给我们的种种欲望，从而也就超脱了痛苦。

这就是第一条解脱痛苦之道——哲学之道。

第二条解脱痛苦之道是艺术之道。

叔本华认为，艺术作品所揭示的并不是现实的事物，而是理想化的事物，这个理想化当然也意味着事物中包含着理念，它是事物一种理性的、普遍的美，其中不掺杂任何个人的意志。通过这种艺术的表现手法我们就能从艺术中得到某种超脱个人意志的东西——美。这种超脱了个人意志的美无疑也超脱了痛苦，这样，无论是创造艺术还是欣赏艺术，都可以暂时超脱个人意志，在美的沐浴中涤除痛苦。

第三条超脱人生苦海之道是宗教。

我们知道基督教的基本特点之一就是认为人在这个世界出生之时就带有了“原

罪”，这是无论如何也避免不了的。这个原罪起源于上帝所造的人类之初祖亚当和夏娃偷吃了禁果所致。从这时候起人类就有了自己的意志，从而也有了罪。因而这个原罪也可以说就是人对意志的肯定与强调。自从有了这意志之后，人类的一切欲望便蜂拥而来，从而导致了深重的痛苦。这些都是意志作用的后果。

如何求得解脱呢？我们可以看到，从很早起，基督教便宣扬一种对基督的献身精神。这种献身精神的特点就是克制人类那些平常的欲望，尤其是性欲，甚至将这种克制发挥到极端。这我们从基督教那些苦修士们身上就可以看出来，他们或者躲在碎玻璃上打滚，或者用鞭痛打自己，总之用尽各种使自己痛苦的法子来表达对上帝的虔诚。我们在汤姆·汉克斯主演的《达·芬奇密码》中就可以看到一位这样的苦修士。

同样，在基督教理论里，人类是很难在人间获得幸福的，就像虔诚的葛朗台太太在临终前对女儿说的：“孩子，幸福只在天上，你将来会知道的。”人死亡之时也就是其可能获得幸福之日。

以上种种基督教的解脱之法有一个共同特点：禁欲。它试图通过禁止人类各种自然的欲望，例如性欲与口腹之欲来达到对尘世痛苦的解脱。

而这一切也就是对人类生命意志的直接否定，这与前面两条解救之道可谓殊途而同归。

对于佛教，它认为人生就是苦，生老病死皆是苦，而苦的根源就在于人有欲，因此只有消灭这些欲、清心寡欲才能解脱尘世之苦。

佛教还有一种特殊的境界，叫涅槃，它是佛家修行的最高目标。这种最高的目标实际上是什么呢？它仍是死亡。不过它同一般的死亡大有区分。它是指一个人的修行达到最高境界之后，就能超脱人的生死轮回，也就是超脱了一切的人生之烦恼苦难而达到了一种自我的“寂灭”。而这人生之一切烦恼苦难如上所言，都来自人的种种“欲”，它不但使人生即苦，而且还使人堕入了无穷无尽的生死轮回，永远也摆脱不了这种生之苦。要摆脱的唯一办法当然是通过修行达到这种无喜无忧、无生无灭的涅槃之境了，而达到这种境界就必须不吃荤不谈恋爱等等禁绝欲望——也就是否定、摒弃生命意志。

叔本华将这种涅槃之境看得极为玄妙崇高，视之为最高的智慧，能使人如醍醐灌顶、大彻大悟，并达到彻底消灭生命意志，永远摆脱苦难之人生。

至此我们说完了叔本华的三条摆脱人生苦难之道。可以看到，叔本华这三条道路的确能令人克制生命意志，从而摆脱人生之痛苦。然而也正如我们一开始就指出的，这三种方法是只治标不治本的。

这是什么意思呢?

这意思是说：这三种方法有两个缺点，一是它们都只压制生命意志，而不是消灭它。虽然那涅槃好像有这个功效，但它毕竟太难了，试想古今能达到涅槃之境的人有几个?

那么治本的方法又是什么呢？就是下面要讲的后三种了。

这后三种起来也许比前面三种都要简单，然而我相信比前面三种要更难做到。

前面三种方法的一个共同目的就是如何使人能够压制甚或消灭生命意志，这可以说是摆脱人生之苦的第一个、也是唯一的一个条件，是不折不扣的“充要条件”。

我不知大家看出来没有，这些方法如果追究起来，会显得很可笑，一个对哲学完全没有理解的聪明人会直截了当地说：

“既然你想了这么多的法子来要消灭生命意志，又如果你采用这种种法子的目的只是为了要消灭生命意志，那么你为什么要拐这么九曲十八弯，而不走一条直接得多、也容易得多的路呢？”

“这是一条怎样的路呢？它果真如此直接而容易吗？”

“是的，”那个对哲学没有任何理解的聪明人毫不犹豫地说，“一点也不错，它就是——既然一切的祸根就是那个烦人的生命意志，你为什么还要它呢？”

一听这话，我不由也“醍醐灌顶、恍然大悟”了！是呀，我们为什么不“慧剑斩命丝”，干干脆脆地将这烦人的生命意志一刀了断呢?

叔本华说：正是呀，于是接着便有了下面三种救人于苦难之道了。这三种方法就是：自杀、发疯、消灭全人类。

这几种方法的意思不用说，一看就明白得很。至于它们为什么能够避免苦难也不用说，因为一个人自杀了，也就是死了，他连生命都没有了，哪还有什么生命意志呢？这同样叫皮之不存，毛将焉附!

又，如果没有了生命意志，也就是没有了人生，哪还有什么人生之苦呢?

因此，这当然是一种解脱人生之苦的道路，而且还是一条不是治标而是治本之大道——它不是压制，而是消灭了生命意志。

至于发疯，它的作用也同自杀差不多。我们知道，一个人之所以发疯往往是因为发生了一些其所极不能承受的事情，例如爱子如命的母亲眼看着自己的孩子死在车轮下、脑浆迸裂；或者女子被爱得死去活来的男友弃之如敝屣，等等。这些事情是如此之痛苦——如果我们更深地研究一下，会发现这些例子实质上仍是某种欲望得不到满足——那理性和意志都不愿意承受，于是人便采取了一种既可不让理性知觉、又可避开意志的办法——发疯。

因为在这疯狂里，一切过去的经历和它产生的痛苦都在人的脑海里消失了——这就是发疯的实质，也是发疯的意义。

这就是说，发疯像自杀一样，是通过用彻底忘却的办法来消灭生命意志的，在自杀里，生命意志随死亡而消失；在发疯里，生命意志随忘却而消失。

然而是不是仅有这两种方法就能一劳永逸地解决人类的生之烦恼了呢？叔本华说，还不能，因为这两种方法只能救少数人于苦难——自杀只是杀自己、发疯只是自己发疯，它只是消失了个体自己的生命意志，对旁人的生命意志则没什么影响，广大的其他的人们仍然有着生命意志，仍忍受着由之带来的生之痛苦。

那怎么办呢？作为将整个人类放在自己心里的叔本华，他决不会因此满足，他要找出能使全人类脱离生之苦海的无上妙法。

这无上妙法是什么呢？大家想必可以猜到：就是消灭人类的生命之源泉——生殖意志。

叔本华对人类的生殖意志可说是深恶痛绝，将之看作是人类不能全体一致、一劳永逸地解脱痛苦的根源，因为它的存在使人类不但不能将生之痛苦消灭，而且还将这种痛苦一代一代传将下去，永无脱离苦海之日。

因此，人类最好能消灭生殖意志，一旦能做到这点，人类将再也没有性爱，没有后代的繁衍了。这样的结果当然是用不了多少年，整个人类便就此灭亡了。

叔本华说：这是好事，因为人类——不仅是某个人，而是人类的全体——终于丢掉生之痛苦了。下面是他的原话：

> 无是悬在一切美德和神圣性后面的最后鹄的，我们不应该怕它如同孩子们怕黑暗一样，我们应该驱除我们对于无所有的那种阴森森的印象，而不是回避它，如印度人那样用神话和意义空洞的字句，例如归于梵天，或佛教徒那样以进入涅槃来回避它。我们却是坦率地承认：在彻底消灭意志之后所剩下来的，对于那些通身还是意志的人们当然就是无。不过反过来看，对那些意志已倒戈而否定了它自己的人们，则我们这个如此非常真实的世界，包括所有的恒星和银河系在内，也就是——无。

这里的“无”当然是“死”的哲学化言说。

这是《作为意志和表象的世界》最后一段话，也是人类最后、最好的超脱苦海之道。

第三十四章　“超人”尼采

尼采1844年生于德国萨克森地方的勒肯，父亲名叫卡尔·路德维希·尼采，是由普鲁士国王弗里德里希·威廉四世任命的勒肯教区的牧师，尼采的出生日还是威廉四世国王的诞辰，因此，他便将儿子取名为弗里德里希·尼采。

尼采

尼采从小体质孱弱，经常忍受着神经痛、近视、头晕目眩等带来的痛苦，还在不到5岁时就失去了父亲。

父亲死后，尼采成了整个家庭里唯一的男性，其余的是母亲、妹妹、外祖母和两个尚未出嫁的姨等五个女人，这些人中妹妹无疑是与他关系最为密切的，也几乎是童年时唯一的玩伴。父亲死去的第二年，母亲携全家搬到了瑙姆堡，1858年时尼采进入了萨勒河畔的普尔塔学校。

普尔塔学校是在全德享有崇高声望的新教学校，其历史几乎与德意志一样古老，德意志历史上的许多杰出人物都曾在此就学。

尼采为自己制订了一个庞大的学习计划，准备系统地学习地质学、植物学、天文学等，大量阅读拉丁文、希腊文、希伯来文的经典著作。之所以如此地求知，尼采解释道：

知识的领域广阔无比，真理的探索永无止境。

还有，也许基于童年的经历，这时候的尼采有了一种忧郁气质，他曾经用这种句子来表达自己的忧郁：

忧伤是知识；最能体会忧伤的人们
也最能为命运的真相深深悲哀，
知识之树绝非生命之树。

1864年，尼采从普尔塔学校毕业，随即进入波恩大学，学习古典语言学与神学。

在这里，尼采遇到了著名的古典语言学家里敕尔，从此找到良师益友，他劝尼采专注于古典语言学研究，尼采接受了他的忠告。

1865年，尼采追随里敕尔离开了波恩大学，转往莱比锡大学。他在莱比锡大学的第一件大事是在一个书摊上偶尔捡到了叔本华的《作为意志与表象的世界》。尼采立即被它行文的气势以及语句的独特与优美深深地打动了，后来他回忆这一刻时写道：

我不知道是什么精灵在对我悄悄耳语：“带上那本书回家去吧。”刚跨进房门我就打开这本如此得来的宝贝，并渐渐感受到那种充满激情而又极其忧郁的天才之强大力量。

1867年，由于深度近视一直被免于服兵役的尼采也接到了政府的征召公文，他立即高高兴兴地加入了军队。几个月之后，他从马背上摔了下来，胸部严重受伤，就此退役。这是1868年3月的事，他在这年10月又回到了莱比锡。

在莱比锡大学，他的学业一帆风顺，虽然年纪轻轻，但在语言学领域已经赢得了不小的声誉。

1869年，尼采大学毕业了。这年，莱比锡大学仅凭他已经发表的作品，而没有要他递交博士论文，就授予他博士学位。才25岁的他还接到了著名的瑞士巴塞尔大学的特别教授聘书，邀请他主持古典语言学讲座。

尼采到达巴塞尔后，他的同仁们最初也许对他的年轻心存疑虑，然而，当他发表了题为《荷马与古典语言学》的就职演讲后，一切疑虑就烟消云散，他精宏的学识和显而易见的天才甚至他的艺术气质倾倒了所有听众，迅速获得了认可。

第二年尼采便被提升为正教授，同时按惯例成为瑞士公民，这时他只有26岁，这是1870年的事。

就在这一年，普法战争爆发了，尼采立即向学校提出了休假的申请，好去参战。他的申请得到了批准，他到了军医院去照顾伤兵们。

这些工作、这场战争留给了尼采两样遗产：一是他的哲学，二是他的病。

关于第一个遗产，据后来尼采自己说，当他看到德国的骑兵大队往前线开去时，“我第一次觉得最强大最高贵的意志不是生存的悲惨斗争中表现出来的生活意志，而是战斗意志，强力意志，超强力意志！”

第二个是他的病。我们知道，尼采最后是发疯而死的。他为什么会发疯呢？其可能的原因有很多。其中的可能之一是生理上的原因：他罹患三期梅毒，因病毒破坏了神经系统而发疯。尼采之所以会患上可怕又可鄙的性病，可能的原因有两个：一是他有过不洁的性行为，例如他可能在上大学时逛过妓院。二是他从军护理伤兵时传染的。除梅毒外，尼采在军中还染上了痢疾与白喉，这两种病对他本来就不强壮的身体造成了终身严重的伤害。

普法战争很快就结束了，尼采也很快回到了巴塞尔。

他在巴塞尔发生的另一件大事是与伟大的音乐家瓦格纳的相遇与相知。这对尼采的人生与思想都产生了很大影响。他经常去位于卢瑟恩湖畔的瓦格纳的家，聚精会神地聆听伟大音乐家对他的教诲，并将它们融入自己的思想。

1872年，尼采出版了他的第一部著作《悲剧从音乐精神中诞生》，我们通常简称《悲剧的诞生》，这部作品就深深地烙上了瓦格纳的印记。

瓦格纳

不过尼采与瓦格纳良好的关系只维持了3年左右，因为瓦格纳随着名声的增长，慢慢地变成了一个虔诚的基督徒，一个满足于声名地位的人，一个所谓的成功人士。尼采渐生厌恶，慢慢地少去找瓦格纳了，甚至数次拒绝了他的邀请。

1876年夏，第一届瓦格纳音乐会在拜特洛伊举行了，异常的隆重。尼采也应邀而来，瓦格纳每部作品都能激起听众们狂热的欢呼。然而这一切已不属于尼采。他悄然离去。

他躲到了附近一个林区，在那里写下了《人性的，太人性的！》，明显地批判了瓦格纳。到1879年5月，两人已经形同陌路。

尼采的精神几乎从来就没有快乐过，与之相应的是，尼采的肉体也几乎一直在痛苦着。

自从在军队中护理病人患上白喉与痢疾后，他的健康状况一直很差，又由于大学里教学任务繁重，他的健康状况更加恶化，已经难以承担正常的教学任务了。于是，1876年，他向当局请求休病假一年，得到了批准。他在两个朋友的陪伴下，前往意大利疗养。

1877年时，尼采与妹妹伊丽莎白·尼采生活在一起。尼采这个妹妹是哲学史上最著名的妹妹了，她对尼采的生活与作品都有莫大影响：生活上，她长期照顾哥哥；作品上，正是她令哥哥成了一个“纳粹”思想家，成了希特勒纳粹理论的思想源头之一。

1879年是尼采生活的一个分水岭。这年6月，由于健康状况更加恶化，他已经根本无力担当他的教授职位，只能申请退休。当局同意了，并且给了他一份每年3000瑞士法郎的退休金，为期6年。从此，他过着漂泊不定的、孤独的生活。一开始妹妹陪了他一段时间，不久她就结婚，跑到美洲去了。她的丈夫名叫弗尔斯特，一个极端的民族沙文主义者，极其仇视犹太人，是德国当时的反犹头子之一。他将他的这些思想一股脑儿传给了妻子，而她也全盘接受。他带妻子去美洲的目的是想在乌拉圭建立殖民村，但失败了，在1889年自杀。

妹妹离开后，尼采的生活之惨可想而知：他身体很糟，极需照顾，却经常孤身一人。要是有一个妻子该多好呀，这是在当时的情形之下自然的想法。也大概在这个时候，他遇到了洛·安德烈亚斯-萨洛美，她比尼采小17岁，是一个带点传奇色彩的女性，聪明且漂亮，是出色的作家、诗人、精神分析专家。尼采对她几乎是一见钟情，很快向她求婚，但遭到了断然拒绝。

到1882年9月左右，他与萨洛美也决裂了。此时尼采拖着病体，孤身一人，也几乎身无分文，在意大利各地流浪。

纵使在这种困苦之中，尼采并没有让自己消沉下去，他写出了《查拉图斯特拉如是说》《善与恶的彼岸》《道德的起源》《瓦格纳的境况》《反对基督教》《尼采对瓦格纳》《看哪，这人！》《偶像的黄昏》等名作，甚至还写了一组抒情诗《酒神颂》。

1888年底，尼采到了意大利的都灵，栖身在一个穷人的家庭旅馆里。这段时间他的朋友们经常能够接到尼采从都灵寄来的各种短信与电报，里面是稀奇古怪的话，如“请为我唱一支崭新的歌。世界光明，万物欢欣”“阿里阿德涅，我爱你”“我是普拉得，我是张毕格；我已在今年秋天被埋葬了两次”等等。他的一个朋友立即赶到都灵，在那家旅馆找到了尼采，他正由旅馆的主人看守着，用手肘在钢琴上乱拨，口里乱唱一气。

他完全疯了。他先被送进了巴塞尔一家精神病院，后来到了瑙姆堡，由他的母亲照料。1897年他母亲去世了，转由妹妹照料，直到1900年8月25日去世。

在这漫长的11年里，尼采几乎完全是一个疯子，只是极偶尔地说几句正常的话，有一些正常的意识，不过它们仿佛又并不存在，转瞬即逝。例如有一天，他妹妹在旁边看着哥哥，不由流下了眼泪，尼采突然说：

“伊丽莎白，你为什么哭呢？难道我们不幸福吗？”

还有一天，他由人陪着在外面散步，看见路边有一个美丽的小女孩，他走过去，用一只手将她的额发撩起，微笑着说：

“这不是一幅天真烂漫的图画吗？”

最后，我想用一首诗来结束尼采的传记，尼采是一个哲学家，也一个文体家，还是一个了不起的诗人，他的诗充满了奇特的魅力，有如他的哲学，有如他的人生：

我的生命之日啊，
在黄昏中沉落！
你的眼睛闪烁出
半被灼红的微光；
你的泪水流淌着
露珠一样的晶莹；
你爱情的紫霞
你最后迟到的祝福
悄然流过，在这白茫茫的大海里……

四周只有波浪、波浪的嬉戏。
往日沉重的一切
早在蓝色的遗忘中沉去——
我的小船正搁浅。
多陌生哟——风暴与航行
希望和心愿久已淹没，
心灵与大海恬然静眠。
第七重孤寂
我从未感到过
更真切的美妙的静谧
更温暖的阳光的辐射。
——那不在闪烁，我绝顶上的冰？
银白、轻捷，像一条鱼，
我的小船向远方，悄然驶去。

第三十五章　尼采的“超人”哲学

尼采是一个诗人哲学家，与像康德、黑格尔一般的传统哲学家大不一样，他的著作基本上是一些思想片段的组合，并无一般著作常有的篇章结构。

一切价值都应重估　我们将从“重估一切价值”作为尼采的第一个思想来讲。为什么这样呢？因为在尼采的整个思想体系中，我认为这是一个出发点。由之出发可以较为方便地理解尼采的其他思想。

所谓重估一切价值，其字面意思不难明白：就是重新估量一切的价值。这个价值指的是欧洲传统的基督教精神以及道德观。尼采认为，欧洲思想、文化与道德观念的传统是一种理性的传统，它肇始于苏格拉底。苏格拉底有一句口号“知识即美德”，认为求知是人生最高的目标与道德的最高准则，而知识换一个角度看就是理性。这就奠定了西方文明中的理性传统。

尼采认为，理性本身无可厚非，不过，正所谓过犹不及，由于过于重视理性，就将人类固有且更为古老而根本的直觉、本能等非理性忽略甚至否定了，而这也就是抛弃了苏格拉底以前的更为古老的、重视本能与直觉的非理性的希腊文化。这样，人古老的直觉与非理性的本能也就被扼杀了。那些在理性支配之下的人们虽然自认为拥有无所不能的理性，能够认识世界甚至改造世界，能够推动历史进步。但实际上，正是由于理性的支配，人类陷入了狭隘的实际主义，不敢超越理性去创造新的东西。这样，万能的理性就变成了人的枷锁而不是工具，泥潭而不是台阶。越是理性且有知识的人，就会在理性的泥潭里越陷越深。这样的人就会变成理性的奴隶，变成机器，失去了所有的创造力与激情，这也等于失去了人生的价值与意义。

由此可见，人类如果想要拥有真正的创造力与激情，就必须抛弃以前所具有的唯理性之马首是瞻的价值观，抛弃过去那些理性派思想家们所制定的各种旧观念，转而强调非理性的新观念，也就是弘扬人的生命力与本能的冲动，从这里出发去创造新观念与新标准。

尼采从古希腊神话中找到了宣扬他这种观念的最好的"托"，那就是酒神精神与日神精神。日神就是太阳神阿波罗，在尼采这里，他象征着理性，而酒神狄奥尼索斯则象征着非理性。在古希腊神话里，阿波罗与狄奥尼索斯也的确是这样的人物：一个威严、冷静、理性，另一个却是沉醉、冲动而非理性。在尼采看来，后者更加重要，因为它体现了人类强大而无限的生命力，象征着人类本能中一切原始的冲动，它们不受任何理性与道德的约束，当它们释放之日才是人类生命意义真正得到体现之时。用一句形象点的话来说，就是人类只有当处于一种仿佛喝了两斤二锅头后的酩酊状态之下，才能超越一切旧的理性观念的约束、最强烈地感受生命、体验生命。从这个角度上来说，喝酒是一件好事，喝得酩酊大醉则更加妙哉。

不破不立　正所谓不破不立，尼采的重估一切价值实际上有两重含义：一是打破旧传统与旧道德标准，二是竖立新的传统与新的道德标准。这就是所谓的不破不立了。

具体而言，尼采要打破的主要是两个对象，即旧的道德标准和西方的基督教传统。

尼采巧妙地从德语的考据中找到了他的根据。他发现，在德语中，"善"与"恶"这两个道德的基本概念的含义并不是一成不变的。在德语中，"恶"这个概念在不同社会地位的人们那里有完全不同的理解，甚至用了不同的词。上流社会说"恶"是用"Schlecht"，意思是：平凡、庸碌、粗俗、下贱等；下层社会说"恶"是用Böse，意思是：不熟悉、不规则、难以猜测、危险、伤害、残酷。善与恶的情况差不多，"善"虽然在德语中都是"Gut"，但在贵族阶层中，"Gut"是指：强壮、勇敢、权力、奋斗；平民中的"Gut"则是指：熟悉、和平、无害、好意。

从这一分析出发，尼采提出了自己对于道德的理解：既然并没有固定的善与恶的观念，那么我们就应该看什么样的善与恶的观念对于我们是有用的，然后要将之称为善而让大家都去追求之；而对于那些只在表面上对人有好处，实际上危害人的观念就应称它为恶而教人鄙弃之。

那么，什么样的观念于人类有益呢？尼采指出，由于人的生存实际上是一场斗争，就像丛林中的动物一样，是优胜劣汰，弱肉强食。故只有那些能使人优胜、强健的思想和行为才能称为"善"，那些只能使人衰弱、败亡的则都应该称为恶。尼采还强调，当我们如此称某些行为与思想为善或恶时，不应该考虑它们过去被称为什么，过去被称为恶的东西，现在完全可以称为善，反之亦然。经过这样的分析，尼采得出了结论：残忍、强暴、战争是善，而和平、仁爱则是恶。

由这样的理论出发，尼采提出了他关于奴隶道德与主人道德的思想。

什么是奴隶道德呢？奴隶道德当然就是奴隶们所遵循的道德。尼采的奴隶指的是普通人或者说“下等人”。这些下等人缺乏强大的生命力，没有崇高的生活理想与自我创造的激情，他们行为的目标只是为了功利，活着只是为了生存。与之相应，他们将怜悯、同情、仁慈、宽恕等等视为善与美德；与之相应，他们将那些有强大生命力的人、有创造激情的强者当成恶人，将他们所具有的品质，如刚强、冒险、战争、勇猛等当成恶。他们嫉妒、仇恨强者，要求所有人都像他们一样，成为弱者。尼采说，这也就是他们所追求的所谓人人平等。

主人道德是指人群中少数强者所奉行的道德准则，也就是上面被“下等人”当成恶的道德，如刚强、冒险、勇敢，等等。对于强者，他们最大的特征是他们超越于任何准则之外，他们是绝对自由的，不受任何准则的束缚。在这些强者身上，生命之本能得到了充分的表达，他们拒绝接受任何确定的、被认为是普遍的道德准则，他们完全是自由的，超越于传统的善恶之外。他们的行为所遵循的唯一准则就是自己的意志，他们凭自己的意志来创造价值标准，来决定何为善恶。

由于有了主人的道德与奴隶的道德，也就是出现了奴隶与主人。

那么，在奴隶和主人之间的关系应当如何呢？尼采认为应该抑前者而扬后者。在尼采眼中，那些奴隶同主人们所饲养的畜群无异，他们必须心甘情愿地听任主人的摆布，就像牛马必须听从主人的使唤一样。而且，即使他们像绵羊一样柔驯，也没有理由要求主人同情、怜悯他们，他们绝对没有任何理由提任何要求或者条件。

至于高贵的人们，这些强者则应当意识到自己较之普通人与奴隶们的优越地位，他们不能同情、宽恕奴隶们，更不可以为了这些同情与宽恕而抑制自己的生命冲动。对于他们，他们自己的主张就是道德的准则，他们要做的是创造新的价值观念，以张扬自己的生命之力。如果那些普通人与奴隶们想造反，想压抑他们的生命力，想将他们的奴隶道德标准加之于主人们，那么，作为强者的主人们就应当坚决地、不择手段地镇压之，以维护自己作为高贵者的特权。他们要向群氓们宣战，而倘若他们囿于任何理由而不这样做，那么他们就不配当高贵者，而沦为与奴隶们无异的弱者，对于他们，这是真正的堕落。

总之，社会只是为了高贵者们而存在，是他们尽情宣泄其生命之力的舞台。

上帝为何死了　在这里我们首先要弄清楚的是，尼采的上帝死了并非真的指那个基督教的神耶和华已经死了，而是基督教“死了”，更具体地说，是基督的各种道德观念死了。因此所谓“上帝死了”是尼采严厉批判西方传统的基督教道德观念的一种有力而新颖的表达方式。

尼采对基督教的批判是非常严厉的，他认为基督教是人生命最危险的敌人，一个宗教的信仰者是不可能拥有生命的激情的，它只会使人堕落。基督教也会因此污秽且罪恶。

基督教为什么如此可恶呢？尼采从它的起源上找到了根由。尼采认为，基督教一开始就是奴隶的宗教。它的教义所为之服务的也就是这些奴隶们，它所宣扬和维护的道德理念也是奴隶们的道德理念。这种教义宣扬爱护弱者的怜悯心和人的自我牺牲精神，宣扬无条件的爱与退让，要“人打你左脸时，把右脸也给他”。用一句现代点的话来说，是讲究平等、博爱、自由。基督教要将如此一类奴隶的道德变成所有人普遍的道德标准。在这种标准之下，人类爱冒险、爱斗争的英雄气概被沦落为爱安稳、爱和平的奴隶习性，从而严重地扭曲了人的本性，抹杀了生命的本质。

因此，基督教无论从起源还是教义，从内到外，从始至终都是一种坏的教义，是奴隶的教义。

然而，基督教在西方的文化中占有统治地位又是不争的事实，尼采当然不能无视。他警惕地预感到，整个欧洲文明已经走到了一个重要的历史关头：或者听凭基督教的毒汁继续毒害每个人的心灵，从而使人日益萎靡、颓唐，成为一群由牧师驯养的羔羊；或者抛弃旧传统，重拾因基督教崛起而断裂的古希腊文化之精华，让澎湃的生命之流再次喷涌而出，浸润人之周身，使人成为拥有强大生命力的真正的强者。

正是在这种状况之下，尼采喊出“上帝死了”这一耸人听闻或者令人振聋发聩的宣言，从某个角度上说，这句口号标志着欧洲文化史上的一场革命。

这就是超人　提出重估一切价值，猛烈地批判了西方的基督传统之后，尼采下一步就是提出他自己的能够替代基督教旧观念的新观念了。这就是他关于超人的思想。

超人即“超越于‘末人’的人”，因此，我们最好从理解尼采的末人入手去理解超人。

所谓末人在尼采那里着重指的是在基督教文化压抑之下的西方的人们。尼采认为，这些末人们由于受到基督教的种种毒害，已经软弱退化，几乎彻底失去了其生命的本能，不再有创造的激情，故而沦为了“末人”。

这些末人们有三样特性：

第一，“末人”失去了创造的愿望和能力，生命意志早就离开了他们，使他们像一群行尸走肉一样，没有创造的欲望。

第二，“末人”谨小慎微，浑浑噩噩地度日，苟且偷生，碌碌无为，他们不断地服着一点点宗教的毒药，使自己沉入适意的梦境，最后用过量的毒药造成其舒服的死。

第三，“末人”的个性已经泯灭，千人一面。他们惯于按照传统与习俗行事，遵守传统的旧道德规范，只会走别人走过的路，亦步亦趋；只会说别人说过的话，人云亦云。甚至将那些尚未丧失个性的人视为疯子。

总之，末人们仅仅是一群浸透着基督教的毒汁，形体虚弱，心灵分裂，目光呆滞，生活在今生却渴望着来世的畸形生物。

面对如此不堪的芸芸众生，应该怎么办呢？很简单，应当超越。尼采持一种类似于达尔文进化论的观念，认为人类是不断进化的，现在的人只是通向未来超人的一座桥梁、一个过度。如同猴子已经为人所超越一样，人也必将为“超人”所超越。

超人是冲破了一切传统的思维方式和道德规范的束缚、超越了善与恶的传统道德标准的人，是具有鲜明的个性和创造性的人，是具有超群的智力、坚强的意志、绝对的自主性、高昂的激情的人；超人好像大海，掀起猛浪，吞没浊世及其一切的污秽；超人好似狂风暴雨，震慑一切；平常人卑微懦弱，超人则勇猛刚强，他们超越一切，重新估价一切；超人是自然和社会的立法者，本身不受任何法律约束；超人是道德和真理的准绳，本身不受任何道德和真理的制约。

超人与强力意志　作为超人，其最主要的特征也可以用一个词来形容，那就是具有强力意志的人。

这里就引出了尼采哲学的另一个基本概念——强力意志。

强力意志之于尼采哲学就像生命意志之于叔本华哲学一样，都是其基石。

什么是强力意志呢？尼采说，强力意志就是生命意志，这也是强力意志最基本的内涵。

那么什么又是生命意志呢？简而言之，生命意志就是生命的意志。我们知道，生命是人类一切活动——从最普通的到最高贵的，从最低级的到最高级的，最简单的到最复杂的——的基础，没有生命，一切都是枉然。因此，尼采在这里抓住了一切之根本——生命。

当然，在尼采这里，对于生命的理解与我们大家日常理解的生命是不一样的。我们平常所理解的生命就是当一个不会游泳的人落水时发出“救命啊”的那个“命”，这固然是生命之最基本的内容。但在尼采这里，生命的内容要更为丰富。

那么，在尼采这里，生命到底是什么呢？简而言之，尼采认为：生命是一种冲动、一种冲力、一种创造力，是一个不断自我表现、自我创造、自我扩张的活动过程。

这一切，生命的冲动、冲力、创造力，不断地自我表现、自我创造、自我扩张等等，又可以用另一个词来表达——意志。我想这是不难理解的，例如我们这些人，我们自己，我们有冲动，我们去创造，去不断地自我表现、自我扩张，这不是我们意志的表现又是什么呢？

因此，生命就是意志，就如尼采自己所言：

哪里有生命，哪里就有意志。

如此，我们就在强力意志、生命意志、生命、意志四个概念之间建立了内在的联系，这一联系可以近似地这样认为：它们是四位一体的，只是从不同的角度看待同一样东西，就像从两面看同一枚硬币一样。或者更形象地说，类似于中国的阴阳太极图，“☯”，是你中有我，我中有你。

更为具体地说，在生命与意志之间是这样的关系：生命是意志的载体，而意志是生命的表现形式。

生命与意志　生命是意志的载体是不言而喻的。与叔本华不一样，尼采不认为在生命之外有独立的意志。在叔本华那里，生命意志是一种外在于人的独立的东西，有如康德的自在之物。尼采不赞成这种将世界分割开来的观念，他认为强力意志不是超越于人、宇宙或者生命之外的独立自存的东西，而是就存在于它们之中。

尼采说，叔本华由于把生命意志当成“自在之物”，这样的必然结果就是把意志和人的关系看作是一种外在关系，也就是说，人在生命意志面前就会像基督徒在上帝面前一样，处于一种消极被动、无所作为的地位。这样的结果就是导致叔本华对生命感到悲惨失望甚至绝望，认为生命就是苦，最好的办法是让生命走向死亡好达到他们的“涅槃”。

尼采对于叔本华这种悲观论调是非常不赞成的。他认为意志不能离开生命，他说，意志虽是人的本质，但它们与现实的人及其生命的存在是不可分割的，意志并不是个人的支配者，生命、个体与意志是不可分的，它们都统一于具体的个人。

尼采又认为，生命意志并不只是生存意志，也就是说，生命意志的目的并不只是保存生命，而是要不断地增长、改善、超越、创造自己。这一思想对于尼采相对积极的人生观是很关键的，因为如果把生命意志仅仅归结为自我保存，其结果就会导致人的因循苟且、无所作为、对一切逆来顺受，好苟且偷生，其结果必然是悲观主义。现在尼采把“增长”“完善”“超越”这些当作意志的本质，就必然会导致一种积极主动的对待人生的态度。这就像一个人如果只要活着，就必然不会拼命追求升官、发财、成功，因为即使不发财升官成功也完全能够活着。然而，如果这个人一心要“增长”自己的财富、要“完善”自我、要“超越”对手，他自然会不断努力，为了人生的远大目标而奋斗！就如尼采所言，人不能满足于“已经如此”，而要代之以“我愿如此”。这个“我愿如此”就是人之所愿、人生之远大目标也。

尼采说，如果没有这些，生活就没有内容，人生就没有意义，就像一个没有肉的空胡桃壳一样。他说：“没有评价，生存不过是空胡桃壳。”这里的“评价”就是价值，尼采说：没有价值的人生就是没有内容的人生，没有意义的人生，因此，我们要努力使人生有意义起来！

我们谈了生命是意志的载体，现在来看看意志是生命的表现形式。

意志是生命的表现形式可以这样理解：我们看到的生命的一切都是意志。

尼采认为，我们人作为有生命之物——生物，内在都有生命之力量，而当我们作为有生命之物存在时，首先要做的就是释放自己的生命之力，而这种生命之力就是意志、强力意志。只有这样才能体现出我们具有生命。他说：

生物所追求的首先是释放自己的力量——生命本身就是强力意志。

从这句话中可以看到尼采认为生物之为生物——有生命之物，首先就是要通过释放力量——这就是意志——来体现自己的生命。不仅如此，生命本身实际上就是意志、强力意志，正是在体现为意志之力的释放时，我们才能看到生命。

尼采还对生命或者说个体的生命做了进一步的、有类于科学的分析，他说：“各种有机功能都可以归结为一种根本意志，强力意志。”他又说：“假如我们成功地把我们全部本能生活解释成一种基本形式的意志——强力意志——的发展与繁衍，假如可以用所有的有机功能来指示强力意志，那么，我们就有权把所有的活力都毫不含糊地定义为强力意志。”

在这两段话中，尼采将三样东西——各种有机功能、全部本能生活、所有的活力——通通定义为强力意志。

不难看出，我们的生命除了这三者而外，别无他有了。而这一切都是意志。当我们的各种机能在活动时，当我们在运用我们的本能行事时，当我们呈现出充满活力的生命时，总之，当我们表现我们的生命时，我们看到的都是意志。

为了让我们更加明白意志的表现形式生命，尼采还将意志进行了更加的细分，他分析人的生命中所展现的一切东西，如各种肉体的过程和最高级的精神活动等等，认为它们都是强力意志的表现。他说：“强力意志分化为追求食物的意志、追求财产的意志、追求工具的意志、追求奴仆和主子的意志：这是以肉体为例。”这些都是意志化了的人的肉体的动作行为，精神活动也是如此，如“陶铸的意志、同化的意志等等”。

如果我们认为尼采至此为止就错了，事实上，尼采并不满足于只分析生命，分析生命的意志本质，他还要将这种分析用之于其他方面——其他非人的生命、无生命的物体乃至整个宇宙。

尼采说，生物有机体摄取营养就是作为强力意志去占有和吞噬环境。

不仅具有生命的有机物的本质是强力意志，一切自然事物和自然过程的本质也都是强力意志。例如物理学中所讲的引力与斥力的对立其实就是不同的强力意志的争夺；化学中讲的分解和化合无非是一种强力意志“侵占”“征服”另一种强力意志。

总之，从人到动物、从动物到植物以至无机界，一切都是强力意志的表现。

他说：

> 世界除了权力意志之外，什么也不是。

有人对这句话用了一个更加有力的译法：

> 这个世界就是强力意志——岂有他哉！

永恒的存在之轮　我们现在要讲一个终极的问题：这个作为强力意志的世界，这个生命与意志在不断地运行的世界，到底会有怎样的结局呢？

当论述到这个问题时，叔本华的回答是一个字——无。他说：

> 在彻底消灭意志之后所剩下来的，对于那些通身还是意志的人们当然就是无。不过反过来看，对那些意志已倒戈而否定了它自己的人们，则我们这个如此非常真实的世界，包括所有的恒星和银河系在内，也就是——无。

尼采的回答却不一样，尼采认为，这个世界不是一个“无”字就彻底玩完了的，相反，它会不断地重生，从有至无，又从无至有，如此往复以至于无穷，这就是他的永恒轮回说。

在《查拉图斯特拉如是说》里，查拉图斯特拉如是说：

> 现在身死而消灭，在一刹那间化为乌有，灵魂和肉体一同腐朽。但是，我所缠绕的因果之纽带循环着，它将再把我创造。我还会回来向人类宣讲超人。

在这里，尼采将人生看作是一个无穷的循环之轮，每个人都有前世，都是三生石上的旧精灵。他想，也许，在万千年之后，还会有另一个时空，另一个尼采，还会回来向人类宣讲他的强力意志、他的超人！

如果这成立的话，那么，亲爱的读者，你我也会如此，万千亿年之后，在这个宇宙毁灭之后，会诞生一个新的宇宙，在那里也有这样一个绿色的星球，也有一个这样的地方，一间这样的斗室，有一个那样的我，在那里写作这本西方哲学通史，也会有一个那样的您，会在这里阅读尼采，思索他的永恒轮回。

人生如此，宇宙亦如此，尼采说：

你们知道“世界”在我看来是什么吗？我可以在我的镜子里把它指给你们看吗？世界就是：一种巨大无比的力量，无始无终；一种常住不变的力量，永不变大变小，永不消耗，只是流转易形，而总量不变；……一个奔腾泛滥的力量的海洋，永远在流转易形，永远在回流，无穷岁月的回流，以各种形态潮汐相间，从最简单的涌向最复杂的，从最净的、最硬的、最冷的涌向最烫的、最野的、最自相矛盾的，然后再从丰盛回到简单，从矛盾的纠缠回到单一的愉悦，在这种万化如一、千古不移的状态中肯定自己，祝福自己是永远必定回来的东西。是一种不知满足、不知厌倦、不知疲劳的迁化……

用一句更简单的话说是：

万物方来，万物方去，存在之轮，永远运行。

第三十六章　柏格森：倒在大街上的犹太哲学家

当我们讲现代西方哲学史时，必须讲讲柏格森，要知道西方19世纪末和20世纪上半叶最显赫的哲学流派是生命哲学，而柏格森是生命哲学的主要代表，他也是那个时期西方社会最有影响的哲学大家。二是柏格森不但是一个伟大的哲学家，还有一支生花妙笔，甚至因此获得了诺贝尔文学奖。这也许是一个哲学家在世时所能得到的最高荣誉了，在整个现代哲学史上，也只有柏格森和倭铿、罗素、萨特四位有这样的幸运。

亨利·柏格森1859年10月18日生于巴黎，他的父亲是音乐家，但不是法国人，而是波兰裔犹太人，柏格森的母亲则是来自英格兰北部的犹太人。因此柏格森是纯血统的犹太人。

柏格森的父母生了4男3女共7个孩子，柏格森是长子，父亲为了谋生经常带着孩子们辗转欧洲各地。7岁时，父亲又带着他搬回了出生地巴黎，9岁时他开始就读于孔多塞公立中学，在这里直到1877年。

刚入校时，他就得到了奖学金，得以住校当寄宿生，以后即使父亲要带着孩子们东奔西走，他也可以安心学习了。

1875年时，柏格森在法国全国中学生竞赛中获得拉丁文演说第一名、英语第一名，地理和宇宙志的第二名，希腊文的笔译也得了奖。

1876年，他在全国中学生分科竞赛哲学科考试中，获得了法语作文第一名、数学第一名。

1877年，18岁的柏格森又在一次全国性竞赛中获得基础数学、宇宙志和力学三科第一名。

在这一年还发生了一件更了不起的事。这时候他中学快毕业了，偶然见到报纸上公开征求对一道数学难题的解答，他解答了，还以此写出了一篇数学论文，得到了一笔数目可观的奖金。由于他的论文见解独到，被权威的《数学年报》全文发表。一个中学生竟然能够在权威学术刊物上发表长篇论文！据说整个巴黎都震动了，教育界人士也为能够培养出如此杰出的学生而骄傲。

柏格森并没有因自己的成绩出众而傲慢自大，据说，毕业时老师给他的评语之一是：“从来没有见过这样彬彬有礼的中学生。”

毕业时，柏格森站在了人生的第一个十字路口，这时候他可以选择文科，也可以选择理科，而且他在这两个方向都显示了出众的才华。如果学理科，他也许可以成为法国的欧拉或者高斯；学文科的话，他也许可以成为又一个卢梭或者伏尔泰。

经过再三权衡，审视自己内心深处的所爱，柏格森最终选择了文科。因为他发现自己的志向所在是哲学。

于是，他以优异的成绩进入了法国最好的大学之一巴黎高等师范学院，它是法国哲学家最主要的摇篮。

1881年，柏格森毕业了，获得了学士学位和“哲学教师”资格证书，旋即被任命为昂热一所公立中学的哲学教师。

柏格森在昂热待了两年，一上讲台，他便显示了另一种出众的天赋：能够将本来枯燥乏味的哲学讲得津津有味、娓娓动听，令学生们听得入迷。

不但讲课，柏格森还在课余时间研究了卢克莱修，写下了《卢克莱修文选释义》，并在巴黎出版，据说这本书到1921年时出到了第8版。一本学术著作能有这样的销量，一个重要的原因是柏格森不但能够将枯燥的东西说得动听，而且能够写得耐看。

在昂热待了两年后，柏格森转到了克莱蒙费朗执教。

克莱蒙费朗是法国南部一座美丽的小城，在如画的风光里，柏格森一边沉思他的哲学、构思他的哲学论文，一边讲课。这时，他还做了多次公开讲演，主题是“笑之研究”，由于他的讲演十分出色，吸引了大批听众。

1888年，柏格森重返巴黎，到了亨利第四中学。他在这里的讲课更加成功，吸引了大量旁听生，据说有一个人听完柏格森的讲座后，发表了这样的感慨：“柏格森所说的每一句话，都是治理世界的箴言。”

柏格森抓紧时间完成了自己的博士论文《论意识的直接材料》，还用拉丁文写了《亚里士多德在论空间中所推断的观点》，他将前者递交给巴黎大学，申请博士学位，并顺利通过。这是1889年的事。

这一年他结婚了，新娘珍娜·钮伯惹是著名作家、《追忆似水年华》的作者普鲁斯特的表妹。第二年他们生下了一个女儿，不幸的是她生下来就是聋人，但经过柏格森的精心培养也有了出息，成为出色的画家，这是一项不需要耳朵的职业。

《论意识的直接材料》后来被译成了英文，书名改成《时间与自由意志》，后来成为通用的正式名称，并是柏格森的第一名著。

1896年，柏格森出版了他的新作《物质与记忆》，这本书的出版引起了很大的轰动。在遥远的大洋彼岸，美国最重要的心理学家与哲学家之一威廉·詹姆士对他表达了高度的赞赏，他评论道：

像贝克莱的《原理》或者康德的《批判》一样，它引起了一场哥白尼式的革命，而且它将为哲学的发现开辟新的场所。

1898年，当了17年中学教师后，柏格森登上了大学讲坛，进了母校巴黎高师，但两年后他就到了崇高的法兰西学院，主持那里的希腊哲学讲座。

法兰西学院历史悠久，成立于1530年。它是一所比较特殊的学院，与一般大学颇不相同，是一所研究机构兼成人教育学院，不过其地位不逊于法国任何一所大学。它的目的不是为某一些人提供学习场所，那是哪一所大学都做得到的，而是为全体法国人民服务，促进全体法国人民的素质。因此，在法兰西学院入学既不需要考试，也不向学生收取任何学费，毕业时亦不授予学位。它经常聘请各领域的知名学者来主讲，听这些讲座是巴黎知识分子的必修课之一，在法兰西学院办讲座更是一个学者得到了社会普遍承认的标志之一。

也就在这一年，柏格森发表了《笑之研究》，用哲学的方式系统地研究了笑与诙谐这种人们熟悉的现象，它也产生了广泛的影响。

第二年，柏格森被选为法国伦理和政治科学院成员，并担任学院主席，这表明他已经在法国学术界赢得了崇高地位。

最使柏格森声名显赫的是他在法兰西学院每周举行的讲座。

进入法兰西学院之后，搞讲座就成为他的职业了，这对于柏格森真是如鱼得水、游刃有余。他讲座的时间定在每周五下午五点，法兰西学院最大的第8讲堂，能容纳2000多名听众，当时有人形容这种盛况是："除了参观巴黎埃菲尔铁塔之外，没有什么比得上的"。

声名大噪之后的柏格森并没有将自己投放在镁光灯下，他丝毫没有普通人常有的虚荣心。他将自己的住宅搬到了巴黎郊外的奥堆裔，在那里的丛林后面一座僻静幽深、用高高的树篱围起来的小房子里，除了出去讲课，他极少离开这个家。

到了新世纪，柏格森成了享誉全球的大哲学家，继续不断地在各种哲学杂志上发表广有影响的论文，特别是1907年发表了《创造进化论》，迅速蹿红，使柏格森树起了生命哲学的大旗，也使生命哲学思想迅速成为当时传播最广的哲学思潮。

受这本书影响最大的哲学家之一是美国著名实用主义哲学家詹姆士，他对柏格森推崇备至，甚至说平生最得意的两件事之一就是能够读到柏格森的《创造进化论》。柏格森也很欣赏詹姆士的思想，1911年时，詹姆士的名著《实用主义》法译本出版，柏格森为其写了一篇很长的序言。

这两个人之所以能够如此互相赞美，那原因是明显的，他们两个人在许多问题上是“英雄所见略同”，就像贺麟教授所言：“詹姆士是一个反理智主义者，逻辑、理性等等柏格森所反对的东西，在他的哲学中同样是没有任何地位的。”

同年，第四届国际哲学大会在意大利波伦亚举行，柏格森在大会上宣读了《哲学的直觉》，它所激起的热烈反响也反映了这时候生命哲学的地位——它已经是那个时代主要的哲学流派了！

1913年，柏格森应纽约哥伦比亚大学的邀请去了美国，在哥伦比亚大学图书馆，他获赠了一本《亨利·柏格森书目题要》，上面记录了研究他的思想的各种著作与论文。据说，到1912年，仅美国、德国、瑞典三国图书馆收藏的研究柏格森思想的著作就有400余种，其中仅1911年就新出了约80种，1912年更有近130种。此外，柏格森的著作已经被翻译成欧洲所有的重要语言，包括匈牙利语、波兰语、丹麦语等使用人口相对较少的语言。

1914年柏格森遇到了一件倒霉事，他的作品被罗马天主教宗教法庭列为禁书，据说主要是因为马里坦在后面鼓动的结果。马里坦原来是柏格森思想的信奉者，后来改宗天主教，崇信托马斯·阿奎那，成为新经院哲学即新托马斯主义的代表人物，也是现代西方宗教哲学的翘楚。他认为柏格森的思想太受天主教现代主义鼓吹者的欣赏，与他们的新经院哲学格格不入，故此要设法禁之。

不过，这对于柏格森思想的传播以及他的名誉并没有什么影响，也就在这年他被选入法兰西科学院，成为尊贵的院士。

这一年，第一次世界大战爆发了，柏格森也极力要表现得自己是一个合格的法国公民，他在战争一开始就热烈地投身进去，成为法国政府的外交家，主要使命是为法国寻求盟友。

他随外交使团到了西班牙和美国等，劝它们站到法国一边，经过努力，都获得了成功，柏格森也赢得了外交家的美誉。

战争结束后，柏格森的声名也达到了巅峰，他不但是最著名的哲学家，亦是欧洲最知名的人士之一，能够与之比肩的只有居里夫人、爱因斯坦等。因此，国际联盟在1922年成立知识合作委员会时就力邀柏格森出任主席，委员中包括当时欧洲最著名的知识分子，如洛伦兹、朗之万、居里夫人、爱因斯坦，等等。这是1922年的事。

这时候柏格森已经年过花甲，到了退休年龄，他在前一年也已经正式从法兰西学院退休。不过柏格森退而不休，这年他出版了《绵延与同时性》，这本书主要是同爱因斯坦讨论相对论的意义和影响，因为相对论所涉及的核心问题就是同时性问题。

柏格森还准备写出更伟大的作品来，可惜的是命运来为难他了。1925年，他突然患病，全身瘫痪。

这无疑是命运之神对柏格森的致命一击，不过命运之神并没有彻底抛弃柏格森，她在另一方面眷顾了他，这就是1927年的诺贝尔文学奖，他的获奖评语之一是："由于他那丰富而充满生命力的思想，以及表达的卓越技巧。"

授奖仪式于1928年12月10在瑞典首都斯德哥尔摩举行，遗憾的是，这时候的柏格森已经瘫痪在床，不能亲往领奖，由法国驻瑞典大使代表柏格森从瑞典国王手中接过了奖章和奖金。

公使在仪式上宣读了柏格森的获奖致谢信，柏格森在信中表达的思想可以简明地表示为：人类物质文明的进步并没有带来精神文明的同步发展，人类该在这个方面下功夫了！

此后，柏格森虽然又活了14年，不过已经没有多少东西可写了。在身体上，此时的柏格森已经是一个成天只能躺在床上的病人，虽然他仍然顽强地用颤抖的手写下字字句句——为了不在这个时候从椅子上掉下来，他叫家人用一根绳子将自己牢牢地绑在椅子上。

在声名上，获得诺贝尔文学奖是柏格森一生荣誉的顶点，也是终点。此后，一半由于公众喜新厌旧的本性，一半由于1929年经济危机的到来，柏格森的名字迅速消失在大众的记忆之中。

但柏格森还在默默地努力着，1932年，他出版了最后一本主要著作《道德与宗教的两种起源》。两年后又出版了《思想与运动》，这是一本论文集，它包括一篇早在1922年就写好了的长篇序言，约占全书篇幅的1/3，还有1903年后写成的几篇论文，它们大都是柏格森用绳子绑在椅子上写成的。这本书后来的英文名字叫《创造的心灵》，就像《时间与自由意志》之于《物质与记忆》一样，英文有一个比法文要好听得多的名字。

柏格森也许想当然地认为自己的作品会像从前一样引起轰动，然而，他错了，他的新作就像在湖面上投下一缕柳絮般，激不起涟漪。

柏格森最后的日子是与宗教和纳粹联系在一起的。柏格森生下来时是个犹太教徒，就像他是个犹太人一样，这是他祖先传给他的宗教。然而，犹太教对于柏格森并没有多大影响，他也不遵奉犹太教的教规，如安息日之类，他的著作则让人觉得他是一个无神论者。

然而，慢慢地越到晚年，柏格森越来越体会到宗教在他心目中的地位之重，他渐渐地感到上帝越来越近。正是在这种情绪之下，他写成了他最后的作品——遗嘱。

遗嘱主要有两方面的内容：一是他宣布禁止出版任何他的书信、手稿与笔记。这也许是因为他像高斯或者肖邦一样，只愿把成熟的、完美的东西呈现给后人；也许是因为他对自己最后两部作品遭到冷遇感到痛心，因而不愿意再把更多的东西放到世上去遭受同样可怜的命运。

遗嘱的第二个内容是，柏格森宣布，倘若不会助长反犹势头，他将在天主教教堂接受洗礼。他说：

> 我的反省引导我越来越接近天主教了，我在天主教那里看见了犹太教的完整的实现。

不过，我们看到，他这样做是有条件的，那就是希望他加入天主教不会使犹太人遭到更大的迫害。反过来说，柏格森的意思是，如果他之加入天主教对他的犹太同胞有害，那么他将继续留在犹太教里。

他的这个担心是有道理的，若当时最知名的犹太人之一背离犹太教，势必给那些迫害犹太人、逼迫他们改变信仰的人一个上好的借口——连你们那位伟大的同胞都改宗了，你们还有什么理由不这样呢！

从柏格森的这个担心我们也可以明显地看到，他已经预感到一股新的迫害犹太人的狂潮开始了。

柏格森没有躲过这一天，那经过我们都知道了，1933年希特勒在德国上台后，立即大肆迫害犹太人，1939年9月发动了第二次世界大战，1940年5月进攻法国，仅仅6个星期后，6月22日，贝当政府就签署了投降协定，法国就此沦陷。

贝当傀儡政府上台后，随即搞起了反犹运动。1940年12月，贝当政府通过了反犹法令，要求所有犹太人进行特别登记，但鉴于柏格森的崇高声誉，特许他免予登记。

柏格森毫不犹豫地拒绝了，他早就下定决心与他苦难的同胞同受苦难。

1941年1月3日，82岁高龄、已经奄奄一息、在病床上躺了10余年的柏格森，在家人搀扶下，勉强地站在了巴黎犹太人登记的长长的行列里。

这时候是一年中最冷的日子，柏格森在寒风中一连站了好几个小时，他可怜的体质如何承受得了，他一下染上了肺炎，第二天就离开了人世。

第三十七章　柏格森的生命哲学

总的说来，柏格森的哲学和他的人生一样，一半辉煌，一半黯淡，即前期辉煌，后期黯淡，甚至差点被人遗忘，但现在慢慢地又有人重新拾起了他，把他当成一个重要的哲学家来研究，的确也应该如此。

柏格森哲学是一种非理性哲学，这是他的主要特征，就这个特征而言，他的哲学与叔本华、尼采一脉相承。

这种哲学的一个基本特点是充满了横冲直撞的生命，几乎处处与科学相对立。

在柏格森看来，当时盛行的崇拜理智以及以理智为工具的科学都是有缺陷的，都不能了解生命与自我、运动与世界等等的真相，而他的哲学就是要修正这些缺陷，建立一门真正科学的形而上学，让人们真正地认识自我、生命、时间、运动与世界。

基于此，我们就通过这种方式来讲解柏格森哲学：先看他是如何批判传统的理智与科学的，这是他的“破”，然后看他如何在这个基础之上建立自己的新观念。

理智与科学的局限性　柏格森认为，理智与物质一样具有惰性，它习惯于按照预定的形式，机械地对待每一事物，并且，它所关心的只是物质，因此，当需要探讨的对象超出物质时，它就无能为力了。

此外，理智还具有抽象性与固定性，这与其借助于语言表达有关，语言常用同一个词表达不同的事物，而世间其实并无两个相同的事物。就如莱布尼茨所言：世界上没有任何两片树叶是完全相同的。但在经过理智的修剪之后，理智就消灭了事物的个性，这样的结果就是语言无法看透事物的个性，而这些万千事物不同的万千个性正是事物的内在本质。而理智由于抹杀了事物的这些千姿百态的个性，因此也就无法看透事物的内在本性。这样，理智所做的一切也就只剩下比较事物的外在同异而已。

柏格森曾做过一个有趣的比喻，他将理智的认识比作拍电影。我们知道，拍电影就是将运动的图像拍摄成一张张分立的小胶片，然后再将它们用很快的速度播放出来，这样就又在银幕上还原成运动的图像了。柏格森说，理智就相当于电影胶卷上一张张胶片，只能记录一些人为的、静止的、固定的图像然后又将这些图像机械地联结起来。正由于理智具有这种弊病，也就无法把握生命。

还有，理智用以分析事物的是各种概念与符号，如数学公式之类，由此形成了许多理论体系。这些理论体系每个都有自己的不同符号，并且这些符号是任意制定的，完全是一种约定。例如，在汉语里将某种四蹄的牲口称为猪，而英语则称为“pig”，其他语言也有自己的称呼。这实际上是一种对事物的随意理解。这种现象在哲学上是最常见不过的，例如汉语的“存在”，英语的“being”，或者“be”，这些词通常是同样的含义，然而，由于理智理解的随意性，它往往被做出各种各样的理解，从而产生了无数的所谓哲学问题，分出了许多的哲学流派，彼此争论不休。

柏格森认为，要避免这样的现象继续发生，就只有超越理智去理解事物，也就是说，用直觉去理解事物，了解其本质。

当然，这样的目的并不是要完全否定理智或者否定它的重要性，而是为了搞清楚这样一个问题：在理性与直觉之间应该怎样划分？什么是理性该做的？什么又是直觉该做的？答案简言之是：我们需要理性是为了生活的好处，因为理性能够使我们理解事物的表面特征，并且对之加以利用，例如我们用理性认识一头猪，就能够得知它有这样的好处：肉能够吃，皮能制造舒适的皮鞋。理智这种一切以功利为目标的认识方式也是令其不能认识事物的真正本质的原因之一。

柏格森对理智的这种认识的直接后果是否认以理智为认识手段的科学的权威性。

我们知道，柏格森所处的时代正是自然科学大有作为的时代，许多伟大的科学发现与发明，包括爱因斯坦的相对论、电报、电话、电视等等，显示了巨大威力，展示了人类对自然界强大的认识能力征服能力，因此，在这个时代的人们无不对科学顶礼膜拜。

这样的一个必然结果就是，科学成为一切的尺度，包括成为千百年来与科学之间壁垒分明的哲学的尺度，许多哲学家开始以科学来规范哲学，每当这样的哲学家们评价某一个哲学理论时，他们总是立即翻开科学这本《圣经》，如此考问：“看看它科学不科学。”

这样的哲学家与哲学流派中最典型的就是我们后面将要说的逻辑实证主义与科学哲学等等，这样的哲学家甚至认为凡不能像科学一样经过经验实证的哲学观念都是错的，它们甚至连错的都算不上，是无意义的。

这种崇拜科学的另一个结果是产生了科学的机械主义，也就是说，用自然科学的眼光去看待一切，包括自然界、宇宙、万物及所有这一切的本质等等。这类观点的典型就是认为宇宙间一切变化都是物质粒子依据牛顿力学定律进行的位移，所以一切问题——包括哲学的形而上学问题——也都可以用物理方法来解决。

柏格森对这种观念持激烈的批判态度，他认为，感觉经验固然重要，然而要用它来证实与主宰形而上学是不够的，他认为这种科学机械主义的观点是滥用了科学，就像将一切运动变化看作是粒子的位移是滥用了牛顿力学一样。柏格森认为，科学诚然伟大，但它的机械特征决定了它不可能领悟更加深刻的真理，就像不可能了解万物的本质一样。对于这些本质性的问题，科学有时候真如井底之蛙，唯有通过另外的途径才能了解这些问题。这个另外的途径就是直觉。

柏格森明确地提出，科学之所以如此，是因为科学是理智的成果，是建立在理智基础之上的。既然理智不能理解生命，那么科学也不能理解。对于科学与生命的关系，他做了一个有趣的比喻，科学在生命之流上架了一座高大的桥梁，生命的"运动之流"只是在这桥下通过，却不会与它接触。

当然，在科学已经被实践证明具有如此威力的时代，柏格森将科学扔进历史的垃圾堆里是不现实的，甚至只能显示出他的无知。因此，柏格森声明，他根本没有这样的打算，他强调自己同样尊重与维护科学，只不过要限制它的运用领域，使它不至于超越自己它应该的领域而走入歧途。具体地说，科学所不能运用的领域就是生命之流，如果科学想运用于这个领域，那就会走入歧途。

那么，什么才能够理解生命之流呢？柏格森说，是直觉。

直觉的力量　"直觉"这个词大家都知道，它的含义，简单地说就是我们不通过理性的思考而直接地凭感觉认识事物、得到结论。柏格森认为，只有直觉能够使我们认识生命、绵延或真正的自我。

要理解柏格森的直觉，我们首先必须理解"直觉"一词在柏格森那里有两个不同的含义：一是本能，一是直观。

"本能"这词儿与我们平常所称的本能意思差不多，是一个带有浓厚的生物学含义的词。它指的是有机体对目前环境的适应，这是几乎所有生物都有的非常完美的适应环境的能力，而且是这些物种生而有之的。这我们在大自然中看得太多了，例如蜜蜂的六角形蜂巢，其结构之完美令人惊叹，就是人类最伟大的工程师也未必能设计出来。柏格森举了这样一个有关螟蛉的例子，我们中国有句成语"螟蛉有子，蜾蠃负之"。螟蛉就是胡蜂，它总是将卵产在甲虫身上，但既不能让甲虫活蹦乱跳，这样的话甲虫是不会让胡蜂在自己身上产卵的，但又不能即时将甲虫杀死，因为胡蜂要借甲虫的体温慢慢孵出幼虫，而且还要以甲虫的身体作为幼虫的食料。于是乎，胡蜂就采取了这样的法子：它先刺中甲虫，使它麻痹，然后再在它身上产卵。甲虫苏醒过来后，继续干它的事，压根儿不知道身上已经埋下了定时炸弹。然而胡蜂刺时又是何等之难！首先，刺时不能太轻或太重，轻则不能使胡蜂麻醉，重则会刺死它。同时，甲虫有甲壳护身，全身只有一个小地方可以刺击。尽管如此困难，只要找到甲虫，胡蜂下卵却依然是百无一失。怎么样？厉害吧？胡蜂完成这一切如此复杂的工程需要的是什么呢？仅仅是本能！为什么物种有如此之复杂厉害的本能？生物学家们也不得而知。这样的事实告诉我们，本能具有多么重要的意义。这种本能就是柏格森的直觉之一，柏格森说，在这种情况之下，直觉与物种之生命本身是完全融为一体的，这种与生命合而为一的能力也只有直觉才有，理智是断然不能的。

至于直观，它有两个特点：一是与物种合而为一，二是与物种一起永恒不息地运动。

与物种合而为一指的是直观在认识事物时，它总是能够深入其内部，置身于对象之中，和对象合而为一。这是与理智只从外面观察截然不同的认识方式。还有，在进行这种从内部进行的观察时，其实所观察的也是物种内部永恒不息之生命与绵延，因此，直观也要随物种一起不停地运动，永远不能停留。

柏格森认为，这种直观的方法诚然与传统的科学方法大相径庭，但却是了解生命最好的方法。在这种求知方法下面，一切抽象的概念、符号、范畴等几乎都用不着。所以柏格森叫人超出言语、去除符号，要得鱼忘筌、冥通神合地去求取和实用无关、未被科学与理智僵化的知识。

由上可见，虽然直觉厉害得很，但并非是很神秘或者超越的东西，就是像螟蛉那样的昆虫都有，更遑论我们人类了。事实上，直觉是任何生物中都可能有的一种认识之力，它与生命是共存的，只要有生命就有直觉。例如一只猫、一棵树甚至一个小小的细菌，都有直觉。

尽管直觉如此普遍，然而，在理智的遮蔽下，我们却只在极少数的时刻、在十分集中注意力的情况下才能体验之。

在这里，柏格森将直觉与我们后面要说的他独特的哲学概念联系起来了，这就是柏格森哲学最基本、最有特色的概念——绵延。

柏格森认为，直觉是生命当下的内心体验，它使我们能够直接地置身于绵延之中，从事物的核心去直接把握事物。即使我们不知道“绵延”是什么概念，但也可以看出来，在柏格森这里，绵延可以看作是事物或者生命本身，或者事物与生命之核心与本质。

柏格森认为，直觉就这样将自己置身于所要认识的对象之内，以便与事物内部独特的、从而无法外在地表达出来的东西相符合，从而认识之。这种无法表达的东西就是绵延，也是生命本身。

说了这么久的直觉，如果有人问：柏格森先生，你现在给我下个关于直觉的定义好吗？那么柏格森会毫不犹豫地回答：不能！我们不可能给直觉下定义，因为这种下定义的法子是理性的东西，它是不可能用来了解直觉的。这是一。还有，对于我们每个人，直觉都有着不同的含义，由于这种含义是内在于我们的生命之核心的，因而也是无法交流的，正如无法表达一样。

我们能做的不是“认识”直觉，而是“运用”直觉，我们要用直觉去认识生命，将直觉投于绵延之中，直接地去把握时间、运动、生命、自我与一切——这也就是生命哲学之目的。

我们现在就来看看柏格森是如何用他的直觉去理解生命，并且得出了什么样的结论吧！

何谓时间　柏格森是从时间入手开始他的分析的，时间问题也是他思想的核心问题。

时间我们都知道，时间就是生命，时间的持续不断保证了生命的存在，生命的本质就是时间之流，时间长流，生命常新。

这些都是诗意的说法，如果更为具体地说，时间对于我们就是钟表上指针的转动或者太阳的东升西落。

现在的问题是，柏格森也认同这样的时间观念吗？柏格森的答案是：NO！

对于何谓时间，柏格森提出了一个独特的解释。就是他将时间分成两类：一类是科学上的时间，它被分成一个个大大小小的片段，是可以用仪器，例如钟表测量的，这也就是我们日常生活中的时间。

柏格森对于这个时间概念提出了批判。这种时间概念实际上也是牛顿所提出来的绝对的时间观念，认为在物质与运动之外另有一个称之为时间的东西，它独立地、均匀地、永恒地流动着，并且可以进行量度。

柏格森看到了这种绝对时间观的缺陷。柏格森认为，这种时间概念犯了将时间空间化的错误，把空间的概念搬到时间上来了。牛顿的空间学说把绝对空间看作永远不动的容器，在它的里面排列着一个个可以分割的部分，这种观念应用于时间上时就形成了这种科学上的时间，它也把时间看成一个静止的无限可分的空盒子，物体在其中流逝就如像钟表上的指针那样，从这一刻度移往那一刻度。与此同时，在用时间度量物体的运动时，也是像钟表盘那样把时间分割为一个个独立的刻度，所谓运动就成了在一个个刻度上的停留与排列。这样的结果就是各种各样的诡辩与错误。

针对之，柏格森相应地提出了他的另一个时间概念——“纯粹绵延”。

这种作为纯粹绵延的时间有什么特点呢？首先，它是一个纯粹质的过程，也就是说，它没有量的特征。

其次，它是一个完全连续的过程，中间没有、也不能有间断。

再次，它是一个内在的、心理的过程，不可能用外在的手段去“看”它，就像我们看钟表一样。

那么，这两种时间是什么关系呢？柏格森说，这两种时间其实本来都是一致的，时间，本来就是一种感觉，或者直觉，我们每个人都会在心里体验到它。后来，慢慢地，时间被“科学”化了，也就是说，科学借用了物理学上空间的可测量性来测量时间，于是才给时间加上了各种表示间断性和长短的概念，如年月日等等。这样一来，时间是可以测量了，给我们的生活提供了许多方便，然而，在这样一种测量之下，时间却已经不是时间了，而成了钟表指针的转动或者太阳的升落，于是时间就这样被异化了。不过，从这里我们也可以看到，虽然时间被科学异化了，但时间之根本仍然是没有异化、不可测量的纯粹绵延，科学只是给没有间断与片段的时间加上了时间本身并不固有的特性而已。

与时间相联系的是运动。

柏格森认为，传统上认为运动是物体从一个位置移动到另一个位置，而且每一瞬间的位置都是可以计量的，就像空间一样。在这里，位置其实也可以用空间代替，运动就是物体从这一个空间移动到另一个空间。

这种对一般人来说是理所当然的结论对于柏格森就不一样了。他说：这种对运动的表达是错误的，它没有把握真正的运动，就像用钟表计时没有把握真正的时间一样。它错误的原因在于将空间看作是运动的本质，运动就是物体从一个空间移动到另一个空间。不用说，这种测量是通过理性来完成的。在测量运动时，我们的理性就像一架摄影机般，在心灵的胶片之上将纯粹绵延的、没有间断的运动分解成一个个小底片上的静止图像，然后对之进行重新的组合与测量。柏格森说，这样做是错误的，因为运动并不占有空间。

运动对于柏格森哲学的另一种极为重要的意义是，从某个角度上看柏格森哲学整体上都是一种“运动”，柏格森哲学是一种“动”的哲学，这是柏格森哲学总的特点，也是其几乎每一个哲学命题之特点，例如时间、生命、生命冲动、绵延等，它们最根本的特点其实都是一个词——运动。因此，柏格森是从运动或者说“变”的角度去解决他所有的哲学问题的，而了解了运动，也就了解了柏格森解决所有哲学问题的方法。

关于运动，我们下面还要说。总的来说，在柏格森看来，运动是绝对的，静止是相对的，只是我们心灵摄取的照片，但实在本身却是运动的。了解了这个运动，也就了解了实在，并由之能够找到解决哲学问题的方法。

什么是绵延　绵延或者纯粹绵延是柏格森哲学之焦点和最有名的概念，前面所讲的时间与运动等，其本质都可以归结到绵延，甚至柏格森的哲学之整体都可以归结为绵延。了解了绵延也就了解了柏格森哲学。

绵延与前面讲过的几乎所有柏格森哲学的重要概念都有着极为密切的联系，例如时间、运动、自我、直觉等，这些柏格森哲学的基本概念如果考究其核心则只有一样——绵延。例如，时间是一种绵延，而运动无疑也是绵延，直觉则是生命当下之内心体验，正是它使我们能够直接地置身于绵延之中，从事物的核心去直接把握事物。

那么，什么是绵延或纯粹绵延呢？柏格森将绵延看作是一种意识状态的形式。但如果说这就是绵延的全部内容那就大错特错了。事实上，在柏格森这里，绵延几乎就是一切，从时间到运动到直觉到后面要讲的自我与实在，等等，都是绵延。

在这里“时间”起着关键的作用。无论运动还是直觉，或者某种情感，它们都带有时间性，或者说延续性，这是可以理解的。然而，它们之带有时间性并不同于科学的空间化的时间，能够用分分秒秒之类来分隔与分离，而是整个地构成一种“绵延”，即在它们那里，现在、过去与将来的一切互相贯通、互相渗透，融为一体。这就是柏格森绵延的真正含义。

除了时间性之外，绵延之第二个基本含义是运动性。

这种运动也可以称为“变”，我想这是不难理解的，柏格森哲学是最讲“变”的哲学，绵延之为绵延，意味着它是永恒变动的、永远不会有静止的一刻，静止在任何时间都不是绵延的特性，静止只是由我们的心灵摄取的绵延的一张照片，而绵延自己是永远不会停止运动的。

柏格森说，只有在这样持续不断的过程里、在这变动不定的，没有任何稳定或者可以捉摸的东西的绵延里，才有运动的生命的永恒，而没有静止的僵死的永恒。这绵延就像一条河，一条无底亦无岸的河，它没有任何可以确定的方向，它的属性就是“流动”。

绵延的第三个特点则是它是一种不可分割的质的变动之流。在柏格森看来，可分割性只是空间的特性，作为时间、运动与绵延等都是不可分割的，它们永远是一个整体，无论从哪个角度看都是如此。绵延的这种不可分割性使它不能以任何方式被分割开来，包括现在、过去与未来，它没有现在、过去与未来的分割，而是现在、过去与未来的三位一体的连续过程。在这里，过去包容在现在里，同时它们持续于未来。

绵延的第四个特性是，由于绵延只是质的变动之流，是不可分割的，永不静止的，因此，它也是无形无影的。人的肉眼或者任何感官都无法知觉。就像真正的时间一样，请问：我们都知道时间在流逝，但又有哪个看得见它在流呢？就像水一样？

这四种特性是我对于绵延的理解，它也许并不能穷尽绵延所有的特性，绵延所能具有的特性，也许就像这个绵延本身一样，是绵延的。例如，柏格森认为，另一个传统的基本的形而上学概念，实体或实在，同样也是绵延。

意识是一种流　柏格森没有将他对绵延、运动、时间等的认识停留在其本身，在谈完这些之后，他将目标指向了人，将他的这些观念付之于人，来理解人类的自我。

柏格森认为，与时间一样，自我也可以分成双重：一重是外在之我；另一重是内在之我。

外在之我就是我们平常意识到的自我，这自我有三个特点：

一是它是与外界环境相关的自我。这是当我关注着外在行动与外界环境时所体现的自我。这种自我所注意的也只是我的外在行动与外界环境。例如我注意到我此刻正在敲键盘，或者看到轻风正透过窗帘吹拂我的脸。这时，我所感觉到的我就是外在之我。

二是理性之我。柏格森认为理智不能认识事物的真正本质，于是，它所认识的我当然也就不是真正的我了，只是外在的我。

三是语言的我。它的意思就是，凡能够用语言表达的我就是语言的我，也是外在之我。柏格森认为，语言这个东西所能揭示的也就是是理智所能理解的，只是一些有关自我的表层的东西，而那些居于自我深处的东西语言是不能理解、也无法表达的。

与外在之我相对的是内在之我，了解内在之我首先要了解何谓内在之我。

与外在之我相对，内在之我就是不与外界环境相关，只与我的内心状态相关的我，并且不是理智之我，也不是用语言能表达的我。这里也可以用另一句话说，内在之我就是绵延。

我们知道，绵延就是变与运动，永恒不息地变动是绵延最基本的特性。因此，说自我是绵延，即是说自我总是在不停地变化着，随时随地，永不停息。

柏格森给这个永恒不息地运动的自我起了一个好听的名字——意识流。

自我，也可以说成就是自我的意识，也即是说，自我即是意识。这个作为自我的意识与一般的意识不同，它是永恒不息的意识之流，简称意识流。这也就是说，意识这种绵延就像连续不断地流，没有间断，也没有终点，只有永恒的运动。作为连续不断地流，它是自我意识状态的不可分割的整体，每个意识状态中都包含着过去的所有意识状态，又宣告下一个意识状态的产生。也就是说，它是意识过去、现在与将来之三位一体，不是三个组成一个整体，而是三个本身就是三而一、一而三，融为一体。

不过，这种意识之流也并不是一锅稀粥，它也是由许许多多的意识状态组成的，并且是可以了解的，了解的方法就是内省。

柏格森对内省是非常重视的，他认为，当我们抛开外在的一切念头，安静下来，审视自己的内心，进行深刻的内省时，才能够，也肯定能够理解内在的自我，这也是真正的自我。

柏格森认为我们的内心状态是经常变化着的不可测量的绵延，但又是可以通过内省认识的。

在进行内省之时，我们常常将注意力集中在意识之流中的某一个点上，于是就使之显得突出，就像本来是滔滔江水连绵不断的大江之中，突然中间突出了一座小岛，于是我们就将目光集中到它之上，在意识之河中也有这样的小岛，它就是我们在某一时刻内省的中心。当然，这个中心是随时可能变动的，它可能随时出现在我们的意识里，又随时消失，若隐若现，时有时无。

那么，那外在之我与内在之我是什么样的关系呢？柏格森打了一个形象的比喻，他将人的自我比喻为一条大河，河面上泛着一层白沫，这层白沫就有如外在之我，是可见的可感的，并且可以用语言来表达；而白沫下那广阔的河流则相当于我们的内在之我，必须通过深刻的内省才能知觉，就像泡沫之下的河水必须拨开泡沫才看得见一样。

在领会了时间、运动、自我等之后，柏格森的下一个目标是理解生命本身，作为生命哲学，这也就是它终极的目标。

生命何以起源　柏格森关于生命起源及其本质的理论就是有名的“创造进化论”。

柏格森认为，生命是进步的，并且是经由分离而进步的。也就是说，生命就像原子核一样，是经过某种形式的分裂而进化的。为什么会这样呢？这是因为生命内部本来就蕴含了这种分裂之力，就像细胞一样，它内部有一种自然之力促使其分裂、生长，这也是生命本来就有的创造之力。柏格森用“生命冲动”这个词来形容之，为了描述具体的创造过程，柏格森还用了一个生动的比喻来形容，即他将生命冲动的创造行为表示为汽缸的运作，我们知道，汽缸中的气体是冲出来的，并且冲时带着很大的冲力，这正适合于柏格森对生命冲动特征的形容：

生命冲动在产生万物时既有向上地喷出，又有向下的跌落，正是在这种相逆的向上与向下的运动创造出了万物。

更具体地说，生命冲动向上喷发，它产生一切有机的生命——这里的生命仅仅是生命而已，并非具有了生命的生物本身。

生命冲动向下坠落，它产生一切无生命的物质。生命与物质是势不两立的敌人，向上与向下两种运动总是相互牵制。

这两种倾向的交点处则构成生物之有机体，也就是说：它既有了生命，又有了物质之躯体。

柏格森说，世界上的所有物种，从最简单的植物到最复杂的人，都是由生命之流在上冲中所遇阻力之大小、与物质结合的方式及生命在物种内可保留的程度而定。具体地说，植物与动物代表了生命两大分叉形式，在植物这路线上生命冲动又发射了众多支线，于是产生了不同的植物种属。在另外那条路线上则产生了动物，这条路线再分叉又产生了不同种的动物，动物有各种本能，人还有独一无二的理智。

于是，经过这样的过程，生命就完成了它的诞生过程，植物、动物、人类都诞生了，它们诞生之后，就开始了在这个小小星球上的一切活动，包括哲学活动。

柏格森用了许多比喻来形容生命的这种创造过程，例如说生命冲动的创造过程像火箭、像炸药，等等。他又说，在创造和产生新东西的过程中，生命必须与呆滞的物质阻碍力进行斗争，而且为了成功必须运用一切可能的手段，或者说不择手段。在这里生命冲动成了一个十足的马基雅维里主义者。他还说，在这种生命的进化中充满各种失败甚至绝境。更没有平坦的大道可走，经常必须找迂回的路线，经过艰难曲折才能达到目的。不过，由于有永恒内在的生命之力支持着它，生命最后总是能创造，而生命的这种创造过程是一个永无止境的过程。

又由于生命冲动是一种最原始的创造之力，因此它不是一种有目的的创造，它根本没有目的性，因而我们也不能预测它，一切只能遵循生命的自身的“盲目意志”——因为生命冲动确乎是盲目的，并不遵循任何规律。

如果有人非得进一步考问，这个有如此伟大创造力的生命冲动到底是个什么呢？它难道是终极的创造者吗？

柏格森回答："NO！"因为在这生命背后，还有一个伟大的力量，那就是某种"超意志"，它是生命之本原，因而才是生命之终极的创造者。

这个"超意识"，这个万物的终极创造者，不难看出它是某种精神，或者说神，或者上帝。

看得出来，到最后，柏格森已经悄悄地将他的哲学指向了神。

这令我们终于明白了柏格森为什么晚年渐渐地走近了天主教，甚至想接受天主教的洗礼，皈依上帝。也令我们明白了托马斯·阿奎那的一句话：

> 几乎所有的哲学思维都是为了认识上帝……真正的哲学引导人类归向上帝。

第三十八章　胡塞尔：现象学的缔造者

胡塞尔1859年生于当时属于奥匈帝国摩拉维亚地区的普罗斯涅兹，是纯血统的犹太人。

6岁时，胡塞尔开始在普罗斯涅兹的中心小学上学，3年后到了维也纳上中学，但只在那里读了一年就转到了很有名气的奥尔缪兹公学。

在奥尔缪兹，他对功课毫无兴趣，一上课就打瞌睡，成绩自然不会好。经过临时抱佛脚，总算顺利毕业。据说校长向学监报告时，以胡塞尔为例说明这届学生们的成绩不错，因为他“是我们学校最差的学生”。这是1876年的事。

中学毕业后，17岁的胡塞尔上了莱比锡大学。

在莱比锡，胡塞尔很快结识了一个重要的朋友——马利萨克，后来的捷克斯洛伐克共和国总统，他帮助胡塞尔走进了哲学的殿堂，推荐胡塞尔阅读笛卡尔、洛克、莱布尼茨等人的著作。

马利萨克虽然是莱比锡大学学生，但他同时也是维也纳大学教授、著名哲学家布伦塔诺的弟子，他鼓励胡塞尔也去听听布伦塔诺的课。

1878年，胡塞尔与一个叫马尔薇娜·斯坦因施耐德尔的姑娘订了婚。

这年3月，胡塞尔离开了莱比锡大学，到了柏林，在柏林大学哲学系注了册。

胡塞尔在柏林大学的学业持续到了1881年，这年3月他又转学到了维也纳大学，1883年初获得了哲学博士学位。

1883年10月，胡塞尔根据奥地利的征兵制需服役一年，服役期满后他又进了维也纳大学，拜在布伦塔诺门下。

布伦塔诺（1838—1917）是德国著名的哲学家、心理学家、意动心理学派的创始人，他有好几个杰出的学生，例如胡塞尔和弗洛伊德。

布伦塔诺对胡塞尔也深表欣赏，他这时候似乎已经隐隐看出来了，年轻的胡塞尔将接过他的哲学接力棒。1886年时他就邀请胡塞尔与他一起到圣吉尔根的沃尔夫岗湖度假，令胡塞尔终生难忘。

1886年，胡塞尔受马利萨克的影响，终于接受了基督教福音教派的洗礼，成为基督徒，也就在这年10月，胡塞尔离开维也纳大学，来到了哈雷大学。第二年5月，他向哈雷大学提交了任教资格的申请书，不久通过了考试和试讲，获得了大学讲师资格。

1887年8月，他与马尔薇娜结婚了。她比胡塞尔小1岁，也是犹太人，她倾力支持胡塞尔的哲学研究，是他最坚实的后盾，她为胡塞尔所提供的温馨宁静的家庭环境对于胡塞尔的事业无疑是极为重要的。

这年秋天，胡塞尔出版了他的第一部著作，就是由他的大学授课资格论文扩充而成的《论数的概念》。

这时他只是大学的私人讲师，没有固定薪水，因此经常阮囊羞涩，不过他们夫妻俩都是安贫乐道的人，过着清贫而充实的生活。

1893年，胡塞尔终于从政府得到了一份为期一年的编外讲师资助，缓解了经济上的窘境。第二年3月，胡塞尔所在的哲学系第二次提名他为教授资格候选人，但再次被教育部拒绝了，理由是没有名额，到这年8月，胡塞尔终于成了“候补教授”。

1898年，其经典之作《逻辑研究》第一卷完成了初稿，第二年底终于出版。

1901年，胡塞尔得到了一个好消息：政府决定给哥廷根大学增设一个正式的副教授职位，并决定将这个职位给予胡塞尔，这时候胡塞尔已经当了14年编外讲师了。这年3月，《逻辑研究》第二卷也出版了。

不幸的是，当教育部正式任命胡塞尔为哥廷根大学副教授时，哥廷根大学拒绝了。这样的拒绝令胡塞尔很伤心，也是对他自尊心的打击。但在教育部的坚持之下，哥廷根大学被迫妥协了。1901年10月，胡塞尔到达了哥廷根大学。

这时候《逻辑研究》已经开始产生影响了，许多年轻的哲学爱好者们为这种新颖的哲学思想所打动，纷纷来到哥廷根大学，聚集在胡塞尔身边。更让胡塞尔高兴的是，他得知在慕尼黑大学已经有许多人在关注他的哲学，他们自发地组成了小组，专门研读胡塞尔的《逻辑研究》，后来这些人形成了所谓的“早期慕尼黑现象学派”。

1905年时，政府教育部向哥廷根大学提议任命胡塞尔为教授，但哥廷根大学当局又拒绝了，理由是他们认为胡塞尔的学术水平还不够资格当正教授，这令胡塞尔感到伤心又无奈。

这年，从慕尼黑来了好几名学生，他们专门来跟胡塞尔学习。有了这些可以称之为弟子的学生，胡塞尔已经隐然形成了自己的学派，它后来被称为“哥廷根现象学派”。

1906年，胡塞尔终于修成正果，被教育部正式任命为哥廷根大学的教授。当上教授在当时的德国可是一件大事，它的任命是由国王亲自宣布的。

此后，作为教授的胡塞尔生活方式有了不小的改变，身为尊贵的教授，他的薪水丰厚，需要上的课也不是那么多了，可以每年都抽出一段时间到外面旅游休息，拜访朋友，进行学术交流。1912年，他被普鲁士国王授予“四级红鹰勋章”，作为对他哲学研究成果的奖励，这是一个哲学家难得的荣誉。

1913年，胡塞尔与他思想的一些支持者与传播者，如舍勒、普凡德尔等创立了一份专业刊物《哲学与现象学研究年鉴》，成为宣传现象学理论的重要基地。

1914年，第一次世界大战爆发了，他的两个儿子被征召入伍，开赴前线。第二年初，小儿子沃尔夫冈在前线被枪弹击中肺部，生命垂危，胡塞尔亲自到比利时前线，将他从野战医院接回了家，悉心照料。

这年，他被任命为皇家科学考试委员会的委员，这是一个有相当学术地位的职位。1916年，胡塞尔接到了一项更加重要的任命：接替李凯尔特的弗莱堡大学哲学教授职位。这可不是普通的教授，而是讲座教授，可以说是任何哲学家可能得到的最好职位了。

这时他已经在哥廷根大学工作了整整15年，离开时已经57岁，步入了老年。

在弗莱堡的日子可以说是胡塞尔一生的第三个阶段，就像哈雷大学和哥廷根大学分别是第一和第二个阶段一样。

胡塞尔在1916年4月抵达了弗莱堡。

这时候的胡塞尔已经名声在外，他在弗莱堡大学受到了充分的重视，被任命为哲学考试部的负责人，又当选为海德堡科学院的候补委员，还成了巴登大公国的宫廷参事。

1918年，胡塞尔由于为弗莱堡的“参战者培训班”做了精彩的哲学演讲，演讲的内容是德意志的爱国者兼著名哲学家费希特的思想，普鲁士国王兼德意志帝国皇帝授予他“援战服务十字勋章”。

在这年的冬季学期，胡塞尔在弗莱堡大学成立了“现象学协会”，这是第一个正式的现象学学会。

这时候，第一次世界大战已经结束，他的现象学已经为世人所公认，他拥有了众多的支持者和出色的弟子，例如英伽登和海德格尔，尤其是后者，胡塞尔见到海德格尔后不久就发现了他非凡的哲学天才，认为自己终于找到了“衣钵传人”。1919年1月，他请系里让海德格尔担任了他的助教。

1919年4月是胡塞尔的60大寿，众多学生为他举办了一个热闹的生日庆祝会。几天之后，弗莱堡大学任命胡塞尔为哲学系系主任，同年8月，波恩大学法律系在其100周年系庆上，授予胡塞尔荣誉法学博士学位，这是胡塞尔获得的第一个荣誉学位。

1922年6月，胡塞尔应邀去剑桥讲学，第二年又应约为日本的一家著名杂志《改造》写了好几篇文章，这表明胡塞尔的思想已经得到广泛传播。

这年他还接到了柏林大学的邀请，弗莱堡大学和巴登公国当局得到这个消息后，都竭力挽留胡塞尔，胡塞尔有感于他们的盛情，又觉得在弗莱堡生活得很好，便婉言谢绝了柏林方面的邀请。

到1926年，胡塞尔已经67岁了，他最得意的门生海德格尔在这年4月将他的划时代的哲学著作《存在与时间》题献给他。然而胡塞尔阅读这本书后并不高兴，因为他分明地看到，他的大弟子已经偏离了他的现象学方向，而走向了他途。不过他并不打算因此而压制他，胡塞尔是个胸襟如海的人，能容忍异见。

1928年2月，胡塞尔正式退休，并推荐海德格尔接任他的职位。

退休后，他还在弗莱堡大学上了最后一年的课，讲授了《现象学问题》，他的最后一批学生里面有马尔库塞，后来法兰克福学派的代表人物之一。

1931年，他用法文出版了名作之一《笛卡尔的沉思》。次年，著名的“法兰西伦理学与政治科学院”授予他荣誉院士称号。

这时候，胡塞尔在哲学界已经誉满天下，经常有来自欧美各地甚至包括东方的日本等国的学者前来拜访，有的是向他请教，也有的只是为了一睹这位当世伟大的哲学家的风采。这一切让胡塞尔的生活很是繁忙。胡塞尔是个谦逊又不乏热情的人，总是尽可能地接待这些远道而来的访问者。

1933年，这种好日子到头了，因为纳粹上台了，这就注定了犹太人胡塞尔晚年的日子不会好过。

他不久开始遭到政府的迫害，以前经常来看他，向他请教的学生和朋友们也基本上消失了，包括海德格尔。只有芬克在胡塞尔的整个晚年都陪伴着他，是他最亲密的助手。

1936年1月，胡塞尔被强制解除了教学许可，紧接着又强令胡塞尔退出哲学组织。

1937年8月，胡塞尔在洗澡时摔倒，从此只能在护士的照料下生活。

胡塞尔死于1938年4月27日凌晨，遗体在弗莱堡火化，并被安葬在这里，他的墓地如今已经成了哲学爱好者们朝拜的圣地。

第三十九章　胡塞尔的理解现象学

专业的现象学研究是非常复杂的，相当难以理解，因此我们在这里只引导大家对现象学有一些初步的了解，打个比方说：我们只是站在现象学迷宫的入口处往里瞄上几眼，仅此而已！而且，我也并不主张大家走入这个迷宫进入深入的探究。

如果将现象学理论比作一座房子，那么它的基石就是意向性及由之而来的意向性行为。

意向性是现象学的基石　所谓意向性，简言之就是“意识行为有所指向的特性”，相应地，意向性行为就是具有有所指向的特性的意识行为。这有所指向的特性是人类意识的基本特征，也是胡塞尔进行哲学思考的起点，他正是从意向性行为入手而对意识进行分析的，并由此进一步深入思索，找到了现象学最主要的方法——现象学方法。

意向性行为的第一个特点就是所有意向性行为都要么是对象化的，要么有一个对象化的行为作为基础。也就是说，对象化包含在所有意向性行为之中。所谓对象化，就是说人的意向性行为总指向某一个对象，通常是看得见的对象，来表现这一行为。这个对象化其实已经包含在意向性这个概念之中了，因为意向性就是意识行为有所指向的特性，在这里，这个“有所指向”后面还暗含着一个词——对象，因为有所指向，当然就是指向某一个对象，这是不言而喻的。

我们可以用更加通俗的话去理解：人的意向性行为，例如想、看、回忆等等，它们当然会指向某一个对象，也就是说去想、去看、去回忆什么，这是不言自明、理所当然的。胡塞尔说：正因为意向性行为有了这个想的什么、看的什么、回忆的什么，这个意向性行为就成了一种对象化行为。

当然，有时候，某些对象化行为好像并不指向对象。某些情感，例如我今天很高兴、很烦等等，虽然是意向性行为，但并没有指向某个对象，我并不为什么感到高兴、也不为什么感到忧愁，就是莫名其妙地这样。但即便这样，我们仍然可以说这是一种对象化的意向性行为，只是这对象我们可能并不知道罢了。就像俗话所言：世界上没有无缘无故的爱，也没有无缘无故的恨，只是其原因可能并不知道而已，总之也是一种对象化的意向性行为。

胡塞尔认为，在一个意向性行为里，除了对象化的特性外，还具有一种意向性的本质。意向性是理解意向性行为的钥匙。

什么是意向性的本质　所谓意向性的本质，胡塞尔指的是两样东西：质性与质料，它们是任何意向性行为所不可或缺的组成部分。

什么是质性呢？质性指的是一个意向性行为之所以成为这个意向性行为的东西，或者可以这样说：质性是意向性行为的某种内在规定性，正是这种内在的规定性使意向性行为不致成为另外一种意向性行为。例如判断与意愿这两种意向性行为，它们一定具有某种内在的规定性使一个判断成其为判断而不是推理，使一个意愿成其为一个意愿而不是判断。我们也可以举个更加通俗的例子来说：我为什么是一个人而不是一只猫或者一架飞机、是一个男人而不是一个女人呢？那是因为我身上肯定有某些东西，例如属性，使我是一个人而不是一只猫或者一架飞机、是一个男人而不是一个女人。我想这不难理解吧？这些东西就可以说是某种“质性”了。

从上面的分析可以看出，那些具有相同质性的东西就是同类的东西，例如如果“某东西”具有了使我成为一个人而不是一只猫或者一架飞机、是一个男人而不是一个女人的相同的质性，那么那“某东西”将像我一样是一个人。就意向性行为而言，例如“太阳是天体”和“儒艮是一种动物”这两句话，它们是有相同质性的，为什么呢？因为它们都是判断，必定具有某相同的质性使它们都成为判断。

什么是质料呢？相对于质性而言，质料则是使某个意向性行为成为其自身的东西。要注意的是，在这里，这个成为其自身并不是某种质性，而是其本身。例如吧，我说“太阳是天体”，这是一个判断，这是太阳的质性而不是质料。我又可以简单地说一个词“太阳”，这当然不是一个判断，因此，“太阳”与“太阳是天体”显然质性是不同的，一个是名词，一个是判断句，但它们的质料却相同，指的都是太阳。

于是，我们大致可以得出这样的结论：相对于质性而言，质料是基础，因为一个行为可以质性不同，但它的意义却因为质料而保持不变。

我们还可以看出来：对于一个意向性行为而言，质料比质性具有更为根本的意义，更能够揭示意向性行为的性质与本质。我们可以来看一个例子：

“太阳是天体”和“儒艮是一种动物”，这两个判断具有相同的质性，它们都是判断，但知道“太阳是天体”和“儒艮是一种动物”是一个判断这个质性的意义是很有限的。这两个判断的意义明显不同，一个指的是太阳，一个指的是儒艮，而质料指明的就是这一点，这是这个判断的基石。

从上面我们不难看出来，每一个对象化的意向性行为都是对象化的，因此都具有对象化这个特征，但并不说明它们只具有一个质性，而是具有多个甚至无限个可能的质性。就像所有的人都是动物，同时，所有的人都是哺乳动物，都是灵长类动物，如此等等，但它们的质料却是唯一的，就是人。我们可以这样近似地认识意向性行为的质性与质料：质料就是这个意向性行为本身，质性则是它的性质。不难看出来：质料是唯一的，而质性不是唯一的。就像胡塞尔自己所举的关于三角形的例子一样，这是一个等边三角形，当我们看它的边时，它就是等边三角形，但当我们注意它的角时，它就是等角三角形。这里的质性是不同的：等边和等角，但质料是相同的，都是同一个三角形。

类似地，我们可以对一个对象产生许多意向性行为，例如对一朵花下判断：这是一朵花，也可以提问：这是一朵花吗？还可以表达希望：我希望这真是一朵花（因为它看上去有些像假花）。也就是说：在这些意向性行为里，质料相同而质性可以不同。

但同样地，当意向性行为的质性相同时，质料也可以不同。这就像我们前面指出的例子一样，“太阳是天体”和“儒艮是一种动物”这两个判断具有相同的质性，但它们的质料是不同的：一者是太阳，另一者是儒艮。

总之，对于一个意向性行为，质性与质性是不可分的，它们共同构成了一个意向性行为的意向性本质。

充盈与立义形式　除了质性与质料外，与意向性行为相关的还有充盈与立义形式。我们先来谈充盈。

充盈是意向性行为的一种“体现性内容”，它跟充实与直观相关，即指意向性行为在直观中的展示性内容。这时候您也许会问：意向性行为的展示性内容难道不就是它的质料吗？例如我们说太阳是一个天体，难道在直观中展示出的内容不就是太阳吗？难道还有其他？这也就是询问：在意向性行为中，意向性行为的质料——即被展示的内容——是否与意向性行为在直观中的展示性内容是一致的？

答案是：当然不一定，也就是说，充盈与质料不一定是一致的。这样就出现了两种可能的情形：一个意向性行为的质料——即被展示的内容——与充盈——即展示性的内容——是一致的，这时候，我们就说这个意向性行为得到了“充实”。

我们还是举个例子吧，我们看到墙壁上画着一样东西，便说：“那看上去像一头牛”，这里的牛就是意向性行为在直观中的展示性内容，即充盈了，也就是说：墙上画着的东西在直观之中向我们展示出来的是一头牛。

这时候，我们再仔细一看，发现那画着的的确是一头大水牛，我们就说：“那的确是一头大水牛呢！”这时候，意向性行为的质料也是一头牛，于是我们就说，在意向性行为的质性与充盈之间是一致的，即这个意向性行为得到了“充实”。

与充实相反的叫“失实”。也就是说，一个意向性行为的质料——即被展示的内容——与充盈——即所直观到的展示性的内容——是不一致的，这时候，我们就说这个意向性行为是“失实”的。例如我们在墙上看到画着另一个东西，我说：“那是个人。”但更仔细地一看，原来不是，便说：“不，那是只猴子。”这时候，显然地，我们前面的意向性行为是一种失实，即我们意向性行为的质料——这里是一只猴子，与所直观到的展示性内容——这里是一个人，是不一致的。因而我们的意向性行为也就失实了。

下面是一幅图，它形象地描述了上面关于充实与失实的情形：

从上面的例子中我们还可以看出来，意向性行为的充盈是一个过程，一个证实与否证的过程：充实就是证明，失实就是否证，这当然也是一个认识的过程，我们的认识正是在这种对意向性行为的充实与失实的证明之中进行的。

除了质性、质料与充盈之外，对于意向性行为还有另一样与之相关的内容，即意义的给予，或称立义。立义就是给一个意向性行为以意义，又可称为意指、质料的给予等。

立义是一个意向性行为的基本特征之一。我们知道，一个意向性行为本来就是意义有所指向的意识行为，它必然会给出某种意义，这是不言而喻的。不过，在这里，我们所强调的不是立义本身，而是立义的形式。也就是说，我们用一种什么样的形式去表达这个意向性行为。例如我看到一条小狗，这是一个意向性行为，在这里，立义的形式就是看到；我用手指着那条狗，这也是意向性行为，这里的立义形式就是用手指；我说："看，一条小狗！"这意向性行为的立义形式就是言语了。

到这里我们已经探讨了意向性行为四个方面的内容：质性、质料、充盈、立义的形式。为了更清楚地说明它们之间的区别，我们用几个例子来集中地说明它们。

第一个例子是：

我仿佛看见墙上有个斑点，我可能相信我看到了一只蜘蛛，也可能根本不在意看到了什么。这两种情形之间存在着质性的差别，但质料却是一样的。

上面有两个意向性行为：一个是我在墙上看到了一个斑点，并且我相信我看到了一只蜘蛛；一个是我虽然在墙上看到了一个斑点，但不在意看到的是什么。这两个意向性行为里，质性显然是不同的，一者是相信看到了蜘蛛，一者是不在意看到的是什么。但它们的质料却是一样的，都是那同一个斑点。

第二个例子是：

我相信我在墙上看见了一个斑点，然后又看见旁边还有另一个稍小的斑点。这两个意向性行为在质性上相同，因为我都相信它们的存在，但质料却不同，因为我们看见的是两个不同的斑点。

第三个例子是：

我看见较远处墙上有个斑点，我走过去一看，原来是只蜘蛛，这两次看的质料与质性都是一样的：质料都是所看见的那同一个对象，斑点即蜘蛛，质性也是一样的，都是我看见了什么。但明显地仍然是两个不同的意向性行为，它们的不同在于充盈不同。充盈就是意向性行为在直观中展示的内容，前面我看见一个斑点的意向性行为中，意向性行为在直观中展示的内容是斑点。后面我看见是一只蜘蛛的意向性行为中，意向性行为在直观中展示的内容是蜘蛛。

第四个例子是：

我看见了一只蜘蛛，我便说："我看见了一只蜘蛛。"在这里，意向性行为的质性与质料都是一样的，都表示我看见了同一只蜘蛛，但立义形式却是不一样的：前者是一种动作，后者却是言语。

我们前面说过，立义形式就是以一种什么样的形式去表达意向性行为，或者也可以说，是意向性行为的对象是以一种什么样的形式被表现出来。在这四个例子里，立义形式也各有特色。

在第一个例子里，意向性行为的对象是以一种符号性的形式——斑点——表现出来，之所以称它是一个符号，是因为我们在这个意向性行为里并不真的认为所看到的是一个斑点，而是认为可能是一只蜘蛛或者别的什么，总之不仅仅是一个斑点，斑点在这里只是那个别的东西的符号。这也就是说，在这个例子里，立义形式是符号性的。

在第二个例子里，意向性行为的对象是以一种直观的形式表现出来的：我在墙上看到了两个斑点，而且确实只是两个斑点，并不是别的什么东西。这也就是说，在这个例子里，立义形式是直观的。

在第三个例子里，意向性行为的对象先是以一种符号的形式——斑点——被表现出来，然后就被以直观的形式表现出来：我看到了是一只蜘蛛。这时候，我们可以说立义的形式是混合性的。

在第四个例子里，立义形式明显地也是直观的。

从这几个例子里，我们可以总结出来立义形式一共可以分成三类：符号性的、直观性的、混合性的。

什么是现象学的方法　胡塞尔的现象学可以分成两部分：作为哲学的现象学与作为方法的现象学。

前面我们所进行的是对意向性行为的分析，指出了意向性行为的特征、本质与类型等，让我们了解了意向性行为，但这是远远不够的。我们之所以要理解意向性行为，主要目的并不是理解而已，而是要学会具体地分析意向性行为。现象学的方法就是用来为这一目的服务的。

整体来说，现象学的问题可以分成两种：本体论问题与形而上学问题，与之相对应，现象学的方法也可以分成两种：本质直观的方法和先验还原的方法。

本质直观的方法又可称为本质还原的方法，顾名思义，其目的是发现本质，包括本质的特征、规律与结构，等等。

先验还原的方法则是用来解决胡塞尔所称的形而上学问题，也就是关于“存在”的问题的方法。

与这两种方法都有密切关系的则是“悬搁存疑”。

悬搁存疑是胡塞尔最有独创的思想方法之一。从它的字面我们就可以猜测它大体的意思：悬搁存疑就是将什么东西悬起来、挂起来、搁到一边，并且对它保持一种怀疑的态度。在现象学的研究方法中，它主要的特色就是不以任何假设为前提，而对于一切有可能产生怀疑的东西，现象学绝不以之作为其理论的基础。这样，胡塞尔认为，其理论就会奠基于磐石之上，绝对可靠了。

这样做是为了给现象学研究寻找一个可靠的开端，因为将一切不确定的、间接的东西放到一边后，剩下的就是确定的、直接的知识了。这就像给我们一盒子饼干，里面有好的也有坏的，拿掉坏饼干之后，还剩下的当然就是好饼干了。

现象学的第一种方法：本质直观 我们现在来讲现象学的第一种：本质直观方法。

胡塞尔认为，不但个别的物可以直观，一切本质的东西同样可以被直观。这种本质是非经验的、没有任何预先假定的本质，本质直观就是用直观来察知这种本质。

具体而言，本质直观的方法就是“面向事物本身”，这是胡塞尔提出的著名口号，直到今天都喊得很响亮，其意思是明白的：就是要面对事物本身、思考事物本身，而不是代替之的其他东西，例如自称为真理的各种理论与想当然的各种前提。胡塞尔称这“面向事物本身”是“一切原则的原则”。

这里要注意的是：“面向事物本身”中的事物与我们平时所讲的物体是不同的，而是一种“纯粹现象”，胡塞尔认为它才是认识的正当源泉。胡塞尔之所以要将物体与纯粹现象区别开来，是因为我们对于物体的认识往往带有许多先入之见，例如想当然地假定了其存在等，而这恰恰是本质直观中所要避免的，纯粹现象却可以避免这些问题，因为它是在直觉中原初地提供给我们的东西。

胡塞尔认为，为了面向事物本身要做到两点：一是部分中止判断，二是先对个别的东西进行直观，再使其共相清楚地呈现于我们眼前。

所谓部分中止判断就是对所直观的对象是否“存在”悬搁存疑，专注于所见的现象本身——这种没有被假定“存在”的现象也就是纯粹现象。用一个通俗的例子说吧，例如我们的确看见了某个东西，无论这个东西是什么，你说是某个物体也好、妖魔鬼怪也好、UFO也好，你都可以对之进行本质直观，你可以这样对自己说：“我才不管它是不是存在呢，反正我看见了这样一个东西。”

为什么要将存在从直观的对象中剥离出来呢？这当然是因为胡塞尔认为“存在”本身就是一个必须商榷的东西，它只是一个假定，是必须悬搁存疑的东西，而本质直观是必须建立于没有任何假定的东西的基础之上的，它不能有任何假定。在悬搁存疑了事物的“存在”之后，我们所注意的就只是事物向我们呈现的东西。

那么，事物向我们呈现的是什么呢？就是现象，是一种“纯粹的现象”，这种纯粹的现象之中绝不包括存在，因为存在并没有在这种纯粹的现象之中呈现出来。

在这里理解起来也许有点儿困难，觉得这个没有“存在”的纯粹现象有些神秘。

其实一点也不，只要我们去掉平日想当然地搁在脑子里的“存在”这个概念就是了。其实存在真的不是事物一个不言而喻的、理所当然地具有的属性。如果这样的话，那么许多古今伟大哲学家，例如贝克莱和胡塞尔，就是连常识也不懂的白痴了。但我们要知道，他们绝对不是白痴呀！他们这样说肯定是有道理的。不信的话，我现在就可以举例来对任何事物的存在提出质疑。例如现在我们面前有一张桌子。我们看到了一张桌子。我们能够说这张桌子存在吗？当然不能，因为我们只看到了一张桌子，并没有看到存在！难道桌子就是存在吗？当然不是。也许有人会这样说：我们看到了，就证明它存在。那么，我要问：难道看到了就能够证明它存在吗？有两个办法可以否定这样结论：一是凭什么说看到了，就证明它存在呢？请给出个理由，但请不要说：因为我看到了，所以它存在。因为这“看到了，所以存在”恰恰就是被要求证明的东西。如果拿这个作为证明的理由，那就是典型的循环论证了。二是看到了什么东西并不能证明其存在。例如我们晚上在梦中看到了许多东西，我们能够说那些东西存在吗？还有无数人说他们看到过鬼魂、天使甚至上帝，等等，能够说这些都存在吗？当然不能，因此看到并不能证明存在。用类似的方法我们还可以否定以听到、摸到某物等来证明其存在。总之，存在的确是一个需要悬搁存疑的对象，当我们进行哲学与现象学的沉思时，必须将之作为一种不必要的假定排除出去。

剥去了存在这个属性之后，事物将以一种什么样的方式呈现在我们面前呢？就是纯粹的现象了。也就是说：事物就是你面前能够直观到的东西，除此而外，别无其他。例如，我看到面前有一朵红花。现在你问：“你看到了什么？”我就这样回答：“一朵红花。”仅此而已！或者说，我所看到的就是一朵红花这个现象，这个纯粹的现象，它是不是存在绝不在我们的考虑之列，我看到了一朵红花，仅此而已，岂有他哉！

如前所言，在部分中止判断之后，我们在面向事物本身中要做的第二步就是：先对个别的东西进行直观，再使其共相清楚地呈现于我们眼前。现象学所研究的本质是事物共同的本质，即共相，这共相必须从直观个别事物、并且是直观个别事物的本质开始。

这句话也许会让人迷惑：本质就这么容易直观吗？你说直观就直观！要知道多少古今大哲一辈子在研究事物的本质，到两腿伸直了还没看出个所以然呢！难道你胡塞尔一声直观它就老老实实地出来呈现在你的眼前了？

的确如此！在这里，胡塞尔又有一个鲜明的创造性的观念：现象就是本质，本质就是现象。也就是说，我们前面在中止判断之后所看到的纯粹现象就是事物的本质。

在上面的例子中，我看到了一朵红花，仅此而已，岂有他哉！这朵红花的本质就只是我看到的这朵红花，其他一切个别事物的本质同样如此，除此而外，岂有他哉！

通过对个别事物本质的直观，我们就能够将目光集中于事物向我们直接显现的东西，这就是"纯粹现象"，这也就是事物的本质。在这个基础上，我们下一步就是使事物的共相呈现在我们眼前，而使事物的共相呈现于我们面前是面向事物本身要做到的最后一点。

怎样才能从个别事物出发去寻找共相呢？就是我们注视许多特殊的事物，对它们的属性进行比较，丢掉只为单个事物所有的，而留存所有事物的共有的特性。要做到这点其实也不难，我们还是举个例子吧！我们看看周围，看看那些具体的事物，像桌子、花瓶、书本、小狗、空气、水，等等，甚至还可以想象一些东西。我们对这些东西进行比较，看看哪些特性是个别事物才具有的，哪些特性是任何东西都具有的，然后排除个别东西才具有的。例如固定的形状，桌子与小狗有，但空气没有，所以固定的形状必须排除。类似地，还有硬度、颜色、气味，等等，都可以排除。

这样一步步地前进，经过若干次任意改变之后，直到不是物质的东西为止，我们就会发现剩下的属性是任何物质都必须具有的了。这时候，我们会发现，这些所有物质都具有的共相就是时间与空间，也就是说，任何物质都必须占有时间与空间，否则就不是物质了。

至此，我们完成了对事物的本质直观，面向事物本身找到了事物的共相。

这种寻找共相的过程除本质直观外，还有另一个名称就是本质还原，这种本质直观的方法也就是本质还原的方法。之所以称为本质还原，我们可以这样理解：就是将事物的本质从个体的事物之中还原出来。

现象学的第二种方法：先验还原　前面我们说过，现象学的方法有两种：本质直观的方法与先验还原的方法，我们已经讲过了本质直观的方法，那么，先验还原的方法又是怎么回事呢？

先验还原的方法主要就是用来解决在前面被我们悬搁存疑起来的存在问题，这也是现象学中的形而上学问题。

要讨论先验还原，我们先必须讨论先验还原中的"先验"一词。

所谓先验的意思就是说，在研究存在者及其规定性之前，我们必须先研究认识是如何可能的问题。先验表示的就是它所研究的不是认识的对象，而是对研究对象的认识方式本身，并且这种研究是用一种不依赖于经验的方式进行的。因此，先验中的"先"字可以解释为"先于"的意思，"验"是经验，于是，先验就是先于经验、在经验之先，表示我们所要研究的对象是在经验之先的。

我们还要注意的是，在这里的先于不是超越的意思，先于经验不是超越经验，只是说明我们在研究经验之前，先研究一下这经验是如何可能的。我可以举个类似的例子：夏夜，我们坐在窗口边，我说："看！好多好美的星星！"与我坐在一起的刚好是个眼科大夫，对于人的眼睛深有研究，她说："我们先且不看星星，先来看看眼睛怎么可能看到星星的吧！"于是她从生理学的角度解释了眼睛的构造，像视网膜、瞳仁什么的，以解释为什么眼睛可能看到星星。我们在这里探讨先验时也是一样，是在进一步探讨经验之前，先来探讨一下经验是如何可能的。

从上面的陈述中我们可以发现先验还原的方法中实际上包含了两个问题：一是在本质直观中悬搁存疑起来的存在问题，二是经验如何可能的问题。我们下面会看到，这两个问题实际上是统一的，都可以由先验还原来完成。

先验还原的第一步就是找到一种极明白的、无可怀疑的东西，从它出发去构造其余的一切。那么，这个无可怀疑的究竟是什么呢？找到这个东西是先验还原的第一步。

胡塞尔说，这不可能怀疑的东西不可能是我或外在世界的存在。因为这恰恰是要被怀疑的，要被悬搁存疑的。我们看到的一切，包括我自己，都可以被认为是假象，就像在梦中我们看到了会飞的自己、看到了一个精彩得要命的世界，但那些其实都是并不存在的。

在这一切的存在都可能被怀疑之后，还有一样东西是无可怀疑的，那就是意识本身。我们可以怀疑在梦中看到的一切都是不存在的，但却不能怀疑你做了梦这个事实，就像不能怀疑我在怀疑一样。而这一切都是意识。我们都听说过"庄生夜梦迷蝴蝶"的故事：庄子夜晚做梦，梦见自己变成了一只蝴蝶，在快快乐乐地飞。醒来时，他突然产生了这样的怀疑：到底是庄生昨晚梦见自己变成了蝴蝶呢，还是蝴蝶今晚梦见自己变成了庄生？庄子的怀疑在哲学上的确是可以成立的，就像我们可以随时哲学地怀疑自己的存在一样，这也正是胡塞尔所做的。但有一样东西却是庄子也不能怀疑的，那就是这里的确做了一个梦，这个梦就是意识，这个意识的存在是无可怀疑的。

不难看出，胡塞尔在这里采取了笛卡尔式的怀疑方法。不过，胡塞尔通过这种怀疑方法达到的结论却与笛卡尔迥异。我们知道，笛卡尔通过"我思"得出的结论是"我在"，并继而得出上帝和世界存在等结论。但胡塞尔不这样认为，他说，笛卡尔由无可怀疑的我思出发是对的，但他得到的结论却是错的，从我思出发得到的结论不应当是作为肉体的我的存在，而应当是"意识"（思）的存在和进行这个意识（思）的自我的存在。而且，这里的自我并不是那个肉体的自我，而是一个纯粹的意识的自我。

同样不难看出，这里的这个自我与意识是明显地先于经验的，正如它先于肉体的自我一样，亦即它是先验的自我和先验的意识。这个先验的自我与先验的意识就是经过彻底的现象学中止、没有依托任何假设而得到的纯粹的自我与纯粹的意识。这个纯粹的自我与纯粹的意识实际上是两位一体的，因为这个纯粹的自我既然不是肉体，那么它就只可能是一种意识，是一种纯粹的意识的自我，即是一种纯粹的意识。

通过这样的方式得出来的纯粹意识无疑是绝对可靠的，它将成为胡塞尔现象学的基础，通过它可以构造出其余的一切。

这里要注意的是，这个“先验”中的“先”并不包含着时间在先的含意，先验的自我与先验的意识并不是说它们是先于肉体的自我与经验而诞生的，就像它是经验与肉体的自我的父亲或哥哥一样，而是说，它的存在要比肉体的自我和经验先得到证明。

至此，我们完成了先验还原的第一步，就是找到一种极明白的、无可怀疑的东西，这个东西就是先验的自我与先验的意识，也可以称为纯粹的自我与纯粹的意识，或总称为纯粹意识。现在我们下一步要做的是从这个纯粹意识出发去构造其余的一切。

首先我们要说明的是，胡塞尔认为，这个纯粹意识不是一个单纯的意识，而是一个纯粹意识域，是一种意向性结构。这是不难理解的，纯粹意识、纯粹意识域、意向性结构三者都没有脱离意识这个范畴，作为意识，它当然可以构成一个意识域；作为意识，它当然是意向性的；而作为意向性，它当然可以有自己的结构。于是，纯粹意识便自然地过度到了纯粹意识域与意向性结构。

说明了这个纯粹意识域之后，就可以开始说明纯粹意识域的意识活动的构造工作了。

胡塞尔认为，在纯粹意识域之中包含着原初地获得的印象、回忆、展望等自明的意识行为。

这句话听起来有些牵强，但却是有其道理的。我们知道，纯粹意识并不是一个单纯的不可分的概念，就像意识不是单纯的不可分的概念一样，它亦有自己的构造，而印象、回忆、展望等无疑都属于意识范畴，它们当然可以成为纯粹意识的组成部分。不过，在这里，印象、回忆、展望由于都属于纯粹意识，它们并不能带有具体的内容，既没有什么具体的印象，也不具体地回忆或展望什么，只是纯粹的印象、回忆、展望的意识而已。

这种不包含具体的内容，只作为纯粹意识的印象、回忆、展望其实是不难理解的。我们只要看看就知道了。例如现在，我看到印象、回忆、展望这三个词，我知道这三个词的含义，但我脑子里真的感到什么给我留下了印象，或者回忆和展望了具体的什么吗？当然不一定，也就是说，我们完全可以看到且理解印象、回忆、展望这三个表示意识的概念，然而它们之中并不包含什么具体的内容，也就是说，它们只是纯粹的意识。

现在，我们再来分析一下印象、回忆、展望这三个词的含义，看它们有什么特色。请注意，我们在进行这种分析之时，绝不能够将任何具体的内容渗入其中，即绝不能留下什么印象——即使面前站着的是绝色美女也不能，也不能回忆什么，例如回忆这个美女的倾国倾城之色，也不能展望什么，例如将来和她花前月下、海誓山盟、双宿双飞，等等。我们只分析这三个纯粹的意识的概念。这时候，我们可以在印象、回忆、展望三个概念中发现什么呢？

发现时间！

什么给我们留下了印象？是现在！我们回忆的是什么？是过去！我们展望的是什么？是未来！

也就是说，印象、回忆、展望三个词里默默地蕴含着某种时间意识，分别包含着对现在、过去、未来的时间意识，它们合在一起就构成了整个的、内在的时间意识。

因为时间，不就是由现在、过去、未来构成的吗？！

如此，我们就从纯粹意识出发构造出了时间。

由时间意识出发，我们就可以构造出空间意识。何谓空间？空间简而言之就是“从这里到那里”，也就是中间有一段距离：从上到下、从左到右、从里到外，如此等等，总之“从这里到那里”，中间经过了一段时间，于是，在我们的头脑之中，好像是一泓时间之水在流动一样，从这里流到那里，于是就这样自然而然地产生了关于空间的意识。

要注意的是：上面的“从这里到那里”并不是看，并不是从这里看到那里，如果是看的话就要涉及具体的物了，而这时候物还没有构造出来呢！而只要想，即一种纯粹的“从这里到那里”的时间意识，这种纯粹的时间意识就自然地产生了空间意识，而且是不带有具体的物的纯粹空间意识。

当然，我们同样可以回过头来说，是空间产生了时间意识，例如我们可以预先设定有“从这里到那里”，我们先想到这里，然后想到那里时，便自然而然地产生了时间意识，当然这里同上面一样，是不带有任何具体的物的纯粹的空间与时间意识。

这样，一步步地，通过先验还原，我们构造出了时间与空间这两个所有事物的共同本质。

现在再联系前面。前面，在讲本质还原或本质直观之时，通过本质还原，我们发现了事物的共同本质是时间与空间，也就是说，通过先验还原，我们构造出了所有事物的共同本质。

构造出了事物的这个共同本质之后，事物的存在问题也就得到了解决。因为一切事物的共同本质是时间与空间，除此而外，事物的其他一切都只是在这个共同本质之上的附着物。或者我们可以打个比喻说：一切事物的共同本质时间与空间是钻石，而事物的其他具体特征，例如硬度、颜色、气味、运动等都只是钻石外表散发出的光芒！

这样我们就解决了此前被胡塞尔悬搁存疑的事物的存在问题。

有了事物的存在，经验如何可能的问题也自然而然地得到了解决：因为经验是对事物的经验！有了事物就会有经验，就像有了一朵玫瑰花摆在那里我们就会自然地产生了鲜艳芳香的经验一样。或者可以这样说：经验之于事物，就像事物之于空间和时间一样。

有了时间、空间、事物、经验，整个世界就这么构造出来了。

当然，我们不要忘了，奠基于这一切之上的，是对先验的纯粹意识的分析，无论是事物存在的问题，还是事物本质的问题，都是通过对纯粹意识的分析来解决的。

同样，归根结底，外界事物的存在及其本质都是相对于我们的意识而存在的，并且都是由意识活动而构成的。

第四十章　海德格尔的伟大与渺小

讲海德格尔的人生令我想起了培根，因为他们两人都有一个共同点：度过了一个带有相当大的瑕疵甚至污点的人生，在哲学家们的群体里，这种情形是相当罕见的。

海德格尔1889年9月26日诞生于德国的梅斯基希，它位于著名的黑森林里。

海德格尔出身寒微，是家中老大，下面还有一弟一妹。他先在家乡的公立小学接受教育。由于从小天赋出众，颇受梅斯基希当地教区神父的青睐，帮他得到了一个专门资助贫穷且有志学习神学者的基金会的赞助，使他能进入离家50公里的康斯坦兹寄宿学校就读，时年14岁。

1906年，海德格尔从康斯坦兹转到了弗莱堡人文中学，在那里完成了中学学业。

中学毕业后，海德格尔立即申请加入以对会员要求严酷闻名的耶稣会，由于身体条件不够，没有被接纳。海德格尔便申请进入弗莱堡大学，这还是1909年的事。

入大学不久，海德格尔就开始阅读胡塞尔的名著《逻辑研究》，并越来越受到胡塞尔思想的影响。

1913年，海德格尔通过了博士论文答辩，论文题目是《心理主义的判断学说》。

1914年第一次世界大战爆发后，海德格尔由于有心脏病，不能参战，就在弗莱堡的邮局做事，以充抵兵役。1915年夏天，他以一篇《在历史科学中的时间概念》获得了大学讲师资格，并于同年底在弗莱堡大学开设了第一门课“古代哲学和经院哲学的原则”。

1916年胡塞尔来到弗莱堡大学后，海德格尔立即接近胡塞尔，胡塞尔也很快发现了海德格尔的哲学天才，不久两人就建立了半师半友的密切关系。

1917年，海德格尔与艾弗里德·佩特蒂结婚。

1918年1月，海德格尔收到了政府的征召令，由于身体条件不允许上前线，只去了一个军事气象站服务。但不久后德国就战败了，他又回到了弗莱堡。经胡塞尔推荐，他成了胡塞尔的助手，这是一个正式的教职。胡塞尔对海德格尔进行了最全面的现象学训练，隐然使海德格尔成了大弟子和现象学学派未来的“掌门人”。

1922年，马堡大学有了一个副教授职位的空缺，经胡塞尔的全力推荐，海德格尔得到了这个职位。

在马堡大学，海德格尔取得了生平最初的成功。他之取得成功不是以他的著作，而是以他的教学，他向学生们传道授业解惑的形式。学生们在他讲课时所录的笔记像哲学名著一样广泛流传，影响迅速扩散。

到马堡不久，他就在托特瑙山上建了一座后来很著名的小屋。小屋位于弗莱堡以南约25公里处的托特瑙山的半山腰处，人迹罕至，凭高览下，视野极为开阔。

1925年8月，马堡大学向教育部正式推荐已经声誉鹊起的海德格尔继任哲学系的正教授。然而，德国教育部却以海德格尔在最近10年间没有发表任何作品为由而予以拒绝。在这种情况下，系主任找到了海德格尔，敦促他尽快发表一部著作。

于是，海德格尔被迫放弃原来的写作计划，1926年春天，他向学校请了假，躲到了托特瑙山上的小屋里，投入了疯狂的写作之中，用3个月时间就写了近300页，到第二年春天，他出版了一部著作——《存在与时间》，发表在胡塞尔与舍勒编辑的《哲学与现象学年鉴》第八辑上。

《存在与时间》的出版在哲学界可谓一石激起千层浪，海德格尔几乎立即成为当时最重要最知名的哲学家之一，《存在与时间》则成为整个20世纪最重要的哲学经典著作之一，其重要性不亚于维特根斯坦的《逻辑哲学论》或者胡塞尔的《逻辑研究》。

凭此，海德格尔在这年10月就成了正教授，时年38岁。

但仅仅几个星期之后，海德格尔就向马堡大学提出了辞呈，因为胡塞尔已经推荐他继任自己在弗莱堡大学的职位了。

在马堡，除了正教授职位外，海德格尔还得到了一个情人，她名叫汉娜·阿伦特，是他的学生，出身富有的犹太人家庭，他们私通直到希特勒上台，迫害犹太人，她被迫移居美国。

海德格尔在1928年11月回到弗莱堡大学，接替了胡塞尔留给他的职位。但他与胡塞尔的关系这时悄悄地起了变化。

海德格尔与胡塞尔的分歧一开始表现在思想上。

在海德格尔内心，对胡塞尔现象学的一些基本原则早就不接受了，这从他的《存在与时间》中就可以看出来，其思想的核心已经不是以“现象”为中心的现象学，而是海德格尔自己的以“存在”为中心的存在主义了。

1927年时，胡塞尔应邀为《不列颠百科全书》撰写“现象学”条目。胡塞尔将草稿给海德格尔，要他修改。结果海德格尔将之彻底重写了一遍，在其中塞进了自己大量的私货，胡塞尔看后很不满意，干脆抛弃海德格尔的稿子，自己又写了一遍交出去。

1928年，海德格尔当上了弗莱堡大学的讲座教授，而胡塞尔退休了，翅膀硬了的海德格尔有些不大将胡塞尔放在眼里了。这年，胡塞尔请海德格尔为他的《内在时间意识的现象学讲演录》写一篇引论，海德格尔写了，不过一眼可见纯粹是敷衍搪塞，对于胡塞尔在1905年后发表的著作竟然只字不提。这一年，海德格尔将他的《根据的本质》一书献给胡塞尔，但这本书中并没有多少现象学的东西，只有几个长注脚也是为了与胡塞尔争论一番。

1929年，他将另一本更重要的著作《康德与形而上学问题》题献给了舍勒，舍勒也曾经是现象学运动的大将，不过现在已经与胡塞尔公开分道扬镳了。在这本书中，海德格尔几乎明白地表示：他的思想与现象学已经没多少关系了，他要像舍勒一样自立门户了。

这年7月，海德格尔宣读了他的教授就职讲演《形而上学是什么》，将存在、人生与虚无等概念联成一体，与胡塞尔的纯粹现象、中止判断、悬搁存疑等几乎是毫无关系了。更令海德格尔得意的是，他的演讲获得了学生们热烈的掌声，其热烈的程度要超过胡塞尔讲课所获得的任何掌声。

对于海德格尔这位最重要的弟子的背叛，胡塞尔心中异常苦涩，偶尔做一下反击。这些反击传播开来，据说甚至上了报纸杂志，使海德格尔与胡塞尔之间的矛盾公开化，海德格尔没有公开回击，他以一种高傲的姿态——这实际上是表示他对于抨击者的蔑视——保持沉默，并且公开地冷淡、疏远了昔日的恩师。由于海德格尔事实上已经取代了胡塞尔在德国哲学界的地位，名声更在老师之上，他的冷淡带动了许多其他哲学家，这直接地导致了胡塞尔晚年的寂寥与被冷落。

到1930年，海德格尔的声名已经如日中天，这年，德国的文化部部长以学生和崇拜者的身份给海德格尔写信，邀请他前往德国的最高学府柏林大学当教授，这样的邀请搁到一般学者教授身上当然是求之不得的，但海德格尔几乎毫不犹豫地拒绝了。据说原因是海德格尔对当时魏玛共和国所实行的民主政治抱怀疑态度，不愿意与他们合作，他的政治倾向是当时正在勃然兴起的纳粹主义。

1933年，海德格尔加入了纳粹党，从此一直按时交纳纳粹党费，直到1945年纳粹党覆亡为止，在纳粹统治期间还当了一年的弗莱堡大学校长。1933年末，他曾对大学生们说过这样的话："元首本人，而且只有他，才是现在和将来的德国的现实。他的话是你们的法则。”

海德格尔只对一点表示忏悔，那就是1938年胡塞尔去世时他不参加老师的葬礼。

以上事实足以说明，海德格尔与纳粹已有不少的牵扯，足以成为他人生之耻、也是哲学之耻。

从这个意义上说，海德格尔是渺小的。当然，就他的哲学而言，他诚然是伟大的。

正由于海德格尔的这些作为，纳粹覆亡后，他立即被盟军占领当局与弗莱堡大学新领导组成的“清除纳粹”运动当成了主要调查对象。

1947年3月，清除纳粹委员会做出了决定：海德格尔立即退休，并不得享有名誉教授职位，禁止他教学和参加所有与大学有关的活动，此禁令立即生效。到1947年底，所有工资都将停发。这简直是判了一向靠工资吃饭的海德格尔死刑，不过，这一条实在太过严厉，后来被取消了，但其他的都正式生效。

于是，海德格尔退休了，并且退隐到了他在托特瑙山上的小屋。

到1950年，经过弗莱堡大学哲学系以及海德格尔本人的努力，终于使海德格尔得以部分恢复名誉：取消教学禁令，并给予他名誉教授身份。这年冬季学期，海德格尔在弗莱堡大学开设了第二次世界大战结束后的第一门课。

后来，海德格尔也获得了一些荣誉，例如1959年，他70岁生日时，故乡梅斯基希授予他荣誉市民称号。第二年，巴登–符腾堡州授予他赫伯尔奖。他所隐居的托特瑙山则成了爱好哲学的人们的朝圣之所。

海德格尔1976年5月逝世于弗莱堡，时年87岁。根据他的遗愿，他被安葬在故乡梅斯基希。

第四十一章　海德格尔哲学概论

为了理解海德格尔，我们首先要理解一个词——存在。

关于存在　海德格尔认为，传统的本体论没有探究存在的问题。这是因为，传统的本体论所探究的是“存在者”，而不是“存在”。正由于这种忽略存在而专注于存在者，使传统的本体论失去了对存在的把握。

海德格尔说，无论对于存在者有多少研究，但人们总得回答这样一个问题：“存在者为何存在？”存在者是如何获得“存在”这一规定性的？这是一个根本性的问题，而传统本体论并未做出回答，这是其致命的缺憾。

为什么在传统本体论或者传统哲学中讲不清存在这个问题呢？原因在于提问的方式是错误的。传统哲学在提问存在时，最经常问的就是“存在是什么”或者“什么是存在”。也就是说，将存在理所当然地当成了一个名词，意思就是存在者，他们所考问的也就只是存在者的问题，而非存在的问题。

要探讨存在的问题，首要的当然是找到探讨这个问题的方法，海德格尔在这里找到的方法就是现象学的方法。

在这里，海德格尔的存在就是系词“是”，并且将其定格于动词的用法上。我们知道，作为系动词的这个“是”单独是没有意义的，它必须在上下文中才有意义，什么是“是”的上下文呢？海德格尔在人的意识过程中找到了它。

我们知道，人的意识过程就是意识到对象的过程，是一种意向性行为的过程，在这个过程中，意识以同意、判断、询问等认识的方式去认识对象。海德格尔认为，这实际上是一种“显现”的过程，即意识通过同意、判断、提问等使对象显现出来，这里的这个对象也就是存在者。于是，我们又可以这样说：意识通过同意、判断、提问等方式使存在者显现出来了。又，当存在者这样显现时，它无疑是作为存在者而显现的。这样，完整地说，就是意识通过同意、判断、提问等使存在者作为存在者而显现出来了。

这一“意识通过同意、判断、提问等使存在者作为存在者而显现出来”的方法就是现象学的方法。

海德格尔正是运用现象学的方法创立了一门“人类学”。

关于此在　“此在”这个词是海德格尔哲学中的关键之词，也是我们理解海德格尔哲学的钥匙。因为它是海德格尔哲学体系的核心所在，正是围绕这个核心，海德格尔才建立了其思想的体系——存在主义。

什么是此在呢？简而言之就是人，海德格尔认为，作为人的此在有以下两大基本特征。

第一个基本特征是，此在的本质在于他的生存。

这个特点的意思就是：人这种此在与其他一般的存在物之间一个根本的区别就是，人并没有各种“现存”的属性，也就是说，他的属性都不是现存的，是处于不断形成之中的。他将成为一个什么样的人，在事先是无法预料的，他将有什么样的个性、行什么样的事、如何行事，都是没有预定的，都有着各种的可能性，一切取决于他自己的行为、他自己的努力。直到他生命的最后一刻，他才能够知道自己行什么样的事、是什么样的人，就像中国人所言的“盖棺定论”，意思就是，直到某人的棺材盖都盖上了，才能对其下个确定的结论。我们可以从这个特点中总结出几个小点：

1. 人一生下来并没有预定的、现存的属性。

2. 人的一生充满各种可能性。

3. 人将实现何种可能性，将之变为现实性，取决于其如何行事，取决于其自己的选择。

4. 人的一生都在不停地塑造他自己，他的一切皆可改变，这过程将一直持续到其生命之结束。

正因为人的本质与属性是如此地处于变动之中，因而我们不能具体地说其有什么样的属性，只能说：其本质在于它的生存。即，他生存了，于是他有了本质，而在这本质之下的他到底有什么样的属性则是不固定的，是没有现存的，一切处于变动之中。

我记得海德格尔曾经讲一个哲人的一生，他如此说：他生下来，他存在，然后他死了。他用“存在”这个词蕴含了多少内容！正因为存在的内容丰富而不定，所以我们只能先用一个词概括之，然后再在后面的论述中去细致地分析之。

此在的第二个基本特征是，此在是一种个体的存在。

海德格尔认为，人在日常生活中具有公众性与公共性，他由此区分了此在的两种存在状态：本真的与非本真的状态。本真的状态是此在的真实的存在状态，这也就是一种个体的存在状态。与之相对，非本真的状态则是处于公众之内的此在的存在状态，这时候，此在的个体性被公共性所掩盖。这种存在状态是非本真的，它是此在的一种不完全的、片面的甚至是歪曲的表现。

当然，海德格尔也认为，我们并不能因为非本真的存在状态是非本真的而歧视之，它也是有其意义的，同样是此在的客观的存在状态，人不能避免之，就像我们每个人都无法避免公众生活、无法避免作为社会的一分子而存在一样。例如我们的家庭、学校、邻里、国家等，都是公众的生活状态，此在必须、也必然地具有这种非本真的存在状态。

海德格尔还认为，我们必须通过这种非本真的存在状态才能达到本真的存在状态。这就像要了解一个人不能通过他自己去了解，不能依据他自己的评判去评判他自己一样，而恰恰只能根据其个体之外的公众去评判之、了解之。海德格尔正是通过对这些此在的非本真的存在状态的观察才达到了对于此在的深刻的认识，最后达致对此在之本真状态的认识。

世界中的此在　阐述清楚此在的基本特征后，海德格尔的下一步就是要分析这个此在是如何“在世”的以及当其在世之时是如何得了。

首先，海德格尔认为，人一旦存在，就必然地要与外面的世界发生关系，甚至可以说：人之存在就意味着它只存在于世界，他与世界是一体的，世界并非外在于人。

这时候，在世界之中的人立即要面对的就是与其他事物的“遭遇”。要强调的是，这时候所遭遇到的是其他事物，而不是其他人。因此，人所要处理的关系也就是与其他事物的关系，所面对的问题就是与其他事物的关系问题。

在人与事物之中是一种什么样的关系呢？无疑，在人与事物的关系中，人是居于绝对主导地位的，这种主导地位主要表现在三个方面：

一是事物是依赖人而得以显现的。这个世界本来就是人的世界，如果将人比作大脑，那么事物就是在大脑之中的印象；如果没有人的大脑，那么也就没有这些印象了。我们在这里要再强调的是，海德格尔的世界并非我们所谓的客观世界，当然也不是一个主观世界，而是以人为中心的世界，不是世界是人的依托，而是人是世界的依托。而世界之万物是依赖人的意识去反映的，它们就如同反映在人的意识之内的映像一样。因而，它们的“显现”是依赖于人的。

第二个方面与第一个方面相关，即没有独立于人的外界事物。海德格尔认为，正是因为有了人之在世，才有了其他万物，没有人，其他事物也就不可能显现，而对于它们，这也就意味着它们不可能存在。不仅个别事物如此，其他的也是如此，如事物之间的联系、空间、整体等均是如此，它们都是因为有了人而显现、而存在的。总之，除人而外，没有任何其他东西是独立于人而存在的。

三是当人与事物遭遇之后，人在与事物之关系中居于绝对的主导地位，事物即成为人利用之对象。就像海德格尔所言：

森林是一片林场，山是采石场，河流是水力，风是“扬帆”之风。

虽然人与事物相遇时，人居于主导地位，但这种关系并不是简单的主导而已。相反，人在世界之中时，与事物之间的关系蔚为复杂，它包括了人们处理某事物的由始至终的全过程及其中的种种处理事物的方式，还包括由之而导致的心理状态，等等。海德格尔给这些方式一个总名——“烦忙”，同时他也称人与事物之间的遭遇为“打交道”。

这是人与世界以及在世界之中的人与事物之间的关系，那么，在世界之中的人与人之间的关系又如何呢？

海德格尔如是说，在世界之中，有自我与他人，而且，像人与世界之不可分离一样，人之存在与他人同样不可分离，人之在世界之中是一种与他人的“共在”。因此实际上的此在并非单单指人的自我，它还有另一半——他人。

这是不难理解的，因为此在即是人，而人除了自己当然还有别人，自己与别人合在一起才成为了整体的人——此在。前面我们谈论此在时，曾将此在分成本真的状态与非本真的状态，说前者是一种个体的存在状态，与之相对，非本真的状态则是处于公众之内的此在的存在状态，这时候，此在的个体性被公共性所掩盖。在这样的论述之中并没有歧视非本真状态的意思。因为非本真状态有着同样的意义，它同样是此在的真实的、客观的存在状态，人不可能避免这种非本真的存在状态。这也就是说，人之存在注定要与他人“共在”。

共在显示出人与他人必然地要一起存在、一起显现，那么，二者之间的关系又如何呢？海德格尔在这里又创立了另一个词来形容这种关系——烦神。

与此在分为本真与非本真两种存在状态相类，海德格尔认为烦神可以分为非本真与本真两种状态。

我们先来看非本真的状态。它包括两种情形：一是用自我代替他人，二是使自我消失在他人之中。这两种情况都好理解，前者就是自己代替他人去做决定，本来他人的事务，现在由我来说了算，用一句中国的成语说是越俎代庖，用海德格尔的话来说是“介入”，意思都是一样的，都是自己介入他人的事务，越俎代庖地去代替他人做出决定。后者使自我消失在他人之中则相反，指的是自己没有自己的个性，与芸芸众生混为一体，凡事随声附和，按海德格尔的说法，成为“常人”。常人顾名思义就是通常之人、普通之人、毫无个性之人，海德格尔描述的常人具有六个特征：平凡、服从、迁就、公众性、不负责任和适应感。这些词合起来就构成了一个人变成常人的“过程”：他是个平凡的家伙；事事服从他人、迁就他人；具有强烈的“公众性”，即在公众生活中与普通的芸芸众生混为一体；看到他人做什么就跟着做，对于所发生的后果也不负责任。这最典型的例子是希特勒时代的德国人，德国的绝大多数国民都成了这种“常人”，海德格尔自己也是一样，随大流行事，甚至行坏事，对于所发生的后果则不负责任；由于这样混迹在公众之中，慢慢地人就失去了个性，一开始可能还有些不适应，想拥有自己的个性，想要有棱有角，到后来，在社会的大浪淘沙之下，就适应了，变成了八面玲珑的甚至圆滑无比的鹅卵石，这时候，人在公共之中就感到非常地“适应”了。

以上两种都是非本真的共在之情形，与之相对，而本真的共在状态则是超脱。

超脱的情形我们可以想象得到，在超脱里，人自己与他人共在，共同生活于世界之中，但既不越俎代庖地介入他人的事务，也不随波逐流，同化于芸芸众生之中，成为毫无个性的常人。他保持着自己的个性，既与他人和谐共处又保持着与他人的距离，在行事之中以我为主：既不干涉他人，我的事亦不容他人干涉，这样就达到了在自我与他人之间的一种平衡与和谐的关系。总之，达到了与他人共在的本真状态，一种理想之态。

时间中的此在　当我们前面谈论烦忙与烦神等时，所讨论的是人与事物及他人之间的关系，并且是一种对现象的描述。海德格尔对人的描述不止于此，他还对人的存在状态进行了更为深刻的描述，这一描述是建立在时间之上的。

《存在与时间》是海德格尔的基本著作，它这个名字是有其深刻的含义的：存在是海德格尔哲学研究的中心，也是《存在与时间》研究的对象，那么，这个存在的基本之点是什么呢？这就是：存在是在时间之中的存在，存在的意义在于时间。因此，如果说存在是海德格尔哲学的核心，那么时间就是存在的核心。

海德格尔为什么这样认为呢？总的来说，其理由是相当明显的：一切存在其实都是一个过程，一个生命的过程，所谓存在，其实就是打发掉一段时间而已。所谓我们以何种状态去存在，其含义不过是我们以何种方式去打发时间而已。《存在与时间》的另一个可行的解释或者说另一个可行的名字就是：《试论存在以何种方式打发时间》。也许更为精确地说，是《试论此在以何种方式打发时间》，因为海德格尔所要讨论的中心其实不是存在的存在，而是作为此在的存在，即人这种特殊的存在。

我们现在就来看看在《存在与时间》中，存在是以何种方式打发时间的吧！

我们知道，时间分成三部分：过去、现在与将来，因此，当人们探讨时间时，一般也是从时间的这三个维度着手的，就像前面的胡塞尔一样，他对应于时间的三维，分出了三种纯粹意识，即回忆、印象与展望。海德格尔也是，他将时间分成过去、现在与将来，分别对应于此在的三种存在方式：沉沦态、抛置态、生存态。这三种方式里囊括了此在在时间之中的生存方式，通过对之的分析，他全面、深刻而独特地分析了此在——人——在世界之中的生存状态与生存方式。

我们下面就来分别分析这三种状态，这三种状态又都分别包括两种方式，即本真的方式与非本真方式。

沉沦态：恐惧与畏　从沉沦态的名字我们就可以看出来它指的大概是此在的“沉沦”。在这里沉沦主要包含两方面的意思：一是沉沦态代表着此在的过去，二是在沉沦态中，此在被过去的某种经历及其反应所左右，并且仍然在以后维持这种反应。这些反应，不用说就像前面的烦一样，仍然是某种心态。例如，遇到好事高兴，遇到坏事不高兴，处境好时心平气和，处境不好时心烦意乱，等等。这些都是在以前的生活中所形成的对于生活中发生之事的习惯性反应。

沉沦态包括非本真的与本真的两种分状态，分别是恐惧与畏。我们先来看恐惧。

恐惧所揭示的是人对于现实的一种态度：他总是害怕现实，感受现实生活是一种不堪承受的压力，他在这种现实的压力下感到孤独、沮丧、忧心忡忡。即使有时候心情比较好，也不过是一种如释重负之感，并不是真的感到肩上没有担子了。总之，他无时无刻地对生活感到恐惧。这样的结果就是，他采取了逃离现实的生活态度。

较之恐惧，畏是海德格尔更著名的理论。这里的畏是一种无目的、无原因的畏。畏与怕不同，怕总是害怕某些具体的东西，例如毒蛇猛兽、贫穷疾病，但畏却不如此，它是无来由的，然而人却无法回避，它就像人这个此在的影子或者灵魂一样。它是处于沉沦态中的此在的本真状态，对于此在的重要意义。

这时候，也许我们要问：这无来由、无对象的畏者所畏为何呢？海德格尔回答，畏之所畏的对象是存在本身，也难怪这种畏是没有对象、却无可逃避的了。因为我们既是在世的存在，这在世的存在就是我们的生命本身，我们之畏在世的存在，就像畏生命本身一样，或者甚至可以说，生命的本身就是畏。这种畏体现了生命最本真的状态。

这畏听起来简直令人恐惧，令人感到人生无望，然而，如果我们以为海德格尔也这么看，那就错了，畏并非一件坏事，它揭示了此在最本真的状态，揭示了一个真理，这本身就是有意义的。更为具体地说，畏有两方面的意义：

一是在畏之时，“畏使此在个别化为其最本己的在世的存在”，畏使此在个别化这是非常重要的。因为在畏之中，此在既能看清楚自己的本真状态也能看清楚其非本真的状态，也就是说，畏使此在能够了解自己，这种了解本身对于此在无疑是有重要意义的。

二是畏在了解自己之后，就掌握了某种自由，能够做出选择。

既然畏使人了解了自己，又有了自由，但如果以为人就此就免于沉沦那就错了。因为这毕竟是畏，它所展现的人生无论如何都逃避不了那可怕的畏，于是，自由的结果是他的茫然不知所措，惶惶不可终日，那不知名的恐惧甚至更加笼罩着他脆弱的心。海德格尔称这种状态为“不在家的状态”。我们可以将这时的此在比喻为那些刚离了婚的男女，他们突然获得了自由，却感到这自由甚至比不自由还要令他们恐惧，因为他们没家了，总是感到自己无家可依，就像鸟儿无枝可栖一样，十分难受。于是，此在为了逃避这种可怕的自由，宁愿放弃本真的自我而陷于沉沦。他们将自己投入到日常生活中去，与芸芸众生混迹在一起，以求逃避那可怕的畏，这也就是我们前面说过的共在的非本真状态。当然，他如此也只能麻醉自己，并不能真的逃开恐惧，因为这是此在的命运，畏之于此在，就像生命之于此在一样。

抛置态：言谈与闲谈　与时间中的“现在”相对应的此在的存在方式是抛置态。

抛置态指的是此在局限于现在的存在状态，就如同被抛置在正在进行着的生活进程之中。这里的抛置也可以称之为“抛弃”，因为在这个时候，此在就像一个被突然地抛弃在这个世界的人，他有如一个正在做梦的人，突然一觉醒来，发现自己来到了一个陌生的世界，到处是忙碌的人，到处是奔驰的车，到处是喧嚣的声音，他，这个此在，现在不得不面对着这个世界、不得不在这个世界生活。这就是此在的抛置态情形。

这个此在被抛置在这个世界上之后，他将如何应付呢？或者说，他如何揭示他的抛置态呢？通过语言。

我们知道，所谓现在，其所指的也就是我们的日常生活，每天打发的日子。那么，我们每天是用什么方法来打发日子的呢？海德格尔说，是用语言。

处于抛置态之下的此在所用的语言同样可以分成本真与非本真两种状态，本真状态是言谈。

言谈是海德格尔哲学里一个非常重要的概念，因为对于此在而言，虽然它是存在，另一方面是在时间之中存在，但其又是如何表现或表明自己的存在的呢？是以不可捉摸的时间吗？当然不是，是以言谈。此在在言谈之中表达着自己的存在，正如在言谈中过着自己的日常生活一样。

现在，我们要来澄清海德格尔哲学里两个相关的概念，即语言与言谈。乍一看去，也许有人会以为言语是从属于语言的，是语言的一个子概念。不过，在海德格尔那里恰恰不是这样，言语是一个比语言更加基本的概念，或者说，更加在先的概念。

为什么海德格尔要将言谈看得先在于语言呢？其原因之一是，在海德格尔那里，有两样东西不属于语言，却属于言谈，这就是听与沉默。其中海德格尔更为重视的是沉默，他认为无语的沉默是言谈的基础，当然，他这里的沉默不是一般的不说话，就像哑巴一样。而是一种真正的沉默，一种有东西却不说的沉默，这，反倒是一种真正的言谈。

通过上面的分析，我们可以得到这样一个语言的流程，首先是言谈，言谈其实是此在一些可说的东西，然后将这言谈表达出来后，即形成语言。在言谈变成语言前，它是语言的本真状态，不过，当言谈变成语言之后，它却不一定是了，语言这时候可能“异化”，成为非本真状态的语言，这就是海德格尔所称的闲谈、好奇与含混。

关于闲谈等语言的非本真状态，海德格尔在《存在与时间》里有精彩的分析，其第一部、第一编、第五章之第三十五、三十六、三十七节之名即分别为闲谈、好奇与含混。

我们先说说闲谈。

闲谈的起源是明白的：就是言谈。即闲谈最初是言谈，是由言谈变化而成的，精确地说，是“异化”而成的。本来是本真状态的言谈，可在说出来，变成语言之后，就有可能变成闲谈了。

那为什么言谈会变成闲谈呢？就是因为没有根据的人云亦云，用我们的话来说就是道听途说。就是因为人云亦云，别人怎么说，我就跟着怎么说，不用自己的脑子加以鉴别。或者还有就是人说了一句话，我就说你揭示了某个东西，表达了某个意思，同时却又不认真地回溯到人原来真正所说的话，并且在这个基础之上加以理解，而是主观地臆断他人话语的意思。

经过这样的过程，言谈就变成了闲谈。

这样一来，闲谈就具有了两个特点，一是闲谈不是有意的欺骗，二是闲谈虽然不是有意的欺骗，然而所说的东西终归是假的，我们可以说它是一种无意的欺骗。因为它封锁了真相，是对真相的歪曲。

闲谈之后是好奇。

好奇就是看，它有三个特点：

一是它并不真的完全止于看，而是把其他的一些感觉也包括在里面，如听到、摸到、嗅到，等等，属于这里的“看”，也是好奇。

二是这个看为什么被称为好奇呢？这是有原因的，就是因为这此在在看时有两个特点：一是它看时并没有真的看仔细，也不是为了看到真相，而是为了看而看、为了寻求刺激而看、因为好奇而看、是走马观花地看、是乱看一气；二是通过这种看，虽然看到了许多东西，然而这些东西都乱七八糟，并没有一个特定的对象与目标，所得到的东西虽然很多，但就像闲谈的内容一样，琐屑而不真实。

好奇的第三个特点是，它与闲谈结合起来，形成了一种中国俗话说的“百晓”似的现象，即说起来好像无所不知，其实一无所知。在这种现象里，好奇提供谈资，包括前面那些它走马观花所“看”到的乱七八糟而不真实的东西，而闲谈则提供表达方式，以闲谈的形式将好奇所“看”到的东西表达出来，并且自以为是。

抛置态的第三种情形含混是与闲谈和好奇联结在一起的，或者说是由闲谈与好奇产生的。

前面我们说过，由好奇提供谈资，将它所“看”到的乱七八糟的东西来“闲谈”，这样的结果是什么呢？就是两可，即模棱两可。

由于人人都可以随便说什么，于是不久便无法断定什么对什么错，或到底说了什么没有说什么，总之无可无不可，这样就产生了两可。

这种两可不仅涉及世界，也涉及了此在本身。

从两可的字面意思我们不难看出，两可包含着指向未来的特性，它表示对未来某种趋势的推测：既可以这样，也可以那样，这就是两可。这也的确是两可的主要特性之一，作为两可，它确实特别热衷于预测未来，对于那些将要发生的事情，可能要发生的事情，当它还没有发生时，两可的人们已经在大发议论了，好像人人都预料到了，人人都是未卜先知的诸葛亮。然而，两可虽然热衷于预料，但对于实际上到底会发生什么事情却毫无兴趣，他们感兴趣的其实不是事实本身，而是闲谈与好奇，他们是为了闲谈与好奇而去预测，对于他们的预测是否会真的实现，他们毫无兴趣，也毫无责任感。这个“不负责任”可以看作是两可的另一个基本特征。在这种不负责任的态度之下，闲谈、好奇与两可结合起来，凭空捏造出许多事，并且着意于使人觉得，他们仅凭这些闲谈之类就能使万事大吉。

总言之，在闲谈、好奇与两可中，此在对于真实的世界与世界的真实不去详加考察，只是一味地走马观花，获取一知半解，然后对现在妄加评论，对未来胡乱推测，而且不负责任，以为仅仅凭着闲谈、好奇与两可就能够摆平一切。

生存态：设计自我的未来 与前面的沉沦态与抛置态相比，生存态要简单一些，它指的是此在设计自己的未来并力图实现之。

理解是生存态的主要表达方式，它包括三方面的内容：一是对自己的过去进行回顾与解释，二是对现在的处境加以分析与抉择，三是表达对自己未来的态度。不难看出，在理解这里集中了此在对过去、现在与将来的了解、分析与解释，并在此基础上表达了对未来的态度与企划。

生存态或者说理解也有本真与非本真之分，本真状态的生存态或本真状态的理解是"设计"。所谓设计，就是主动地去设计自己的未来，在设计之时考虑自己的利益，使世界符合自己的目的与需要。这是一种对未来的积极的态度。

非本真的生存态则是一种对未来的消极态度，它不去争取更好的未来，不去努力使世界符合于自己的需要，而是过一天算一天，当一天和尚撞一天钟，对未来采取一种等待、观望的态度，这等待与观望就可以看作是非本真的生存态。

以上就是此在在时间之中的完整的存在过程。这里要说明的是，当我们前面说沉沦态、抛置态与生存态分别代表过去、现在与将来时，这并不是绝对的，例如恐惧，当然可以是对现实的恐惧，也可以是对未来的恐惧；闲谈可以谈过去、现在与未来，无所不谈；设计可以针对现在，也可以针对未来。因此，此在在时间之中的三种存在状态是与时间紧密结合在一起的，它们都可以与时间之过去、现在与未来相结合，只不过各以一种时态为主。就像我说这样一句话："活着真累呀。"当然它可以指过去累，也可以指现在与将来累，但现在累的成分可能更多一些。

因此，此在的三态实际上是统一的，在时间之中统一，就如时间之中，过去、现在与将来是不可分割的一样，沉沦态、抛置态与生存态也是不可分割的。为此海德格尔用了一个专门的词组来形容在时间之中存在的此在的整个存在过程，它就是"先行于自身的——已经寓于的——在世之在"，在这个长长的特殊词组里，它将此在存在的过去、现在与将来合为一体：先行于自身是将来式、已经寓于的是过去式、在世之在是现在式，而且在这里，三种时间形式合为一体，任何一个都必须依赖其他两个，共同构成了此在在时间之中完整的存在过程。

这此在在时间之中完整的存在过程或者状态也可以用一个词来表示：烦。

前面我们讲过了烦忙与烦神，作为人与人之共在状态中的烦神及人与事实之间的烦忙，现在，这个烦与前二者之间有什么区别呢？区别就是：烦是烦忙与烦神之根。

我们知道，烦忙所针对的是事物，而烦神所针对的是人，也就是说，烦忙与烦神都是烦某一个特定的对象，事或者人，但烦却不是，烦所烦者并非某一个具体的对象，而就是烦，它只是表明了一种“烦”的人生态度，一种“烦”的心境，一种烦的存在状态，却并不是烦某一个具体的对象。这种没有对象的烦存在吗？当然存在。如果我们仔细审视自己的生活，有时候会发现，也许有一天突然会感到这种莫名其妙的烦呢，感到坐也不是，站也不是，这也不是，那也不是，却又说不出个所以然。就像《红楼梦》二十三回里的贾宝玉一样，“谁想静中忽生烦恼，忽一日不自在起来，这也不好，那也不好，出来进去只是闷闷的。”贾宝玉所遭遇的就是这种没有对象的“烦”。

在这烦之中，结合前面此在在时间之中存在的三种状态，沉沦态、抛置态与生存态，它揭示出人无论是在过去、现在还是将来，是处于沉沦态、抛置态还是生存态，他总之都避不开一个“烦”字。

这种有如人的影子与灵魂似的烦不用说简直令人恐惧，而且，可悲的是，它们是此在在时间之中存在的本真状态呢！显而易见，这样的本真状态并不是人人都能受得了的，那些受不了的人怎么办呢？他们就会感到害怕，想尽各种办法逃避之，甚至去寻求他人的庇护。这样，其虽然暂时逃避了烦，然而却就此失去了自我。这时候，他就堕入了烦的非本真状态，称之为恐惧。这时候的恐惧像烦一样，也是一种人生态度，也没有具体的对象，不过，它是一种消极的人生态度，表明这时候此在已经为烦所征服，被恐惧所吓倒，变成了它的奴仆。

这种恐惧使人放弃了此在的本真状态，它使人暂时逃避了烦，甚至于使人能够暂时地感到自己已经得到了“安宁”。但，他真逃避得了吗？如果他真的可以就此逃避烦与恐惧，得到安宁，那么也许人人会这样做了。当然不能，此在的这种逃避是逃得了一时，逃不了一世。因为还有一件他必然会恐惧，而且更加恐惧的无法逃避的东西——死。

“死”是海德格尔哲学里最关键的概念之一，是我们理解此在的存在的关键。对于死的理解，海德格尔提出了他著名的口号：“先行到死中去”，或者更加通畅通地称为“向死存在”“向死而在”。

向死而在　其实，我们可以更加宏观地理解死亡对于存在主义的重要意义。我们知道，存在主义称得上是一种人生哲学，人生其实包括两方面：生与死，作为人生哲学的存在主义必须思考死的问题。

因此，我下面对于死的分析，不但是海德格尔对于死亡的观念，也是整个存在主义对死亡大体的理解。

凡人有生必有死，这不单单是一般人的观念，也是存在主义的观念。海德格尔对于生与死也许是一样的重视，他认为真正的存在必须对这个存在有真正的体验，但现实的人由于受到外界的干扰而无法有这种体验，也就无法成为真正的存在。我们前面说过，现实中的人经常处于“烦”“畏”等担忧情绪之中，这些使他经常恍惚不安，无法专注于自己的存在，他的存在也就不可能是真正的存在。但是，当这个担忧着的人面临死亡的威胁之时，他就可以刹那间将担忧丢到九霄云外，全神贯注于自己的存在，成为自己的主人。

因此，死亡能够成为使人变非真正的存在为真正的存在之途径，平时不可能体会到真正的存在的人，在死亡降临之际能够达到这种真正的、纯粹的存在的澄明之境。基于此，海德格尔，这个对死亡沉思得最为深刻的人，认为死亡是对现实生活与非真正存在的否定，也是朝向真正的存在之路的行进。

对于每个个人而言，从其个人的角度来讲，死亡就是其存在被剥夺。然而，转过来说，每个人的存在并非能够被他完全拥有，人经常要受制于其他的存在，例如他人，然而，一个人的死亡却完全属于他。

也就是说，任何人都不能代替另一人的死，死亡是具体的，即使有人想替别人去死，如殉情殉道之类，那也不过多死了一个人而已。

死亡有许多种，不但有正常的、自然的死亡，寿终正寝，还有非正常的死，如自杀、他杀、夭折、英勇就义，等等，但每一类的死都是“我的死”。

对于海德格尔而言，这“我的死”并非纯粹是一件倒霉事，那其实只意味着人在现实生活中那种被他人与自然界等限制的生活的结束，或者说，死是人的非存在的结束。而这非存在的结束也为此在之明白真正的存在开辟了道路。

任何人，无论自杀，还是自然之死，无论他是否乐意这死的来临，当他死时，当他垂死之时，知道自己将不再存在，他必然会体味到死之必然、死之无可避免，这时候，他才能对自己的存在有真体验，才明白了存在的意义——只是他也就要失去这存在了。

死亡不但是必然的，而且是随时随地都可能来临的，在我们的人生之旅中，随时都要准备好面对死亡。而且，无论我们在何时何地，以何种方式死亡，都是合理的，也就是说，不存在“不适合”的死亡。

人在面对这随时都可能来临的死亡时，有什么共同点呢？我想，如果有的话，那就是——不想死。

人有多种存在的方式，那可能是人自由选择的结果，即人可以自由选择自己的存在方式，然而死亡却不是这样，它并不是人自己选择的，也由不得人自己来选择，如果可以选择的话，那么就没有死亡了，试问：古来有几人真的想死呢？

然而，死亡又是不可避免的，于是，就产生了这样一个问题：人如何对待死亡？人对死亡采取了一种什么样的态度？

这种态度，简而言之，就是畏。

不过，在这里，畏并不是贬义词，就像“怕”一样，说人是怕死的懦夫，这个“畏”并不表示人的软弱与怯懦。

畏死是正常的，与勇敢或怯懦挂不上钩。对死之畏表达的是人要成为强有力的存在的渴望，而人要强有力，就必须能够直面令人生畏的死神。那些强有力的与真正勇敢的人并不是不畏死的人，而是不逃避死亡的人。这个畏死但不逃避死的人是真正的勇士，他们敢于承担起其存在的整个命运，哪怕这个命运实际上是一种苦难。

相反，如果一个人声称不怕死，那实际上要么是一种自以为是，要么是一种无知，就像刚生下来婴儿或者白痴不会怕死一样，此即所谓“无知者无畏”。这种不怕也意味着人自认自己的现实生活高于死亡，即高于真正的存在，这其实也意味着他并没有认清真正的存在与真正的生。

总之，感到对死之畏是我们认识存在以及死亡的真正本质的前提，在此基础之上，我们才能培养出对死的“不怕”——这其实就是不逃避，这些不逃避死亡的人就像电影里中国共产党的烈士们一样，面对敌人的枪口与锃亮的铡刀高喊：“中国共产党万岁！”他们其实何尝不畏死呢！他们只是不逃避死，只是舍生取义而已，就如陈毅在《梅岭三章》中所言：“断头今日意如何，创业艰难百折多。……取义成仁今日事，人间遍种自由花。”就如谭嗣同1898年在北京菜市口就义前，对围观的百姓高呼：“有心杀贼，无力回天。死得其所，快哉快哉！”

这些，就是视死如归。

当人能够以这种态度面对死亡时，人就能超越现实世界的狭隘，得到高度的自由。所以，在那些参透了死亡的人看来，他的死只是假存在之死，真存在之生。他其实并没有死，是找到了一种新的、绝对的自由。

总而言之，死亡是人生之终结，然而并非存在之终结，在死亡之中，人将获得绝对自由之新生。以海德格尔更加哲学化的字眼来说，死亡能够使此在完成其个别化，拥有其真正的存在。

这也令我想起了《星球大战》第二部《克隆人的进攻》里的一幕：年轻的绝地武士阿纳金预感到母亲正面临死亡的威胁，为之焦虑而痛苦，绝地大师约达对他说：

“你不应该为你母亲的死亡而痛苦，你要为她的魂归大道而感到高兴。”海德格尔将死亡看成是走向真正的存在之途，约达视之为是魂归大道，二语异曲而同工，都是何其深刻的思想啊！

第四十二章　萨特传略

萨特一生堪称特立独行、卓尔不群，甚至拒绝接受诺贝尔文学奖，真是既有趣又令人深思，值得我们好好了解。

现代西方许多哲学家与思想家都有“作家”之称，这是因为他们不但有深邃的思想，还有隽永的文笔，例如叔本华与尼采，有的甚至还获得过崇高的诺贝尔文学奖，例如柏格森与罗素，弗洛伊德也获得过歌德文学奖。这些人之称为作家，更精确地说是“散文作家”。

我们知道，文学作品的体裁分成两大类：散文与小说，也就是说，除小说之外的其他文体，包括学术论文，都是散文，如果散文写得好，就可称之为散文作家了，叔本华、尼采、弗洛伊德、罗素、甚至海德格尔都可以称为出色的散文作家。但这些思想家与哲学家却不是严格意义上的作家，他们只是专业文章写得好而有作家之称而已。

在整个现代西方哲学史上，甚至整个哲学史上，只有一个人，他不但是严格意义上的哲学家，同时也是严格意义上的作家，这就是萨特。

从出生到走向哲学　让-保罗·萨特1905年6月生于巴黎，父亲名叫让-巴蒂斯特·萨特，父亲是个海军军官，曾在当时是法国殖民地的越南服役，但在萨特才15个月大时就去世了。

父亲死后，母亲只能带着萨特回娘家讨生活，他的外公查尔斯·斯威哲是个出色的语言教师，据说是直接教学法的创始人之一，精通德语和法语，职业就是教这两种语言，他教法国人德语，又教德国人法语，后来还专门办了一所学校教这些。他本来准备退休了，看到女儿这样带着个拖油瓶回来了，只得又坚持工作了几年。

就这样，萨特在外公家度过了童年。

很少有孩子度过了萨特这样的童年，他的童年生活对他一生影响极深，却很难用通常的幸与不幸来形容，如果要用一个词的话，那就是——复杂。

首先，虽然是在外祖父家里，但毕竟不是自己的家，那种寄人篱下的感觉是怎么也避免不了的。他的母亲也是如此，她自知成了父母的累赘，就试图用勤快来弥补。她每天拼命干活，成了家里的女仆兼保姆，她包下了所有家务，每天几乎一整天都在马不停蹄地干活，更让她为难的是，她在做这一切时还要小心翼翼，因为一不小心就会得罪人，就像萨特后来所言：

> 可怜的安·玛丽，真是左也不行，右也不行；被动消极的话，人家就责备她是一个累赘；主动肯干的话，人家就怀疑她要操纵管家权。她需要极大的勇气以避免第一种罪名，完全的谦卑以避免第二种罪名。

她这样做当然是没有任何工钱的，因此她的口袋里常常一生丁（法国辅币）都没有，衣服总是破破烂烂的，她只有当实在有什么特殊需要时，才向父母讨一点点零花钱。

她还像小姑娘一样被严厉的父亲限制行动自由，她基本上得天天待在家里，偶尔有女伴请她出去吃饭什么的，她也必须在十点以前回家，十点钟以前，她的父亲会拿着怀表踱来踱去，眉头紧锁，如果她万一超过十点，哪怕是一分钟，回家也会遭到严厉训斥。

也许在家里当用人当惯了，她在自己孩子的面前也觉得是个用人，她从来不认为孩子要服从她，常常倒是相反。这种态度，加上她对孩子深深的爱，使萨特的童年并不缺少爱。甚至他的外祖父，他对女儿是严厉的，对任何人都是严厉的，但对这个小外孙却疼爱有加。

老人家对孙子更重要的帮助是书，他收藏了大批书籍，多是各类经典，堂皇地摆在他的书房里，萨特很小的时候就对这些“大砖头”产生了强烈的好奇心，他很早的时候就从外祖父那里得到了一套《童话集》，他先是让母亲给他读里面的故事，不久就自己开始装模作样地读了。据说，有一次他拿了本凡尔纳的《一个中国人在中国的苦难》，大声地“读”着，其实是在给自己讲故事。这让大人们又惊又喜，觉得自己家出了一个天才儿童，于是，他们开始教他认字母，到4岁时他已经开始半认半猜地读书了。7岁时他已经有了创作的灵感，甚至想成为一个作家了。

他从小显示出来的语言天赋使他在家里备受宠爱，特别是外祖父，因为有这样一个小外孙而自豪得很，他公开地赞美他是一个小天才，这种赞美对于萨特从小树立自信心大有帮助。

这时候他正强烈地需要这种自信呢！因为小萨特在另一个方面实在是自信不起来，这就是他的外表。萨特的遗传很怪的，简直不像他父母的孩子：智力上他远远地超过了父母，外表上他又比不上父母。他身材矮小瘦弱，成年后只有5.2英尺，不到

1.59米，相貌也相当丑陋。3岁时，他的右眼因角膜病变导致斜视，成为难看的斜白眼，4岁那年，他逛海滩时患了一场感冒，更使他的右眼差点瞎了，5岁时就戴上了难看的眼镜，这时候他的肌肉也变得僵硬，动作不协调。再后来他长了满脸的粉刺，它们在他脸上留下了大批的麻子和小凹陷，总之很是难看。长大后萨特都自称为“癞蛤蟆”，还确实有点儿像呢！

萨特6岁时搬到了巴黎，住在有名的拉丁区，也就是大学区，著名的巴黎大学就位于这里。这时候他已经阅读了大量文学经典，最喜欢的是福楼拜的《包法利夫人》。

到1915年10月，萨特进了著名的“亨利四世中学”，在第一个学期，老师这样评价他：“优秀的孩子，但过于轻率。开始回答问题时几乎从来都不是准确的。必须进一步训练思考。”但萨特进步神速，第二年，萨特已经成为全班最优秀的学生了。学期评语已经变成了四个字：“全面优秀。”

这时候萨特认识了一个好朋友，名叫尼让，他也是个博学的家伙，与萨特意气相投。他们还有一个共同特点是都是斜白眼，略有不同的是，就像萨特自己所言：“我朝外白，他朝里白，看来更逗。”

1917年，他的生活又发生了一次大变故，因为他母亲再嫁了，这个将充当萨特继父的人名叫芒西，是一位海军工程师，他很关心继子的成长，平时对他也很和气，从来不打不骂。不过萨特还是不喜欢他，于是继父说东他便要西，偏偏这个继父是个工程师，认为只有科学才有意且有益，至于文学、历史、哲学之类，那简直是浪费孩子的时间，因此他便想要萨特学理工，结果，就算是为了和继父作对，萨特也坚决要学文科了。

母亲改嫁后，他们一度将萨特留在外祖父家，两口子另居一处，但不久后他们就带着萨特一起搬出巴黎，搬到了拉罗舍尔，这是地中海西岸一座美丽的小城，继父在这里当造船工程师，萨特则被送进了拉罗舍尔中学上四年级。

在拉罗舍尔中学，母亲委托一个年纪大的善良的老师照顾他，这位老师和他的女儿玛加丽特都待萨特很好，玛伽丽特也是萨特情窦为之初开的第一个对象，这时候他的写作水平已经相当不错了，写了一部小说《猫头鹰耶稣》，后来在1923年发表，是萨特最早公开发表的作品。

1920年父母又将他送回了巴黎，又进了亨利四世中学，两年后毕业。

1922年，萨特升入了路易大帝中学的大学预科班，在这里萨特做出了一个关系到终身的选择——选择哲学。据说直接引导萨特进入哲学王国的是柏格森发表于1889年的《论意识的直接材料》，其华丽的文体与丰富的思想都令萨特为之着迷。

对于一个法国人，要读哲学，最佳选择不是最著名的巴黎大学，而是巴黎高等师范学校。

惊世骇俗的爱情　巴黎高等师范学校是法国最著名的高等学府之一，也是最特殊的大学之一，例如它的规模小，它可能是世界著名大学里规模最小的，每年只招收200来个学生。而报名的往往有数万之众，因而其入学竞争堪称残酷，所以最终的幸运儿都是出类拔萃之辈。虽然巴黎高师招收的都是最优秀的学生，但它既没有毕业证书发给学业成绩合格的毕业生，也没有国家学历证书的授予权。于是那些经过预科、考试一路冲杀过来的佼佼者们，在跨进巴黎高师门槛后还要到其他大学去注册各种学位的学习。当然其他大学都会非常欢迎巴黎高师的高才生。至于为什么这样，其原因也许就像曾经担任校长的加伯里埃尔·于杰所言："从原则上说，别的大学能做的，我们就不做。"

凭着这样的学术环境和氛围熏陶，法国大批著名的作家、政治家、哲学家、历史学家等都出自这里，它还培养了10位诺贝尔奖得主；6位菲尔兹奖——这是数学领域的诺贝尔奖——获得者；还有一位总统和两位总理，其普通毕业生也大都成了法国社会的精英。

萨特和尼让一起参加了高师的会考，都以优异成绩被录取。

1924年，萨特来到了巴黎高师，这里四年的生活，就像他后来所言："高等师范学校，对我来说，从第一天起，就是独往独来的开端，在那里，我跟很多人一样，可以说过了四年快活日子。"

在这里，萨特除了研读哲学，主要目标就是取得中学哲学教师资格证书。作为一个高师毕业生，将来最方便的职业当然是当教师，而且中学教师是一个受人尊敬、报酬也相当优厚的工作，就水平而言，这个资格至少相当于哲学博士。

1928年，萨特为申请中学教师资格而递交了论文，然而，这次他失败了，论文没有通过，据说成绩是全班倒数第一。没办法，萨特只得继续待在学校，等下一年再来，这时候萨特已经24岁了。

就在这一年，萨特遇到了他生命中最重要的一个人，一个女人——波伏娃。

西蒙娜·德·波伏娃生于1908年，比萨特小3岁，毕业于一所天主教女子中学，后来进入索尔本学习哲学，1929年时已经准备毕业并申请中学哲学教师资格了，就在这时认识了萨特，两人一见钟情，她后来在其四册回忆录之一的《循规蹈矩的女人》中记录了当时的情形：

我第一次在索尔本看到他时，他头戴一顶帽子，并且正在激动地同一个傻乎乎的、高大的女生谈话，样子非常淘气。她很快就惹他不高兴了，于是，他去找另外一个姑娘，更漂亮的。但这位姑娘摆架子，使他很尴尬。他很快就同她合不来。当埃博德对他谈起我的时候，他立即就表示很愿意认识我。而现在，他该是多么高兴能独占我。对我来说，现在我觉得不跟他在一起就等于丧失时间。在准备口试的15天中，我们俩只有在睡觉时才分开。

这一年考试的结果出来后，萨特名列榜首，而波伏娃紧跟其后。

这时候已经是1929年8月了，他们就要离开学校了，并且要暂时分开，波伏娃后来在回忆录中写道：

当我在8月初离开他的时候，我已经意识到：在我的一生中，他将一刻也离不开我。

回到巴黎后，萨特要去服役，而波伏娃也要去找工作，萨特这时候提出了一个离经叛道的想法：他要与波伏娃签署一个合同，为期两年，合同中规定两个人要保持最亲密的关系，而且要无话不谈，任何一方不得欺骗另一方。要附加说明的是，这里的最亲密的关系当然就是指性关系。至于不得欺骗，指的并不是夫妻之间的那种欺骗，而是通常意义上的欺骗，即不能隐瞒真相。说到夫妻之间的那种欺骗，在萨特看来根本不是欺骗，他可以尽情地与别的女人发生关系，但为了不欺骗，这样做时要告诉波伏娃，那样便没有欺骗她了。

这时候，萨特对于自己的未来生活，或者说与女人之间关系的那种生活，已经有了一个清晰的图景，那就是他要保持独身，他永远不会结婚，而且他需要女人，所有的女人——只要能够弄到手就行。

波伏娃对萨特的这种生活理念很清楚，而且她全盘地接受了，此后，萨特与波伏娃相守一生，他们的生活方式正是按照这个合同来实行的。

萨特服兵役去了，任务是看守气象台，工作并不累，而且有大量的闲暇时间，他可以用来写作以及与波伏娃幽会。这段时间他写了一部哲学味道很浓的小说《关于真理的传说》，发表于1931年。

也就在这年的2月，萨特结束了他的兵役。这时，正好勒阿弗尔市一所中学需要一个中学哲学教师，萨特就到那儿去了，大约同时，波伏娃则到南部的马赛去当教师了。

勒阿弗尔位于塞纳河口，距巴黎不远，是法国仅次于马赛的大海港。萨特在这里待了两年多，在这里他以自己的与众不同赢得了学生们的尊敬，他甚至曾经同一帮学生逛过妓院。

萨特并没有甘于一辈子当中学教师，机会来了，1933年，他正与波伏娃待在巴黎时，遇到了他们的朋友雷蒙·阿隆，他当时正在柏林的法国研究所学习胡塞尔现象学，萨特找到了他的哲学理想之地，这年9月他就被法国研究所接受为研究生，萨特在这里专心研究起胡塞尔现象学来。

萨特在柏林的时间只有一年，1934年10月就回到了勒阿弗尔。

第二年2月，为了研究人的感觉，萨特到了他的一个老朋友，一位精神科医生那里，要求替他注射了麦司卡林剂。这是一种从仙人球里提炼出来的致幻剂，注射后，萨特立即产生了强烈的幻觉，例如感觉自己好像堕入了无边的大海，被一群章鱼攻击，还看到了穿袜子的骷髅头、魔鬼等。后来，这种幻觉竟然一直持续了半年左右，在这种情况下，萨特极需要一个人来照顾。波伏娃是不行的，她要上课，于是，她将她的一位女学生奥尔加推荐给了萨特，要她照料他。奥尔加是一个俄国血统的年轻姑娘，当萨特在柏林时，波伏娃与她生活在了一起。现在，她又与萨特生活在了一起，这样的结果就是，萨特、波伏娃与奥尔加建成了“一夫两妻”的家庭，但大约一年后就结束了。

1936年，萨特和波伏娃的工作都被调动了：萨特到了巴黎东北部的小城拉昂，波伏娃则到了巴黎的莫里哀中学。

萨特在拉昂只待了一年就离开了，在这期间萨特发表了著名的短篇小说《墙》，这部小说已经表达了萨特将文学与哲学结合起来的奇妙天赋，通过这部小说，他深刻地表达了存在主义的一个主题：人的存在之荒谬。

《墙》一经发表立即引起了强烈反响，著名作家纪德评论道：“很久没有读到这样使人兴奋的作品了……应当对这位作者寄以很大的希望。”

1937年暑假结束后，萨特被调到了巴黎的巴斯德中学，这样，经过近10年的两地分居之后，他和波伏娃终于又生活在了同一座城市。他们住在同一家旅馆里，但并不住在同一个房间，目的是为了既能够同居，双方又都有自己的隐私。

第二年，萨特出版了更重要的作品《恶心》，立即激起了强烈的反响，萨特一举成名，后来这部作品被译成了30多种文字，成为存在主义文学的代表作。

1939年是欧洲的多事之秋，希特勒发动了第二次世界大战，1940年5月，德军大举入侵法国，结果，当时号称世界陆军第一强的法国在六个星期之内就被德军击败投降。萨特最好的朋友尼让在5月的战斗中阵亡，6月萨特也被俘了。他入伍后只是在各个兵营之间调来调去，并没有直接参加战斗，就这样成了战俘。这一天刚好是他的35岁生日。

萨特运气不错，他在战俘营中只待了三个月，就冒充军中的文职人员被释放了，回到了巴黎。

不久萨特重新回到巴斯德中学执教，战争对萨特产生了很大影响，他从前是个活泼的人，现在却极为冷峻，他感到自己肩负使命，要为祖国的沦亡负责。他与几个知识分子建立了一个抵抗组织，由于得不到其他人的支持，不久就解散了。

1941年，萨特离开了巴斯德中学，到了孔多塞中学，他在那里一直待到1944年。

黄金岁月 这时候，除了关心抵抗运动外，萨特致力于创作以古希腊悲剧为主题的剧本《苍蝇》，并于1943年出版，同年在巴黎上演，获得了很大的成功。从此也走向了他人生的黄金时代。

在这个时期，萨特主要的写作对象是《存在与虚无》。《存在与虚无》是萨特最主要的哲学经典，就像海德格尔的《存在与时间》一样，是奠定他们哲学史地位的著作，到1943年初完稿了，这年夏天正式出版。书的正标题是《存在与虚无》，副标题是“关于现象学的本体论的论文”，并且题献给他的“河狸”，就是波伏娃。

主要是通过这部著作，存在主义才摆脱了其现象学的母巢，成了一个独立的哲学流派——存在主义。

萨特并没有只专注于写作，他仍然心系抵抗运动。1943年初，他参加了法国全国抵抗阵线的一个外围组织——法国作家协会，并为法国共产党的地下刊物《法兰西文学报》撰稿。也是在这个时期，他与存在主义思潮的另一个最卓越的代表人物加缪建立了密切的联系，他们彼此欣羡对方的才华，萨特曾邀请他出演自己在这时候完成的《密室》并参与导演。1944年5月，《密室》公开上演，获得了巨大的成功。这是个独幕剧，其中最著名的一句台词是：“他人就是地狱。”

这年8月，巴黎从纳粹的铁蹄下获得了解放，萨特决定自己创办一份杂志，这就是《现代》，经过一年多紧张的筹备工作，《现代》于1945年10月正式刊出。

萨特之创办《现代》还有一个目的，就是要在当时流行的两条道路，即资本主义道路与社会主义道路之间寻找“第三条道路”，《现代》就是他们宣传第三条道路的喉舌。

此时萨特已经成为法国最知名的人物之一，就像存在主义思想成为最时髦的思想一样，尤其是青年人们，他们人人都以能侃几句存在主义为得意，以对存在主义一无所知为耻。甚至出现了存在主义的服装、电影之类。连许多外国游客也来赶这股时髦，他们跑到存在主义者们经常聚会的咖啡馆，希望能有幸见到萨特和波伏娃等存在主义的巨头们。

1945年底，萨特去了美国，这是他第二次赴美了，据说是想念他的美国情妇多罗列了，于是跨越大西洋去与她幽会，直到1946年4月才回来。

1947年2月，萨特在《现代》发表了名作《何谓文学？》，系统地介绍了他的文学理论，并在文章中提出了两个核心的观念：只有在民主制度下，文学才有生命；文学就是介入，作家创作即是介入生活、介入社会。

1948年2月，萨特去了柏林，参加他的《苍蝇》的公演式，萨特的剧本能够在昔日的仇敌国土上公演，标示着萨特已经在欧洲得到了广泛的接纳。

1949年夏天时，萨特去遥远而陌生的中美洲加勒比海地区旅行了一趟，美国情妇多罗列与他同行，他在古巴见到了长期生活在那里的海明威。

这时候，萨特的思想已经默默地起了变化。他曾试图走第三条道路，但事实证明那是条死路，在这种情况下，不甘于被冷落与失败的萨特便决定选择其中的一条道路。经过一番思想斗争，他选择了左边这条路。使他做出这种选择的契机也许是亨利·马丁事件。亨利·马丁是法共产党员，一名水兵。1950年5月，他在土伦军港张贴标语反对政府在印度支那继续进行殖民战争，因此被捕，萨特对这种严重破坏言论自由的事极其反感，起而抗议，为此晋见总统直接提出抗议，并出版了《亨利·马丁事件》一书。萨特的这种行为使法共和苏联十分赞赏，萨特与他们很快走到了一起。

1952年，法国政府逮捕了法共一位重要领导人，萨特大感愤怒，写下了《共产党人与和平》一文，公开批评政府和支持共产党。这样，他与法共和苏联迅速接近，并卷入了当时苏联正在大力鼓吹的世界和平运动，这年底，萨特参加了在维也纳举行的保卫世界和平大会并在大会上发言。

萨特的这些行为令苏联人大感脸上有光，为此，1954年5月，他们邀请萨特访问苏联。萨特在苏联共待了20多天，访问了苏联不少地方，回国后写了一系列文章，大捧苏联，称“在苏联存在着进行批评的完全的自由”，又称在苏联“看到了新型人”，等等。

这年12月，他被法共推举为法苏友好协会副主席。

由于萨特的急剧左转，甚至得到了一份其他任何知识分子都难以得到的礼物：他们被邀请访问中国。

萨特与波伏娃于1955年9月6日抵达北京，参观了10月1日在天安门广场举行的国庆阅兵式。不久，萨特和波伏娃在北京接受法共《人道报》读者的采访时，“毫无保留地”赞扬新中国所取得的伟大成就。

回到巴黎后，萨特为中国的《人民日报》写了《我对新中国的观感》一文，盛赞“在中国，直接的现实就是未来”，说他看到了一个伟大的民族正在为了建立一个更人道和更公正的社会而努力。接着，萨特在《法兰西观察家》周刊上连续发表《我所看到的中国》。《现代》杂志也将9月和10月两期合并，成为《中国专刊》，集中报道和介绍中国。后来，波伏娃也写出了专论中国的《万里长征》。

在萨特这些讨论中国的文章中，他谈到了一个“奇怪的现象”，他比较了中国革命与苏联革命，指出苏联革命结束后引起了社会的大动乱，充斥着内战与饥荒，而中国革命完成后却相反，出现了前所未有的社会安定局面，内战止息、饥荒消失，没有通货膨胀，人民安居乐业。萨特还特别赞扬了当时中国政府关于保护民族资本主义工商业、对资产阶级实行统战的政策。他称中国的资本家是“幸福的资本家”，因为他们既被政府所保护、又能展其所长。

萨特的这些称赞并非空穴来风，与前面他访苏得来的虚假的官方刻意制造的印象完全不同的是，这时候他看到了真正的中国。我们知道，在建国初期，中国共产党的政策是好的，包括保护民族工商业等政策都符合中国的国情，极大地促进了当时中国经济的发展。使中国一度出现了前所未有的安定繁荣的局面。遗憾的是，几年之后，中国的政策来了个大转向，以前的许多好政策都消失了，社会也逐渐陷入贫穷与混乱之中，直到1976年左右才结束。

基于同共产党的亲密关系，萨特甚至考虑过加入法共，然而在苏联出兵匈牙利后，他与苏共决裂了，由于法共支持苏共，他和法共也决裂了。

萨特的“决裂”活动远未结束，几乎在与法共和苏联决裂的同时，他与许多同胞也唱起了反调，这次他反对的是阿尔及利亚战争。

阿尔及利亚自1850年以来一直是法国的殖民地，但阿尔及利亚人民并不甘于这种命运，他们要求独立自由，要求把法国人从阿尔及利亚赶出去，到1954年，终于在阿尔及利亚爆发了反对法国殖民统治的革命运动，导致了阿尔及利亚战争。萨特自始至终地反对阿尔及利亚战争，支持阿尔及利亚人民的独立运动。

1960年8月，萨特和波伏娃联合其他121位持不同政见的著名人士签署了一份宣言，声明支持阿尔及利亚独立。后来，那些反对阿尔及利亚独立的法国人大批地在巴黎游行，特别是一群老兵，将让阿尔及利亚独立看成是对他们军人荣誉的亵渎，他们甚至喊出了“枪毙萨特”的口号，到1962年7月，阿尔及利亚终于独立了，萨特才没有遭到进一步的威胁。

次年，萨特完成了《语词》，这是关于10岁的萨特的自传，也是萨特最受欢迎的作品之一，笔调优美，又不乏深刻，很好地结合了他作家与哲学家的特征，是一般纯粹的作家或者哲学家都写不出来的。

1964年10月，他得到了一个消息：他将被授予诺贝尔文学奖，萨特当即给诺贝尔文学奖的评审机构瑞典文学院去信，请他们不要这样，他将不会接受。

但诺贝尔文学奖的评审完全是根据作品的质量本身来进行的，与作者本人是否接受无关，到10月22日，瑞典文学院正式决定授予萨特诺贝尔文学奖。

得到这一正式的消息时，萨特正在巴黎14区的“东方”餐馆，与波伏娃等人在一起吃饭。他当场就起草了一个拒绝受奖的声明。他说：

> 我的拒绝并不是什么仓促的突然行动，我一向谢绝一切来自官方的荣誉……目前文化战线上存在的唯一斗争是为东西方两种文化和平共处而斗争……我知道诺贝尔奖奖金本身并不是西方集团的奖金，但现在人为地成了这样一种奖金……客观上成为一种保留给西方作家和东方叛逆的荣誉。……如果我接受了诺贝尔奖奖金，或许就等于被收买了。

两天后，《世界报》上登载了萨特的这项声明。

为此萨特失去了25万瑞典克朗奖金，约合6万美元，这在当时是一笔巨款了，大概相当于现在的一百万美元，例如诺贝尔文学奖2003年的奖金数额是130万美元。

萨特拒绝接受诺贝尔文学奖的行为同他被授予诺贝尔文学奖的行为一样在法国激起了轩然大波，也许后者的波还要更大一些。想想看吧，竟然拒绝诺贝尔文学奖！这简直不可想象！那么高的荣誉、那么一大笔钱，多少世人做梦都想得到，他竟然不要！结果，萨特没有因为自己的这种行为而受到赞美，应该说，直到今天也没有。而是受到了广泛的批评，包括那些苏联的自由派作家，他们认为萨特这样是亵渎了他们为自由与民主而战斗的事业，是对斯大林主义的支持。他还收到了数不清的信件，它们就像萨特自己所言：“他们写来折磨人的信，异口同声地要求：‘把你拒绝的钱给我吧！’”

诺贝尔文学奖的风波刚过，萨特立即卷进了另一场风波，那就是罗素法庭。

法庭的目标是审判美国在越南战争中犯下的罪行，1967年5月，法庭在斯德哥尔摩开庭，萨特担任执行庭长，法庭做出了判决，宣称美国政府对越南人民犯下了灭绝种族的罪行，并强烈谴责美国总统、国务卿、国防部长等人为战争罪犯。萨特作为执行庭长，对审判做了总结性说明。他的讲话后来以《种族灭绝者》为题发表。

罗素法庭过去没多久，法国发生了当代史上最令人难忘的一幕——五月风暴。

五月风暴是一场革命，这场与以前的革命迥异的新型革命不是由受压迫的工人或穷人发动的，而是由大学生发动的，革命的动力也不是贫穷或者压迫，而是思想。

发动革命的大学生们大都是些比较激进的左派，他们受当时社会主义国家领导人和一些左派思想家影响，希望在法国也来一场“文化大革命”。借助的口号则是反对当时僵硬的教育制度、学校不合理的管理制度、政府对学校干预过大以及教学条件太差，校舍拥挤，等等。这些也都是实情。

1967年11月，五月风暴首先在巴黎郊区的农泰尔文学院暴发，学生们开始持续地罢课与游行示威，不过事情并没有闹大，游行示威也主要在校园里举行。第二年3月22日，警察在巴黎逮捕了6名被怀疑因反对越南战争而向美国人丢炸弹的学生，这更引起了农泰尔文学院学生的强烈抗议，他们开始付诸暴力，占领了学院的行政大楼。这就是“3·22运动”。

“3·22运动”正式揭开了五月风暴的序幕。到5月初已经扩展到了著名的巴黎大学，即索尔本。其他大学的学生们也纷纷涌向巴黎大学参加集会游行。

由于巴黎大学的校长请来警察驱散校园里的学生，双方展开激烈搏斗，许多学生被捕，巴黎大学被宣布关闭。当局的镇压更激起了学生们的反抗，全法国的大学生甚至中学生都动员起来了，他们从全国各地拥向巴黎的大学区拉丁区，在那里设置路障，用汽油瓶和自制炸弹与警察的催泪瓦斯和警棍展开战斗。战斗在5月10日的夜间特别激烈，因此这一夜又被称为“第一个街垒之夜”。

不仅如此，警察的大规模镇压引起了一向有革命传统的法国工人们的不满，他们也行动起来了。5月13日，80万学生走上街头，他们挥舞着代表无政府主义的黑旗和代表共产主义的红旗，有的还举着毛主席语录的“红宝书”，高呼口号游行示威。此后几天，示威游行的规模更加巨大，全法国一半的工人约1000万参加了进来。使得整个法国陷于瘫痪状态，全国一片混乱。

面对这种局面，戴高乐先在5月18日答应进行改革，尽量满足工人与学生们要求，但他强调“改革可以，乱来不行”。但他的话效果适得其反，革命愈演愈烈，社会更加混乱，并发展为政治危机。

5月30日，戴高乐总统在获得了军队支持的保证后，发表极为强硬的讲话，宣布解散国民议会，举行新大选。

他的强硬政策终于平息了五月风暴，到6月中旬，大部分工厂恢复生产，学生复课，社会秩序恢复了平静。风暴期间共造成工业损失约60亿美元，此外至少有5人死亡，数百人受伤。

在这场风暴中，萨特自始至终站在最前线，早在5月8日，萨特就和波伏娃等发表了一份共同声明，呼吁工人和知识分子都起来支持学生们的运动。第二天，萨特签署了一项正式的宣言，宣言中认为这场学生的抗议运动是要努力避免社会的“异化了的制度”，而不只是进行大学的改革之类，5月20日，萨特亲自跑到巴黎大学的阶梯教室，在那里发表演讲，支持学生运动。

总之，通过大量类似的讲话与实际活动，萨特完全投身到了五月风暴中，仿佛60多岁的他还是名索尔本的大学生。而学生们也热烈欢迎萨特对他们的支持，萨特的著作与思想成为他们革命的理论基础，虽然他们表面上还有许多的理论基础，然而他们真正阅读其著作的通常只有萨特一人。因此，五月风暴有时候甚至被称为“萨特主义的革命”。

五月风暴刚刚止息，苏联人掀起的风暴就又接踵而至。1968年8月，为了镇压捷克斯洛伐克的“布拉格之春”，几十万现代化的苏军带着其他华沙条约组织仆从国家的军队从四面八方攻入捷克斯洛伐克，不到24小时就占领了整个国家。几天后，萨特就进行了公开谴责，称那是“十足的侵略，是国际法庭中定为战争罪行的那种侵略”。

时光转眼进入了70年代，1970年4月，他担任了《人民事业报》的社长，在接任时，他甚至宣称在群众运动中实行一定的暴力是合理且必要的，因为“只有这样才能表明革命的性质”。

刚当社长一个月，萨特就因为《人民事业报》上登载了猛烈抨击政府的文章，结果被控以诽谤罪。但萨特根本不把这样的指控放在眼里，他还经常亲自跑到街上去叫卖《人民事业报》，结果被警察抓起来审问了一番。

萨特这时候想上山下乡，到群众中去，与群众打成一片。1972年2月，萨特来到了雷诺汽车厂，结果被工厂卫兵赶了出去。萨特又猛烈地攻击西方现行的民主选举制度，例如他还在1973年3月份的《现代》杂志上发表了一篇文章。他还宣布抵制即将举行的全国大选。他还积极投身到《解放报》的创办中去，并担任了社长，现在这份报纸已经成了法国最有影响的大报之一。

由上可见，已经快70岁了的萨特还是多么的朝气蓬勃，然而，正所谓岁月不饶人，即使以萨特之“人老心不老”，也必有老态龙钟之时。到1973年5月份，萨特的身体迅速地虚弱下去，更可怕的是，他那只尚能用的左眼现在也不行了，看东西只是一个模糊的影子。读书写作是不可能的了，他不由痛苦地嚷道：

“我已丧失阅读与写作能力，再也不能作为作家从事创作活动了。我的作家职业已经彻底地断送了。”

当然，这只是萨特在初作准盲人时的不适所致，他不久后就重新振作起来了。1974年3月，萨特发表了《造反有理》，来宣传他的革命主张，从前面的事实就可以看出，萨特早就不只是一个哲学家或者作家，而称得上是个职业的革命家了。这年底，他还应法国国家电视二台之邀，准备开设一个大规模地讨论20世纪已经过去了的70余年的历史，不过萨特猜想政府是不会让他这么轻易地在国家电视台随意说话的，果然，在他做了大量的准备工作，只等上台时，电视二台因为种种原因取消了原定的计划，萨特的猜想成真了。

落日余晖 到1975年，萨特成了百分之百的盲人，身体也急剧地虚弱下去了，他停止了写作，不过仍然接受记者的采访，有的是要求他提供时事新闻的看法，有的则是要他回忆自己的过去。萨特自己也明白，他将不久于人世了，他很愿意在离开这个世界之前尽可能多地让人知道他的事，对于那些采访，他总是乐意接受，并且尽力地回答问题。我这里提两段，一段是萨特与记者卡特琳·仙的谈话，其中谈到了他与女人们的关系，他说：

> 我周围有不少人，不过都是些女人。我生活里有好几个女人。西蒙·波伏娃在某种意义上是唯一的，但是总还有好几个。
>
> ……我与女人的关系一直很好，因为狭义的性关系更容易使主观与客观一起被给予。与一个女人的关系，即便你不和她睡觉，也比与一个男人的关系要丰富；如果你和她睡过觉，或者你本可以这样做，那么你与她的关系就更加丰富了。
>
> 首先有一种语汇，不是语言，而是手的语汇、面部表情的语汇。我且不说狭义的性语汇。至于语言本身，当你在一种爱情关系里使用它的时候，它便发自心灵最深处，发自性器官。人们与一个女人在一起的时候，便把他们自己整个儿都交出来了。

1980年3月，《新观察家》周刊发表了名为《希望，在今天……》的记者列维与萨特的谈话录，这也是萨特最后一次正式谈话，谈话中萨特系统地表达了他许多政治理念以及对人生与社会等的看法，其中有一段他是这样说的：

> 我将在至多5年内死去——实际上我想是10年，但很可能是5年。总而言之，这个世界看来是丑恶的、坏的和没有希望的。……但正因为这一点，我坚持反抗，而且我意识到，我将在希望中死去——然而，这个希望必须加以创建……我仍然认为，希望是我的未来概念。

萨特的推测中至少有一部分是错的，那就是对自己寿命的推测，他没有再活10年，连一年也没有活到。事实上，他在接受这个采访不到一个星期后就病倒住进了医院，这一进去就再也没有出来。

萨特逝世于4月15日，其遗体被火化，骨灰安葬于一座普通公墓。

4月19日骨灰安葬时，数以万计的人从法国各地乃至从世界各地赶来，为这位他那个时代最杰出的作家和哲学家送行。

第四十三章　人的存在及其本质

我们现在要开讲萨特的哲学了。

萨特的哲学有一个总的优点，就是能够使您重新认识世界与他人。

不过，要做到这一点并不容易，因为萨特的作品相当晦涩，不容易读，但同时他的思想又是相当生动的，晦涩与生动构成了萨特作品与思想的奇特融和。

说晦涩，是因为萨特作品的表达方式，特别是在《存在与虚无》中的表达方式，是晦涩的；说生动，有两个原因：一是萨特是哲学史上最擅长通过非哲学的方式，即文学的方式，表达哲学的最厉害的人物，这种通过文学来表达哲学自然是生动的。二是即使在《存在与虚无》中，虽然形式是晦涩的，但内容却是生动的，这只要我们从一系列的名词之中就看得出来，例如虚无、自欺、说谎、冷漠、情欲、憎恨等等，都是些平常不大用在哲学上的生动字眼。

萨特的作品十分丰富，大体上可以分成哲学、文学两类，后者又可以分成两类：剧作与小说，因此，萨特的著作实际上可分成哲学、小说、剧本三类。

萨特的主要哲学著作如下：

《想象》《情感理论概论》《想象之事物：想象的现象主义心理学》《存在与虚无》《存在主义是一种人道主义》《辩证理性批判》。这些著作中，最主要的是后面三部，即出版于1943年的《存在与虚无》、出版于1946年的《存在主义是一种人道主义》以及出版于1960年的《辩证理性批判》。

萨特发表的主要小说如下：出版于1936年的短篇小说集《墙》，包括五个短篇；中篇小说《恶心》，发生于1938年；长篇小说集《自由之路》，包括三篇，即发表于1945年的《理智之年》、发表于1945年的《延期》、发表于1945年的《灵魂之死》。

剧本则有：《苍蝇》，上演于1943年；《此路不通》上演于1944年；《死无葬身之地》，上演于1947年；《可敬的妓女》，上演于1946年，后来被拍成影片，中文片名为《被侮辱与被压迫者》；电影剧本《决心已下》，1947年上映；《肮脏的手》，

1948年上演；《魔鬼与神》，上演于1951年；《涅克拉索夫》，上演于1955年；《阿尔托内囚》，上演于1959年；《特洛亚妇女》，上演于1966年。

除了上述三大类，萨特还写了许多其他类型的著作，例如出版于1947年的文学理论著作《什么是文学？》和文学传记《波德莱尔》；研究福楼拜的名作《福楼拜传》；系列论文集《境况种种》等，共7卷；以及出版于1952年的传记《圣热内：演员和殉道者》自传，当然还有萨特最著名的自传、出版于1963年的《语词》。

除了以上著作，萨特还有大量发表于各种报纸杂志的文章、大量的书信等，总之，他是一个作品数量多、质量好的伟大著作家。

存在与本质　讲萨特的思想，我们当先从他的本体论讲起。

萨特称自己的本体论为"现象学的本体论"，并且它也是《存在与虚无》的副标题。我们前面已经对于所谓的哲学基本问题讲过无数次了，也说过有许多人致力于超越这个所谓的基本问题，例如杜威，他就以自己的方式取消了所谓的"二元论"，即在精神与物质之中，要么认为精神第一，要么认为物质第一的哲学理论。与杜威一样，萨特也想要摆脱这种二元论，他用以代替传统二元论的是"现象的一元论"。

在二元论中，要么以物质当作第一性的，要么将精神当作第一性的，在萨特这里，他不是将这二者当作第一性的，或者说将之当作自己哲学的出发之点，而是将"现象的一元论"里的现象当作第一性的，当作自己哲学的出发点。

当然，萨特的这个现象可不是唯物主义哲学中与本质相对的现象，而是现象学中的现象。这个现象，我们在前面讲胡塞尔与海德格尔时都说过了，它们是纯粹的现象，在它们之后，既没有什么主观，也没有什么客观，而只有这唯一的现象本身，在现象之后没有任何其他超越现象的本体，例如物质、意识或者上帝之类。

正因为现象有这样的特质，它才能够成为萨特一元论的基础。从这个现象的一元论出发，萨特划分了两种"存在"。

我们知道，胡塞尔现象学关于现象的基本观念是：现象就是本质，从这里出发很容易得出来一个结论，即现象的存在，实际上，现象就是本质的前提就是假定了现象本身的存在，否则称现象就是本质也就无意义了。

但在这里，如果我们进一步考察，会发现这样一个问题：是不是一切存在都是现象，即现象是存在的？这无可怀疑，但是不是一切存在的都是现象呢？

萨特说，也不是。因为现象之称为"现象"，即要求其"现"，现者，显现、显示之谓也，即只有显现出来的"象"——存在——才是现象，而那些未曾显示或显现出来的"象"——存在——当然就不能称为现象了。

萨特给那些未曾显示或显现出来的存在起了一个专有的名字——自在的存在。自在，就是自己存在的意思，也就是说，自在的存在就是自己存在的存在。那些存在，它们自己存在于那儿，“自己顾自己”，不向我们来显现，成为现象。就像一首唐诗中所言：“寥落古行宫，宫花寂寞红。”那些自在的现象就如同那些宫花一样，自顾自寂寞地红着。

除了那些自在的存在，还有作为现象的存在。这时候又产生了这样一个问题：这些作为现象的存在是如何能够成为现象的呢？难道是它们自己使自己成为现象的？当然不是，存在并不是有知觉、有生命的东西，如何能够使自己成为现象呢？使它们成为现象的是知觉与意识。存在显现于这个知觉与意识，其后方能成为现象。现象，我们亦可以理解为被意识与知觉显现之“象”——存在。明显地，这个知觉与意识使存在显现于之而成为现象，但它自己却不是现象，当然，它仍然是存在。对于这种使现象显现而自身不成为现象的存在，萨特称之为“超现象的存在”或“自为的存在”。

“存在”这个词向来是一个浑然一体的词，就像“物质”或者“意识”一样，是似乎不可分的，但是，到了萨特这里，他将存在进行了区分，区分为“自在的存在”与“自为的存在”，这是他的一种哲学的创造，也是萨特哲学中的基础概念之一。我们分析萨特哲学，先就要来分析这两个概念。

自在的存在 根据我们前面对现象与自在的存在的初步了解，不难看出，由于人的意识与知觉等所能够知觉与意识到的存在在任何时刻都是有限的，相对于无限的外在世界，现象有限得可怜，可以说不足其万一，也就是说，比起现象来，自在的存在要多得多。我们在后面会看到，萨特的这个自在的存在类似于弗洛伊德的无意识。

这个自在的存在在萨特那里具有以下的特征：

一是这个自在的存在“就是它自己”。它既不是被创造出来的，也不是自己创造自己。它是一种纯粹的、无条件的存在。它本来就在那里，如此而已！因此，我们也可以说它是一种完全无意义的东西。

二是这个自在的存在是“不透明的”。它对于外部意识、对于其他存在、甚至对于自己都是不开放的、关闭的。它就像这样一个黑匣子：四面包着厚厚的铅板，不但没有敞开的门，连X光都进不去。是绝对地不透明的，因而也是绝对地看不透的。

三是它是静止的。它没有变化和发展，既没有过去，也没有未来。它是其所是，时间对于它而言是不存在的，它永恒静止。

四是它没有创造者，它独立于一切包括上帝等创造的精神，它没有创造者，它的存在是偶然的、荒诞的，没有任何来源，也没有根据和必然性，它就像神秘的“道”一样，是盘古于天辟地前就有的，是最原始的“混沌”。

五是它就是它是自己，它“是其所是”。这也就是说，它不能通过自身成为异己的他物，它从来不作为异己的他物而存在，也不支持与他物之间的任何关系。

总之，这个自在的存在的萨特那里是奇异而荒谬的，我们称它，也许应当像老子在《老子》第四十二章中称呼他的“道”一样：

“有物混成，先天地生，寂兮寥兮，独立不改，周行而不殆，可以为天下母。吾不知其名，字之曰道，强为之名曰大。……”

自为的存在　　在萨特看来，自为的存在简而言之就是意识。

我们前面说过，存在如何才能成为现象？这就需要有意识，是意识使存在成为现象。那么，这个意识自身是不是现象呢？不是，我们下面会看到，意识只是一种对存在的反映，它自身则是无内容的，它实际上是一种虚空，当然不会是存在。对意识的这种认识我们在前面讲胡塞尔时曾经说过，胡塞尔称之为纯粹意识，是无内容、也不依赖于任何内容的纯粹的意识。

这无内容的意识的基本特征就是它具有意向性，作为意识，它当然是有所“意向”的，它既指向自我，又指向外部世界。这是必然的，这样它才能产生现象。因为所谓现象，无非就是意识反映外部世界的存在，使自我意识到它们，这些被意识到的外部世界的存在也就成了现象。这样，意识就成了自我与外部世界之间的桥梁，即使自我意识到外部世界，又使外部世界的存在成为现象。形成了自我—意识—外部世界三者结合的三位一体式的结构。

不过，在萨特这里，虽然意识仍然是意识，但他一般而言已经不称之为意识了，而称之为自为的存在。这个自为的存在具有以下主要特征：

首先，这个自为的存在是处于永恒的变化之中的。以萨特的话来说，它永远是其所不是和不是其所是的东西。这听起来自相矛盾的话的意思是说，自为的存在处于永远不停下来的运动之中，它不断地变化、不断地运动，由这种状态变动到那种状态，从来不会稳定地是某一种东西，随时要变成另一种东西，因此才“是其所不是和不是其所是”。这就像时间中的“现在”一样，其实，时间是无所谓现在的，因为它随时处在流变之中，在任何时刻，当我们意识到“现在”时，那我们所意识到的“现在”已经不是现在，而成了过去了。因此，所谓“现在”的那个时刻也永远是其所不是和不是其所是。

其次，自为的存在是一种“虚无”。我们说过，由于意识只是一种反映，因此，它自身并没有什么内容，就像一面空空如也的镜子一样。这就产生了这样的情形：虚无的自为的存在为了要“克服”这种虚无性，就需要不断地去反映存在，去通过这种反映来克服自身的虚无性，这同时也是对自身的一种否定。自为的存在就是靠这种对自身的不断否定去造就自己、造就现象的。

第三，自为的存在具有时间性。萨特的这个自为的存在是意识，其实也是人、人生，因为有这种意识的是人，而人之所以是人，其实并不是其具有一个肉体，而是因具有人的意识，这才是人之成为人最基本的东西。如此，我们也可以说，意识就是人。作为人，人的存在，当然具有时间性，这就是人的生命本身。萨特认为，人的一生就是一个不断追求的过程。人不断地追求各种可能。而所谓可能，就是说它不是现实，是尚未实现、尚未存在的东西。对于人而言，他是什么指的其实是他过去是什么，将来还未存在，而现实是联系过去与将来的一种纽带，它又是一种否定，是一直指向未来的对过去的否定，它又是一种虚无，要给现在一个意义靠的是将来。这就像打球一样，未来对球的一击才使得现在的奔跑具有意义。过去虽然是一种已经存在的东西，但其意义却决定于它对我们未来选择的影响。

总之，自为的存在——它其实是虚无——的这种时间性，说明了它本质上是一种否定，既是对过去的否定，也是对将来的否定：对于过去而言，它不是其所是，因为它已经变了，对于将来而言，它又是其所不是，因为它正在变。一句话，自为的存在是一种不断的否定，它“永远相异于自身”。这便是自为的存在的根本的特性，也是它与自在的存在的根本区别所在。

从上面对自为的存在的分析不难看出，它是针对自在的存在而进行的，自为的存在与自在的存在具有截然对立的特点。

存在先于本质　从对自为的存在的探讨出发，萨特得出了存在主义的一个著名的论断：存在先于本质。

前面我们在分析自为的存在与自在的存在时，说过自在的存在其实是没有什么意义或者本质的，它作为外部世界，只是一种荒谬的、偶然的存在。只有在自为的存在指向外部世界之后，自在的存在才可能具有本质与意义。萨特正是从这一点出发，得出了存在先于本质的结论。

什么是存在先于本质呢？在分析其具体的意义之前，我们必须先分析存在与本质这两个概念。

首先我们要明白，存在先于本质中的存在与本质都与我们平常所理解的含义有很大不同。例如存在，它并不是作为万物的存在，即存在物，而是人的存在，是具有意识的人的存在，更具体地说，指的是个人的存在，是自我。至于存在先于本质的本质，萨特指的是一系列的显现的稳定性的东西，也就是“现象的存在”，结合起来就是我们前面所说的：现象就是本质。

萨特将存在先于本质称为“存在主义的第一原理”，并且是存在主义思想的共同的出发之点，由此说明，如果我们要理解萨特的存在思想，就必须理解存在先于本质的含义是什么，为什么是存在先于本质而不是本质先于存在，等等。

存在先于本质在萨特这里主要有两重含义：一是时间上的在先。所谓存在先于本质，用更通俗的表达就是说：先存在，然后才有本质。也就是人先存在，然后人才有本质。这里的“先”就是时间在先的意思。萨特认为，人刚来到这个世界上时，是赤条条一无所有的，当然也无所谓本质，它只是一种单纯的主观性的存在。后来他为什么具有了本质呢？那是他凭借自己的自由意志，进行自我的塑造与选择，才渐渐地有了本质。而且，人之具有本质等其他东西，是人根据自己的意志而来，是由人自己的意志造成的。在这里，人自己的意志是至关重要的、决定性的，正是由于人的这种意志，才使得人总是面向未来的存在，人对于自己的未来可能有清晰的蓝图，并且人能够努力根据这个蓝图而设计自己。

人的这种先存在而后才有本质是人所独有的特性，是除人而外的任何其他存在都不具有的特性。因此，所谓存在先于本质实际上有双重的含义：一是强调人是先存在而后才有本质，二是强调人的本质是人自己在存在之后赋予自己的，而不假其他存在之手。从这第二个含义就折射出了萨特“存在先于本质”的第二种含义，即外界事物的本质是由人给予的。

萨特认为，只有人才是存在先于本质，而人之外的其他存在则只能是本质先于存在。

何以见得呢？萨特曾经以一把裁纸刀为例说明之。他说，在一把裁纸刀被制造出来前，它具有一些什么样的本质与特征早已经为制造者预先知晓了，也就是说，它的本质先于它的存在而存在于制造者的头脑中了。

裁纸刀如此，其他非人的存在物也是如此。这些自在的存在们，就像我们前面所言，它们是完全消极被动的、杂乱无章的、荒谬的、完全没有意识的，甚至是没有意义的，当然也就不可能去造就自己的本质，甚至不能意识到自己的存在。只有当人的意识指向它们时，它们才可能具有本质与意义。这意思也就是说，外界事物的本质是人所赋予它们的，而人在赋予它们以本质之前，这本质早已经存在于人那里了，人正是根据此来赋予事物以本质的，而此后，事物才真的存在了。这样，对于人之外的其他存在，当然是本质先于存在了。

存在与恶心　萨特最有名的一部小说是发表于1938年的《恶心》，这也是萨特自己最为满意的小说，而且，它的意义远非是一部小说，它同时也是萨特最重要的哲学著作之一，在萨特的哲学思想中占有极重要的地位，甚至有人称之为存在主义的哲学宣言。

《恶心》实际上是借用文学的形式来阐述一种鲜明的哲学思想，这种思想的核心就是从"我思"的立场出发，表达对世界、对人的存在的深刻的感受。这种感受是复杂的，但也可以一言以蔽之，那就是"恶心"。

当然，这里的恶心已经不是我们平常含义上的作呕的生理感觉，而是人的一种对存在、对外部世界的哲学化的基本体验。

《恶心》是以主人公洛根丁的感受为线索写的。洛根丁本来对于自己的存在、对外部世界都没有清醒的认识。但突然有一天，他突然感到浑身不自在。他发现许多日常所见的对象，例如他喜爱的咖啡馆里的桌子和啤酒杯等，在他心里都有了一种陌生感，一种说不清的恶心的感觉。不久，洛根丁的恶心感变得更加强烈，令他不安。那种恶心的感觉的高潮发生在一棵栗子树前面的一个园林里，在那里，他发觉自己被这个外在世界里无数裸露的存在所包裹、所麻醉，感到极度的恶心。

正是在这种对外界事物极度的恶心中，洛根丁意识到了自己的存在。

因此，恶心这种感觉可以说成是人的主观意识对客观事物的反应，甚至可以说，正是这种反应使我们体验到了存在着的世界。我们可以打一个这样的比喻。我有一间书房，平时我从来没有打理过它，因此它里面乱七八糟，但我从来没有注意到这一点。有一天，我因为某个缘故需要找某本书，但我突然发现，我的书是多么乱，我看到的只是乱七八糟的纸垃圾。这时候，我感到一种极度的厌恶，不但是对这些无序的乱七八糟的书的厌恶，也是对自己的厌恶，我发现、我深深地意识到，我已经有多么久没碰过书了，我不由地滋生出了对自己的厌恶。

为什么会产生这种恶心的感觉呢？萨特说，这种恶心的体验来自存在的偶然性。

偶然性是萨特小说里最重要的哲学概念之一。什么是偶然性呢？它通常的含义是不必然。洛根丁发现，他所处的整个物理世界中的每一个对象似乎都是偶然地存在的，而相应的，没有任何一个对象是必然地存在着的，即使那些对象，例如天上的星星，它们可能存在了很长很长时间，然而却仍然是偶然的。

除偶然性外，萨特还用了"荒谬"一词来形容对这种恶心与偶然性的理解，荒谬的意思就是说，它完全没有正当或适合的理由能加以解释，但这偶然性却是甩不掉的、绝对的。

不但世界万物是如此的偶然、荒谬而令人恶心，我们人也是如此，人自己也是偶然的、荒谬的、令自己也感到恶心的。我们像有一天突然从梦中醒来，发现自己被偶然地、无缘无故地抛到了这个荒谬的世界，面对这个可悲的事实，我们不能不意识到这样一个事实：我们的存在是荒谬的、毫无理由的、令人恶心的。这就是我们对于世界、对自己的存在的感受。

如果我们进一步的思索，会发现萨特之所以能够得出"恶心"这一观念，是根据笛卡尔的"我思，故我在"而来的。

洛根丁为什么会感到恶心？当然是因为他思了，并且由于他这个思，他体味到了恶心，并且通过这个恶心，他体验到了自己与外在世界的存在。不过，在这里的"我思"与笛卡尔的"我思"是有很大区别的。在笛卡尔那里，我思的对象其实是"思"，是我思索到我在思，我确定无论我思的是什么，我毕竟思了，这是无可怀疑的，因而由这个我思导出我在。萨特却不是如此，萨特这里的"我思"是一种"反思前的我思"。

要理解"反思前的我思"，首先要搞清楚"反思"与"我思"两个词。思，当然就是思想、思考、思索等，我思就是我思考、我思索，思考的主体是我。至于反思，则是就思的对象而言的。我们知道，思是有对象的，即所思的是什么，这对象可能有许多，总的来说有两大类：一类是直接的对象本身，例如桌子、椅子等等外在对象，另一类则是思，即意识本身。意识与思想本身能够作为被思的对象吗？当然能。这就是我们所称的反思了。这种反思的例子即使在日常生活中也是很多的，典型的例子就是我们想自己昨夜所做的梦，梦当然是一种意识，在梦中，我们意识到某些对象，但当我们思考梦本身时，我们所思的当然不是梦中的那些对象，而是梦本身了，这称得上是一种反思。笛卡尔在论述他的"我思，故我在"时，就借用了这种反思。他的这种我思实际上是一种反思，或者说是反思的意识。

什么是反思前的我思呢？从上面的分析不难看出，"反思前的我思"就是直接指向思的对象，而不是指向思本身的我思。例如对一朵花的"反思前的我思"就是直接指向这朵花的我思，这时候，意识直接指向这朵花，不假其他。而在反思里，意识则直接指向我对于这朵花的意识。用两句更通俗的话来说，对于这朵花的"反思前的我思"是"我意识到了这朵花"，如此而已；而反思则是：我意识到我意识到了这朵花。由此不难看出，"反思前的我思"是反思的基础，或者说反思前的意识是反思意识的基础。

结合上面关于恶心的分析，我们不难看出来，洛根丁的恶心是一种"反思前的我思”，即其思是直接指向外在世界的，是意识直接作用于外在世界，或外在世界直接作用于意识而得出来得直接的感受。洛根丁周围的那些东西，例如他喜爱的咖啡馆里的桌子和啤酒杯等，这些对象直接作用于他的意识，使他产生了恶心的感觉。后来，当他身处一棵栗子树前面的一个园林里时，这种恶心的感觉达到了高潮。这时候，他发觉自己被这个外在世界里无数裸露的存在所包裹、所麻醉，因而感到极度的恶心。总之，令得他恶心的东西都是外界直接的对象，因而这些意识都是反思前的我思。当然，后来，当我们对这种恶心加以分析时，就是一种反思了。

正是洛根丁这种反思前的我思，这种对外界对象的直接的体验，这种恶心，使他意识到了自身与外在世界的存在。还有，从“恶心”这个贬义词我们还可以看到，洛根丁的这种体验是否定性的，说明了他对这个世界持否定与排斥的态度，说白点，这个世界就像一堆牛屎或者一只蟑螂一样，令他感到恶心。

萨特认为，这种对世界的否定态度是很重要的，原因有二：

一是如果没有这种体验，就说明人没有真正地体味到自己的存在或自己存在的真正状态，因为这个世界的确是荒谬的、令人恶心的。如果人没有体验到这一点，就要么是对这个世界没有体验，麻木不仁；要么就是认为这个世界美好得很，一点也不恶心。这些都是不对的，都只能说明其没有真正地体验到世界的真味。这就像一个人吃柑子一样，明明这个柑子又苦又涩，他却说又甜又香，这当然只说明他没有尝到柑子的真味，是他的脑子或者味蕾出了毛病。

二是这种体验，对世界的否定性体验，体验到它的恶心是人之走向自由的第一步。只有当我们意识到了这个世界的令人恶心，我们才会接下来想法去摆脱这种恶心，去努力超越这种恶心，去寻找自由。

自由的本质　萨特的自由观是他最著名、最有特色的理论之一，在萨特那里，这个一向完全是褒义的自由具有了更为丰富的，甚至于不完全是“好事”的自由，它具有以下几个鲜明的特征：

一是萨特的自由是一种本体论的自由，是无限的、无条件的自由。

我们前面说过，萨特认为，人是一种自为的存在，而作为自为的存在，它是存在先于本质的。即在他存在之前，他没有什么本质，他所有的本质是在他存在之后，通过自由选择等而具有的，这就说明，人在存在之时，他就是自由的，就像存在先于本质一样，自由也先于本质，这自由与人的其他属性不是一回事，应该说，它根本就不是人的一种属性，而是人自身或自身的一部分，就像人的生命一样，我们不能说生命是人的一种属性，因为生命是人本身，人之所以为人，是因为它具有生命。自由则是人其他一切本质的基础，甚至可以说，自由与人的自为的存在是一回事。

不过，正由于自由是人生而具有的，人是毫无理由地被赋予的，就像被赋予生命一样。因此，人拥有这种自由与否并不依人自己的意志决定，在这一点上，人不是自由的，因为他不能不要这种自由。总之，是自由选择了人，不是人选择了自由。而且，这自由不但选择了人，而且决定了人的存在的许多方面，甚至决定了人的存在的本质。

由之，结合前面的论述，我们可以得出两个这样的结论：一是人之存在并不是他自己的选择，是被抛入这个世界之中的，这种抛入是荒谬的，也是无缘无故的。二是人一旦被抛入这个世界，像他被赋予了生命一样，被赋予了自由，自由像一个东西似的向他抛来，他不得不接住。并且，由于他有了这个绝对的自由，他必须依之去生活，去造就自己许多其他的本质。因此，这个自由与其说是自由，不如说更是一种累赘。

那么，有了这种绝对自由的人，他是如何去生活的呢？简而言之，他能自由地决定自己的一切事情。当然，这并不意味着他能自由地得到一切想要的结果，要什么就是什么，而是说，他能够自我决定如何去做、去行事，不受任何外在力量的限制，而如果受到了外在力量的限制，哪怕是神的力量的限制，那么这种自由也就异化了，不是真正的自由了。

萨特自由的第二个特征是它指的是一种精神的独立性。

我们前面说过，自由是无限的与绝对的，这当然不表明人能够自由地得到一切、决定一切，例如作为男人，能够自由地选择一切美女，就像阿Q所言：“我喜欢谁就是谁。”这当然是不可能的。因此，萨特所说的自由是一种思想与精神的自由，即个人精神的绝对的自由。

所谓精神的绝对自由，即他能够自由地思想，这种思想与精神的自由不受任何限制。这是不言而喻的，谁能够限制我们的思想自由呢？我们的思想可以精骛八极、穷尽四海，只要插上思想的翅膀，我们可以在宇宙的最深处自由遨游，可以做穿越时空的旅行，回到过去奔向未来，可以得到一切想要的，可以召唤海伦和帕里斯，让他们在我们眼前演绎他们的爱情故事，可以得到全世界的财富，写出最精彩的哲学与文学作品，如此等等。总之，在思想之中，人就是万能的上帝。

萨特自由的第三个特点是排他性。人是自由的，但人也生活在社会上，周围有大量的他人，他人也有他人的自由。在这种情况下，我如何才能得到自己的自由呢？或者说，我的自白与他人的自由是什么关系呢？萨特说：自由是排他性的，人是孤独的，人只能拥有自己的自由，我们为了自己的自由，必须保持自己的独立性，为了保持自己的独立性，必须摆脱社会和他人的约束，自己作为主体行使自己的自由。

总之，萨特认为，个人与他人和社会之间是一种彼此对立与否定的关系，人要自由，就要保持孤立，否定社会与他人。这是因为，社会与他人也是以他们自己为中心的，如果我们不保持自己的独立，就会被他们所同化与异化，成为他们的客体和附属品，从而失去自己的自由与独立性。萨特举了一个例子说明他人对我的自由的损害。例如，我们在一个钥匙孔里窥视，这时候，我是自由的。突然，我听到脚步声走来，我立即意识到有人看到了我，我停止窥视，我的脸红了，浑身不自在起来。萨特说，这时候，他人的注视将我降为一个客体，并且否定了我的主体性，也否定了我的自由。这些说明，自由是具有排他性的，我的自由总是处在他人的注视的威胁之下，我要自由就要排除这种他人的注视甚至干预。

正是看到人的自由受到他人的威胁，萨特在《禁闭》里喊出了著名的口号“他人就是地狱”。

当然，反过来说，对于他人，我也是一样，我也限制了他们的自由，他们为了自己的自由，也需要限制我的自由。

总之，在我自己与他人之间，或者说在任何不同的人之间，是一种对立的关系：他们都要求自己的自由，却同时又反对他人的自由，而且，我们不得不如此。

萨特之自由的第四个特点是，自由是一种选择的自由。

我们说过，人是自为的存在，这就决定了人有绝对的自由，因为自为的存在的本质就是自由，甚至他的存在就是自由。那么，这种自由表现在哪里呢？其主要表现就是人的意志有绝对的自由进行自由的选择，这可以不受任何外界条件的限制，没有人能够限制人做出任何选择。而且，人一旦存在，他就随时随地面临着无数的选择，“对人类的现实来讲，存在就是选择”。

人的这种选择的自由是显而易见的，因为我们的思想是自由的，我们在思想中可以进行任何选择，这是不言而喻的，任何人也无法剥夺我们这种选择的自由。

当然，人仅仅在头脑中有这种选择的自由是不够的，他还要在实际的选择中体现这种自由，只有在这样实际的行动中，选择的自由才有意义。那么，这种选择的行动是不是比头脑中选择的自由要难呢？萨特说，一点也不，事实上，实际的选择像头脑中的选择一样自由，一样必然。即我们不但要在头脑中做出选择，也必须在实际上做出选择，这种选择是必然的，我们有选择的自由，但没有不选择的自由。——当然我们可以不选择，但不选择那也是一种不折不扣的选择呢！

可以说，自从我们被抛到这个荒谬的世上，我们就不得不“享有”自由，于是不得不“自由地”选择，正是在这种不断的自由选择之中，我们造就了自己的本质，决定了自己将成为一个什么样的人。例如，一个本来是懦夫的人，可以自由选择成为勇士，反之亦然。关键就看你如何选择，你如何选择就决定了你如何造就自己，成为一个什么样的人。

在萨特哲学里，这个自由的选择是极为重要的，萨特的哲学，实际上是一种以人为中心的哲学，而人，是命定自由的，因此，其要成为什么样的人，完全在于他的选择。他的选择决定了他的一切，对于所有人都是如此，因此，是选择决定了人。这样就可以说，人这种自由的选择与自由地塑造自己，萨特甚至认为此是存在主义的第一原理。

当然，我们说人的选择是自由的，而且他必得做出选择，但这并非说他选择之后就能够达到选择的目的，那就是另一回事了。例如，阿Q可以选择“喜欢谁就是谁”，然而，他事实上能不能够“喜欢谁就是谁”就是另一回事了。例如他连当女佣的吴妈都喜欢不到，更遑论赵司晨的妹子和假洋鬼子的老婆了。

这也许就是我们自由的悲剧吧，我们不得不“享受”这种自由，然而这种自由并不能带来满足与幸福。

那么，这种自由和自由选择带来的是什么呢？是责任。

萨特认为，人可以自由选择，而且必得做出某种选择，并且，无论这种选择带来什么样的后果，选择者都必须为自己的选择担负起全部的职责。而且，这种负责不仅仅是对自己负责，他甚至要对整个世界负责。

这样的事实说明了什么呢？说明了两者：

一是，说明了人的自由与自由选择都是荒谬的，就像存在本身一样，是没有道理的，对于人谈不上有什么好处。这自由，只是人被抛入这世上后，必须面对的负担之一罢了。总之，自由，也像存在本身一样荒谬。

二是，人是自由而孤立的，必须对自己的选择负起责任来，这些都说明，人所能倚靠的没有任何他人，只能是自己，没有别人来为我负责，我只有对自己负责。

既强调自由又强调随之而来的责任是萨特哲学的核心之一，就像他在《存在主义是一种人道主义》中所言，存在主义的核心是通过自由承担责任。

其实，这不但是萨特存在主义哲学的核心，也应当成为我们为人处世的核心。

第四十四章　卡尔纳普：以逻辑来构造世界的哲学家

我们知道，现代西方哲学大体上分成两大块，英美一块，欧洲大陆一块，其中英美一块又以分析哲学为主体，而分析哲学的主体则是维也纳学派以及与之密切相关的维特根斯坦的思想。

我们这里先讲维也纳学派的代表人物卡尔纳普的思想，后面再讲维特根坦。

卡尔纳普1891年生于德国西北部巴门附近的隆斯多夫。卡尔纳普的父母都是虔诚但不狂热的基督徒，他的母亲告诉儿子，人关键是要过上善良的生活，至于信奉何种宗教并不是特别重要的事。这种宽容精神从小就感染了卡尔纳普。

他最初的教育是在家里由母亲完成的，在大约3年时间里，母亲每天给他们上一个小时的课。7岁时，他的父亲不幸去世，此后母亲带着一家搬到了巴门，卡尔纳普在那里上了中学。

1909年时，卡尔纳普一家又从巴门迁往耶拿，第二年卡尔纳普进入了耶拿大学。

在大学里，卡尔纳普先攻读哲学与数学，后来又加上了物理学，其中最喜欢的是数学。

在耶拿大学，他遇到了一生中最重要的导师——弗雷格。

弗雷格终生籍籍无名，然而他创建了一个崭新的学科——数理逻辑，这个学科重构了整个数学知识体系，在某种程度上也重构了哲学，这种哲学就是分析哲学，弗雷格是分析哲学的第一个主要的创立者，至于他的逻辑学，他被公认为是自亚里士多德以来最伟大的逻辑学家。

当卡尔纳普来到耶拿大学时，弗雷格虽然年过六十，还是个副教授，也是耶拿大学最老的副教授。正是在这样的背景之下，卡尔纳普成了弗雷格的学生。这是1910年的事。

他先在这年秋天听了弗雷格的“概念符号”讲座，1914年夏季学期又选修了弗雷格的“数学中的逻辑”课，获益良多。

1914年第一次世界大战爆发后，卡尔纳普加入军队并当上了军官。开始几年他一直在前线作战，到1917年才被调往柏林，在一个军事机构中搞物理研究，研制新型无线电发报机和无线电话。

1918年德国战败投降后，卡尔纳普回到了耶拿，但不久就转到了弗莱堡大学，开始撰写博士论文。他第一次给自己设计的博士论文就出了一个怪问题。

这篇博士论文的题目是《运动学的公理基础》，他将这篇论文交给了耶拿大学物理学院院长维恩教授，维恩教授看了后，觉得它很有意思，但“绝对不属于物理学领域”。建议卡尔纳普交给哲学系的鲍赫教授，鲍赫教授研究一番，最后的判断是，这个课题不属于哲学范围，而是属于物理学范围。

到1921年，卡尔纳普完成了他的博士论文《论空间》，并获得博士学位。这篇博士论文如卡尔纳普在自传中所言，是他哲学研究的开端。

从1922年开始，卡尔纳普开始写作《世界的逻辑构造》，1925年完成，1928年正式出版。它被称为是卡尔纳普最重要的哲学著作，也是现代西方哲学史上的主要经典之一。它的主要特点就是将实在与现实不是当成我们所熟知的实在与现实，而是关系与结构，是一张由各种关系织成的“网”，织成这张网的是逻辑。现在已经由我的博士导师、北京大学的陈启伟教授译成汉语，作为“二十世纪西方哲学译丛”之一由上海译文出版社于1999年4月出版。

1923年，卡尔纳普在埃兰根召开的一次学术会议上见到了赖因巴赫，更重要的是又通过他认识了石里克。

这对他一生产生了重要影响。此前，卡尔纳普就像一个独行侠一样，虽然武艺超群，但却无门无派，无所归属。认识石里克之后，他立即加入到了维也纳小组——当时还不是维也纳学派，并迅速成为小组中的核心成员。后来他成了维也纳学派最重要、最核心的一员，作为维也纳学派的代表人物出现在哲学舞台上。

除石里克外，卡尔纳普更受到了维特根斯坦的巨大影响，卡尔纳普是1927年见到维特根斯坦的，不过由于有时候与维特根斯坦意见不一致，到1929年维特根斯坦便拒绝见他了。但卡尔纳普对维特根斯坦还是充满崇敬之情。

1931年时，卡尔纳普离开了维也纳大学，到了捷克斯洛伐克的首都布拉格，在那里的德意志大学自然科学部主持自然哲学讲座。不过由于两个地方隔得并不远，他能够经常回维也纳，像以前一样与学派的同志们密切交流。

1933年时，希特勒在德国上台，他最先做的事情之一就是挑起捷克斯洛伐克苏台德地区的德意志少数民族造反，使捷克斯洛伐克的局势一片混乱，在卡尔纳普所执教的德意志大学中，有不少学生甚至一些教授都是纳粹的支持者，这些都使得卡尔纳普想赶快离开这里，到另一个能够安安静静地做学问的地方去，最好的去处当然是大洋彼岸的美国。

1934年，卡尔纳普刚好结识了两个美国哲学家，他们就是芝加哥大学的莫里斯和哈佛大学的奎因，都是哲学界响当当的人物。他们由于一向欣赏卡尔纳普的思想与著作，特意到布拉格去拜访他。见到卡尔纳普后，他们决定想办法让卡尔纳普去美国。

这年秋天，卡尔纳普应邀去了英国，在伦敦大学搞了三次演讲。他还去远在伦敦南部的寓所访问了著名哲学家兼大贵族罗素，与罗素进行了内容广泛的交谈。

莫里斯和奎因在美国的努力获得了成功，先是哈佛大学邀请卡尔纳普参加1936年举行的300周年校庆，芝加哥大学则聘请他在1936年冬季去那里讲学，后来更进一步正式邀请他加入芝加哥大学的教师队伍。

于是，1935年卡尔纳普高兴地离开了乱纷纷的布拉格，前往美国。

参加完哈佛的校庆后，卡尔纳普到了芝加哥，从1936年起的16年里，他一直生活在芝加哥。

在芝加哥大学，莫里斯专门为卡尔纳普创设了一个学术研讨会，经常性地举办学术讨论会，进行学术讲演，使卡尔纳普觉得生活在芝加哥真是自由而充实，唯一的遗憾是他发现他的听众们或者学生们虽然有哲学才能，但却缺乏必要的逻辑知识，尤其是数理逻辑的专业知识，使他们无法深刻地领会他的思想。

1939年，第二次世界大战爆发了。第二年卡尔纳普到了哈佛，担任客座教授，他正式的职位仍在芝加哥。这时刚好罗素与塔尔斯基也在哈佛，于是，卡尔纳普、罗素、奎因等又形成了一个小组，专门讨论逻辑问题。

1941年，卡尔纳普放弃了德国国籍，宣誓成为美国公民。

下一年，卡尔纳普从洛克菲勒基金会获得了一笔为期三年的研究经费，也就是说，在这三年里他完全自由，可以在自己选定的任何地方生活，在那里一心一意地搞自己的研究。

1944年卡尔纳普又回到了芝加哥，重新在芝加哥大学担任了教学工作，直到1952年。

1952年，卡尔纳普离开工作了16年的芝加哥大学，因为一个更好的职位找到了他，这就是普林斯顿高等研究院的研究员。这里的职位是学者们最梦寐以求的，不但薪水高而且没有教学任务，可以一心一意地搞纯学术研究，就是爱因斯坦也中意这样的职位。

在普林斯顿的日子里最令卡尔纳普难忘的是与爱因斯坦的交往。这时候他们已经是同事了，由于在欧洲时就是旧相识，异地重逢，相谈甚欢。

卡尔纳普在普林斯顿工作到1954年，此后，他又应加利福尼亚大学洛杉矶分校的邀请前往执教，担任哲学系主任。

1961年，卡尔纳普退休了，在家里专心从事有关归纳逻辑的研究，直至1970年逝世。

第四十五章　卡尔纳普：反形而上学

前面我们有反对科学的哲学，现在我们要来谈谈反对形而上学的哲学了，这种哲学是卡尔纳普思想的主要特征之一，他哲学的另一个主要特征是对世界的逻辑构造，由于这种哲学与逻辑结合太紧密，很不好理解，我们在这里就不说了。

什么是形而上学？　“形而上学”这一汉语词汇来自英文“metaphysics”的意译。Metaphysics则是源自希腊词meta ta physika，直译就是在物理学之后，用以指亚里士多德有关自然事物的著作之后的一些著作。据传，亚里士多德去世300年后，他的学园的第11代继承人Andronicus将一些未曾整理的手稿、笔记、论文甚至学生的听课笔记等放在一起，编撰成了亚里士多德著作集。前面一部分是有关自然界的著作，后面一部分则是有关其他问题的论述，被称为meta ta physika biblia，意即有关物理学之后的著作，这就是我们现在常说的《形而上学》。亚里士多德自己称为“第一哲学”或者“神学”，在这些著作里所论述的问题直到今天还被认为是有关形而上学的。于是后人便将所论述的这类问题都称为meta ta physika biblia，简称meta ta physika，合成一个词就是metaphysics。

但将metaphysics这个词译成“形而上学”并不是顺理成章就这么译过来的，里头还有原因。

在我们的古汉语中原来就有形而上与形而下之说。形而上指没有形象的规律，就像老子的“道”：“道可道，非常道。”形而下指有形之物，即与“道”相对的“器”。《易·系辞上》曰：“形而上者谓之道，形而下者谓之器。”唐人崔憬以形而上谓“用”，形而下为“体”。他说：“凡天地万物皆有形质，就形质之中有体有用。体者即形质也，用者即形质上之妙用也。言有妙理之用以扶其体，则是道也。其体比用，若器之于物，则是体为形之下，谓之为器也。”这与《易》大致是同一个意思，也与亚里士多德的第一哲学有神似之处。日本明治维新之后，在大规模翻译西方各思想经典时，便将“metaphysics”这个词译作了“形而上学”。

由上面词源上的分析我们就可以知道形而上学的本义，这一本义也是其真正的含义。要想对什么是形而上学以及为什么要反对形而上学做出公正的评价，正确认识形而上学这一含义是至关重要的。

这一含义中最为易懂且最为重要的一点就是，形而上学所研究的是那些超越感官知觉因而也就难于被我们的感官直接了解的东西，或者说是与“形象”相对的“抽象”的东西。更进一步地说，形而上学是研究事物本质的学说，它研究事物的存在、意义、结构与原理等超越于事物形象性之抽象性。

为什么要反对形而上学　　作为维也纳学派最著名的代表，卡尔纳普的思想被公认为是维也纳学派思想之集大成者，同时卡尔纳普也以其激进的反形而上学思想而闻名，这也是我们在这里要讲述的卡尔纳普哲学的中心思想。

对于卡尔纳普而言，所谓的形而上学问题正是那些寻求超越经验或居于经验之外的知识的观念。这些形而上学问题既然超越于经验或者居于经验之外，那么它们必然地具有一个特点，就是不可用经验去证实之。

既然这些形而上学不可以用经验去证实，那是不是说明它们就是错误的呢？卡尔纳普说，不是，它们不是错的，而是无意义的。这就是说，它们不但不能算对，连错也算不上，而是完全没有意义的，甚至于对之不能询问。这不能询问指的是，因为形而上学命题是无意义的，当对之进行询问时，这一询问也成了无意义的。

这个“无意义”凸显了卡尔纳普或者维也纳学派对形而上学的一个总的判断：它们不是对的，也不是错的，而是无意义的。

我这里举例说明，例如我说这样一句话：“儒艮是无毛的。”请问，这句话对还是错呢？我想对于大部分人，它不能算对，也不能算错，而是无意义的。原因就在于没人知道儒艮是什么东西，“儒艮”这一词成了一种无意义的喃喃自语，因此“儒艮是无毛的”也就无意义了。

卡尔纳普说，形而上学也是这样，因为形而上学里的许多主要词汇，如“存在”“本质”等也类似于儒艮这样的词，没人知道它是什么东西，因此由之组成的形而上学也就成了无意义的。

对于这样的分析也许您觉得有些牵强，怎么是无意义呢？明明有意义嘛，即说明了儒艮是无毛的，这句话的意思不是很明白吗！

必要的反驳当然是有道理的，不过，卡尔纳普的说法也是有道理的，原因就在于在卡尔纳普这里，“无意义”一词有其特殊的含义，与日常生活中所称的无意义并不完全相同。

我们在日常生活中也常常使用"无意义"这个词，例如我们平常对某个人说："你固执地坚持所有天鹅都是白的是没有意义的。"这里的没有意义其实是虚假或者错误。意思是这个人的话没有反映事实，实际上并非所有天鹅都是白的，这就是日常生活中"没有意义"通常的含意。

但这却不是卡尔纳普所说的没有意义，对于卡尔纳普而言，没有意义指的是所谓的似是而非的陈述。

什么是似是而非的陈述呢？简言之就是既不可说对，也不可说错的陈述。这样的陈述在日常生活中是少有的，哲学史中却常有，卡尔纳普甚至认为整个形而上学都是由似是而非的陈述组成的。这也是他反对形而上学的基本原因。

为什么说形而上学是由似是而非的陈述组成的、是没有意义的呢？对这个问题的进一步回答必须结合卡尔纳普与维也纳学派对命题及其意义的整体分析来说，也就是说我们必须同时分析什么样的命题是有意义的命题。

在卡尔纳普对形而上学之无意义的分析中，最有名的当属与休谟关联的一段话。在《人类理解研究》中，休谟说：

> 如果我们手里拿着任何一本书，例如关于神学的书或者关于形而上学的书，我们就可以问一下：它含有任何关于量和数的抽象推理吗？没有。它含有任何关于事实和存在的经验推理吗？没有。那么就可以把它付之一炬，因为除了诡辩和幻觉之外，它一无所有。

正是休谟这段话引出了对命题有无意义的分析。从休谟的分析中我们可以推出，一个命题如果要有意义必须满足一个要求：即它要么是有关量与数的抽象推理，也可以说是数学命题；要么是关于实际存在事物或者事实的命题，也就是说是有关经验的命题。除此二者之外，其他一切命题都是无意义的。由这一规定可以轻易地看出形而上学与神学的命题当然属于无意义之列，在卡尔纳普对形而上学的整个批判中，几乎都是针对形而上学这一缺陷来的。

卡尔纳普认为，形而上学从不断定什么，它只是一些形而上学家的喃喃自语，它里面什么也不包括——既不包含知识，也不包含错误，所以它完全处于知识、理论的范围之外，在真的与假的的讨论之外。

卡尔纳普甚至认为形而上学之无意义是完全彻底的无意义，这其中甚至包括一些平常我们很熟悉的，也许认为不属于形而上学的东西，像伦理学与价值哲学。在卡尔纳普看来，这些东西都是形而上学的一部分，因而有关它们的陈述通通是无意义的。

以上卡尔纳普证明形而上学为什么无意义的方法可以称之为经验的证明法。除了经验的证明法外，在卡尔纳普对形而上学的批判中、在分析为什么形而上学无意义的过程之中，还有一个同样重要的方法是他以形而上学的词之无意义来证明形而上学无意义的方法。这种方法与前面的经验证实法不同之处是它们不是来自休谟等早已有之的经验原则，而是来自近代科学特别是符号逻辑的发展，这种方法的鼻祖就是弗雷格。

与经验证实相比，这种方法是更为根本的，也可以说是经验证实方法的基础。因为有了对于命题本身所含词汇之意义的分析，有的句子不需经过经验证实的过程就可以证明它是无意义的即形而上学的了。

这种方法可以称之为命题的逻辑分析法。

我们知道，命题是由句子组成的，卡尔纳普把句子分成两种：综合句子与分析句子。仅仅由逻辑规则便能确定真假的是分析句子，否则便是综合句子。

关于综合句子我们前面实际上已经说过了，它就是与实际事实相关的句子。分析句子则是只注重一个句子的形式考察而不关心那个句子及其所含词汇的实际意义而仅仅关心词性以及词汇彼此的排列秩序的句子。

卡尔纳普认为，无论综合句子还是分析句子都可能出现似是而非的句子，一个似是而非的句子的出现大体可分成两种方式：一是前面已经说过的不能经由经验证实的句子；另一种似是而非的句子就是包含有假概念的句子。

我们知道，一个词在一定的语言里总具有意义，这时我们说它标示一个概念。但这并不说明所有的词都有意义。相反，有的词只在表面上有意义而实际上没有，这样的概念就被叫作“假概念”。卡尔纳普认为形而上学的另一个主要错误就是它在其哲学命题中使用了假概念以至造成了形而上学的似是而非的句子，产生了形而上学的似是而非的陈述。

什么是假概念呢？它怎样来的呢？卡尔纳普认为它主要的起因是“词义的丢失”。也就是说，每一个词在它的诞生之初都是有固定意义的，但同时词的意义却又是并不固定的，而是有一个发展变化的过程的。旧的意义在不断地失去，新的意义在不断地产生。这个过程并不是一帆风顺的，有时候一个词失掉了它的旧意义而没有获得新意义，于是被人为地给予一些意义，而这并不是合乎该词的使用原则的，于是假概念就这样产生了。

另一个也许更为常见的产生假概念的原因就是来自对概念的误用，这个误用在形而上学里有一个特点，就是形而上学的误用通常是将一些看上去平常的词赋以形而上学的隐喻性的含义，使之由一个常用的、明白的词变成一个意义隐晦、模棱两可的词。这时词的意义由于这种隐喻而失去了其真实的含义，实际上变成无意义的了。卡尔纳普认为形而上学最常见的主要错误来源之一就是对“to be”即“存在”一词的错误用法。形而上学家们在使用这个词时存在着致命的逻辑错误：

第一个错误是“to be”这词意义含糊。它有时被充当系词用，放在谓词前面，如“我是一个兵”中的“是”，有时又指一个具体的东西——存在者。并且形而上学家们在使用这两个意义时分不清这是两个完全不同的含义，因而不可避免地产生了歧义甚至逻辑错误。

第二个毛病在于“to be”其动词形式的第二个意义，即存在的意义。这个动词在没有谓词的地方冒充谓词。也就是说，“存在”本身并不是一种性质，所以它不能用在具体对象后面作为它的性质。例如，我们可以说“苹果是红的”。因为“红的”是一种性质，所以能用在苹果这一具体对象后面。但“存在”不是一种性质，所以说“苹果存在”是错误的——即使它“看上去对”，我们在日常生活中也这样用着，但在逻辑角度上它是错的，是假概念，因而产生了似是而非的陈述。形而上学正是在大量使用类似这样的似是而非的陈述时产生了它的逻辑谬误的。如“上帝存在”“我存在”，笛卡尔的“我思故我在”，等等。

如果说经验证实的方法是从实践的角度进行的批判，那么逻辑分析的方法就是从理论角度而进行的批判，其目的也与从经验证实角度进行的批判是一致的：指出形而上学的谬误与无意义。

上面卡尔纳普从经验的与语词的或逻辑的两个角度证明了形而上学的无意义，这种证明无疑是有一定道理的，至少阐明了形而上学本身固有的一些内在矛盾与错误。然而我们包括卡尔纳普也知道并且不能不承认这样一个事实：形而上学是存在的，并且，它对人们的思想与行为产生了明白无疑的效果。

这样一来，我们就不能因形而上学的无意义而全面否定形而上学了。既然不能全盘否定形而上学，那么又该如何证明形而上学存在的意义呢？对此卡尔纳普也已有自己的说法，他在《语言的逻辑句法》中说：

> 形而上学、哲学、伦理学（就其作为规范原则而非作为事实的心理—社会学考察而言）的假句子是似是而非的句子；它们没有任何逻辑内容，而仅仅是激起听者情感和意志力倾向的感情表达。

这段话的意思是很明白的，即形而上学命题虽然没有意义，然而却能激起读者的情感，使之产生共鸣。

这里就呈现了卡尔纳普对于形而上学意义的一个独特的理解，即认为形而上学像诗，这是他对形而上学的归位。

“形而上学是一种诗”在前面的分析中我们已经知道，卡尔纳普认为形而上学的命题非真亦非假，因为它们什么也没有说，它们既不包含知识也不包含错误，它们彻头彻尾地列于知识与理论领域之外，列于真理或者谬误的讨论之外。但这并不说明形而上学真的什么也不是。卡尔纳普认为它们像诗，或者说，像大笑、音乐一样，是一种情感的表达，与其说它与真理相关，不如说与艺术相连。

为什么如此呢？我们将从卡尔纳普所认为的形而上学的起源、语言的功能、形而上学命题之特征等三个方面去探讨为什么卡尔纳普认为形而上学与诗歌与艺术相关。

通过分析形而上学能够表达某些感情的特点，卡尔纳普认为可以假定形而上学起源于神话。他说，原始人为了平息威胁他们生存的地震、火灾等恶魔的愤怒，匍匐于它们之前，又以为大地的风调雨顺是神灵施法的结果，因而感恩戴德，为了表达他们对神的感激与信仰，原始人产生了最初的神话。从大量的古代神话中我们可以看到，它们许多都是以诗歌的形式出现的，最有名者像《伊利亚特》《奥德赛》与古印度的《薄伽梵歌》等。卡尔纳普认为，神话的遗产除了传给诗歌之外也同样传给了神学，而神学只是体系化的神话，而形而上学又只是神学的世俗化形式。在这里，神被带有自然色彩的东西所代替，但这个代替物仍像神一样是超越于人之上的，是“超验”的。并且，与神话、神学与诗歌一样，形而上学的起源也是出于需要表达人生的态度，表达人对环境、对社会、对他所献身的事业、对他所遭逢的不幸的情感反应与意志反应。只是形而上学家不是用诗歌来表达这种反应，而是用形而上学。但二者只有外表形式的差异而无本质的不同。

就语言的功能而言，卡尔纳普认为语言有两个功能：表达功能与表现功能。表达功能是一切命题皆有的，而表现功能却只为有意义的命题所独有。形而上学命题无意义，故没有这一功能。这样，没有表现功能的形而上学就必剩下、也只剩下一个功能——表达功能。而表达功能就是与语言的情感表达相关的功能，而这是属于艺术的诗歌等所有的特征的。这样，卡尔纳普就在诗歌与形而上学之间建立了联系。

形而上学这种与诗歌之间的联系说明了形而上学像诗歌一样没有述说任何实际的事实，而是仅表达了某种感情。

我们知道，诗歌与小说等作为艺术所表达的不同于科学命题，它只反映了作者对生活、对世界的主观态度与情感，尽管它所描写的也是实际生活，但其描写的方式与科学对于实际事物的描写是有根本区别的。这一特点与形而上学命题的特点是相似的。所以卡尔纳普认为形而上学就某种程度而言也是诗歌。这其中不但包括形而上学还包括卡尔纳普认为也属于形而上学命题的伦理学，他认为这些学科的句子都是似是而非的句子，它们没有任何逻辑内容而仅仅是激起听者情感和意志力倾向的感情表达。

那么，形而上学与诗歌相似，是否就代表形而上学与诗歌是一码事呢？当然不是。在卡尔纳普看来，形而上学虽然与诗歌有相似之处，但却远不是同一的。卡尔纳普认为形而上学并不是合格的艺术，它虽同艺术一样是一种表达形式，但艺术是一种恰当的手段，而形而上学不是。形而上学实际上什么也没说，却总以为自己说了，并且只有自己说的才是真理，于是产生了谬误，也产生了贯穿于整个哲学史的哲学争执。

从这段话里我们可以看到，形而上学的弊端在于它虽然没有说出真理但却总是标榜说出了。这与艺术是不同的，艺术家们从来不认为自己的艺术作品是真理，而只认为是艺术，是情感与人生态度的表达。

形而上学之所以不是一种合格的艺术形式，还在于形而上学的形式。形而上学虽然就其所表达的内容而言是与艺术相类的，但形而上学家却并没有因之而采取艺术作品的形式——如诗歌或者小说——去表达他们的思想，而是采用了与科学同样的形式——理论——去表达之。并且，他们顽固地认为他们的形而上学是真正的理论，并且是真理。于是他们的形而上学就沦为了一种“似驴非驴、似马非马”的东西，结果也就非驴又非马了。对此卡尔纳普说：

> 他们（形而上学家）有的是在理论环境里工作的强烈爱好，是联结各种概念和思想的强烈爱好。但是形而上学家既不在科学领域里发挥这种爱好，又不能满足用艺术表达的要求，倒是混淆了这两个方面，创造出一种对知识既无贡献、对人生态度的表现又不相宜的结构。

正因为形而上学家用理论形式去表达应当用诗歌的形式来表达的东西，才使得形而上学成了既称不上科学理论，又配不上称为艺术的东西。因此，卡尔纳普称形而上学家为“没有音乐才能的音乐家”。

为什么要有形而上学　前面我们讲述了卡尔纳普对形而上学的批判。那么，时至今日，他们的批判对于形而上学到底有怎样的影响呢？别的哲学家又是如何看待他的批判的呢？

从哲学发展的事实我们不难发现卡尔纳普对形而上学的批判对形而上学产生了相当大的影响。在卡尔纳普批判之先与批判之后的形而上学确实发生了变化，现在西方很少有哲学家自称为形而上学家，也很少有哲学家会因为被别人称为形而上学家而高兴。这种变化很难说与卡尔纳普或者说维也纳学派的批判没有关系。

当然，卡尔纳普等对形而上学的批判本身也遭到了较之他们对形而上学所进行的批判之强度毫不逊色的批判，这些批判有的来自维也纳学派外部，有的则来自本来属于维也纳学派或者对它抱着同情态度的哲学家们。

就批判的内容而言，这种批判的一种来自对哲学史的一般理解。只要我们翻开哲学史，就不难看到这样的事实：直到康德、黑格尔的近代哲学，哲学史大体上就是一部形而上学史。形而上学的影响不但体现在占哲学史内容的比例，而且表现于它对人们的活动与行为的重大影响。例如神学被卡尔纳普批判为最典型的形而上学思想之一，但我们可以看到，在当今世界，各种宗教的教徒占总人口的一半以上。无论从历史、还是从现实上看，多少人，从平民百姓到王侯将相，都是宗教的信仰者。而且这些人并非无知的盲信者，而是有着较之宗教的批判者们的知识毫不逊色的才智优异之士，典型者如托马斯·阿奎那与牛顿。我们能说有这样力量的东西是“无意义”的吗？除神学与宗教以外，卡尔纳普将伦理学也看作形而上学的一种。依据他对形而上学之评价，这也是无意义的命题，这种对道德行为的忽视也被一些哲学家与教育家所指责。

究其主要的原因，在于双方对“意义”一词的看法是不一样的。卡尔纳普的“意义”实际上是“证实方法”或者说“逻辑意义”，而批判者们的“意义”指的是“价值”。因而双方的互相批判显得是双方都在对空鸣枪，不足为信。

除了对卡尔纳普和维也纳学派无视形而上学对于哲学史与人类行为的重大影响的事实而外，对他们的另一个指责在于许多哲学家指责他们并不了解形而上学，仅凭着对形而上学的一知半解去理解、批判形而上学。

有一个明显的事实是，卡尔纳普等维也纳学派其他哲学家都不是从哲学，而是从自然科学出发走向哲学研究的，他们只是一些对哲学感兴趣的科学家，所以他们对形而上学的批判就被认为是出于不懂形而上学而进行的盲人摸象似的批判，其真理性可想而知。更有甚者，卡尔纳普的许多批判者认为，卡尔纳普这种对形而上学的批判不但没有克服形而上学，而且自己的思想反而成了某种形式的形而上学，甚至是一种毫不宽容的教条主义式的形而上学。这种批判当然只能以失败告终。

但不管怎样，卡尔纳普及维也纳学派勇敢地批判千年以来雄踞哲学界泰山北斗地位的形而上学，是哲学史上一次不小的变革，他们所提示的形而上学的缺陷也是客观存在的，所以我们即使不与维也纳学派一样将形而上学看作无意义的，他们的批判对理解有意义的形而上学同样是有益的。

纵观西方哲学史，我们不难发现一个有趣的现象，形而上学在历史上不断地遭到许多哲学家的持续不断的抨击，使它屡次面临没有存在意义的危机，但一次次地，它又卷土重来，重新在哲坛闪光。例如存在主义就是一种本体论、一种形而上学，它所讨论的问题虽然与传统形而上学有所区分，但总的来说依然是一种形而上学，是一种有关人的形而上学。

为什么会出现这种现象呢？我想这至少说明两个问题：一是形而上学肯定有被批判的理由，二是形而上学肯定有存在的理由。

为什么形而上学有被批判的理由？关于这个问题我们前面已经做出相当详细地说明了。主要是因为形而上学几乎总是以常人难以理解的、极为晦涩的方式提出其命题与观念，从德谟克里特的原子到康德的自在之物再到海德格尔的存在，等等，都是如此。对于这类命题，人们如何知道它的对错与否呢？

也正因为形而上学的这个特点，在这个领域里所有的人都把自己的话说成是对的，是唯一的真理，将别人的话看成是谬误，于是形而上学在它的千年历史里从来没有停止过争吵。这种内部的纷争更使得人们对它的正确性产生了深深的怀疑。就像康德所言：在形而上学这个领域里，实在说来，人们还不掌握确实可靠的衡量标准用以区别什么是真知灼见，什么是无稽之谈。面对具有这些特点的形而上学，爱好真理的人们怎能不对之大加挞伐呢？

但另一个同样明显的事实是：形而上学虽历经批判的磨难却从来没有被批倒，这又是为什么？我想这主要和形而上学所探讨的问题之特点及人类的思想倾向相关。

我们知道，形而上学所思想的问题都是些“大问题”，如宇宙万物的本质、人性的本质等。这些问题虽然不大可能有答案，但人类，作为有理性的人类，他们的理性决定了他们要超越眼前所见的简明的一切而去进一步追寻更深层次的东西——即使永远得不到“标准答案”。并且，谁知道这“没有答案”是不是正体现了形而上学的魅力所在呢？就像一场足球赛，如果赛先就知道了答案，哪个还会去看它？就算是铁杆球迷。

因此可以说，虽然人类可能永远无法回答形而上学所提出的问题，但是形而上学仍将永远与这些没有答案的问题同在，人类将会探讨这些无解的问题，这就如人类将会向着宇宙无限的深处远航一样——虽然他知道宇宙无边。

第四十六章　维特根斯坦：天才哲学家

如果说卡尔纳普是分析哲学——这也是现代英美哲学的主体内容——的旗手，那么维特根斯坦就是它最伟大的天才，也是整个哲学史上最伟大的天才之一。

我们要注意的是，“天才”这个词在哲学里是很少被用到的，在科学与艺术之中多有天才，但在哲学里很少有，事实上，我们整部书里，也只有维特根斯坦称得上是真正的哲学天才。

为什么这么说呢，我们看他的人生和他后面的哲学就清楚了。

维特根斯坦1889年生于奥地利首都维也纳，可能有部分犹太血统，但从其祖父开始就不是犹太教徒。他的父亲卡尔·维特根斯坦白手起家，后来成为奥地利钢铁巨头和最大的富翁之一。

维特根斯坦是家里最小的孩子，他前面有4个哥哥和3个姐姐，大都天赋超群。

维特根斯坦从5岁起就在家里接受家庭教师的系统教育，到1903年才被送入林茨的六年制中学，两年后这所学校里来了一个新同学，他就是阿道夫·希特勒。

1906年，维特根斯坦中学毕业，10月在柏林附近的夏洛腾堡技术学院注册入学，学习航空工程。一年半后他转学到了英国，先是在一个高空飞行实验站用放风筝来研究高空飞行，不久就对飞机的推进器设计大感兴趣，于是又转学到了英国工业的心脏曼彻斯特，在曼彻斯特大学工程系注了册。这是1909年的事了。

在曼彻斯特大学，维特根斯坦作为研究生主要研究喷气式发动机，这是当时飞机制造中最尖端的技术，维特根斯坦也是这个领域最先的研究者之一，在研究中他曾经设计出了一种相当成功的喷气式发动机。

不久他发现研究发动机必须用到大量数学知识，便开始研究数学，特别是数学的基础问题。他阅读了大量数学著作，特别是弗雷格的《算术基础》和罗素的《数学原理》，他为此特意去耶拿拜访弗雷格。弗雷格发现年轻的维特根斯坦对数学中哲学化的东西似乎更感兴趣，便推荐他到剑桥去投奔罗素。维特根斯坦立即接受了弗雷格的建议，在这年秋天没有回曼彻斯特大学，而是直接去了剑桥。这是1911年的事。

到了剑桥后，他径直去拜见罗素本人，然后与他谈了好久，语气和举止都相当怪异，应该说这是一种天才的表征。

1911年11月的一天，他跑去问罗素，想知道自己是不是一个十足的白痴，如果是的话，他就去学航空，不再学哲学了。罗素便叫他写点东西给他看。维特根斯坦便写了些东西，在次年初交给了罗素，据说罗素看了第一行后就立即要求维特根斯坦千万不要去学航空。

这时候，虽然罗素与维特根斯坦是师生关系，但实际上罗素已经不当维特根斯坦是学生了，因为他发现这位学生的天才是如此之超卓，他已经没有资格当他真正意义上的老师了。在自传中他称遇见维特根斯坦是一生中最令他激动的事件之一。

1913年，维特根斯坦的父亲去世了，他给维特根斯坦留下了巨额遗产。不过维特根斯坦没有接受一分一毫，后来他将一部分遗产捐助了需要帮助的贫穷艺术家，其余的全部送给了几位姐姐。

这年3月，维特根斯坦在《剑桥评论》上发表了《评柯菲的〈逻辑科学〉》，这也是维特根斯坦的哲学处女作，也是他一生中发表的极少数作品之一。

第一次世界大战爆发后，维特根斯坦虽然有条件被免除兵役，但他还是主动请缨，上了战场。维特根斯坦这样做是为了自己，他认为通过战斗被杀死是寻找死亡最可行的办法，因此实际上是将参战当作自杀的一种方式，这种自杀的倾向来自他们家族遗传性的神经症，他的两个哥哥就是自杀而死的。

1916年，由于在战斗中表现勇猛，他被送入一所军校接受军官培训，第二年结业时已经是军官了，在布考维那地区参加了战斗。

1918年战争结束时，已经是中尉的维特根斯坦在意大利前线成了战俘。

被俘后，维特根斯坦仍在从事哲学研究，他写下了许多片段，后来这些片段组成了一本书，就是著名的《逻辑哲学论》。

1919年2月，罗素得到了《逻辑哲学论》的稿子，大加赞赏，准备出版，他们商定这年底在海牙见面详细讨论。然而这时候的维特根斯坦身无分文，罗素便提出由他来付给维特根斯坦路费，但维特根斯坦不愿意接受馈赠，最后罗素想出了一个办法，他出80英镑买下维特根斯坦在剑桥的旧家具，维特根斯坦就可以用这笔钱作路费来海牙了。

1921年，《逻辑哲学论》终于在《自然哲学年鉴》上发表了。

《逻辑哲学论》面世后，立即在国际哲学界激起了冲天巨浪，许多哲学家立即感到这是一部旷世杰作，而维特根斯坦也立即成了哲学界的新偶像。

但这时候维特根斯坦已经不理会这些了，早在此前两年由于他认为自己已经解决了所有哲学问题，便去奥地利南部一所小学当老师去了。这是1919年年底的事。

这所小学位于奥地利南部的崇山峻岭之中，十分偏僻，是奥地利最贫穷偏僻的地区之一。维特根斯坦在这样的地方一直待到1926年，先后在三所小学任教。期间他还编纂了一本《学生字典》，字典能够让学生们更容易地、更主动地学习词汇与语法，大大提高了学习积极性与学习效率。1926年，这本字典被奥地利官方出版，成为教科书，这也是维特根斯坦在世时出版的两本书之一，另一本是《逻辑哲学论》。

1926年4月，维特根斯坦终于离开了小学教师岗位，回到维也纳，不久又到了维也纳郊区，在一座天主教修道院里当园丁。这年夏天又回到维也纳，为他的第二个姐姐丝腾洛堡设计了一座庞大的房子。这是一座有明显的包豪斯风格的作品，结构简单、实用、富有几何美，属于现代主义风格。总之相当成功，使维特根斯坦享有了建筑师的声誉，据说，以后在维也纳市的电话号码簿上，维特根斯坦的身份成了“建筑师”。

这时的维特根斯坦面临着这样一个问题：他将往何处去？中间的曲折过程这里且不说，总之是他又回到了哲学。

他先是在1927年参加了维也纳学派的一些活动，他在《逻辑哲学论》中表达的思想已经对这个学派产生了深刻的影响，几乎学派的每一个成员都将他视为宗师。

1929年1月，维特根斯坦终于回到了剑桥。

由于他业已取得的杰出成就，剑桥便将他的《逻辑哲学论》作为博士论文，答辩后授予了他博士学位。剑桥三一学院随即奖励了维特根斯坦一笔研究基金，好让他能够继续搞研究。第二年12月，他被正式聘为三一学院的研究员，任期五年。

1929年7月，维特根斯坦写了《关于逻辑形式的几点看法》，虽然维特根斯坦写完后就开始批判之，但它却是维特根斯坦生前正式公开的极少数哲学论文之一。

维特根斯坦当三一学院的研究员直到1936年。这六年里，除了偶然出去，他绝大部分时间都生活在剑桥。他的生活是平淡的，基本上是两点一线，即课室与宿舍，而且这二者常常混在一起，因为维特根斯坦喜欢在宿舍上课，并且边上课边研究，上课与研究这二者对于维特根斯坦同样是融合在一起的。他的学生们将他的听课笔记汇集起来，构成了几部重要的著作，如《褐皮书》《蓝皮书》，等等。他上课的情形也完全是天才式的，一个学生这样回忆之：

> 维特根斯坦讲课没有笔记，但对他要讨论什么知道得很清楚，……总的

来说维特根斯坦在讨论时极不耐烦，不仅对初学哲学的新生不耐烦，而且对提出了自己的哲学观点的人也不耐烦。维特根斯坦常常站起来讲话，激动地走来走去——在黑板上写写，指指点点，或把脸埋在手掌里。但他所有举动中最有特色的是一种非常平静、非常紧张地凝视——这种凝视突然出现，然后缓慢地、深思熟虑地表达某一个新的观点。他经常完全“憋住了”，徒然地要求听众帮他摆脱困境。

维特根斯坦的学生和追随者很多都是出类拔萃的人物，典型的例子是摩尔，他曾被认为是比罗素更富有哲学天才的人，很早就当了剑桥大学的哲学教授。然而，就是这样一位人物，遇到比他小十多数的维特根斯坦后，也被他深深地打动了，自叹弗如。早在1914年当维特根斯坦住在遥远的北欧国家挪威一个小农场里时，摩尔竟然专程跑去看他并记录下维特根斯坦向他口述的东西，这就是《挪威笔记》。现在，当维特根斯坦在剑桥开课之后，早已贵为名教授的摩尔从第一节课开始就成了维特根斯坦课堂上的一员，从1930年直到1933年，摩尔几乎一堂不漏地听了维特根斯坦的课，并且作了极为详细的笔记，后来成为研究维特根斯坦这段时期思想的重要材料。

生活上，维特根斯坦十分简朴，他衣着总是非常随便，下身经常是一条浅灰色的法兰绒裤子，上身着一件开领的法兰绒运动衫，外罩一件紧身毛夹克或皮夹克，所有的衣服都是最普通的大众货。他在剑桥的住所陈设也非常简单：起居室里有两把帆布椅和一把普普通通的木椅，中间搁着一个老式的取暖铁炉；卧室里有一张帆布床；书房里有一个用来存放手稿的铁皮柜，一张方桌权充写字台。如此而已，几乎可以用“家徒四壁”来形容。

这样的地方自然称不上家，事实上除了小时候，维特根斯坦一生也不曾有过自己的家，他终生未婚，甚至没有过恋爱或者性爱的记录，完全可能至死都是童子之身。

1936年6月，维特根斯坦的研究员任期结束后，到了在北欧的挪威最偏远的斯科约顿，这里到处是无边无际的莽莽森林，几乎没有人烟。他在这里生活直到1938年初回到剑桥。

这时候西方的政治风云已经是城头变幻大王旗了，1938年3月12日，数十万德军开进了奥地利，奥地利成了德国的东方省，维特根斯坦顿时失去了祖国。他本来可以自动成为德国公民，但他却选择加入英国籍，成为英国公民。

第二年初，摩尔辞去了他的教授职位，并推荐维特根斯坦接替，使他成为剑桥少数几个终身的哲学教授之一。

也就在这年，第二次世界大战爆发了，因此维特根斯坦没有去正式履任教授，而是去医院当了看门人。直到1944年战争临近结束才回到剑桥，当起了教授。

但三年之后才58岁的维特根斯坦就辞职了，推荐忠诚的弟子冯·赖特接替他。

从此，维特根斯坦的一生在漂泊中度过。

他漂泊在爱尔兰、维也纳、剑桥等地，1949年7月还应弟子马尔康姆的邀请去了遥远的美国。由于身体不好，这年11月匆匆回到了剑桥，住在冯·赖特家里。这时候他已经是残弱之躯，距死神不远了。

由于没有家，也没有亲人，他在各个弟子家里轮流居住，由他们轮流照顾。到1951年2月，由于健康状况更加恶化，随时需要医生照顾，他只好住到了比万医生家里。

这年4月27日，下午，他在比万医生妻子的陪同下散了一会儿步。当天晚上，他的病情突然加重，但神志仍然清醒。到28日，他基本上失去了知觉，但他突然清醒过来，对一直在床边守着他的比万夫人说出了这样一句话：

> 告诉他们，我度过了非常美好的一生！

说罢，他完全失去了知觉，第二天无知无觉地离开了人世。

第四十七章　一人所创、相互对立的两种哲学

维特根斯坦的哲学是整个西方哲学史上独一无二的哲学，就像他是整个西方史上独一无二的天才一样，他的最独特之处不在于他的伟大——他诚然是伟大的，而在于他创造出了两种不但迥然相异、甚至是相互对立的哲学，它们同样具有原创性、同样被广泛地传播与接受，甚至一度同时成为西方哲学界的主流，特别是英国哲学界的主流。这种状况在西方哲学史上不但是前无古人，我们也可以相信将后无来者。

这两种哲学我们且称之为前期维特根斯坦和后期维特根斯坦，我们先讲前期，再讲后期。

第一种哲学　维特根斯坦的前期哲学

维特根斯坦最主要的著作是两部，一部是《逻辑哲学论》，另一部是《哲学研究》，分别代表了前、后期维特根斯坦，我们在这里要讲的前期维特根斯坦主要也就是《逻辑哲学论》中的思想，其思想的核心就是寻找世界的逻辑结构。

世界是一切发生的事情　维特根斯坦在《逻辑哲学论》中的第一句就在世界与逻辑之间建立了联系。

《逻辑哲学论》是这样开始的：

> 世界是一切发生的事情。世界是事实的总和，而非事物的总和。

我们如何来理解这段话呢？首先我们就要区别三个概念：事情、事实与事物。

事情与事实其实是一致的，因为发生的事情就是事实，这从“世界是一切发生的事情”与“世界是事实的总和”这两句话的比较就可以看出来。我们只要经过简单的逻辑推理就可以得出：“一切发生的事情”就是“事实的总和”，再将“一切”与“总和”这两个同类的概念去掉，就可以得出“发生的事情”就是“事实”这个结论了。

关键的是如何理解事实与事物之间的区分，这也是理解前期维特根斯坦哲学的第一步。

什么是事物大家都很清楚：就是构成世界的万事万物，从飞禽走兽到飞沙走石都是，从肉眼看得见的高山大海到肉眼看不见的细菌微尘也是，从有形的物质到无形的能量都是。而事实与事物则几乎完全不同：事实是发生的事情，它是“事情”，看上去几乎与事物风马牛不相及。但二者之间必须有某种联系，否则的话将它们并列在一起来谈就没有意义了。

那么，在事实与事物之间存在何种内在的关系呢？我认为可以这样出发去理解：

首先，当我们谈论一个事物时，所指的其实并非那个事物而已，我们要谈论它必须有以下几个条件。

一是要用语言。我们知道，任何思想都离不开语言，当我们表达任何感觉或者思想时都必须通过语言来进行。这种语言也许是外在的，即我们用听得见的话来说，有时候则是听不见的，但它仍然是语言，即内部语言。我举个例子来说吧。例如我看到了一只兔子，我可能喊道：“兔子！”我也可能什么都不说，但这并不等于我真的什么也没说，当我看到那只兔子时，在我脑子里分明地出现了这样一个词：“兔子！”我只是没有说出声来罢了。

二是这个事物必须处于某种状态之中。理解这个意思也许有点困难，请听我分析。

我们就用前面那只兔子为例吧。我们看到了一只兔子，说了声“兔子”，难道真的就这么简单吗？不是。我们这句“兔子”其实是个省略句，它实际上表达了这样一个事实：我看到了一只兔子，而兔子也处在了被我们看见这个状态之中。

进一步地，当我们提起任何事物时，它也必然地处于某种状态之中，我们的言语也必然地表达了这种状态，这是不可避免的。为了证明这个观点，我们只要试试看能不能不表达任何状态而表达某个事物。这显然是不可能的，我们甚至于不能说出这样的话。这是因为，当我们提及任何事物时，它都至少表明了该事物的一个状态：它的存在。

当我们提及兔子时，哪怕眼前没有兔子，也表达了这样一个事实：兔子存在。

也许可以提出这样的疑问：如果我们提及那些并不存在的事物呢？例如方之圆、魔鬼，等等。那么它们也存在吗？

那么我要说：是的，它们的确存在，当你提及之时，它们的确存在，关于它们的概念就存在于你的脑海里。当然，它们的存在与兔子的存在是不同的，对此我们可以用前面讲过的罗素的摹状词理论进一步分析。

其实，当人说“方之圆”时，不但有“存在”这个状态，还有许多其他状态，例如有人在谈论方之圆，这就是方之圆的一种状态。

而任何状态都是事实，例如方之圆存在，有人在谈论方之圆，这些都是方之圆的状态。与此类似，任何事物都必定处于某种状态之中，都是事实，也都是必然。

这种必然性有着极为重要的意义：

一是它展现了事物存在的真正状态，它不是孤立的事物，仅此而已，而是，它的存在是一个事实。或者说，事物实质上不是事物，而是事实。

二是它表达了事物的存在是在无数必然的联系之中存在的。因为孤立的事物是不存在的，它必然地处于某种状态之中，成为事实，这也就等于说，它要与某些东西发生联系。例如我们说“兔子”，其实是说“兔子存在”，这样就在“兔子”与“存在”之间建立起了联系。如果我们进一步分析，这种联系将无穷无尽。于是我们就看到了这样的现象：无数事实在无数相互联系之中存在，而世界就是这样一张由无数事物与联系——它们构成了一切发生的事情，或者说一切事实——组成的网，或者说，是一张事实之网。

如此，维特根斯坦说“世界是一切发生的事情，世界不是事物的总和，而是事实的总和”时，他其实更加深刻地表达了这个世界真实的状态：这个世界不是由许多孤立的事物组成的，而是由这些事物及彼此之间无数的相互联系——这些联系是必然的，是事物之间的逻辑联系——组成的，这些事物及彼此之间无数的相互联系就是组成世界的事实，这个事实是世界的更加真实的组成者。

这是意义之一，另一个同样重要的意义是，通过这种方法，维特根斯坦同样在事物与逻辑命题之间、在世界与逻辑之间建立了内在的联系。因为如前所言，当我们谈论一个事物时、当我们用语言描述一个事物处于某种状态时，我们实际上是提出了一个逻辑命题。例如“兔子存在”“方之圆存在”显然都是命题。

将世界与逻辑、事物与命题联系起来，都是理解世界的逻辑结构的关键之步，也是我们理解整个前期维特根斯坦的关键之步。这种联系也是非常微妙、奥妙的，甚至越思索，就越会觉得它的玄妙。

至此我们初步阐述了世界的逻辑结构，澄清了世界是事实的总和，而不是事物的总和。这里有一个最关键的概念，就是组成世界的事实。

我们已经说过，事实是通过命题来表达的，例如兔子存在这个事实就是用“兔子存在”这个命题来表达的，离开这个逻辑命题，就像离开了用以表达的语言一样，事实也就无法存在，因为无法表达。

既然命题能够反映事实，那么事实与命题之间是什么样的关系呢？为此维特根斯坦提出了另一个了不起的理论——图像论。

命题与绘画　图像论又译为图式论，所谓图像论，就是说，命题是描述事实的图像，即在命题与事实之间是一种类似于图像的关系。

更具体地说，我们可以这样理解：当一个事实发生时，与之相对应的命题就将这个事实“画”成了一幅图。

因此，图像论的基本含义就是说，在命题与事实之间存在着对应关系：每个命题都反映某个事实，并且反应的方式类似于图像。

那么为什么如此呢？即为什么命题是以图像的方式反映事实呢？其原因其实是清楚的：

第一，命题是由语言符号组成的，它与其所反映的事实的组成部分存在着一一对应关系，这种关系同图像与事实的组成部分之间的一一对应关系是一致的。

第二，语言、事实、图像三者的逻辑结构方式是一致的。

为了更好地理解之，我们最好还是举上面那个例子说明：在草地上看见一只兔子。对于这个事实，有三种表达方式：

第一种是事实的表达方式，即事实本身，就是我们用自己的眼睛看见了在草地上有一只兔子。

第二种是图像的表达方式，我在一张纸上画了一只兔子蹲在草地上。

第三种就是语言的表达方式了。我就用一个命题：草地上有一只兔子。

这三种表达方式的一致性是显而易见的吧！其组成部分都是草地和兔子，至于逻辑结构，可以说成是“……上有……”的形式。这也就是说，这三种表达方式所反映的是同一个事实，而命题是以图像的方式反映事实的。

不过，由此也可以知道，并不是所有的命题都能够反应事实，就像并不是所有的图像都“像”事实一样，如果作者乱画一气，那画出来的就不是图像，而是涂鸦了。一个命题要成为某个事实的图像，或者说，某个图像要正确地描述某个事实，必须具备两个条件：

图像的每个组成部分和它所反映的事实的每个组成部分要形成一一对应关系。

这不难理解，一个图像，既然它所反映的是某个事实，至少图像的部分要与事实的组成部分一一对应。如果这边或那边少上或者多上一个部分，这图像肯定不能反映事实。例如，我们用维特根斯坦那个著名的例子为例，这个例子也是维特根斯坦提出图像论的灵感之源。当维特根斯坦于第一次世界大战中在东线作战时，他偶然在战壕里看到一本杂志，上面有一张示意图，描述了一场交通事故。维特根斯坦突然想到，所有命题也像这张示意图一样，是反映某个事实的图像。我们可以想到，如果这张交通事故示意图要正确地反映该场交通事故，那么在图里面的组成部分必须与事故现场的组成部分有一一对应关系：在哪里有一辆车、哪里有一个人、哪辆车在路的哪边，如此等等，都要是一样。如果图里面是三辆车，而事故现场只有两辆车，那这张示意图就当然不能正确地反映事故，也就不是一个合格的图像。

图像的结构方式与事实的结构方式必须一致。

这也不难理解，图像如果要反映事实，那么它的结构当然必须与事实一致。如果图像的某个部分与事实的某个部分不对应，结构不一致，那当然不能正确反映事实的。我们还是以上面的例子为例，如果事故中车在路的左边，而图像中车在路的右边，这样，即使图像的组成部分与事实的组成部分是一样的，但由于结构不一致，这图像也就不可能正确地反映事实。

要么说清楚，要么不说　现在我们要来谈维特根斯坦另一个非常重要的思想：语言的界限。

前面我们谈了许多，例如世界、事实、事情、对象、命题、图像等等，这一切有一个共同点：它们都必须通过语言来表达。为什么这样呢？这不用解释，这是明摆着的，请问：世界、事实、事情、事态、对象、命题、基本命题、图像等等，哪个不是词汇？哪个都是！因而都是语言。

语言，是我们认识世界的唯一方式，并且也是我们表达这种认识的唯一方式。

因此，当我们分析世界、分析一切时，我们首先要分析的其实是我们的语言。

我们要分析语言的什么呢？我们首先要分析的就是语言能够表达什么、不能够表达什么，这是一个基础、一个前提。

因为倘若我们不首先澄清这个问题，那么完全可能出现这样的情况：我们分析了许久，到后来却蓦然发现我们的分析不但是错误的，甚至于是完全没有意义的，因为语言根本不能分析这个东西。这就像有人想要像建高楼大厦一样建筑一部“天梯”，他想要通过这部天梯到月亮上去看看，于是，他建筑了许久，结果当然是没有用的，他从一开始就错了，通过建筑房子一样建天梯这种方式是不可能通到月亮上去的，建筑根本没有这样的功能。

语言就像建筑一样，它有自己的结构，也有自己的功能限制，超出这个功能它就不能言说了，说了也只会是无意义的胡言乱语、痴人说梦。

那什么是语言所不能表达的呢？在前期维特根斯坦里不可说的东西似乎有许多，

我们这里举三样。

首先是主体的自我。为什么主体不可说呢？因为关于主体的许多东西都是很“私人”的，都只是主观的感受与知觉等，因而他人无法清楚，即使说起来也说不明白，也就是说它不是用语言能够表达的。维特根斯坦曾用眼睛与视野来比喻主体与世界，眼睛能够看到外物，却不能看见自己。同样，主体能够观察、描述世界，却不能观察、描述自己。这也就是说，主体不属于世界，也不能够用语言来表达。

其次是形而上学。维特根斯坦认为，只有与形而上学无关的东西，也就是指自然科学的命题，才是可说的，而形而上学是不可说的，也不应当说什么，而其不可说的原因就在于它命题中的某些符号并没有给以意谓，例如存在，关于这一点，我们在前面讲述卡尔纳普的哲学时已经做了分析与说明。

语言不可以表达的第三样就更玄了，它就是“神秘的东西”。

关于什么是维特根斯坦所称的“神秘的东西”，几乎每一本讲维特根斯坦哲学的书都做了分析，这些分析当然都有道理。但我觉得大可不必，因为它既然神秘且不可说，我们何必违背维特根斯坦的意旨去说呢！

对于以上种种不可说的东西，我们应该怎样做呢？维特根斯坦的回答很简单：

> 对于不可说的东西，必须沉默。

第二种哲学　维特根斯坦的后期哲学

维特根斯坦的哲学就其主体而言是一种语言哲学，前期维特根斯坦中我们可以发现，无论图像论还是语言的界限，都是有关语言的，考察的是语言能够表达什么、不能够表达什么、又是如何表达的。到后期我们仍然可以看到维特根斯坦所要表达的还是这些东西，不过表达的观点不同甚至相反而已。

说话与玩游戏　后期维特根斯坦第一个观念就是语言游戏说。

前面维特根斯坦的语言图像论中，认为语言是事实的图像，并且认为在语言命题与相应的事实间存在着内在结构上的一致性。在后期，维特根斯坦用他的语言游戏说对这种思想进行了无情的批判，他认为这是对语言的极大误解。

据说，有一次，当维特根斯坦正在思考着语言的本质时，刚好路过一个足球场，看到许多人正在大踢足球，他顿时悟到了语言的本质——语言是一种类似的游戏。

在这里我们首先要注意的是，维特根斯坦之将语言说成游戏并非是一种比喻的说法，而是认为语言几乎就是一种游戏，人们之理解与使用语言就像玩游戏一样。

在这里，我们要用严格的逻辑性的语言来解释维特根斯坦之将语言比作游戏是不可能的，维特根斯坦自己也没有这样做，他将语言比作游戏的目的是强调语言像各种游戏，例如足球、象棋一样，根本之点是玩、做、使用，只有在这些玩、做、使用之中，并且在不断重复的玩、做与使用之中才能发现其真正的本质。

基于这样的理念，维特根斯坦提出了一个鲜明的观念：语言的意义就是其用法。

这是容易了解的。我们知道，所有的词都是一种人为的规定，例如我可以将猪说为汉语“猪”，并且发音zhū，但在英语里它是pig，发音“pig”，我们还可以用各种的词汇与语音来标示它，但这些实际上可以是无限数目的词汇与语音的意义到底是什么呢？——这得看我们是如何使用这个词的。

例如，我们如果是指着一头猪说“pig”，那么，“pig”的意义就是那头猪，长嘴巴大耳朵，憨态可掬，但完全可能地，我们也可以指着某个人，例如希特勒的肖像说“pig”，那么这个“pig”的意义就是指希特勒，当然在这里还有另一种象征的意义，即将希特勒骂作一头猪。但同样可能的是，我们说“pig”时，也可能它真的是另一种实在的意义，例如我们可以设想在某一种语言里，“pig”这个词或者这个发音指的是一只河马。这样的情形在汉语里也广泛存在，例如汉语里“鸟”这个词，它是什么意义呢？当我们指着天上说“鸟”时，它指的是一个东西，但当我们指着一个男性图像的胯下说“鸟”时，它指的当然是另一个意思。

这些例子说明，词的意义是人为给予的，它到底是什么意义在于我们是如何使用它的，或者说，词的意义在于其用法。

词的意义即是其用法，是维特根斯坦后期哲学最重要的观念之一，通过这种观念，我们对于词汇意义的认识与理解有了质的进展，它使我们能够轻松地理解任何词汇的用法，远远超过原来指物言事所能及的范围。究其原因也是很清楚的：我们在使用任何词汇时都必须是用在某种场合之下，在某种语境之中，在这种场合与语境中必有具体的用法，这个用法也就规定了它的意义。

我们可以用维特根斯坦设计的一个语言游戏场景作为例子。一个泥瓦匠正在教他的徒弟如何明白他的指令。他指着一块红色的砖说：“D-砖”，指着一根红色的柱子说：“D-柱子”，这样，经过多次重复，徒弟就明白了D代表红色。然后，他又指着三块砖说：“C-砖”，指着三块石板说：“C-石板”，重复几次之后，徒弟就明白了C代表三。然后，又指着一块砖说：“砖-那里”，并将砖搬到所指的那个地方。如此这般之后，当泥瓦匠说出“C-D-砖-那里”这样的指令时，徒弟就会将三块红砖搬到他所指的地方。

在这里我们还不难看出，词汇的意义是变动不定的，几乎可以说，任何一个符号都可能代表任何一个意义，只要它在相应的环境里是这样的用法，也就是说，语言的意义在于它的用法。

而这一切丰富多彩的语言活动，维特根斯坦统称为“语言游戏”。

维特根斯坦正是在将语言视为游戏的分析中，看到了语言的另一个特点——家族相似。

语言的家族相似　前面我们看到，语言的表达方式是多种多样、十分复杂的，其意义在于随时随地都可能变动的用法。因此，维特根斯坦认为我们不可能给语言下一个完整的定义或者寻找到其共同的本质，因为这些都并不存在，就像众多种类的游戏不存在共同的本质一样。

不过，维特根斯坦同时也承认，在所有的语言现象之中虽然没有一个共同的本质，然而却有许多巧妙的相互联系，这是一些什么样的联系呢？维特根斯坦在这里又提出了一个极富创造性的新概念——家族相似。

所谓“家族相似”的意思就是说，在某一个范围之内的所有对象如果从各个个别的对象来看，它总与范围之内的其他对象之间有着某些共同点，但同时并不存在一个范围中所有的对象都具有的共同特点。

我们可以下面的一个关于游戏的表来看：

游戏	1	2	3	4	5	6
性质1	A	B	D	E	C	F
性质2	B	C	E	F	D	A
性质3	C	D	F	A	E	B
性质4	D	E	A	B	F	C

在这个表中不难发现，每个游戏都和其他某些游戏有某些共同的特点，例如游戏1与游戏2有BCD三个共同的性质，与游戏3有AD两个共同性质，与游戏4有AB两个共同的性质，与游戏5有CD两个共同的性质，与游戏6有ABC三个共同性质，其他五个游戏也是如此，与它之外的每个游戏都有某些共同的特点，但却没有一个共同的特点是六个游戏都具有的。这就是家族相似。

之所以称为“家族相似”，是因为这个特点在我们人类的家族的成员之间表现得最为典型，这我们只要观察一下就可以得出来，例如观察我们自己所在的家族，找出家族之中的六个成员，看看是否如此。

由于语言的使用中家族相似的存在，使我们在使用语言，精确地说，在运用词汇时也就不可能十分精确，并没有十分严格的规则，一切要看实际的使用情形而定。

维特根斯坦认为，这恰恰是日常语言的特色，因为并不是在所有的语言环境中都必须要有严格规定的概念内容与运用规则，有时候模糊与朦胧正是我们所需要的。这种情况可说俯拾即是，例如我们见面说声“你好”，难道真的是赞美对方好吗？当然不是，只是一种问好而已。我们与人分手时说“再见”，难道真的是说想再见到对方或者说一定会再次见到对方吗？都不是。我们在天气晴朗、万里无云时说“天气真好”，难道真的说明这天气就是好吗？当然不是，这样的天气对于正受着旱灾的农民们而言简直可恶至极。因此，语言与概念的运用在绝大多数情况之下不仅不能，也毫无必要遵守严格规则，模糊正是我们的需要。

当然，在某种特殊的情况之下，例如撰写学术论文或者法庭辩论时，可能需要严格的规则，但什么时候需要这种规则也没有严格的规定，同样是模糊的。

总之，决定我们应该如何运用概念与语言的是具体的语境，是日常生活的需要，而不是某种精确的规则。

对于事实上广泛存在的语言的使用规则，维特根斯坦在语言游戏说之后又提出了另一个独特的见解，即我们不可能拥有私人的语言。

不可能的私人语言　所谓私人语言，简言之就是一种只供某个人自己私人使用的语言，它不是一种普通的言语，它最基本的特征是虽然它也可能被写出来甚至说出来，但其意思却只有语言者自己能懂，其他任何人都不能懂。还有，它所描述的对象是语言者内心的经验，例如他的感觉、心情等这些内心的感受，而并非他人可见的外界对象。

现在的问题是：这种私人语言是不是可能的呢？维特根斯坦认为是不可能的。

维特根斯坦举了一个例子，他说，我想用日记记下某种反复出现的感觉。他将这种感觉命名为E。每当这种感觉出现时，他就会记下E。这时候，E就是一种私人的感觉了。那么，能不能用一种私人语言来表达这种感觉呢？例如给这种感觉下一个定义？答案是不能。因为我们下定义时必定会用到普通的公共语言，并且用公共的语言去理解相关词汇的意义。

这也就是说，私人语言无法用语言去表达，因为语言及其含意都是公共的，不是私人的。而如有人要表明他用的是私人语言，他甚至于不能说一句别人能够听懂的话！因为一旦如此，他所说的就不是私人语言了！这是私人语言之所以不可能的原因之一。

还有，我们当然也可以不采用公共语言，直接用某种符号表达感觉或者仅仅去记忆私人的感觉，即将注意力集中于这种感觉，默默地牢牢地记住了这种感觉，就像前面的E一样。这时候，我们可以假定这种对感觉的记忆是私人的东西，因为它只是感觉本身，并没有涉及语言，可以说是私人的。但问题是，过了一段时间，某种感觉又来了，我觉得它是原来的感觉E，我觉得我已经正确地记住了它。但现在的问题是，我怎么能够说我的这种感觉就是正确的呢？如果我们要进行正确与否的判断，那么就必须事先有一个判断的标准，但这种标准在私人的感觉里显然是不存在的。这是私人语言之所以不可能的原因之二。

我们可以想象一幅这样的图画：一群人站在一起，各人口袋里都有一个密封的盒子，人人都声称里头有某种东西，他们称之为“甲虫”，他们谈论这个“甲虫”，他们都声称看到了自己的甲虫，知道甲虫是什么模样。于是他们就这个甲虫大谈特谈，并且谈得头头是道。然而事实上，由于各人的盒子都是密封的，其他人无法看见，虽然他们都声称知道自己的甲虫，并且能够谈论之，但他之外的其他人怎么可能断定他们所谈的是真的呢？这些谈论其实是聋人之间的对话，是无意义的。私人语言之无意义也类似于这种情形。

作为医生的哲学家 记录后期维特根斯坦思想的代表作《哲学研究》的第309节只有一句话：

> 你的哲学的目的是什么？——给苍蝇指出一条飞出捕蝇瓶的途径。

在这里，维特根斯坦将哲学，精确地说是传统哲学，比作已经陷在玻璃瓶里的苍蝇——前途光明无出路。维特根斯坦的这种说法是有道理的。我们知道，自然科学诸领域一直在不断进步，然而哲学自从古希腊之后就谈不上有什么进步，哲学家们所做的不是使哲学进步，而是一直在一些老问题上纠缠不休，而且，如果照此下去，就是再过一千年恐怕也不过如此。这样哲学仿佛就像陷入了玻璃瓶里的苍蝇，找不到出路。维特根斯坦曾经对他的学生说过这样的话：

> 陷入哲学困境中的人好像是一个被关在房间里的人。他想要出去，但却不知道怎么办。他想从窗子里爬出去，但窗口太高了。他想从烟囱里钻出去，但烟道太窄了。

为什么会如此呢？维特根斯坦认为，这并不是因为哲学家们缺乏知识或者热情，而是他们自己的思维方式的问题，说得明白点，就是他们的思路错了。他们错在两个方面：一是错误地理解了语言里的某些“特殊词汇”。二是勉强追求一般与普遍而忽略了事物特殊的与实际的形态。

关于第一个方面，维特根斯坦指出，在语言之中存在着一类比较特殊的名词，它们从语法角度看是名词，但实际上与普通表示事物的名词不一样，如果像普通名词一样去使用它们，就会产生所谓的哲学问题了。这些名词如时间、空间、知识、长度、数目、意义等等，很多。它们虽然也是名词，但与兔子、苹果、房屋等名词是不同的。对于后面这些名词，我们提“什么是……”这样的问题是完全可以的，例如什么是兔子？什么是房屋？等等，不会产生哲学问题。但如果对于那些特殊名词就不行了，例如什么是知识？什么是时间？什么是空间？什么是长度？什么是意义？这些问题就属于哲学问题了，如果一旦提出来，就会产生麻烦。

维特根斯坦这样说是容易理解的，因为像长度、时间、空间等等这类词汇是一些抽象的概念，要对它们做出清晰明白的定义显然是不可能的，对之做出的定义与分析将会更加抽象而且模糊，当哲学家们思考这种抽象与模糊的东西时，得出互不相同的结论是很自然的事，而结论的互不相同就必然会导致争执的产生。这就像我们看一幅古典风格的油画，我们可以清楚地看到上面画着什么：是一个美人还是一只猫，如果有人问：上面画了什么？那回答是肯定的：画了一个美人或者一只猫或者一个美人抱着一只猫。但如果我们看的是一幅现代派的抽象画，例如俄罗斯马列维奇的《至上主义的黑方块》，画上只是一个黑方块，中间有一些隐隐约约的黑线条，像泡沫、像干裂的土地的裂纹、像……再设想如果此时有人问：上面画了什么？各个人之间的观点必定会不同，于是不争论起来才怪呢！

意义、时间、空间这类概念就像抽象画一样，它们本身就是抽象而模糊的，可以这样理解，也可以那样理解，有时候它们并不会产生疑问，例如当问：现在是什么时间？但如果想给它们一个定义或者询问它们的本质之类时，就必然会产生无法解决的哲学问题。

哲学家们爱犯的第二个错误，即勉强追求一般与普遍而忽略了事物特殊与实际的形态。

例如上面那些时间、空间、长度、意义等有着特殊用法的词汇，它们都是表示一般与普遍性的词汇。像长度这个概念当然来自无数个有具体长度的事物，例如一个人、一棵树、一条路的长度等，是对这些事物的一个普遍特性——长度——的抽象概括。如果在进行这种概括后，想进一步更加抽象地询问诸如“什么是长度”之类的问题，就会像盲人骑瞎马了，要顺利地到达目的地自然是不可能的。哲学家们正是这样，他们像对待普通名词一样对待特殊的名词，并且像考问普通名词一样地考问它们，问“什么是时间”“什么是长度”“什么是意义”之类的问题，这样的结果自然是没有什么结果，收获的只是数不清的争论，贯穿了整部哲学史。

维特根斯坦进一步指出，这样的结果就是哲学家们患上了“痉挛症”。他在《蓝皮书》的一开始就指出：

> “什么是长度”“什么是意义”“什么是数目”等问题，是我们的精神痉挛由以引起的原因。

而他的新哲学的目的就是要治疗哲学家们所患的痉挛症，因此，对于维特根斯坦而言：

> 哲学家处理一个问题就像治疗一种疾病。

怎么治疗这种疾病呢？答案是明显的：那就是我们回到语言和词汇的日常形态，尊重它们在日常生活中的意义。

至于如何回到日常语言形态呢？这个问题本身就是废话，为什么？因为除少数哲学家之外，我们每个人都在使用日常语言，都会正确地使用时间、空间、意义、数目等这类词汇而不会产生什么解决不了的问题。也就是说，我们不要问这些东西，甚至于不要理睬什么哲学，像往常一样说话就行了。

从这个角度上说，哲学家们是一群这样的人：他们本来与大家一起走得好好的，后来不知怎么的，也许出于好奇心，也许认为他们比别人聪明，想开辟一条新路，就从大路上走开了。他们在自以为的新路上披荆斩棘，费尽千辛万苦，在黑暗中走了很久，终于在隧道的尽头看见了一丝光亮，他们高兴极了，因为他们终于找到了那条光明的大道。但他们发现：这条光明大道就是他们原来离开的大路。

第四十八章　罗素的传奇人生

贺麟先生在他的《现代西方哲学讲演集》之《贝特兰·罗素》一章里，关于罗素有一段言简意赅的话：

> 罗素是今日蜚声世界，几乎无人不晓的大哲学家。他是一个聪明而常识又极为丰富的人，擅长文章。他的著作流利清楚，妙趣横生，算是今日哲学著作中最是才华溢满的篇章了。

这几句话将罗素的许多特征都描述出来了，例如他的伟大。的确，如果我们要找一个比罗素更具知名度与社会地位的现代哲学家恐怕是不可能的了。罗素几乎无论从哪个方面来说，都是现代史上知名度最大、也最广受尊崇的哲学家。总之，他是哲学界的传奇人物。

不但他的哲学如此，他的人生同样如此，他度过了98年的漫长的人生，写就了一部漫长的传奇，使我们也不得不在这里用漫长的篇幅才能写完他漫长的传奇人生。不过，读了之后，我相信您不会觉得浪费了您的宝贵时间呢！

高干子弟　罗素与一般哲学家大不相同的传奇生涯从他出生起就开始了。他是所有现代哲学家中出身最高贵的一个，出身于著名的罗素家族。

这个“罗素家族”在《不列颠百科全书》中甚至有专门的条目。在哲学史上，拥有如此阔气家世的大哲学家可谓凤毛麟角，现代哲学史上更是绝无仅有，也许，出身于这样显赫的家世，注定要成就一番事业，罗素不过是偶然走上了哲学之路，于是成了著名的哲学家而已。

罗素1872年5月18日生于英格兰蒙矛斯郡的特雷莱克，他的父亲名叫弗兰克·罗素，祖父更是著名的约翰·罗素勋爵，维多利亚女王的首相，曾祖父则是第六代贝德福德公爵。母亲是斯坦利爵士的女儿凯特·安伯勒。罗素家有兄妹三人，大的随父名弗兰克，后来继承祖父爵位，成为第二代罗素伯爵，其次是女儿雷切尔，小儿子就是我们要讲的伯特兰·罗素了。

出生在这样一个不平凡的家庭，罗素从婴儿起似乎就显出不平凡的样子，不到两岁时就是一个十足的小绅士了。据说，有一天当他与祖父在一起时，维多利亚女王登门拜访她的首相．小罗素还向女王鞠了一个很优雅的小躬。

然而，这并不说明罗素的童年是幸福的，罗素出生的第二年，他的父亲安就得了可怕的癫痫病，就是羊角风，接下来几个亲属相继得病，总之这是一个有精神病遗传的家族，幸运的是这种最可怕的疾病没有降临到罗素头上。后来，罗素的姐姐雷切尔染上了白喉，甚至将之传给了照顾女儿的母亲，于是母女俩一齐被病魔夺去了生命，这时候罗素才2岁，女儿和妻子的同时离去令安伯勒子爵伤心透顶，陷于绝望，健康日益恶化，终于，在妻女去世仅一年半之后，他也去世了。据说他临死前从医生手里接过小儿子，哭着说："永别了，我心爱的小宝贝儿。"

这时候罗素才3岁多，已经父母双亡。

怎么安排两个小孩子的生活与教育呢？去世前，充满自由主义思想的弗兰克指定了两个无神论者当儿子的监护人，但勋爵夫妇不接受这样的遗嘱，他们诉诸法院，结果法院裁决由约翰·罗素勋爵当两个孙子的法定监护人。

当罗素兄弟前来时，罗素勋爵已经83岁了，早已从首相的宝座上退休，只能成天坐在轮椅里。他住在里奇蒙公园里由维多利亚女王钦赐的豪宅里，豪宅所在的小地方名叫彭布里克·洛奇。罗素对祖父怀着朦胧而亲切的回忆，说他是一个"慈爱而快活，喜爱儿童"的老人，对孩子们没日没夜的吵闹一点也不厌烦。

罗素的祖母在家里被称为约翰夫人，是一个有着极强道德观念、极有主见的老太太。很保守，对一切与性有关的字眼深恶痛绝。但对两个归自己照管的孙子她无疑是很慈爱的，虽然偶尔有点儿严厉。

稍稍长大后，约翰夫人没让罗素上学，她在家里专门聘请了若干女教师来教育小孙子，她们都是以严谨著称的德国人或者德国血统的瑞士人。

在这样的环境下长大，罗素的童年很难用幸福或者不幸福来形容，他从小是个小大人，聪明而有教养。据说一次，当他的祖母叫他陪一个小客人到花园玩玩时，他回答道："好的，奶奶，至少我会尽力这样去做的。"

小罗素还很喜欢怀疑，例如当大人们告诉他地球是圆的时，他不信。为此他还在花园里挖了一个洞，看能不能透过洞看到对面的澳大利亚。大人们又告诉他有天使，他不信，问为什么他从来不曾看到过呢！大人们告诉他，当他睡着时，天使们在旁边看着他呢，等他醒来时就跑了。于是他就闭上眼睛装睡，中间偷偷睁开，看是不是有天使。或者闭着眼睛，突然伸手一抓，看是不是能抓住天使的翅膀。

11岁时，罗素开始跟哥哥弗兰克学习欧几里得几何学。他学得十分快，显示出了非凡的数学天赋，他对文学与历史也很有兴趣，虽然家里人认为他小小年纪就读这么多书未必是好事，但罗素仍我行我素，16岁时甚至因读书时间太长而累伤过眼睛。

由于他一直接受家庭教师的教育，没有像其他孩子一样完成相当于中学的教育，于是被送进了一所专门的赶考学校，在那里待了一年半就学完了别的孩子要6年才能完成的课程，顺利考上了剑桥大学并获得奖学金。

1890年10月，18岁的罗素进入了剑桥大学三一学院。

一到剑桥，罗素就找到了许多朋友，都是才智出众之士，如怀特海，他本来是罗素的老师，但他们很快成了朋友；还有麦克塔格，他是当时知名的黑格尔派哲学家，他是一个非常腼腆的人，走路时总顺着墙根儿往前蹭；还有摩尔，他比罗素晚两年进入剑桥，他本来准备学古典语言，准备毕业后当教师的，经罗素的劝说改读哲学，很快显示了超凡的才华。

罗素和朋友们组织了一个秘密小团体，白天在校园里边散步边高谈阔论，晚上则在某个房间聊到深夜。在这种氛围里，罗素有了很大的改变，甚至学会了抽烟，一边叼着烟斗吞云吐雾一边与朋友们大侃特侃成了他剑桥生活的最佳写照。

1894年，他以优异成绩毕业了，并获得荣誉学位。

到这里，我们必须让时光回转到1889年夏天。

这天，罗素与他的叔叔进行了一次长时间的散步，在中间顺道拜访了一户人家。这家人刚从美国移居过来，有两个女儿，小女儿叫艾丽丝。她是一个活泼大方的女子，长罗素5岁，相当迷人，一下子吸引了年轻的罗素，罗素气质、才华、家世也令艾丽丝倾心不已，总之他们几乎一见钟情。

到1893年，罗素已经21岁，获得了法律上的独立，并且得到了父亲2万英镑的巨额遗产，于是他在这年向艾丽丝求婚，这事受到了罗素家里人的阻挠，因为两人的身份太不相称，但罗素坚持，后来两人终于在伦敦举行了婚礼，罗素家的人没有一个出席。

婚后不久，1895年初，罗素携妻子出国旅行，他们去了德国、意大利等地，这年秋天他们又一次到了德国，不过这次不是为了度假，而是要研究这时候正在德国蓬勃发展的社会主义运动，他参加工人们的集会，与李卜克内西、倍倍尔等领袖举行了晤谈，认真阅读了《资本论》《共产党宣言》等社会主义的经典文献。回英国后，他把自己的研究成果汇编成书《德国的社会民主》，这是罗素一生等身之著作的第一部。不久，他就被任命为三一学院研究员。

1896年，罗素携妻子去了美国，在约翰·霍普金斯大学等校作了讲演，题目是他在剑桥的毕业论文《几何学的基础》，回国后就定居在苏塞克斯郡一座小小农舍里，从此罗素将在这里度过他漫长一生的许多时光。

1899年，罗素的老师麦克塔格将他原来准备在剑桥作的关于莱布尼茨的讲演交给了罗素。罗素的讲演很成功，并且他在研究莱布尼茨时采用了新的研究方法，提出了独创性的见解。刚好不久发现了一批莱布尼茨的新手稿，罗素的观点得到了证实。不久，他的讲演稿以《莱布尼茨的哲学》为名出版。

就像罗素在《西方哲学史》中所言，这是他一生中唯一一次专门对某位哲学家做全面的研究。

伟大而难懂的巨作 1900年对罗素的第一项伟大的工作——数学基础的研究，并于三年后出版了《数学原则》，表达了他对数学一般原理的理解，但这只是万里长征的第一步，他脑海里浮现了一个更为巨大的目标——他要对数学的基础进行全新的分析与廓清，这是一项规模巨大的工作，他一人显然难以独立完成，于是他找到了一个最好的合作者——怀特海。

怀特海是罗素在剑桥时的数学老师，是一位杰出的数学家，此前两年他已经出版了数学专著《普通代数学》，与罗素合作可谓驾轻就熟。

他们合作的结晶就是罗素最重要、也是世界思想史上最重要的学术经典之一《数学原理》。

《数学原理》是一部卷帙浩繁的鸿篇巨制，花费了罗素整整10年时间，从1900年直至1910年，由于怀特海还要在剑桥担任繁重的教学任务，写作主要由罗素完成，最后交付出版的稿件的整体誊清工作也是由罗素单独完成的。

到1910年，《数学原理》第一卷终于完稿出版了。由于篇幅巨大，为了运送手稿罗素就不得不雇了一辆马车，加之中间有大量的数学与逻辑符号，排印起来难度很大，因此出版成本极高，而销量肯定有限。据出版社估计至少要亏损600英镑。剑桥大学出版社表示最多只能承担一半，英国皇家学会同意承担200英镑——1908年罗素成了学会的会员，余下的100镑只能由作者自己承担了。

于是，罗素与怀特海辛苦10年的结果是每人亏损50英镑！

马克思在出版《资本论》之后曾感叹他赚得的稿费还不够买他写作时抽的雪茄烟，但比起罗素来他何其幸运呀！

此后，1912与1913年分别出版了第二卷、第三卷。

《数学原理》是西方数学与哲学经典著作中最著名、但也是最少人读的之一，对于它，人们的态度可以用四个字来形容——敬而远之。原因有二，一是太长，英文版长达2000余页；二是太难，其中既有逻辑，又有数学，又将两者深刻地结合起来，没有同时在这两个领域具有极深专业知识的人是读不懂的。然而又有几个人有这样的知识基础呢？因此有人说，《数学原理》出版后，真正读过它的人不超过20个。

1900到1910年间，除了《数学原理》，罗素还忙里偷闲干了不少其他的事，甚至积极参加政治运动，1907年他成了“全国妇女选举权协会联盟”的候选人，两度参加国会议员竞选，当然都失败了。罗素一生热衷政治，但从来没有出任过任何公职，究其原因，也许就像特里维廉先生所言：“罗素太不肯妥协，所以不能成为一个成功的政治家。”

1910年10月，罗素在三一学院当上了逻辑学和数学原理的讲师，年薪210英镑，他教的数理逻辑班只有三个学生，后来个个都有出息。

这时候我们要回过头去看看罗素的家庭生活了，罗素的家庭生活在哲学家当中堪称独树一帜，最主要的特色是他一生多次结婚离婚。哲学家是个特殊群体，一辈子没结婚者大有人在，离婚相对来说少之又少，像罗素这样结过四次婚、离过三次婚的更是绝无仅有。

罗素的第一个妻子是艾丽丝，结婚之初，他们的生活是很甜蜜的，给了罗素家的温暖与宁静，艾丽丝是一个持家能手，也是个贤内助，使罗素能够全心全意地干自己的事业。不过他们的感情并没有持续太久，1902年的一天，罗素骑自行车外出，突然发现自己已经不爱艾丽丝了。

不过，罗素并没有立即向妻子说明这点，他们仍然生活在一起，到1911年，虽然艾丽丝还是一心一意地爱丈夫，但罗素还是坚决地与妻子分居了，并在10年之后的1921年离了婚。据说，艾丽丝一生都爱罗素，她一直相信她的下一个电话一定是罗素打过来的，请她当他的伯爵夫人。

我们断乎不要就此说罗素是一个坏蛋和薄情寡义之人，他实际上是极富同情心的，尤其对于下层人民、对于那些被压迫的民族更是如此。例如，当罗素居住在牛津附近时，有次一个工人只因为在某个富人家的篱笆上写了句骂人话就被捕，面临坐牢的厄运，除非他交钱罚款。但这个工人没钱交罚款，如果他坐牢便会失业，而这时候他的妻子正要临盆。罗素听说这事后便去找那个富人，请求宽恕那可怜的工人。但那个道貌岸然的绅士断然拒绝——这也是罗素毕生对那些所谓虔诚的基督徒很反感的原因之一，最后是罗素替这个工人交了罚款。还有一次，罗素在路上遇到一个乞丐，罗素倾听了他的悲惨遭遇，将身上所有的钱都给了他，连车票钱都没有了，只能长途步行回家。

1914年，罗素应哈佛大学之邀去主持洛威尔讲座，他为这个讲座写下了《我们关于外部世界的知识》，他在哈佛的学生中有一个是T.S.艾略特，一位伟大的诗人。罗素是最早发现艾略特才华的人之一，曾屡次帮助艾略特，后来艾略特在其名作《阿波里奈克斯先生》中对罗素进行了独到的描述。

反对战争　这年7月，第一次世界大战爆发了。

战争的爆发令罗素感到震惊且失望，他甚至说过这样的话："这些日子就像活在地狱中一样，我真希望在1914年以前就死掉。"

他强烈地厌恶战争，投入了反战运动，写了大量反战、呼吁和平的作品，并加入了当时反战运动的主要宣传机构反征兵委员会，直接鼓动人民拒服兵役，结果被捕，并于1916年6月在伦敦市政大厅以"发表不利于大英帝国征兵与军纪的言论"而受到审判，罗素替自己作了辩护，但仍被判有罪，处罚款100英镑。他拒交，于是法庭便将他存在剑桥大学的图书拿去拍卖。

罗素的这种行为也为剑桥大学校方所不容，这年7月，三一学院委员会通过了解除罗素讲师教职的决议。

1918年，罗素又发表了一篇文章，文中对英国政府和盟国美国都提出了批评，罗素因此被判刑6个月，这年5月，罗素自己坐出租车来到了布列斯特监狱，他得到了比一般犯人好得多的待遇，有一间单独的囚室，里面有各种家具甚至地毯，他那些有地位有名望的亲戚朋友们将他要读的书和鲜花不断送来，仿佛他是因病住院似的。在狱中罗素每天读书写作，成果颇为丰硕。

当然，这一切不要使我们误以为罗素不爱国，反战与爱国从来是两码事。反战的罗素是一个真正的爱国者，就像他在自传中所言："对英国的爱差不多是我所具有的最强烈的感情。"

就在坐牢前后，罗素对一味搞反战运动感到厌倦了，又开始回到哲学研究。他在狱中写下了名作之一《数理哲学导论》。出狱后，他在伦敦搞了8次哲学讲演，就是在这些讲演中构建了他的逻辑原子论——这也是罗素哲学的流派名称——的思想体系。

罗素做这些讲演的动机不纯然是哲学，而是为了钱。罗素虽然从父亲那里继承了2万英镑，本来利息就足够生活。然而，由于他一向花钱大方又慷慨，几年下来钱就没了。这时候他剑桥的职位也已被撤，他变成一个既无固定收入又无积蓄的人了，经济难题一下子摆在了眼前。

在这种情况下，罗素便决定用公开讲演和写畅销书的形式来挣钱生活，他的这一系列讲演和著作《社会重建原则》就是这样来的。

1918年，第一次世界大战结束了，罗素为之兴奋。我们知道，第一次世界大战最主要的结果之一是诞生了世界上第一个社会主义国家苏俄，罗素是坚决反对第一次世界大战的，在这一点上他与新生的苏俄政府的立场完全一致。

现在我们讲一下罗素与维特根斯坦的相遇。

维特根斯坦是比罗素更伟大的哲学家，也许是整个现代哲学史上影响最深远的哲学家，他与罗素的关系是现代西方哲学史上重要的一页。

维特根斯坦的生平我们前面说过，他是奥地利人，出身富豪家庭，最初的志愿并非哲学，而在曼彻斯特大学当工程学研究生，醉心于航空工程学研究，还设计过最早的喷气式发动机，由于在设计过程中需要大量数学，他向人打听跟谁可以学到有关数学的原理性知识，有人便向他推荐了罗素。于是他来到剑桥，跟随罗素学习数学。

在剑桥的最后一个学期期末，维特根斯坦请罗素告诉他，他是不是一个地道的白痴，如果是，他就去搞航空工程。罗素要他写点东西让他瞧瞧再说。维特根斯坦将他写的东西送来，罗素读了第一行便立即说：你千万不要去学航空！

这就是两颗智慧之星的相撞，立时火花四溢。从此，维特根斯坦跟哲学耗上了，哲学的面貌将为之一新。

中国人民的老朋友　1920年10月，罗素开始了他平生中最有名的旅行之一，中国之行。他在多拉的陪伴下从法国马赛港出发，经过新加坡、中国香港、越南等地抵达上海，迎接他的人中有赵元任。

赵是鼎鼎大名的语言学家，现代中国语言学之父，这时候他还在清华大学教数学和心理学，除精通英、法、德、日、西班牙等多国外语，他还通晓中国的33种方言，包括所有的主要方言，他将陪同罗素，担任他的全职翻译。每到一地，他都能够将罗素的英语即刻翻译成当地的方言。

这次罗素主要是应邀去北大讲学的，他在北京发表了五次主要讲演，北大甚至专门出版了《罗素月刊》。

1921年3月，罗素到了北京以南约100公里的保定，在一所中学讲演，这时候还是冬天，十分寒冷，罗素没穿大衣就讲演起来，即刻感冒了。回北京的路上又遇到了麻烦，先是车胎破了，接着城门又关了，花了好长时间才回到住所。回家时罗素已经在发高烧了，经医院诊断患了双侧肺炎。

他的病情迅速恶化，都到了要准备遗嘱的份上了，日本的媒体甚至发了罗素的死亡讣告，罗素有幸成为少数能读到自己讣告的人之一，这在当时的全世界都引起了轰动。然而在一名年轻的德国医生的全力治疗和当时北京唯一的一名英国护士的悉心照料下，罗素还是从鬼门关走过来了。到这年4月底，他痊愈了。后来罗素回忆这次事件时，不失幽默地说：

> 中国人已经准备好要在中央公园为我举办一场盛大的葬礼，然后把我葬在西湖中的一个小岛上。那儿正是许许多多伟大诗人和皇帝生活和安息的地方。或许我还能成神，我丧失了多么好的一次机会。

另一件喜事是，就在罗素生病期间，多拉发觉她已怀孕。这令罗素高兴极了。因为他现在已经快50岁了，却还没有一个孩子，他早就渴望有一个孩子了！

1921年8月，在中国待了八个多月后，他们回到了英国。

在中国生活了大半年，罗素对中国有了极为深刻的认识，例如行将离开中国时，他在他的最后一次讲演中对听众留下了这样的赠言：

> 你们必然会经历一段与俄国的共产党统治相类似的阶段，因为只有通过这种方式，民众所必需的教育才能完成，工业资本主义的发展才能实现。

回国后，罗素几乎终其一生都关注中国问题，关注列强对中国人民的压迫，尽量为中国人民说话，他经常在英美报刊上撰写文章，关注中国事态，抨击列强对中国进行的资本主义剥削，甚至为此不止一次地得罪英国政府。1924年，他被任命为庚子赔款委员会委员，力主庚子赔款应该用于中英之间的教育交流，即用于中国向英美等派出更多的留学生。

从中国回到英国后，罗素做的第一件事就是与艾丽丝正式离婚，娶怀了孩子的多拉为妻。这时候她并非罗素唯一的爱，但她怀孕了，罗素家族有后了——罗素的兄长弗兰克虽然结过几次婚，但并没有留下后裔，罗素伯爵的爵位也有继承人了，因此罗素不可避免地要娶多拉了。

这时候的罗素已经50岁了，W.克拉克在他的传记中将罗素此后的一生命名为《漫长崎岖的下坡路》，意思就是说，罗素这时候已经在走下坡路了。

艰难时世　这样的说法也许有道理，我们甚至可以说罗素更早起就在走下坡路了。他最伟大的著作是《数学原理》，罗素写完它时不到40岁，也就是说，他此后漫长的人生之路上再也没有写出更好的作品了。

现在的罗素有很高的知名度，然而知名度与名誉是两码事。事实上罗素并不是名誉很好的人。他虽然学术成就杰出，然而却没有一个相称的学术职位，他不是教授，连讲师都不是。他抛弃了无辜的妻子艾丽丝，娶了另一个女人，甚至在还没有与妻子离婚时就与其他女人公开同居，他身为贵族与知识名流，行为本该成为民众之表率，但事实上他却相反，这些事关道德品质的行为搁到今天恐怕也难以为大众所接受。

1921年11月，罗素有了第一个孩子，两年后又有了女儿凯特，于是，如何养活这四口之家立即成了摆在罗素面前的头等大事。

这时候罗素住在伦敦的切尔西街，此前他们在另一条街租了房子，但房东由于罗素“名声败坏”，将他赶了出来。罗素只得在切尔西街买了一所房子，住自己的房子就不怕被人赶了。

这时候罗素赖以为生的只有一样东西了，就是他的笔。后人也许奇怪为什么罗素那么高产，原因并不复杂，一方面固然是因为罗素有这个才能，这是内因，而外因也同样重要，就是他必须靠写作挣钱，而他的挣钱之多少是与他著作之多少成正比的，如此在内因与外因的相互作用下，不多产才怪呢！

罗素写的东西可谓五花八门，什么都有，所涉及的领域之广也许可以跟亚里士多德相比，从政治到文学、从教育到法律、从哲学到科学，门门都有。他不但写专业学术著作，还写通俗易懂的普及读物，这类著作罗素有很多，其社会影响不亚于学术专著，如《相对论入门》《原子入门》等。

罗素对科学不但有深厚的专业知识，而且有着极为敏锐的眼光，当相对论一诞生，罗素对它的科学与哲学意义立即产生了浓厚的兴趣，认为比起相对论来，他一向所研究的哲学只是“一堆粪土”。他还预言原子结构的发现“很可能最后会被用来制造成比以往所发明的一切武器更具有毁灭性的爆炸物和发射弹。”

罗素曾将自己的写作方式及文风概括为三个特点：

1. 尽量使用简单句子；

2. 尽量使用简单词汇；

3. 尽量少做修改，即先在脑子里把一切构思好，然后一挥而就。

靠这些，罗素挣了不少钱，便在康沃尔郡的一个小海岛上买了一座房子，每年夏天都带孩子们去那里避暑，他把房子命名为“欢乐屋”。

罗素一向重视教育，现在有了孩子，他对教育的重视更进一步，甚至采取了一个相当另类的办法来教育自己的孩子——办一所学校。

罗素从哥哥弗兰克那里租来一座房子，办起了学校。学校以附近的地名命名为“比肯山学校”。学校在1927年9月开学，当时有12名寄宿生和5名走读生。

这所学校在当时引起了很大反响，甚至引发了无数谣言。有个谣言说，某天，当地的教区负责人来到比肯山学校的大门前，一个一丝不挂的小女孩在那里欢迎他。这位先生大惊失色地喊道：“我的上帝！”那个女孩立即回答：“这儿没有上帝！”便把校门关上了。

不过这也不是纯粹的谣言，因为学校在夏天或者在户外跳舞锻炼时允许学生们脱光衣服。

总的说来比肯山学校办得并不很成功，但还能维持下去，甚至当罗素与多拉离婚后还在由多拉办下去，直到第二次世界大战爆发为止。

在比肯山学校，罗素很重视孩子们的性教育，他的教育宗旨只有一条，让孩子们明白：性没有什么大惊小怪的，他非常坦率地让孩子们明白有关性的一切，以至于他学校里那些10来岁的孩子们经常一本正经地谈论婚姻、性爱之类。

在对待性的态度上，罗素的观念到现在都称得上是开放的，他认为男女之间差别的“微不足道”，因此罗素是一个彻底的男女平等主义者，认为女子应当享有与男子完全同等的权利。又基于这样的信念，罗素认为，如果丈夫不忠于妻子，妻子也完全可以不忠于丈夫，两者之间不应当有任何差别。更进一步地，罗素认为夫妻之间那种性方面的互相忠诚是不必要的，由此，他甚至认为传统的一夫一妻制也是一种错误，甚至是许多罪恶的根源。他认为夫妻双方都有恋爱的自由，丈夫或妻子去找情人没什么不好。

罗素不但这样想，也这样做。他从来不是一个忠于婚姻的人，只要有机会就会与其他女性发生性关系，有时候他甚至还会以一定的物质条件或其他帮助来使女子同意与他发生关系，有如现在的包二奶。

罗素如此，他的夫人同样如此，罗素不但自己不忠于婚姻，也不要求他的妻子忠贞于他。于是夫妻二人便展开了一场也许是现代史上独一无二的“竞赛”，看谁找的情人多，谁比谁更不忠于婚姻。多拉公开地与一个又一个的情人私通，由于她作为女性的优势——一般情况下，没有哪个男子会拒绝一个女子主动提出的性要求，如果这个女子长得不错，又罩着世界名人之妻和贵族夫人光环就更是如此了。1930年时她甚至与一个美国情人生下了一个女儿。她怀上这个女儿时罗素正在美国演讲。罗素当然没有责怪妻子，他对她说了这样的话：

“既然我无法尽到我的责任（多拉曾经抱怨罗素不能使她怀上第三个孩子），所以有一个第三者能满足你需要更多孩子的要求，真是再好不过了。”

又有一次，他大大方方地对一个来访者说那个女儿“不是我的，是我妻子的”。

这个孩子的出生证明上“父亲”一栏的名字还是罗素，后来当罗素得知这个孩子名列他家的贵族年鉴上时，就大怒了，他为此抗争了30年，终于将这个孩子从贵族名单中划了出去。

这样的婚姻的结局我们不难预料，1934年7月，他们离婚了。

这时罗素与多拉都有各自的情人，罗素的情人是帕特里夏·斯本丝，比肯山学校的教师，她毕业于牛津大学，聪明美丽，他们于1936年1月结婚，次年有了儿子。

这时候他每年的固定收入只有区区300镑，而他仅仅支付给两位前妻及孩子的抚养费就要八九百镑，他想找个有比较丰厚的薪水的固定工作，但剑桥、普林斯顿高等研究院、哈佛等都因为道德问题拒绝了他的申请，只有芝加哥大学接受了。

但一年之后，芝加哥大学没有和他续签合同，幸好加利福尼亚大学向他发出了邀请，罗素高兴地接受了，1939年春天到了加利福尼亚大学。

这时候，纳粹已经在西方世界大发淫威了，罗素一向的和平主义立场有了变化，他开始转而支持对希德勒德国的战争，这一转变是从《苏德互不侵犯条约》的签订开始的，他听到条约的事后说道："斯大林的俄国转而反对我们，而我一直认为，苏维埃政权是比希特勒政权更坏的政权。" 现在，两个世界上最坏的政权沆瀣一气了，罗素怎能不愤怒？他认为苏德的结盟改变了战争的性质，英美自由世界除了一战，别无选择。

到1940年5月，第二次世界大战已经全面爆发，不久德军占领了整个法国，与英国本土近在咫尺，这时罗素公开支持战争，并要求美国支持英国参战，他在一封写给朋友的信中所言："我们别无选择，只能以暴抗暴。"

罗素在加利福尼亚大学的聘任期有三年，但仅仅一年之后，罗素接到了纽约市立学院的聘书。罗素由于一直与当时加大的校长普劳尔关系很差，立即接受了聘书。

不久，他的任命在纽约激起了惊天大浪。

原来，早在10年前，罗素因发表了《婚姻与道德》，激起了美国的宗教界——美国是清教国家，教士们一向标榜传统道德——的极大愤怒，当时就发动了一场针对罗素的猛攻，为首的是纽约主教曼宁。现在，虽然过去了10年，但曼宁等教士们对罗素的愤怒并没有丝毫减小。现在竟然要将罗素请到纽约来，他们如何能够容忍。于是他们展开了一场规模浩大的抗议运动，先是到处散发小册子攻击罗素，其措辞无所不用其极。说罗素"他令人生厌地倡导通奸"，说他是"智穷力竭的、离过婚的、颓废的倡导者""他现在在加利福尼亚大学向他的学生们灌输他在乱交和乱婚方面的观点"，甚至说罗素"实在是一个诡计多端的无尾猿、一个魔鬼的使者"。

这些攻击并没有奏效，1940年3月，纽约市高等教育委员会仍然通过了对罗素的任命。第二天，一个名叫吉恩·凯的妇女向纽约州最高法院起诉了纽约市高等教育委员会，以种种牵强附会的理由，例如说罗素是外国人，应聘前没有参加竞争性的考试，又是不道德性行为的倡导者等等，要求取消对罗素的任命。

法院接受了起诉，由于法官也是曼宁主教一类的人，纽约高等教育委员会败诉了，罗素的任命被取消。

幸好天无绝人之路，哈佛大学的教授们及时伸出了援手，请他主持威廉·詹姆士讲座，他的讲稿就是后来出版的《对意义与真理的探究》。

在这本书里，罗素特辟一页专门列举了他的大量头衔，例如第三代罗素伯爵、英国上议院议员、哥伦比亚大学巴特勒奖章获得者，等等，最后一项是“司法裁定不适宜担任的纽约市立学院教授”。

不久，另一项更有好处的聘请来了。一位富有的巴恩斯博士办了一个巴恩斯基金会，还买下了一家现代绘画馆，他请罗素来美术馆长期讲学，罗素对这个聘请简直是感激不已，因为哈佛大学的讲座只是短期且临时的，算不上是正式职业，现在这个职业总算来了，它的聘期长达5年！而且薪酬丰厚，他能不感激吗？

1940年底，罗素来到了费城郊外，在那里一座已经有200年高龄的老房子里住了下来。

罗素为巴恩斯讲座准备的讲稿就是后来的《西方哲学史》。

然而，罗素与巴恩斯的关系也很快破裂了，仅仅两年之后，1942年底，巴恩斯便以罗素违背合同为由炒了他的鱿鱼。

称罗素违背合同是因为罗素夫人也来听罗素的讲座，但她有边听讲座边打毛衣的习惯，巴恩斯声称打毛衣的声音干扰了其他人听讲，这也是罗素对合同的违背。

这对罗素简直是晴天霹雳，他顿时又陷入了贫困，有时候连吃饭都成了问题，有一次他应邀去演讲，但手里的钱只够买张去的车票了，回来的车票得等到讲演结束拿到报酬后才能买。

另一个大麻烦是，这时候他与斯本丝的婚姻又亮起了红灯，斯本丝是一个美貌的少妇，比罗素年轻得多，她能够长期与罗素这样的老人生活下去吗？更何况是过这种贫困的生活呢？而且，罗素现在对她的感情已经很淡漠。这个时期，凡去过他家的人都明显地感觉：这对夫妻快完了。

到1943年秋，罗素的经济状况有了改善，他用巴恩斯基金会讲座的讲稿编辑成的《西方哲学史》已经出版，并且迅速取得了成功，为他赚来了大量版税，他起诉巴恩斯的官司赢了，法院判决巴恩斯赔偿罗素2万美元的巨款，他终于否极泰来。

走上神坛　好事一桩接一桩，除了美国这边，英国那边也有好事来了，原来，剑桥大学三一学院的理事们时过境迁之后，觉得1916年将罗素开除有些过分，而且罗素的窘境也令他们深感同情，于是他们向罗素发出了重返剑桥的邀请，罗素当然求之不得，1944年，他乘上了回英国的轮船。

回到英国后，罗素进入剑桥，终于得到了他过去一直渴望得到的稳定的教职和足够养家糊口的薪水。更令他感到满足的是，他视若珍宝的孩子们现在都与他在一起，小康拉德不用说，与多拉所生的两个大孩子现在已经长大成人，大学毕业后都有了体面的工作，这时候都回到了英国为祖国服务。

从前，在罗素去美国以前，他虽然有名，但在英国毫无社会地位，主要是因为他的道德观念和反政府立场，现在，6年之后，当他回到英国时，一切都发生了巨大的改变。经过时间的冲洗，人们已经淡忘了他以前那些离经叛道的言论，而他的立场也由过去的反政府一下变得与政府一致起来。因为第二次世界大战结束后，西方民主国家与苏俄的关系急速恶化，主要是因为斯大林已经明显地昭示了他的意图：他不会让他所占领的波兰等东欧国家成为民主国家，他要在这里搞社会主义，使它们成为苏联的仆从国，这遭到了英美等国的极力反对。这时英国政府与苏俄表面上还是盟友，不能公开反苏，但民间人士的反苏活动英国政府就管不着了——事实上它是乐观其成。

这些原因，再加上罗素的高龄和他满头苍苍白发，令人肃然起敬，还有他那高贵的出身——贝德福德公爵的后裔、伟大的罗素勋爵的孙子、第三代罗素伯爵，于是罗素在英国的地位遽然上升，成了英国享有最高社会地位的名流。

从这时候起，罗素的生活就在讲演和讲课之中度过了，他的讲演吸引了无数人前来聆听。

在罗素所有的讲演中，在BBC的讲演无疑是最重要、影响也最大的。

BBC的讲演始于1944年，早在罗素回国前，BBC就计划请罗素举行一场通俗的哲学讲演。罗素接受了这个邀请，讲演于这年秋天正式举行，不用说十分成功。于是，以后的讲演邀请就源源不断了。他演讲的内容五花八门，从战争、西方价值观、青少年犯罪到上帝是否存在等，无所不有。他的演讲毫无学究气，总是充满了活力与魅力。

这时，罗素作为伟大的哲学家、思想家、世界的智者、杰出的演说家的声誉如日中天了。他已经不但是罗素，在某种程度上甚至代表了整个英国。他这时的政治观点也与政府惊人的一致，万分满意的政府经常将罗素像宝一样地献出，让他到世界各国去演讲，宣传英国的形象。

这类出国演讲是很多的，例如1946年夏天，他去瑞士讲了有关“伦理与权力”；1948年又去了被占领的德国，对军队发表了讲演；这年5月又到了瑞典首都斯德哥尔摩，还为瑞典的国会议员们作了专场讲演。

这年10月，他又应英国驻挪威大使的邀请去讲演，这次差点要了他的命。

在挪威首都奥斯陆讲演后，罗素等人搭乘一架水上飞机去另一座城市特隆赫姆。罗素本来坐在前舱的贵宾座，但他想吸烟，人家告诉他吸烟必须去后舱。罗素称“我要是不吸烟就会死掉”，于是去了后舱，还把安全带松开了。突然一阵大风将飞机猛地吹向海面，掉进了水里。罗素一点也不慌，他跟着后舱的其他乘客爬出飞机，跳进水里，游到了刚好停在附近的一艘船上。由于飞机是头朝下冲入水里的，结果前舱的19名乘客无一生还。如果罗素没有到后舱去吸烟，可以相信这时已经76岁的罗素将是第20个罹难者。

罗素被送进了医院，但他一点事都没有，他冲着那些蜂拥来采访他的记者说：“这对于一个已经有70年游泳历史的人来说，不足挂齿。”

也就在这个时期，罗素的第三次婚姻走到了尽头。

1949年9月，罗素接受了三一学院所谓E字头F的基金，这也就是终身研究基金，即他一辈子都是剑桥的研究员并终身享有研究员基金，同一年他还被授予皇家学会的荣誉研究员，还是在这一年，罗素接受了由英国国王乔治六世授予的“荣誉勋章”，这是一个英国公民能够获得的最高荣誉。

1950年时，罗素还有一次令他十分满意的旅行讲演，演讲的地点是澳大利亚，这是一片他从来没有踏足过的新大陆，罗素像一个孩子般兴奋，他甚至说了这样的话：

“说来也惭愧，这是我第一次访问澳大利亚。因为我在这个世界的其他地方已经虚掷了此生的七十八载光阴，所以我确实很高兴有此机会来弥补这一缺憾。”

澳大利亚之行后，罗素又到了美国，1950年11月，他在哥伦比亚大学举办了讲座，此前他还在普林斯顿待了几天，与老朋友爱因斯坦好好聊了会。就在这几天里，他得到了一个好消息——他被授予诺贝尔文学奖。理由是他那“服务于道德文明的哲学著作”。

随后，罗素到了纽约，罗素本来的大名再加上诺贝尔文学奖的光环，使他简直成了一个传奇，当他抵达哥伦比亚大学的讲演厅外时：

周围的两个街区所有道路上的人们并排站了三四层，都希望出现奇迹能进到会场，或至少听到扩音器的声音，或者碰巧看看罗素爵士长什么模样。

哥伦比亚大学的讲座结束后，罗素拜访了伊迪丝·芬奇小姐，她出身于一个古老的新英格兰家族，罗素早在1925年就认识她了，她还是艾丽丝的朋友，后来他们又多次见面，但这次，由于罗素同斯本丝的婚姻已经走到了尽头，伊迪斯便正好补了这个空，他们的感情迅速升温。

这年底，罗素飞往斯德哥尔摩去接受诺贝尔文学奖。诺贝尔奖按惯例是由瑞典国王亲手授予的，许多获奖者是首次面对一位君主，他们面对王室庄重得有些繁文缛节的礼仪时难免有些紧张。罗素可不是这样，要知道他还是一个婴儿时就已经见过维多利亚女王了，王室气派对于他是熟门熟路，自然毫不紧张，就像传记上所说的：

“他走过去接受诺贝尔奖，看上去超然绝俗地高贵，立即使王室也觉得安然自在。”

1952年12月，斯本丝以罗素遗弃她为名起诉离婚，很快得到了批准，几天后罗素就与伊迪斯结婚了，这是他的第四次婚姻，此时罗素已经80岁了。

幸运的是，他这最后一次婚姻算得上是四次婚姻中最美满的，伊迪斯与罗素结婚时已经52岁。她很有涵养，学识丰富，曾在大学当过教师，是有一定知名度的传记作家。这许多方面都很符合罗素的要求，因此罗素在此后的岁月里再也没有离婚的念头了。

也许是受了诺贝尔文学奖的激励，罗素真的开始打文学的主意了。他说：“我把一生中的前80年献给了哲学，我打算后80年献给小说。”他将第一本小说交给出版社时，一开始要求出版社答应让他匿名出版，但出版社拒绝了，后来双方达成了妥协。1953年，罗素的第一部小说出版了，名为《郊区恶魔》。出版社出版小说时公开征奖让读者们猜猜小说的作者是哪位了不起的人物，奖金25英镑，然而没有人猜得出来。

罗素一生共离了三次婚，第二次和第三次婚姻给他带来了三个孩子，长子与他同名，也叫约翰，女儿是凯特，他们都是多拉生的，小儿子是康拉德，斯本丝生的。离婚后他们都由母亲抚养长大。不过罗素对他们仍然一如既往地关爱。他第四次结婚时，约翰和凯特都已经成家有了孩子。由于约翰打算当作家，这是很难养家糊口的，罗素便决定要为孙子们的将来打算了。

他的打算很简单：就是将儿子孙子们招来与他生活在一起。

他在威尔士北部的一个小半岛上找到了一处大房子，这就是彭林别墅。

1955年下半年，罗素搬进了彭林别墅，此后他一生剩余的15年就生活在这里了。

也许有人会问：与儿孙们生活在一起，罗素还能够专心写作吗？当然能。罗素有一样本事，就是不怕干扰，他有一次回答某位有这种担心的访客时说：“没什么能打断我的工作。我一向喜欢有孩子们在我身边，我甚至喜欢听他们吵闹的声音，那声音不会烦扰我，倒是令我兴奋。工作的时候，听见他们在我身边说话的声音，我感到愉快。”所以，罗素的晚年可谓尽享天伦之乐。

反核与最后的岁月 我们现在要谈一件也许是罗素一生中付出最多心血的大事——反核。

我们前面说过，早在20年代罗素就写了《原子入门》，在其中预言人类了解原子核的结构后，这种认识“很可能最后会被用来制造成比以往所发明的一切武器更具有毁灭性的爆炸物和发射弹。”这就是原子弹，罗素的预言在1945年8月得到了证实，美国在广岛和长崎分别丢下了两颗原子弹，两座城市顿时化为灰烬，无数平民罹难。

原子弹的出现对罗素的心灵冲击之大怎么说也不过分，此后罗素一生的中心任务就是试图将人类从原子弹的阴影下解脱出来，他用各种方式呼吁防止核战争，大力倡导核裁军和核武器的扩散。

他做出了许多努力，耗费了他晚年大部分光阴，但结果令他大失所望。

1961年4月，罗素做了一场演讲，在演讲中他提出了一个简直耸人听闻的论点，称肯尼迪比希特勒更坏。理由是希特勒不过是想杀光所有的犹太人，而肯尼迪却打算不光杀害所有犹太人，而且要杀害所有的人——因为他不愿意废除核武器，这些核武器随时能够毁灭整个人类。

由于被人指控煽动公众参加非暴力抗议活动，罗素被起诉，他在审判中为自己的非暴力抗议活动提出了有力的辩护，他说，他这样做是出于万不得已，因为他不想“我们的家人、朋友、同胞和人类的大多数在一次只有输家没有赢家的竞争中被屠杀”。不过法庭是不考虑动机的，由于罗素的确有煽动公众参加非暴力抗议活动的事实，他被判处监禁两个月。罗素早就预见到了这个结局，他甚至只在口袋里带了几个先令，以免法庭要求他以罚款来代替坐牢，那他断乎是不愿意的，他明白坐牢只会令他成为一个伟大的殉道者。后来由于他的医生的抗议，说罗素这时候已经是一个近90岁的老人，法庭将两个月刑期改为一星期，而且只需在监狱的医院内服刑。

出狱后，罗素一如既往地从事反核活动，到1962年，罗素已经90岁了，他收到了大批来自世界各地的祝贺信件，英国国会下院还特地举行了一次午餐会，并在伦敦节日剧场搞了专场音乐会。

这一年发生了古巴导弹危机，美国情报官员从飞临古巴上空的U–2高空侦察机所拍摄的照片中发现苏联正在古巴首都哈瓦那西南地区修建核基地，这等于把整个美国放在了古巴与苏联的枪口之下，当时的肯尼迪政府立即做出强烈反应，世界一时走近了核大战的边缘。

古巴导弹危机正是罗素曾经担心过的那种核战争的前奏，如果它真的导致核战争，那将是整个人类的末日。罗素立即表达了强烈的关注，他向新闻界发表一系列声明，表示“人类今夜正面临着一个严重的危机”，“人类极有可能在一星期内灭亡”，他还给肯尼迪、赫鲁晓夫、联合国秘书长、英国首相和反对党领袖等发出了五封电报，要求中止冲突，并谴责了美国的行为。

罗素的声明没有白发，10月24日下午，莫斯科广播电台就公布了赫鲁晓夫对罗素电报的答复，答复中赫鲁晓夫答应尽一切可能阻止核战争。不久，肯尼迪也给罗素回了电报。罗素又给古马领导人卡斯特罗去了电报，要求他拆除导弹，换取美国不入侵古巴的保证。

顿时，罗素似乎成了促成古巴导弹危机和平解决的关键人物，一个90高龄的伟大哲学家扮演了这种角色，其影响与历史意义不言而喻。

1963年9月，罗素建了一个和平基金，宗旨是“反对习俗化的暴力与残酷，认清人类社会的障碍并奋击之，并以自由和正义推进和平进程”，与此同时，罗素还成立了第二项基金——大西洋和平基金，其宗旨是专门推进教育之发展。

罗素和平基金一开始的募集工作可谓有声有色，基金的赞助人中有他的亲戚贝德福德公爵等达官贵人，有马克斯·波恩等著名科学家，甚至还有九个国家的领导人，包括印度总理尼赫鲁、巴基斯坦总统阿尤布·汗、加纳总统恩克鲁玛、沙特阿拉伯国王费萨尔、越南共和国领导人胡志明，等等，但结果并不成功。

60年代的另一件大事是越南战争，造成了大量无辜越南平民的死亡，还在美国刚开始干预越南事务时，罗素已经以他的远见卓识对将要发生在越南的惨剧提出了警告，他到处发表演讲，强烈批评美国的越南政策。到1966年初，罗素正式调查美国在越南犯下的罪行，并于1966年11月在伦敦成立了国际法庭，1967年在瑞典首都斯德哥尔摩正式开庭，并判决约翰逊总统等的战争罪成立，当然，这只是一厢情愿的审判而已，对约翰逊毫无影响。

到1970年，罗素已经快满百岁了，老态龙钟，只能坐在轮椅里，这时他接到了一所小学学生会寄来的信，信中说学校为学生们敬仰的伟人设立了一个主任职位，爱因斯坦是唯一担任过这一职务的人，现在爱因斯坦逝世了，他们问罗素是否愿意继任此职。罗素立即愉快地接受了这一委任，这是他一生中担任过的无数职务中的最后一个。

2月2日这天，罗素上午还如常地生活，与伊迪斯坐在寝室里读书、聊天，但突然病情加剧，呼吸困难，到傍晚，他的生命之火就与太阳一起坠落了。

第四十九章　丰富而粗糙的思想

就像他的人生一样，罗素的哲学思想也是丰富多彩的，他是20世纪西方哲学的主要分支分析哲学的创立者之一。不过，比起他同时代那些“纯粹的”哲学家们，例如维特根斯坦或者胡塞尔，罗素的哲学并没有形成真正的思想体系，也没有哪个思想具有鲜明的创造性，至今百口相传。在我看来，罗素更像是一个引路者，他开了一条路，一条比较粗糙的路，后人在这个基础上开辟出了一条新的哲学大道。

所以，可以简而言之地说：罗素哲学内容丰富，但形式相对粗糙，所以无论就形式还是内容都远不及维特根斯坦，所以我们在这里只简而言之。

在这一章里我们只讲罗素两个有名的思想：一是他的外在关系说以及与之相关的逻辑原子主义；二是摹状词理论。

我们先来讲外在关系说与逻辑原子主义。

简单说来，罗素的外在关系说与逻辑原子主义使世界由物质的世界变成语言的世界。

两个世界的哲学　所谓外在关系说就是关于外在关系的说法了。什么是外在关系呢？就是认为事物之间的“关系”只是事物一种外在的属性，而不是事物的内在属性，也不是事物的本质属性。

罗素之所以会提出这个问题，还要追究到莱布尼茨与黑格尔。

我们知道，莱布尼茨最著名的思想就是单子论。莱布尼茨认为，单子是唯一的实体，而且是封闭的实体，它在内部包含着事物的一切属性——莱布尼茨称之为知觉。世界上没有两个相同的单子，就像没有两片相同的树叶一样。这些单子都是相互独立的个体，而且没有通向外界的“窗子”。复杂的世界万物就是由这些单子组成的，也就是说，它们是由单子互相联结而成的。那么，现在的问题是，既然每个单子都是相互独立的，这些单子之间是如何相互联结的呢？

罗素研究莱布尼茨时发现，他没有能够很好地回答这个问题，只能说这一切都是上帝的“前定和谐”，是上帝早就在单子之间指定了和谐的关系。罗素对莱布尼茨深有研究，他认为这种将关系诉诸上帝是莱布尼茨思想的缺陷，是因为莱布尼茨认为单子的所有属性都位于单子之内，即使单子之间的关系也是如此。因而也就无法在单子之间确立有说服力的关系。

黑格尔则认为，整个宇宙都是一个相互联系的整体，因此我们要了解宇宙、了解万物，必须先了解这个整体。而且，万物之间的任何关系都必然内在于事物，是事物的内在属性。

这种将事物之间的关系看作是事物本性的观念就是内在关系说。这种观点长久以来一直是持主导地位的观念。在英国，与罗素大致同时代的新黑格尔主义者布拉德雷所持的正是这样的观念。

布拉德雷认为，任何一种关系都涉及与关系相关的事物的性质，并且是这些事物的内在性质。举一个例子来说吧，例如“A在B之上”，这个“在……之上”是一种关系，内在关系说认为，这“在B之上”表达的是A的一种内在的性质，而并不是表示在A与B之间有什么关系，或者说，不表示在A与B之间存在着一种“一个在另一个之上”的这种外在的关系。更进一步地说，内在关系说认为任何关系都与此类似，都是存在于相关事物之内的性质，而独立于事物之外的独立的关系是不存在的。

罗素认为这种观念是错误的。他认为事物之间的关系并不内在于事物的，而是独立于事物而自存的，这就是外在关系说。我们举一个简单的关系例子——“A大于B”——来说明。根据内在关系说，“A大于B”，则大于B是A的一种内在性质，同样，小于A则成了B的一种内在性质。罗素认为，这是错误的。“A大于B”既不表明A有大于B这种性质，也不表明B有小于A这种性质，它们根本就不表明A与B之间有任何共同的性质，亦与A和B二者的性质无关。因为，如果说“大于B”是A的性质，那么“大于”同样必然地应当是A的性质，而说“大于”是某种事物的性质显然是无意义的。

罗素的这个理论是有道理的。我们可以举这样一个例子来说明。例如我们说大象大于兔子，难道能够说“大于兔子”是大象的一个内在属性吗？这显然是牵强的，如果这样的话，那么大象的内在性质就太多太多了，例如大于马、大于猪、大于蚂蚁、大于一粒灰尘、大于一片树叶，如此等等，可以说无穷无尽，这样的说法显然毫无意义。甚至“大于”这个性质也成了大象的属性了。而且，我们同样可以说“大象小于鲸鱼”，这样一来，“小于鲸鱼”便成了大象的性质，还有小于轮船、小于地球，等等，同样无穷无尽，于是“小于”同样又成了大象的性质。“大于”“小于”于是通通成了大象的内在性质，这样的话显然无意义。

根据罗素的外在关系说，这世界或者说实在是由两部分组成的：事物与关系。这些事物是独立的，它的存在不依赖于关系，也不依赖于其他任何事物。而许许多多互相独立的事物就构成了世界。这种观念也就是罗素的逻辑原子主义的基本内容。

为什么要称为逻辑原子主义呢？“原子”在这里容易理解，原子在这里是最基本的东西，就像德谟克里特的原子一样，或者说也类似于自然科学中的原子。原子是保持物质性质的最小微粒，如果再分割的话就不是该物质了。罗素认为，世界存在着无数相互独立的个别事物，它们就像原子一样，世界就是由它们构成的，就像物质是由原子构成的一样。

那么，“逻辑”又是什么意思呢？在这里为什么要加上“逻辑”二字？这里的意思就玄妙了。

原来，在罗素这里，说世界是由事物构成的。但这个事物并不同于我们平常所称的事物，例如一朵花或者一座山这样的事物，而是一个句子，或者用逻辑语言来说，是一个命题。

我们看到，罗素在这里实际上是将语言与事物结合起来了，将自然的事物变成了语言的命题。这种结合正是分析哲学一个最基本也最巧妙的地方，它揭示了我们认识世界的一个最本真、最直观的特点，是极为巧妙的。因为，当我们认识世界万物的时候，我们所认识的实际上并不是事物本身，或者说，事物在我们的认识里已经不是事物，甚至于不是事物的映像，而是语言。例如当我们看到一座山时，这个认识仅仅是一座山吗？显然不是，而是在我们的认识里形成了一个句子“这是一座山”，或者“我看到了一座山”。我们看到了一朵红花，在我们的认识里并不只是一朵花，就像在镜子里映出花的影像一样，而是在我们的意识里形成了这样一个命题“这朵花是红的”或者“这是红的”。这样的原因是明显的：人不是镜子，我们了解事物不仅仅是在意识里面映照出事物的影子，而是在意识里做出了一个判断，并用命题的形式表达了这个判断。当然这种判断可以是意识的，也可以是无意识的，如果是无意识的，那么它就使我们认识事物就像镜子形成映像一样，这时候我们并不会意识到在我们的意识里形成了语言和命题。但这时候实际上我们仍然是用命题与语言的形式认识事物的，只是这时候的语言是一种内部语言而已。

通过这种形式，罗素对传统的哲学语言进行了根本性的变革，以前，当我们解释世界或陈述哲学理论时，分析的对象或者起点总是事物，例如一座山、一朵花等等，仿佛我们人是镜子一样，现在，这个分析的起点就成了语言、句子、命题。从这一个个的命题入手进行解释或陈述。而这里的命题就是逻辑命题的简称。这不能不说是一种超越，是对传统哲学，至少是哲学表达形式的大超越。

通过上面的这些分析，我们就可以完整的理解逻辑原子主义的含义了。

所谓逻辑原子主义，就是这样一种“主义”：

它认为世界、事物在人类的认识里是逻辑的，是由一个个的逻辑命题构成的。

这些逻辑命题又是由一些最基本的命题构成的，这也就是“原子”命题，它们之构成所有的命题就像相互独立的个别事物构成世界一样。

原子命题在逻辑原子主义里是最基本的概念，它指的就是那些最为简单的命题，或者说，是最为简单的事物与事实，例如“这是一朵花”“这是红的”，就是这样的原子命题。

我们现在要特地谈谈“事实”这个概念，还有与之相应的“命题”。

事实在逻辑哲学里也是一个基本的概念。这个“事实”实际上是将自然世界的实际事物与属于意识领域的命题结合起来的一个概念，也是分析哲学中最微妙的概念之一。由于“命题”是语言的，只是一个逻辑概念，它显然不能构成实际的世界之事物；而原来的“事物”这个概念又脱离了人类认识世界的方式——我们是通过语言、用逻辑命题来认识世界的。那么，如何将这二者结合起来呢？于是另一个概念——事实——就应运而生了。这个事实既具有逻辑的含义，因为我们陈述一个事实显然必须使用语言，同时它又与实际的事物紧密相关，它所陈述的是实际事物。这样，对于罗素而言，世界既不是由事物构成的，也不是由命题构成的，而是由事实构成的，这是对世界的真确的表达。

与原子命题相对，事实也有原子事实，两者之间存在着某种对应的关系。例如有这样一个原子命题：这是一朵花。它对应着一个原子事实：的确有一朵花在这里，就在我们的眼前开着呢！

这样，事物、原子命题、原子事实在这里形成了对应的关系：我们看到一朵花，于是在认识里形成了这样一个原子命题：“这是一朵花”。这朵花与这个命题共同形成了这个原子事实：这是一朵花。不难看出，原子命题与原子事实之间的表达方式是一样的。然而它们之间有质的不同，前者只是一个逻辑命题，是语言的，而后者却表达一个事实：这里的确有一朵花。

我们还可以看出来原子命题与原子事实的一些特点，例如它们都是最为简单的命题与事实，各个原子命题与事实之间是相互独立的，它们的表达方式则是一个主谓句子的形式，也是最简单的完整的语言表达方式。

既然原子命题是最简单的，后面当然有复杂的，那就是分子命题，相对于原子命题表达最简单的原子事实，分子命题表达的当然是复杂的分子事实。

还有，既然是逻辑的命题，那当然有真有假。于是，原子命题自然也就有了真假。这是不难理解的，例如我说“这是白的”，完全可能是我看错了或者故意混淆黑白，这个东西实际上是灰的或者黑的。决定这个命题之真假的当然就是事实，于是，事实就成了决定命题真假的东西。

还有，如果原子命题是假的，那么分子命题自然不会真，反之亦然。这些原子命题、分子命题等等结合在一起就构成了罗素的逻辑体系，也构成了他的逻辑原子主义。当然，它的内容是非常复杂的，就像罗素的数理逻辑是非常复杂的一样，我们在这里只能涉及皮毛罢了。

哲学的典范　罗素的摹状词理论则被称为是罗素最伟大的哲学创造之一，甚至被尊为“哲学的典范”。

为什么罗素要提出摹状词理论呢？据说起因于奥地利哲学家梅农的一个问题。梅农认为，在一个命题之中，由于命题总具有一定可以理解的意义，因而命题中的主词都代表了某个事物，并指称了某种独立存在的实体，这个实体的意义也就是命题所表达的意义。

梅农的这种说法对于一般的命题当然是成立的，例如“这朵花是红的”“地球是圆的”，等等。

罗素一开始也接受了这种实在论的观点，即认为语言在实在中具有它的非语言的对应物。用一句更为通俗的话来说，就是认为我们在谈论甚至思索任何对象时，我们所谈论的这个对象都具有某种实在性，并且它的意义与我们所谈论的意义是一致的。

这个观念的缺憾是显而易见的，我们可以随便说出许多并不存在的东西，将它们作为主词，例如“神仙是不存在的”，或者“圆的正方形是不存在的”，等等。这样的命题有两个特点：一是它的主词并不是实在，因为并没有神仙这类东西，二是我不能说它是没有意义的，而且它的意义恰恰在谓词中得到了说明：主词（神仙）不存在，圆的正方形也是同样的情形。不但如此，它在实际生活中也有其意义。我们知道，并不是所有人都认为神仙是不存在的，因此，当某人作为无神论者发表他的无神论观点或者与有神论者进行辩论时，这样的命题是非常重要的。

为了解决这个疑难，梅农提出这样的观念：那些神仙与圆的正方形之类，虽然实际上并不存在于自然界中，但它还有其他的存在形式，它们可以称为某种假设的实体。不过这里就出现了矛盾：实体是实际存在的，怎么能够是假设的呢？而且，既然是本来就不存在的东西，又怎么能够以其他的形式存在呢？

正是为了解决梅农的这个问题，罗素提出了摹状词理论。

所谓摹状词，“摹”就是“摹仿”“描述”的意思，“状”就是“状态”“形状”等的意思，因此，顾名思义，摹状词就是模仿、描述某种东西的状态、形状等特征的词。

从上面的解释我们可以看出，摹状词并不是直接地表述对象的名称，而是用描述的间接手法来表达对象。这也就是摹状词的基本含义。

罗素将所有的个体名词都分成两类：专名词和摹状词。所谓专名词就是指称具体的某个对象，如克林顿、南京市，等等。摹状词则是描述某特定事物某方面的特征，在这里“特定事物”很重要，即所描述的对象必须是独一无二的，就这而言它与专名词是一样的。例如美国第42任总统、江苏的省会等，都是摹状词，并且分别指称前面的两个专名词。

罗素曾经指出：“虽然初看上去摹状词和专名词是指称同一个人或物，但二者之间有着根本的区别。”正是这种区别体现了摹状词理论的重要意义。

那么，在摹状词与专名词之间有哪些区别呢？我们就借用罗素用过的经典例子，专名词“司各特”和摹状词“《威弗利》的作者”来分析二者的差异。

司各特是著名的英国诗人，他在以诗歌成名后匿名发表了小说《威弗利》，小说引起了不小的轰动，很多人都想知道《威弗利》的作者究竟是何方神圣，连当时的英国国王乔治四世都想知道。于是罗素便借用了“司各特”与“《威弗利》的作者”这个例子来阐述专名词与摹状词的区别。

专名词与摹状词的第一个区别是形式上。

与比较简单的专名词比，摹状词则比较复杂，它是一个复合词，即是由一个以上的词复合而成的词组。例如“《威弗利》的作者”，这个词就是由“《威弗利》”“的”和“作者”三个词合并而成的。

专名词与摹状词的差别之二是两者之间虽然是指称的同一个对象，但并不总是可以互换的。

例如，国王乔治四世想知道谁是《威弗利》的作者，如果有人告诉他：司各特是《威弗利》的作者，那么他就知道谁是《威弗利》的作者了，因为他是知道司各特这个诗人的。但如果在这里将“司各特”替换成“《威弗利》的作者”或者相反，将“《威弗利》的作者”替换成“司各特”，“司各特是《威弗利》的作者”就会变成“司各特是司各特”或者“《威弗利》的作者是《威弗利》的作者”，这句话显然是没有意义的假命题。

专名词与摹状词的第三个重要区别是，当我们使用专名词时，有一个前提就是必须保证专名词所指称的对象是存在的，否则命题就可能失去意义。但摹状词就不需要如此。因为，如果摹状词也需要所指称的对象实在存在的话，就会令排中律失去意义。罗素举了“当今的法国国王是秃头”和“当今的法国国王不是秃头”为例。“当今的法国国王”是一个摹状词，如果它必须有实指的对象的话，那么“当今的法国国王是秃头”和“当今的法国国王不是秃头”这两个互相排斥的命题就必然有一个是真的。但实际上这两个命题都是假的，因为当时的法国早已经是共和制，君主制早已经被废除，当然也就没有国王，因此“当今的法国国王是秃头”和“当今的法国国王不是秃头”这两个命题都是假命题。

专名词与摹状词的第四个区别是功能与意义上的区别。

我们知道，语词主要有两种功能：命名功能与描述功能。专名词就是具有命名功能的语词，而摹状词则是具有描述功能的语词。专名词比较简单，它就是一个简单的符号，直接指称某一特定的对象，这个特定的对象就是其意义之所在。而且，专名词能够独立地具有这样的意义，即它不用与任何其他的词汇结合就具有这个特定的、独一无二的意义。

专名词与摹状词的第五个区别也是最复杂的，它指的是，摹状词虽然指称某个特定的个体，但并不像专名词一样，是直接地指称，而是间接地指称，按罗素的说法，是“一个不完全的符号”。

罗素之所以在这里称摹状词为“不完全的符号”，是有他深刻的道理的，这里也昭示了摹状词与专名词的内在区别：

首先是，对于摹状词，只要我们理解了组成它的几个词的意义，我就能理解摹状词的含义。例如“《威弗利》的作者”，我们只要理解了“《威弗利》”“的”“作者”三个词的含义，也就理解了《威弗利》的作者这个摹状词的含义。但对于专名词就不同了，我们不能凭借理解组成它的几个字来理解它的含义，只能直接地知道这个专名词的含义，知道它所指称的特定对象来了解之。例如我说“莫诺马库斯”这个专名词，你知道其含义吗？一般来说不知道吧！更不能从“莫诺马库斯”这五个字去猜测其含义。莫诺马库斯是12世纪时拜占庭帝国的一位皇帝，要知道这个专名词的含义，就非得直接地了解这个专名词，了解12世纪时拜占庭帝国这位皇帝的名字不可。

其次，摹状词及其相对应的专名词既不“等于”又不“不等于”，它们之间有着微妙的差异。我还是举老例说明吧。例如“《威弗利》的作者”与“司各特”。这两个词所指的实际上是同一个对象，但二者却既不“等于”，又不“不等于”。为什么这么说呢？我们且来看看。

倘若"《威弗利》的作者"就等于"司各特"，那么二者就可以互换使用，这样，"司各特是《威弗利》的作者"就可以说成"司各特是司各特"或者"《威弗利》的作者是《威弗利》的作者"，"司各特"与"《威弗利》的作者"二词就成了同语反复，也就没有意义了。

倘若"《威弗利》的作者"不等于"司各特"，那么说"《威弗利》的作者是司各特"就成了假命题。

但实际上，"司各特是《威弗利》的作者"这个命题既非同语反复，也非假命题。因此，"司各特"既不等于"《威弗利》的作者"，又不得不等于"《威弗利》的作者"，它只是一个"不完全的符号"。在这里，这个"不完全"可以理解为摹状词不像专名词一样可以完全地、充分地指称所指称的对象的全部含义，而只是指称了其一部分的含义。

简而言之，摹状词只是一种"不完全的符号"，但这个不完全的符号对现代西方哲学特别是分析哲学有着重要的意义。

第五十章　弗洛伊德：只有年谱的传记

弗洛伊德的一生无疑是精彩的，就如他的人生也是伟大的一样，但由于篇幅的关系，我在这里只述说一下他的年谱。他一生大事大体也尽在这年谱之中了。

弗洛伊德1856年5月6日生于奥地利古老的小城弗莱堡，弗莱堡如今叫普里堡，属于捷克共和国。

弗洛伊德的父母都是犹太人，因此弗洛伊德也是纯血统的犹太人。

弗洛伊德

1860年，为了谋生，他父亲带着全家搬到了首都维也纳。

9岁时，弗洛伊德进入了维也纳有名的史伯尔中学，在学校里表现十分优异，连续6年全校名列第一。特别具有语言天赋，除德语外，还掌握了古希腊语、拉丁语、英语、法语、意大利语、西班牙语、希伯来语等。

1873年，他以最优学业成绩毕业，旋即于这年秋天进入维也纳大学医学院。

1879年夏天，弗洛伊德被征入伍，在维也纳附近的军营里当了医官，有一次由于擅离职守，被判入狱，在牢里度过了24岁生日。

退伍后，他又回到了维也纳大学，1881年 3 月以优异的成绩获得了博士学位。

此后，他在维也纳总医院实习了3年，其间还遇到了清秀文静的玛莎·伯奈斯，他们于1886年9月结婚，度过了漫长而幸福的婚姻生活。

1886年，弗洛伊德争取到了一个奖学金名额，到巴黎跟从当时最负盛名的精神病学家夏科教授研究精神性疾病的病因与治疗，在那里发现了男性癔症。这对于他以后的精神分析事业影响巨大。

正是在治疗癔症时，弗洛伊德与他的朋友约瑟夫·布洛伊尔开始合作，1895年，他们的合作结出了硕果，这就是《癔症研究》，它也是精神分析诞生的标志。

《癔症研究》标志着精神的诞生。然而，精神分析的诞生并没有给弗洛伊德带来荣誉与财富，由于他在著作中广泛而深入地涉及了性问题，他理论的诞生之后便遭受到时人猛烈的攻击，他在整整10年里几乎无人理睬。

1899年11月，弗洛伊德出版了他的第3本著作《梦的解析》，它是整个西方思想史上最重要的经典之一，也是精神奠基性的著作。但在出版之初，弗洛伊德得到的仍是沉默，甚至是挖苦与攻击。

但此后，他的著作开始获得成功，他的思想之影响也日益显现。其中的主要原因之一是，他的精神分析不但是一种理论，还是一种可以实际使用的医疗技术。他的大量病人从匈牙利、俄罗斯、罗马尼亚、德国、英国、法国、美国等世界各国涌来，他每天不得不门诊12个小时以上。弗洛伊德以之治愈了无数这样的病人，少数采用他技术的医生也取得了成功，如此一来，精神分析终于慢慢取得了成功。

渐渐地，在他的周围集聚了一批朋友，1902年深秋的一天，他们开始每周三在弗洛伊德的家里进行讨论，这就是“星期三心理学协会”，它的产生标志着精神开始成为一种思想运动的萌芽。除弗洛伊德外，这群人中以阿德勒为首，后来他离开了弗洛伊德，创立了自己的“个体心理学”，是精神分析的旁支之一。

这种每周三的讨论持续了将近7年，从1902年到1908年。

到1908年4月15日，“星期三心理学协会”正式改名为“维也纳精神分析学会”，它是“国际精神分析学会”建立之始。

1907年，弗洛伊德遇到了荣格，立即将他视为国际精神运动的未来领袖。在荣格的积极促成下，1908年4月26日，在奥地利萨尔茨堡召开了国际精神分析运动的第一次大会，它也是国际精神分析协会的成立大会。

1909年，弗洛伊德还应邀到大洋彼岸的美国克拉克大学进行了演讲，并被授予名誉法学博士学位。

1910年，在德国纽伦堡举行了另一次国际精神分析会议，会上荣格当选为正式成立的国际精神分析协会第一任主席，苏黎世成为协会总部所在地，也成了国际精神分析运动的领导中心。

由于弗洛伊德提议荣格不但是终身主席，而且对协会一切事务有近似独裁者的权力，这遭到了一直追随弗洛伊德、自认为是精神分析运动嫡系与当然中心的维也纳人的激烈反对，而荣格也并不满足于一直追随弗洛伊德，他要创立自己的学派。这样使得国际精神运动日益分裂。

第四届国际精神分析大会于1913年9月在德国的慕尼黑举行，参加会议的人数众多，并且充满了火药味，维也纳人再次与这时候已经同弗洛伊德背离的瑞士人之间展开了激烈的相互攻击。会后不久荣格辞去了国际精神分析协会主席之职，后来干脆退出了协会，造成了精神分析历史上最大的分裂。

荣格的职位由卡尔·亚伯拉罕接替，他是弗洛伊德最忠实的学生之一，从此直到弗洛伊德去世，精神分析运动再没有大的背叛出现。

1914年第一次世界大战爆发后，国际精神分析大会停止召开，直到1918年大战结束，才在布达佩斯举行了第五届国际精神分析大会。

以后，国际精神分析大会仍按时举行，弗洛伊德生前亲自参加的最后一次是1922年9月在柏林举行的国际精神分析大会。这时的国际精神分析协会规模已经非同小可了。

这次会议中最令弗洛伊德喜悦的是新一代分析家们的成长，年轻的会员们纷纷提出了高质量的论文，例如卡伦·荷妮关于女性心理学的论文，她成长为后弗洛伊德主义最重要的人物之一。

1919年10月，弗洛伊德被维也纳大学提升为教授。此前，虽然他自己开业行医，但同时也是维也纳大学的兼职教师，对于弗洛伊德，成为教授历经近30年，他的成就终于得到了学术机构的正式承认。

1923年4月，弗洛伊德被发现患上了口腔癌，并做了第一次手术，在口腔里切除了癌组织，但癌组织仍顽强地继续生长，弗洛伊德被迫一次次切除口腔里的组织，15年中共经历了33次这样的手术，其痛苦的程度可想而知。

这时候，弗洛伊德已经被公认为思想巨人之一，他的著作现在以各种文字在全世界广泛出版，包括欧洲几乎所有语言，还有日语和中文。1930年，由高觉敷先生翻译的《精神分析引论》由上海商务印书馆正式出版。

1926年5月6日是他的七十大寿，这一天成了整个欧洲的一则新闻、学术界的一件大事。许多报纸上都刊登了消息以及许多赞美之辞，发来贺电的人中包括许多举世闻名的名字：勃兰兑斯、爱因斯坦、罗曼·罗兰、斯蒂芬·茨威格，等等。

还有，这时候弗洛伊德的名声早已不单单存在于学术圈子或者精神分析圈子里了，而是广泛地传播于普通大众之中。许多欧洲城市的街头也可以听到当某人说了句不雅的错话时，就会有人评论道："您这是个弗洛伊德式的口误。"一个巴黎的中学生也会对自己昨夜的梦来个分析，旁边搁着一本《梦的解析》。弗洛伊德的名字已经成为众多报纸杂志的常客。他的照片甚至出现在了伦敦的一份时髦周刊《身份》的封面上。

1933年2月希特勒成了德国总理，不久就开始迫害犹太人，由于国际精神分析协会的大部分成员是犹太人，成了纳粹最早的受害者之一。1933年5月，希特勒在德国发布公告，焚烧弗洛伊德、马克思等犹太人思想家的著作。

为了逃避迫害，精神分析家们都离开了，但弗洛伊德仍坚持留在维也纳。

1936年是弗洛伊德的80大寿，他收到了大量的贺电，其中包括爱因斯坦特地寄来的一封信。信的开头说："我感到高兴的是，我们这一代人有机会向您这位伟大的导师表示敬意和感激。"

此外，全世界最有名的两百位艺术家和作家，包括托马斯·曼、H.G.威尔斯、罗曼·罗兰、弗吉妮亚·沃尔夫、斯蒂芬·茨威格、赫尔曼·布罗赫、纪德、汉姆生、海塞、阿道尔斯·赫胥黎、乔伊斯、王尔德、克利、毕加索、达利等人联名给弗洛伊德写来了贺信，信中说：

> 西格蒙德·弗洛伊德80寿辰，使我们有了一个盼望已久的机会，来向这位人类深刻知识新领域的开拓者表示衷心的祝贺和崇高的敬意。作为一名医生和心理学家，作为一位哲学家和艺术家，这个无所畏惧的预言者和治疗者在整整两代人的时间里一直是我们探索人类灵魂未知领域的向导。正如尼采描述叔本华所言，他是一个"表情严肃冷峻的堂堂男子，一个骑士"；他有着独立自主的精神，他是一个懂得如何自立并赢得人心的思想家和研究者，他坚持走自己的路，一直走进真理之中，而这些真理看起来是很危险的，因为它们恰恰揭示了人们急于隐藏的东西；他给幽暗之处带来了光明。他广泛地揭示出新问题并改变了旧标准。他的探索和发现成倍地扩大了精神研究的范围，甚至连他的反对者们也由于从他那里受到创造性启发而感激他。即使他的研究成果在将来会得到修改和更正，他向人类提出的问题将永远不会被

室息，他对于人类知识的贡献也永远不会被否认和磨灭。他所建立的概念和他用来表达它们的词汇已经成为日常语言的一部分，得到了自然而然的运用。他的成就已经在人文科学的所有领域留下了深深的印记，这些领域包括文学艺术、宗教进化史、史前史、神话学、民俗学、教育学、美学。我们可以肯定，如果世间有什么行动可以被永远记住的话，那就是他对于人类心灵的洞察。

1938年4月，德国正式吞并了奥地利，弗洛伊德立即成了纳粹手里最有名的人质。

为了救出弗洛伊德，他的学生、拿破仑家族的嫡系后裔玛丽·波拿巴公主，美国总统罗斯福，甚至意大利独裁者墨索里尼都向希特勒求情，终于使希特勒同意弗洛伊德离开奥地利，前往英国。

1938年6月，弗洛伊德离开了祖国，抵达英国，在这里度过了他最后的时光。

弗洛伊德逝世于1939年9月23日，享年83岁。

第五十一章　弗洛伊德与精神分析引论

弗洛伊德的精神分析内容极为丰富，我们在这里选取了他四个卓有特色的思想来讲解，分别是：无意识、梦、性、三重人格。

精神分析的基石　对于精神分析来说，没有比无意识更为基本的概念了，堪称精神分析大厦的基石。精神分析的每个重要概念如果本身不是无意识，那么在它的里面几乎肯定可以将无意识发掘出来。它就像糕点中的发酵粉一样，糕点品种各不相同，里面却总有它的成分。

什么是无意识呢？简言之，无意识就是没有为我们的意识所意识到的意识。

精神分析认为，在每个人的心里都有着大量甚至无限我们自己并不“知道”的东西，我们说不出来，也压根儿想不到那些是什么东西，这就是“无意识”。所以无意识的第一个特征是它是“有”，而非无。

无意识的第二个特征是它是“无”，即它虽然存在于我们心中，却不为我们自己所知。它又分成两种情形，一是暂时没有被认识；二是永远也不会被认识。对于这两个看上去有些叫人莫名其妙的特征，其实都不难理解，且听我道来。

俗话说，“一心不能二用”，也就是一个人的心思同时只能放在一个对象上。这也许有点夸张，但顶多也就可以放在两三个念头上吧？例如我现在在写东西，就很难再拿出心思想其他，故意想想也就是晚上要不要开夜车、现在几点钟了之类，但我只知道这三两件东西吗？即使我是个大呆瓜也不止。我不但完全可能，而且必定有其他无数念头此刻正潜伏在我心中的某处呢，一到时候它们就会跳出来，但在我尚没有意识到它们的时候它们就是无意识的。

这时候，也许有人说话了，“这就是你的无意识吗？这并没有什么难懂的啊。但你那个永远都不会被认识的无意识又是个什么东西呢？如果永远都不会被你认识，那么你是怎么知道它存在的呢？”

这个问题问到了点子上，这正是弗洛伊德提出的无意识观念的独特之处。在我们心中而又不为主体所知，这个特征是弗洛伊德在神经症的治疗实践中得出的无意识的特征，是他千百次辛苦观察、反复思索的成果，是不容置疑地存在的。我们下面可以举几个弗洛伊德所发现的无意识存在的例子。

1883年，弗洛伊德进入维也纳总医院的第二神经症诊所，在那里他大量接触到了神经症病人，在这些神经症病人中有着各种各样的症状，像一个葡萄农的妻子，她老沉思着，在病房里踱来踱去，头低到了胸脯。当弗洛伊德问她问题时，她总说“我的罪太多了，我不配住在这样好的地方，我连饭都不配吃，你该把我杀了，我的父母本来就不该生下我”这一类的话。但当弗洛伊德询问她为什么这样说时，她却说她什么都忘了。

这样的病例，连不用专家都看得出来这个女人大约是做了什么坏事，或自己以为做了什么坏事，因而愧悔得患神经症了。她难道真的像她说的一样把什么都忘了吗？如果这样，即像平常所谓忘了，将旧事像冰激凌纸一样扔到了垃圾堆，它还会使她发疯吗？如果没有忘记，那么这个女人为什么又什么都不记得了呢？它们藏在了什么地方？她心灵之何地？

答案很简单，她不是不记得，只是她的记忆被锁在她的心灵深处，成为无意识了。

这时候，自然会产生另一个问题，既然无意识是没有被我们意识到的意识，那么，我们又凭什么认识它呢？甚至凭什么断定它的存在呢？

无意识当然是有办法认识的，弗洛伊德找到的办法主要有以下三种：

第一种是解梦的办法。我们后面会讲到，梦最基本的特征就是梦是无意识的表达，因此，只要我们能够理解梦，也就理解了我们的无意识。这我们后面还要说。

了解无意识的第二种办法是分析我们的“失误行为”。所谓失误行为就是我们平常所犯的口误、笔误、误读、误引行为等。这些行为虽然往往被认为是无心之失，但实际上它们并非无心，而是由无意识引致的“有心之失”，它往往恰恰表达了失误者内心隐秘的愿望。

在莎士比亚的名著《威尼斯商人》里，鲍西娅有一个口误，她本来要说“另一半是我的”，但却说成“另一半也是你的”了，这个口误表明，她虽然本来想说成“另一半是我的”，但她的无意识却使她说成“另一半也是你的”了。这明显地表明了鲍西娅内心的想法：她的一切都属于巴萨尼奥，这就是鲍西娅的无意识。她当时在心里已经深深地爱上了巴萨尼奥，但女性的矜持使她不敢说出来，但口误却将她的这个无意识直接地抖了出来。

莎士比亚

了解无意识的第三种途径是一般人不能使用的，那就是专业的精神分析——医生分析病人时所用的方法，这些方法不止一种，例如将病人催眠，然后诱使其说出自己的无意识。最有名者当然是弗洛伊德的自由联想法，通过对病人在被催眠时或者自由联想时透露出的一言一语就能够了解隐藏在其内心深处的无意识——这些往往也是隐藏得最深的无意识内容。

总之，通过这些办法，我们就可以了解人们的无意识内容。

梦的解析　《梦的解析》是弗洛伊德所有著作中最著名的一部，弗洛伊德也正是通过解梦而揭开了人类心灵之谜。

那么，梦到底是怎么回事，弗洛伊德又是怎样解梦的呢？这是一个比较复杂的技术性问题，我们现在就来简单地说说吧！

梦是愿望的满足　梦最基本的特征是梦是梦者愿望的满足。在这种满足里，梦者达到了两个目的：既满足了愿望，又保护了睡眠。

这些梦中所体现的愿望，可能梦者在白天就已经激起，但并未得到实在的满足，只好在夜里通过睡眠来虚幻地满足一下。当然，更多的情形是这些愿望来自我们内心深处，在清醒时我们没想到也不敢去想，到夜晚它就自己出来了，用梦这种隐晦的方式得到满足。例如某晚梦见自己成了总统或歌星，受到万众的膜拜。

这时，也许有人反驳说，我们做梦时，实际上经常感到的不是满足而是焦虑与害怕呀，难道这也是愿望的满足吗？别急，请听我道来。

梦表达愿望的满足有三种形式，一种是直接的愿望梦，这种梦公然表现为某种愿望的满足，儿童的梦大都是这种情形，成人那些性梦也大多是这种情形。

第二种形式是伪装梦。在这种梦里，梦者的愿望以一种伪装了的形式表达出来，得到隐秘的满足。那些有光怪陆离的东西的梦大都是如此。例如梦见自己骑着马在奇特的风景里奔驰之类。这种梦所表达的愿望大都不甚光彩，基本上都是一些性梦，显示了我们内心隐秘的性欲望。

第三种形式是焦虑梦。焦虑梦与恐怖梦一样，是最常见的梦之一，这种梦往往起因于梦者的潜意识愿望太强烈或太坏，与传统道德强烈违背，因此，梦者即使在梦中也不能明白畅快地满足，因而转化为焦虑。乱伦梦通常就是这种情形。

显梦与隐梦　理解梦要把握的第二个环节是要分清楚隐梦与显梦，并且学会从显梦之中找隐梦。

什么是显梦呢？我们都做过梦，在梦中我们可以看到许多东西，这些能够清楚地看到的东西就是显梦。

然而，这些显梦的基本特征是它们所显示出来的东西并非造成梦的原料——无意识本身，而只是那个引起梦的无意识的替代品。而那引起梦的无意识就是隐梦了。它是显梦背后真正的含义。所谓解梦，其实就是从显梦那里寻找这个隐梦的真正含义，即其所代表的无意识。

我们不难看出，显梦与隐梦是截然不同的，它们有如谜语的谜面与谜底。当然，也正因为它们是谜面与谜底的关系，所以我们也能够经由显梦寻找隐梦的意义，就像能够经由谜面寻找谜底一样。

那么，显梦与隐梦之间究竟有什么关系呢？有时候，显梦是隐梦的一部分、一个片段，我们沿着这个片段就可以窥见隐梦。例如，做副局长的梦见局长生病住院了。这个显梦背后的隐梦的含义是明显的：他希望接替局长的职位。局长生病住院与他接替是一个连续的过程，他的显梦是这个过程中的一个片段。

又有时候，显梦与隐梦之间是一种暗喻的关系。这种关系也不难发现。例如某位男士梦见所认识的某女子遇了危险，他将她救了出来。这就暗喻他已经喜欢上了这个女子，他愿意为爱情而付出，希望有一个机会去当护花使者，救她于危难之中。

不过，在显梦与隐梦之中，最为常见、最为重要也最为深刻的关系是象征的关系。这也就是说，在显梦与隐梦之间是一种象征的关系，即梦者在梦中所见的东西是其无意识愿望的象征。并且，同样重要的是，如弗洛伊德所说："梦中大多数的象征都是性的象征。"

关于这，我们在这里不做太多分析了，大家可以去读读《精神分析引论》与《梦的解析》，里面有专门的章节讨论梦的象征作用，且不难读懂。在那里，我们会发现，几乎任何具体之物——从帽子、山岳、建筑物、台阶、柱子到桌子、箱子、复杂的机械等等如出现在梦中都是生殖器的象征，而上楼梯、骑马、跑步、打枪等等身体之运动都是性交的象征。

这样看来，难怪在精神分析里性梦很多了，因为要找出没有上面这一切的梦着实不容易呢。

梦的稽察官　看了上面显梦与隐梦的关系，我们会发现，所谓显梦其实是将隐梦伪装一番之后再出来的，就像我们创作谜语时，明明知道谜底是很简单的，但却要刻意将之伪装一番，然后以谜面的形式展现出来，使我们难于从这个谜面看到谜底。

现在，也许你会问这样两个问题：

1. 为什么要将隐梦进行这样的伪装呢？让它直接变成显梦不行吗？

2. 是一种什么力量或机制去将隐梦这样刻意地伪装一番，变成显梦再呈现在梦中呢？

第一个问题比较好回答。这是由引起梦的无意识内容的特征决定的。我们知道，引起梦的是无意识，而且，这个无意识的内容往往是为文明社会的伦理道德规范所不容的。更具体地说，引致这些梦的无意识往往是有关性的东西，而且，这些性往往不是正常的爱情，而是纯粹的纵欲，是对性快感肆无忌惮的追求，例如某位女士想看别的男人的生殖器的梦以及某人的乱伦之梦。这些罪恶的欲望，当然即便是在梦中也不能赤裸裸地、直接地展现出来，而要加以掩饰。

谁来做这个掩饰的工作呢？这就是梦的检查工作了，我们可以形象地称进行这个梦的检查工作的为梦的稽查官。这个稽查官是如何进行“他”的工作的呢？我们可以用想象将梦者的精神分成三个房间。最外面的一个是显梦，最里头的一个是隐梦，即梦者的无意识。而梦的稽查官则位于中间的房间。晚上，当我们做梦时，所有的无意识，包括那些居于我们内心最深处的、最可怕的无意识，都想要进入意识，用梦的形式来表达自己，并且想用直接的方式，即显梦，来表达自己。这当然是不行的，这个稽查官的任务就是对那些要成为显梦的无意识有的完全拒绝，有的加以改造，使之勉强符合伦理，或者以伪装的不违反伦理的形态出现。这时候才允许它们出现在梦中，成为显梦。通过这种方式，原来居于心灵深处、意义清楚明白的无意识内容被改造得稀奇古怪了，这些表现得稀奇古怪的显梦只有通过复杂的梦的解析过程才可能显示其隐蔽的含义，即发现导致其产生的无意识与相对应的隐梦。

当然，有时候，我们也会做一些令我们自己都感到不好意思的有罪之梦，例如在大庭广众之下赤身裸体，令我们自己连在梦中都感到羞愧，还有更不好意思的明显的乱伦之梦，这也是可能做的。这是因为梦的稽查官并不总能够百分之百地履行自己的职责，它也有疏忽大意甚至力不从心的时候。这时候，明显的乱伦之梦就做起来了。这也是无须奇怪的，就像在实际生活中也确实有乱伦的行为一样。而且，即使我们自己做了乱伦之梦，也大可不必太过自责，只要其止于梦中，不变成现实就成了。就像柏拉图所言：

恶人亲往犯法，止于梦者便为善人。

解梦大法　我们前面讲了关于梦的一些理论，但那并不是目的，我们之所以要理解梦，关键还是为了解梦。现在我们就来看看弗洛伊德是如何解梦的。

弗洛伊德认为，要使解梦的可信度大，第一步是在解梦之前解梦者应当对被解梦者的个人生活有一定了解，包括他的童年经历、兴趣、性格与品质等等。

第二步则是请梦者将在梦中所见的一切都完全地、客观地描述出来。这“完全地、客观地”特别重要，也就是说，梦者不得因为自己“觉得”某个细节不重要而不说出来，事实上，那些梦者以为不重要的东西往往是最重要的，是解梦的关键性材料。当然，梦者更不能编些梦中没有的东西，这也同样重要。

第三步是解梦者来整理梦者的所述了。要知道，梦者所说出来的梦中的东西往往是杂乱无章、乱七八糟的一大堆东西，解梦者必须根据自己的解梦技术与经验进行细致的整理，作为解梦的原材料。

在整理好这些材料、得到解梦的原材料后，就可以开始解梦了。

现在，如何开始解梦也是一个问题。因为解梦可以从多个角度入手，而入手之法也就决定了解梦之法。

第一种方法就是按照梦中所见的顺序进行，即先梦见什么就先分析什么。这是最普通的也许是最好的办法。

第二种方法是先将整理出来的梦的材料整个地浏览一遍，然后挑选某一个对你产生了最大吸引力的点开始解析。因为从这个最有吸引力的段落很可能最能够直接地达到隐藏着的梦的隐意，即引起梦的无意识。这是一种比较快捷的办法，困难之点是那个着手点不好找，解梦者必须有灵敏的嗅觉、丰富的经验与过硬的技术才成。

第三种方法则是从那些最不紧要、最简单的地方入手，因为在这些地方遇到的抵抗可能最少，再由此迂回去解析整个的梦。这就像我们攻打敌人的城池时，要找一个最容易攻打、防守最薄弱的地方开始攻击一样。这无疑是一种相对容易的方法。它可能比较费时间，但对于那些解梦技术并不是很高明熟练的解梦者，无疑是最佳的选择。

第四种方法就比较玄了，这只对那些专业级的解梦者适用。在这里，解梦者根本不去整理梦者所说的话，所描述的梦境，而是听任梦者自己去说，静静地听，让他自由自在地说。那些梦者往往可能不经意之间让隐藏在显梦背后的隐梦露出蛛丝马迹，这时候，专业级的解梦者就能一把抓住，直接地解梦成功。

以上就是解梦的方法了，比较抽象吧！现在我们来谈一些具体的解梦之法，去解一些具体类型的梦。

我们知道，梦也是分多种多样的，有的复杂，有的简单，解的难度相应地也不同。对于那些简单的梦，像由饥饿产生的梦、睡着时受外物刺激产生的梦，就比较好解了。只要找出这个刺激的外物就知道梦的含义了，很简单。例如，我有天晚上梦见自己面前有一个像小山一样大的碗，里面盛满香喷喷的米饭，我吃得那个痛快呀！这个梦就是一个饥饿的梦，由于我晚上没有吃东西就睡着了，那胃饥肠辘辘，就刺激我的大脑，形成梦了，让我在梦中吃个饱。这样的梦使我既满足了吃东西的愿望，又满足了继续睡觉的愿望。

当然，大多数梦远非这么简单，它是一些隐藏的甚至不可告人的无意识愿望引起的，因此，从隐梦到显梦由梦的稽查官进行了无数遍的改装，改得面目全非。这时候，要解梦就需要技术了。对于精神分析家们，他们最常用的办法是弗洛伊德创立的自由联想法。在这种方法里，解梦者等梦者将其梦说出来后，就找出一部分显梦，然后让梦者对这个材料进行自由联想，不给他任何限制的自由联想，然后，让梦者告诉他在脑海里看到了什么。

当梦者告诉他之后，他就要对这个自由联想到的东西进行分析解剖了，这将是一个专业的、非常复杂的过程，并且通常要用到解梦对于梦的研究与理解，例如梦是愿望的满足、梦中所见的东西与行为的象征意义、梦的稽查官等等，要克服一道道难关，最终才能抵达胜利的彼岸，解梦成功。

不过，我在这里不主张大家去解梦，除非是纯粹玩玩，并且千万不要把自己的解梦结果当真，那几乎肯定是不可靠的。

性之分析　性与本能都是精神分析的基本内容，也是精神分析主要的特色概念之一，尤其是性，弗洛伊德认为，在人类的个体与整体的成长过程中，性起着最为重大的作用，它不但是一种行为，更是一种力量，是个人、社会、文明发展的根本动力。性对于精神分析犹如重力对于牛顿力学一样，没有它很难想象精神分析将是何种模样。

强力的性　精神分析之所以重视性，当然是因为它对于人类的重要性，它不但是我们每个人的制造者，而且是整个人类文明之母，总之，它对于人类及其文明都具有极其巨大的力量。

弗洛伊德给这种具有伟大力量的性之力取了一个独特的名字：里比多（libido）。这个里比多还有一个更加学术化的名字——原欲。它的范围要超过我们平常所称的性的含义，更比人类的性行为——做爱——要大得多，这些只是里比多的一部分而已。作为整体的里比多，则包括了人类追求快乐与快感的一切本能冲动。

这种本能的爱之冲动就其感受快感的生理范围来说也远不止于生殖器，它可以是身体的任何一个部分，如脚趾、耳朵等甚至全身。就年龄来说，这种爱之冲动也远不止于性成熟的成年人，它几乎贯穿了人的整个一生，包括初生的小孩，他就可能具有里比多的冲动，这是不需要教他们的，就如同婴儿生下来自己就会吮吸母亲的乳房一样。这种爱之冲动的对象则远不止于异性或同性的身体，而几乎可以是任何东西，包括其他人、其他物、自己本身。

弗洛伊德说，正是这种里比多使人成其为人，并且彼此相关，使人类爱自己，使人与人之间彼此相爱，或者也可能是相互仇恨，它使人满足、幸福，也使人负疚、痛苦，最后，里比多将转化为人类创造文明的动力。

变态的性　弗洛伊德关于性的观念之所以引人注目，主要原因也许不在于他对于性的重视，而是他在实践中观察到的人类性方面展现出来的在平常人看来是变态的众多性行为与性方式之特征。这我们从人类个体一生中性对象的变换就可以看出端倪。

弗洛伊德认为，人在性成熟之前，即在能进行正常的性行为、生儿育女之前，要经过一个长期的发育过程。并且，这个过程也是一个性对象不断变换的过程，如果从正常的角度来看，这个过程整个是变态、可怕的过程。

那么，人类到底要经过什么样的性发育过程呢？整个而言，性成熟前的发育可以分成三大阶段，我们可以用著名的“俄狄浦斯情结”为中心，分为前俄狄浦斯情结阶段、俄狄浦斯情结阶段、后俄狄浦斯情结阶段。

“俄狄浦斯”这个名字大家可能都听说了，他是底比斯地方的王，弑父而娶母，因此弗洛伊德便借用之来称呼“恋母情结”。

人的性成熟前发育的第一个阶段是前俄狄浦斯情结阶段，这个阶段大约指4岁前的婴儿的性心理发展过程。它又可以分成三个时期：

第一个时期是口欲期，一岁前的儿童就处于这个时期，这时，口腔是其性器官，儿童通过口腔吸吮自己的手指头、脚趾头等来使性需要得到满足，甚至可以伴有性高潮。

第二个时期是肛欲期，儿童约从一岁半到两岁。这时，幼儿从大小便的行为里得到性满足，所以，他们往往不愿意排便，或者排下后爱盯着便看。

第三个时期是性蕾期，大约从2岁到4岁。这时孩子开始注意自己的性器官，男孩子往往因为有了一个突出的阴茎而骄傲，喜欢露出来，这个年龄的女孩子则会羡慕、嫉妒男孩子。

性成熟前的第二个发展阶段是俄狄浦斯情结阶段。约从4岁至5岁。这时，母亲就成了孩子的性对象了，男孩子总想独占母亲的爱，并因而仇恨父亲。这种对母亲的性爱来自在母亲的怀里吸吮乳汁时所得到的快感，女孩子开始也是这样，但后来就将性爱对象转为父亲了，变成了恋父情结。这时，男孩子会幻想将来娶母亲为妻，永远与母亲生活在一起，而女孩子则会幻想长大后嫁给父亲。

俄狄浦斯情结阶段对儿童将来一生心理的发展至为重要，如果儿童能随着年龄的成长逐渐放弃对母亲或父亲的爱欲，消除恋母与恋父情结的影响，就会发展出正常的心理人格，相反，如果不能，则会导致长大后罹患神经症。

性成熟前的第三个时期是后俄狄浦斯情结时期，它又可以分成三个分期：

第一个是“潜伏期”，从6岁到11岁左右。这时，受社会、生理等因素的影响，儿童对异性产生了一种奇特的拒斥现象，对性也感到羞耻。这种情形大家可能都遇到过，这个时期大约相当于我们上小学的阶段，这时，小男生和小女生之间往往处于敌对状态，互相讨厌甚至互相攻击，男孩子还喜欢捉弄女孩子，如果男生与女生同桌，还会在课桌上画一条“三八线”，禁止对方穿越。

第二个时期是“青春发育期”，大约从11岁至14岁，这时，性再次发育到高潮，男孩子与女孩子的性器官发育趋于成熟，并开始指向正常的性欲。这时，男孩子与女孩子之间就不互相排斥了，喜欢与异性相处，也懂得欣赏异性，不过，由于社会等因素的影响，还是羞于表达这种对异性的好感。

第三个时期是“青年期”，从15岁到18岁左右。在这个时期，男孩子与女孩子已经是由少男少女过渡到青年男女了，性已经趋于成熟，准备过正常的性生活了。当然，很多在这个时候已经过上了性生活，虽然偏早，但已经是正常的。至此，通过三个俄狄浦斯情结发展阶段，男女两性的性已经过了前成熟期，走向完全的成熟了。

性与本能　现在，我们来简单讲几句本能。本能是人一种天生的需要或者冲动，它是人“本来”就有的“能力”，所以称为“本能”。

总的来说，本能的目的是消灭与其相应的需要，例如人饿了，就会产生吃东西的需要，这就是一种本能，这种本能的目的就是消灭这个吃东西的需要，为了消灭这个需要，当然就是去吃东西啦，吃饱后人不饿了吃东西的这个需要也就被消灭了。

在探索人类心理奥秘的过程中，弗洛伊德经过长期的观察与思考，对人们行为中显示出来的大量本能特征进行分析概括后，提出了两种本能的理论。即最广义的性本能及以破坏为目的的攻击本能。

这个最广义的性本能更精确地说应该称为生存本能。它的含义要大于狭义上的性本能，它除了“色”外，还有“食”、寻求安全、躲避危险等等，都属于生存本能，这些，无疑也是人能够得以生存的必要条件。总之，所谓生存本能，就是使有机状态保持其存在的连续性的本能，而死亡本能则是促使有机状态向无机状态过渡的本能。

明显地，生存本能与破坏本能是两种互相逆向的本能，但对于个体却是共在的，即任何个体都同时受两种本能的综合作用，共同构成了丰富多彩的精神现象。

这两种本能在共同作用于个体时，其作用特征又有不同，有时一者强，有时另一者强，或一者起主导的外在作用，而另一者起内在的次要作用。一般而言，当主体正常地生存时，生存本能起着优于死亡本能的主导作用。但有时候，在某些特殊的情况下，死亡本能完全可能处于优势，这时候，个体就倾向于自我毁灭，这就表现为自杀、受虐狂等倾向了。当然，不仅仅如此，例如人类对战争的狂热，这也是一种死亡本能强大的倾向，要知道，在战争之中，个体不可避免地可能死亡，而对战争的追求也无异于对死亡的事实上的追求。因此，人类的战争英雄主义实际上是人类死亡本能的最高表现，也是最可怕的表现。

三重人格　弗洛伊德在《精神分析引论新编》里，把人的心理人格分成三个层次：本我、自我和超我。整个人格就是由本我、自我和超我三大系统组成的，在一个健全的人身上它们处于平衡之中，反之，如果它们不平衡了，人就不是一个正常人或者平凡人了。

邪恶的本我　本我有时音译为伊底（Id），是人格中最原始的部分，它主要由本能组成。这些本能又主要是一些最原始的本能，例如由里比多组成的性本能、生存与死亡本能等。这种原始的本能决定了它的野蛮性。它是人最原始的特征，体现了人还处在原始状态下甚至在动物阶段所具有的心理特征，这时人完全屈从于生存的需要，生存的欲望便是原始人处于朦胧阶段意识的全部内容和唯一的心理特征。也是人最基本的人格心理特征。

因此，这个伊底总的来说由欲望集成，它就像一个大锅，里面盛满了沸腾的欲望。这些欲望唯一的目标就是追求自己的满足，为此它极其自私，不顾一切地要求满足一切，绝不讲道德之类，只是尽情地发泄这些欲望。

举个例子吧，如果一个人完全受本我的控制，他饿了，在街上看见一个三岁孩子在吃糖，他会毫不犹豫地扑过去将糖抢过来，就是将小孩打死也毫不在乎。因为本我所贪求的是对个体生存的无限欲求，是不会讲什么伦理规范的。

我们不难看出来，本我的欲求也是永无止境的，它不可能得到完全的满足，因为如果本我不顾一切地要满足所有的欲望，而不顾外力强大的制约，那么后果就只会是个体的毁灭。这是不言而喻的。如果有这样一个人，饿了就抢别人的东西，看见漂亮姑娘当街就扑上去，这种人根本就无法在这个世界上生存。

那么，本我怎样才能实现自己的欲求呢？大体而言有两种方法：第一种方法是在后面要讲的自我的约束之下，即在遵守通常的伦理道德的前提之下去求得欲望的满足。就像中国俗话所说："君子爱财，取之有道。"这样，他就能够一方面满足欲望，另一方面也不会受到社会的阻碍、制约甚至禁止。

第二种方法要简单一些，就是个体仍然顺应本我，不顾一切地疯狂地要求满足。不过，客观上这种满足往往不是真的去求得事实上的满足，即上街去公然抢东西、扑美女——这种个体是无法生存的，而是求得一种精神上的满足，即在幻想与幻觉中求得满足。不难看出，这时候，个体就处于一种疯狂的状态里了，成了疯子。这时，他完全迷失在虚幻的想象里了，在那个精神世界里，他就是上帝，他说啥就是啥，他的一切欲望都能够迅速得到满足。就像《天龙八部》里疯了的慕容复一样，以为自己已经称皇做帝了呢！

中庸的自我　本我之后，我们再来看看自我。

自我原来是本我的一部分，它是人格结构中的实际行动者，执行超我与本我的命令，可以说是现实之我。

自我的主要任务就是协调野蛮自私的本我、大公无私的超我以及外界环境三者之间的关系，使之尽量入于和谐与平衡之中。这是自我基本、也是唯一的任务，这对于个体的生存与生活都是必不可少的。

那么，自我如何协调本我、超我与外界环境之间的关系呢？首先，自我与外界是相联系的，并且能够现实地对外界的情况做出评估。然后，它便能够决定是否以及在多大程度上满足本我之欲望了。

当本我像一个骄纵惯了的小少爷一样什么都要满足时，自我就会像坚持原则的教师或者保姆一样将它约束起来，劝它尊重客观环境，禁止它不顾客观环境的乱来。打个比喻吧，我们某天经过银行，看到一个个的钞票箱子被搬上运钞车，这时候，我们的本我就蠢蠢欲动了，支使我们去将抢过来。这时候，自我就出来了，他禁止本我这样做，告诉它这样是不行的，是一种犯罪行为，将遭到社会的惩罚甚至导致整个人的毁灭。当然，冲击自我的不仅仅是本我，还有超我。我们后面会看到，超我是来自文明所产生的伦理道德，它监督自我，严厉要求自我遵守一切社会规范，甚至要做得更好。否则的话，就会用羞愧、负疚等来使自我痛苦。

实际上，当个体遇到许多事情时，本我与超我总是提出两个截然对立的主张，都逼着自我去执行。譬如看到地上有一百元钱，超我就会要求自我将之捡起来交给警察叔叔，而本我则要求自我据为己有。这样，可怜的自我就像一个要同时侍候两个主子的奴仆，而且这两个主子就同一件事分别对它发出完全不同的指令，并且毫不宽容地要它执行。面对这样的两个主子，自我当然经常不知道怎么办，处于痛苦与彷徨之中，深感人生即苦。

善良的超我　现在我们来看三重人格的最后一个——超我。

超我是弗洛伊德一个独创且独特的理论，在弗洛伊德的所有理论中简直有如鹤立鸡群。这是因为弗洛伊德的几乎所有理论之中，我们看到的总是恶，例如无意识、俄狄浦斯情结、性、梦、本能、本我等理论中我们看到的内容几乎没有哪个是善的，只有赤裸裸的欲望、变态、乱伦等等，现在，终于有一个“善”的了，这就是超我。

超我是人格中善良的部分，它讲求道德，而且严厉要求主体按照理想的善之标准行事。这个善之标准是怎么来的呢？当然是后天教育而形成的。例如父母的好影响、学校的教育等，在这些教育里，都给个体提出了许多道德规范，例如要爱护公物、尊敬师长、讲文明礼貌、遵守法律，等等，要求个体不折不扣地遵守。

后来，慢慢地，个体将这些教条嵌入内心深处，使之成为一种道德的教条，这时候，可以说，超我就形成了。

超我具有力量之后，就会行使这种力量。它如何行使呢？就是将自我变成它的仆人，要求它按照自己的指令行事。每当自我按照超我的指令行事时，超我就使自我或者说个体产生一种幸福与自豪感。反之，则使自我或者说个体产生负疚与罪恶感。

当然，超我这样做是为了不让本我乱来，我们说过，如果事事听从本我，个体在这个世界上根本无法生存。所以，虽然超我严厉少慈，但这正是它所不得不为的，因为它要保护个体的生存，不得不严格要求。因为明显地，要是没有个体的生存，无论是本我、自我还是超我通通是废话。

我们上面说过，人格中有三个并列因素，都强大而互相矛盾，那么，它们构成的实际人格也是这样互相矛盾的吗？

对这个问题不能用否定或者肯定来简单地回答，我们要看看实际的人格。我们知道，实际的人格大体上分成两种：正常人格与非正常人格。

在正常人格里，本我、自我与超我达到了一种平衡，即三者都满足了一部分的欲望，然而都没有得到全部的满足，也就是说，既满足了自己的一部分欲望，又尊重了其他二者的一部分欲望。并且，这样做之后，无论自我、本我还是超我都觉得满意，这时候，我们的人格就达到正常。

打个比方吧，有一天，我在街上走，饿了，这时候我经过一家饭店，从里面飘来诱人的饭菜香。同时，在饭馆的外面我遇到了一个女子，说她是外地人，钱包被偷了，没钱回家了，希望我给她一些钱买车票。我怎么办呢？这时，我的本我就命令我："管她呢，她没钱回去关我什么事？进去吃饭吧！"我正要遵从本我之命行事，我的超我发话了："你怎么能这样呢？看着一个孤身女子在街头流浪，不帮她一把怎么行？把你身上的钱全给她！"于是，我刚迈开的腿又停住了。我犹豫着，内心的超我与本我双方在展开大战，都想占上风，使个体按其指令行事。这时候，自我发话了："何必这样呢？你把身上的钱给她一些就是了，剩下的钱还够吃饭呢。"自我的这个建议很快就被我接受了，于是，我给了那女子一些钱，然后进去吃饭了。不难看出，在这个例子里，本我、自我与超我三者取得了某种平衡，于是，人就成了一个人格正常的人。当然，这样的人也是一个普通的人。

但是，在这个例子里还可能有这样的情况：我完全听从了本我的要求，一分钱不给那女子，自己进去吃饭了。这就说明，在这里我的本我占了优势，我按其命令行事了。或者，我完全听从了超我的要求，将身上所有的钱都给了她，让她不但能吃饭还能买车票回家。在这两种情况里，都是本我或者超我一方占据优势。在这种情况下，个体都不是一种完全正常的人格。

当然，我这只是一个例子，并不是说不给钱的人就不具有正常人格，这只是一个譬如而已。明确的极端的例子只有在某些特殊的例子里才看得明白，例如那些极端自私的人和极端无私的人，前者如果戈里笔下的泼留希金，后者如雷锋。从精神分析的角度，这两种人格都不属于正常的人格。这并不奇怪，因为不正常有两种情形：一是比正常坏，二是比正常好。

还有，在某些极端的例子里，则是人格的完全倒错，这时候就不是一般的不正常了。例如那些为了金钱不惜杀人越货、为了美色而去强奸的犯罪分子，他们则是一些人格完全倒错的人，超我已经被打倒了，本我占了绝对的优势。

不用说，我们绝大多数人都属于正常人格的人，本我、超我与自我都能恰当地发挥自己的作用，从而决定了我们正常的人格。

第五十二章　杜威：伟大的哲学家与教育家

杜威不但是伟大的哲学家，还是人类历史上最伟大的教育家之一。

约翰·杜威1859年出生于美国东北部的佛蒙特州柏林顿，是家里的第三个孩子。

据说杜威小时候比较害羞，特别不善于和女孩子交往，后来与哥哥妹妹等一起进了镇上的公立学校，在那里一直读到16岁中学毕业。

此后，杜威进了就在他家附近的佛蒙特大学。这时候的佛蒙特大学成立不过十年多，每年毕业的学生不过20来个，而且它不是一般意义上的综合性大学，主要是一所农业与工业的专科学院。

杜威在大学里的成绩相当出色，特别在第四年更是冠绝同侪。大学毕业后，他在宾夕法尼亚州的石油城里找到了一个中学教师职位，两年后回到了家乡柏林顿，一边在附近一所中学里教书，一边又得到了佛蒙特大学托里教授的指导，开始比较专业地学习他一直感兴趣的哲学，并开始设想将哲学作为自己的终身职业。这时候美国有一份由哈利斯任主编的哲学杂志叫《思辨哲学》，是当时美国少数具备自己特色的哲学期刊之一，杜威也是这份杂志的热心读者。他不知道自己是否具有哲学方面的禀赋，于是大着胆子将自己的一篇哲学论文寄给了哈里斯，并在信中要求哈里斯判断论文的作者是否能够成为专业的哲学研究者。

不久，杜威接到了哈里斯的回信，信中明确地说：论文的作者具有出色的哲学见地与才华，他还在1882年4月的一期杂志上刊登了杜威寄去的文章，题目是《唯物论的形而上学假设》。这是杜威的哲学处女作。

哈里斯的举动无疑极大地鼓舞了杜威，令他决定从此专心研读哲学，不久发表了另外两篇文章，还决定去读哲学博士。

杜威进了约翰·霍普金斯大学，那时候的约翰·霍普金斯还远没有现在知名，只是一所刚刚在6年之前成立的新学校，不过它在成立之初就建立了卓有特色的研究生教育，是美国最早建立研究生院的大学之一。

在霍大对杜威产生最大影响的是莫里斯教授，他是杰出的哲学家和心理学家，还在杜威上研究生时，莫里斯教授就把他所教的一门本科哲学史课交给了杜威，让他去上。第二年他又帮杜威获得了一笔奖学金，靠着这笔奖学金才使他可以继续读研而不用再去借钱。

1884年，杜威毕业了，博士论文题目是《康德的心理学》。

当时，哲学教师的职位是很少的，又是莫里斯教授伸出了援手，他向密歇根大学推荐了杜威，使杜威当上了那里的哲学讲师，年薪900美元，是他当中学教师时薪水的两倍。

在密歇根大学的第一个学期，杜威就认识了艾丽丝·奇普曼，他们很快相爱了。

1885年，杜威发表了《教育与妇女健康》，这是杜威第一篇关于教育的论文，也是杜威一个重要的开始，标志着他这时候已经将很多注意力放到了教育上。

第二年，杜威与奇普曼结婚了，下一年有了第一个孩子阿奇博尔德。

同年杜威出版了《心理学》，这是他的第一本专著。这本书引起了不错的反响，他在学术界迅速崭露头角。1888年，他接到了明尼苏达大学请他担任教授的聘书。

杜威去了，但一年后他的恩师也是对他一生影响最大的人莫里斯教授去世了，密歇根大学向杜威发出了邀请，请他接替莫里斯的教席并担任哲学系系主任。

为了表达对莫里斯教授的深切怀念，1893年，杜威给他的第三个孩子取名叫莫里斯，杜威夫妇称得上是一对高产夫妇，他们一共生了6个孩子，这第三个孩子据说是所有孩子中最聪慧的一个，不仅如此，他还有一种特别的气质，令人感到他非同一般，前途不可限量。1895年前后，他们夫妇曾去欧洲度假，这时候才两岁半的莫里斯的智慧与气质给同船的旅客留下了如此深刻的印象，以至分别时，一个旅客说了这样的话："假如那个男孩能够长大成人，世界上将会有一种新的宗教。"

然而，上帝不能容忍一个能创造一种新宗教的人长大来威胁它，不久，在意大利旅行时，小莫里斯患上了白喉，这种致命的儿童疾病迅即夺去了他幼小的生命。这个孩子的夭折令杜威夫妇痛苦得发狂，可以说，他们此后的一生都没有完全从这次的打击中恢复过来。

1894年，杜威接到了一个重要的邀请：芝加哥大学请他出任由哲学系、教育系与心理学系三系结合而成的一个系的系主任，这个职位比密歇根大学哲学系系主任更富有吸引力，它简直是专为杜威设立的呢！

这时候，芝加哥大学还是一所成立不久的新学校，各种思想与教育模式都在这里百花齐放，这样的环境对一直思虑着如何进行教育革新的杜威无疑具有最大的吸引力。因此，杜威来到了芝加哥大学。

来到芝加哥大学后，杜威将大部分精力投入了教育。其中包括两方面：理论的方面与实践的方面。杜威之重视教育，并不止于教育的思想或者抽象的方法，而是真真正正的教育实践。这时候，杜威一方面通过对自己几个孩子的细心观察，观察到了人类童年智力与性格的发展特征，另一方面通过对当时学校，特别是中小学校的教育方式的深入考察，得出了这样的结论：当时的早期学校的教育方式是存在问题的，它们与儿童的心理发展模式不符。怎么办呢？杜威没有止于仅在报刊上发表几篇文章进行批评或者向当局提出几个建议，他要做的是身体力行的改革：他要建立一所学校，依照他倡导的方式对孩子进行教育。

这所学校在1896年建立起来了，它的正式名称是“实验学校”，不过一般被大家称为“杜威学校”。

在这所学校里，杜威根据自己的理论，对传统美国学校的课程设置、教育方法与组织形式等都进行了重大改革，进行了许多新实验。他这种将教育理论与教育实践相结合的方法得到了学生家长的赞同，他们甚至听从杜威的劝告，亲自参与到孩子的教育中来。这些都取得了很大的成就，使他迅速成为全美最受人瞩目的教育家。

杜威之所以取得成功，重要的原因之一是他得到了许多人的帮助，杜威具有十分迷人的性格，为人坦率、忠诚、无私，极具奉献精神与社会责任感，因此他不但得到了许多朋友，也从这些朋友中得到了大量帮助，其中包括简·亚当斯，她是当时美国最著名的社会活动家之一，曾建立了芝加哥社会福利中心，她产生最大影响的事是建造了所谓的“赫尔住宅”。赫尔住宅是一种全新的住宅社区，其主要特征是这里不像美国大部分城市的社区一样，大家按种族与财富而分区居住，有富人区、贫民区、黑人区、白人区等等。

在同一个赫尔住宅区里生活着各色各样的人，不同种族、不同信仰的人们生活在一起，和谐共处。杜威到达芝加哥后，经常去赫尔住宅访问，他看到那些不同肤色、不同信仰的人们和谐地生活一起，举行各种各样有趣的社区活动，仿佛世外桃源，非常感动。他与简·亚当斯建立了忠诚的友谊，简·亚当斯因为这些方面的卓越成就而获得了1931年的诺贝尔和平奖。

1899年，杜威担任了美国心理学会会长，三年后被任命为芝加哥大学教育学院院长，下一年，在芝加哥大学建校10周年庆典之际，学校出版了能够代表学校各个系最优成果的各种著作，其中一本是杜威为主，和其他七个同事合著的论文集《逻辑理论研究》，这本书在当时的哲学界起到了开拓性的作用。实用主义的另一个代表人物詹姆士欢呼说它标志着哲学中一个新的流派——芝加哥学派——的诞生。

然而，这一切成绩并不说明杜威在芝加哥大学的日子好过，事实上，他这时候与校方的关系已濒临破裂了，由于校方单方面将杜威辛苦建立起来的学校搞乱了，1904年，他向校方提出了辞呈，到了哥伦比亚大学当哲学教授。

这时候的杜威已经是名闻全国的著名教育家、哲学家与心理学家了，他以前担任过美国心理学会会长，1905年时又当上了美国哲学学会会长，这足以说明在心理学界和哲学界他都是翘楚了，他还算得上是美国最知名的公众人物之一，影响广泛。他到处发表演讲，他的这些演讲并没有讲过就算了，大部分被扩展成著作，他的许多名作，例如《哲学的改造》《经验与自然》《人性与行为》《自由主义与社会行动》等等，都是这么来的。

以下我们将杜威此后出版的一些重要著作陈列如下：

1908年时，杜威与好朋友塔夫茨合著的《伦理学》出版。

1915年，杜威与他的女儿伊夫琳合著的《明日之学校》出版。

1916年，《民主主义与教育》出版。

1920年，《哲学的改造》出版。

1922年，《人性与行为》出版。

1925年，《经验与自然》出版。

1931年，《哲学与文明》和《从教育混乱中寻找出路》出版。

1935年，《自由主义与社会行动》出版。

1939年，《自由与文化》出版。

1948年，《人的问题》出版。

1952年，杜威发表了《〈教育资源的使用〉一书的引言》，这是他最后的作品。

杜威一生共出版了30余本著作，发表了近千篇文章。

由上可见，杜威是一个极多产的作家，这个“多”表现在两方面：一是数量多，二是所涉及领域多。这两方面我们从上面提过的书名就看得出来，它包括哲学、政治学、教育学、社会学、心理学、法学等许多方面，而且在每一方面杜威都不是浅尝辄止，而是有着深湛的研究。

此外，杜威还积极投身社会活动，是美国最著名的社会活动家之一，他崇尚民主与团结的力量，参与创建了许多社团，如1915年时他创立了美国大学教授联合会并成为首任主席；1916年他在哥伦比亚大学所处的纽约创立了第一个教师联合会；1928年他担任了美国进步教育协会名誉会长。杜威甚至积极参加政治运动，1924年曾积极投身到拉福莱特进步党运动中。

所谓“拉福莱特运动”就是由拉福莱特所领导的运动。当时，很多美国知识分子对美国政坛长期由共和与民主两党轮流把持的现象不满，希望出现一股新生力量能够更新美国政治，在美国的政治天空中吹进一股新鲜空气。于是，由拉福莱特领导的进步党应运而生。拉福莱特是美国著名政治家，曾担任过威斯康星州州长和参议员，但他的政治主张既不同于民主党，又不同于共和党。1924年时他发动了一场政治运动，独立竞选美国总统，他赢得了多达17%的选票，在一直由民主党与共和党一统天下的美国，这确是了不起的政治成就。不过这次竞选运动也耗尽了拉福莱特的所有精力，使他油尽灯枯，不久就去世了，他领导的运动也就寿终正寝。

杜威还长期参加了为妇女争取选举权的运动。虽然美国一向以最大的民主国家著称，然而其民主一直是有限的，在两个领域之内长期不存在民主：一是黑人，二是妇女。美国建国之后这两类人一直没有选举权，通过杜威等人的努力，美国的妇女们在1920年时通过宪法第19条修正案获得了选举权。当然，这里的妇女也仅仅指白人妇女，那时连黑人男人都没有选举权，遑论黑人女人了！

杜威还搞过国会的院外活动。所谓“院外活动”指的是在美国，由于国会拥有立法大权，而通过什么样的立法是由参众两院的议员们投票决定的，因此在美国就出现了一种特殊的游说集团，他们帮某些利益集团活动，以游说议员们投票同意或否决某些法律。当然，他们所做的只能是游说，决不能送钱送物，否则就是行贿了，但仅仅游说，也就是说向议员们宣传自己的主张则是合法的，这就像议员们竞选时对选民们游说是合法的一样。杜威在1929年时曾经担任过某个“人民院外活动集团”的主席。当然杜威搞院外活动的目的不是为某个特殊利益集团谋利，而是为了美国大众。

现在我们要讲杜威一段比较特殊但很有影响的经历，这就是他在国外的讲学活动，这些活动使杜威成了当时全世界最知名的教育家，受到举世尊崇。

杜威出国讲学是从日本开始的。1918年冬，杜威到了日本，一边在东京帝国大学讲学，一边考察日本文化。

杜威到达日本的消息也传到了中国，于是，杜威在中国的学生们，其中包括蒋梦麟，当时北京大学的校长，特意到日本去看望杜威，并盛情邀请他去中国讲学。由于这次去的时间预计比较长，杜威事先向哥伦比亚大学请长假，得到了批准。

1915年4月30日，杜威夫妇携女儿罗西一行抵达了上海。

到了中国后，杜威原来准备只待一年，但不久就感觉对中国有种说不出的割舍不断的感情，于是待的时间一再延长，最后共待了两年又两个月，足迹踏遍中国的大江南北。那时候中国有22个省，杜威走了11个，北方四个、华中五个、南方两个。他共作了58场讲演，其中在北京作了五次最有名的，被称为“五大讲演”，其内容都被详细记录下来了，在当时的大报上全文发表，不久还出了书并畅销一时：杜威离开中国时，这本书就已经重印了10次。

1921年7月，杜威离开了中国。对于这两年多的中国之旅，由杜威女儿所写，在杜威生前出版的杜威传记中有这样的话：

> 不管杜威对中国的影响如何，杜威在中国的访问对他自己具有深刻而持久的影响。杜威不仅对同他密切交往过的那些学者，而且对中国人民，表示了深切的同情和由衷的敬佩。中国仍然是杜威所深切关心的国家，仅次于他自己的国家。

那么，杜威对中国到底有没有影响呢？至少杜威在中国前后的那段时间是有的。1922年10月，当时的全国教育联合会在山东济南开会，讨论要彻底修改全国的学制和课程。在这年通过的新学制的第4条中写道：“儿童是教育的中心。在组织学制时，应特别注意儿童的个性和资质。因此，中等和高等教育应采取选修科目制度，而且，在所有初等学校中，分级和升级都应采取灵活的原则。”

从这段话中不难发现杜威教育思想的影响。而且，在那时候，中国已经出现了一些由杜威的中国弟子所办的实验学校，其中一些，例如南京高等师范学校，被命名为“杜威学校”。

1927年，杜威遭遇了人生又一大不幸：与他相濡以沫41年的夫人去世了。

次年，杜威又踏上了出国的旅途，这次是去当时一个最特别的国家——苏联，这是当时世界上唯一的社会主义国家。这次杜威是作为美国教育家访问团的成员之一去的。杜威一开始对苏联的社会模式表示了肯定，并在报纸上发表文章，要求与俄国人和平共处，这使某些保守的美国人将他描述成布尔什维克或者赤色分子。不过，后来，杜威回国后，收到了一些报告，得知苏联人正在一步步加强对人民包括学校师生们的思想控制，学校也完全成了实现苏联国家目标的工具，他深表失望。

1930年，已经71岁高龄的杜威从哥伦比亚大学退休了，并成为哥大的荣誉退休教授。

但杜威只是不再在哥伦比亚大学讲课了，他并没有真的退隐江湖，他仍然一如既往地积极投身于社会活动与写作活动之中。

这时候他从事的最大的社会活动是担任控诉莫斯科对托洛茨基审判的调查委员会的主席。原来，列宁死后，斯大林与托洛茨基之间产生了权力斗争，结果斯大林胜利了。在1925年1月举行的俄共（布）中央全会上，托洛茨基受到了严厉批判，被撤销陆海军人民委员与革命军事委员会主席要职，1927年被开除党籍。1929年1月他被驱逐出祖国。他先赴土耳其，在那里从事写作，撰写了自传和俄国革命史。1932年2月他被公开剥夺苏联国籍。1938年9月，他在巴黎组成“第四国际”，后来在世界各地过着流亡生活。

对于托洛茨基受到的遭遇，美国学者们一开始就表示了同情。1937年时，他们成立了“控诉莫斯科对托洛茨基审判的调查委员会”，要公开而公正地调查托洛茨基案件，看他是否真的有罪。委员会进行了尽可能细致的调查，他们甚至在墨西哥托洛茨基的住宅里听取了他的申诉。通过细致的调查取证，委员会得出了托洛茨基无罪的结论。

但这些并没有帮得了托洛茨基，1940年8月，他在墨西哥被克格勃用一把冰斧砍开了脑袋。

1941年时，罗素应聘到纽约市立学院执教，但由于他的某些行为触犯了美国人，对他的聘请遭到了否决。杜威不由义愤填膺，他不但公开强烈抗议，还为此编了一部论文集，名字就叫《罗素案件》。

妻子去世后，杜威在近20年的时间里一直与这个或者那个孩子住在一起。但到1946年，已经87岁高龄的杜威却宣布要结婚了，对象是比他足足小45岁的罗贝塔女士。杜威很早以前就认识了罗贝塔的父母，那时候罗贝塔女士还没出世呢。

以杜威这样的年龄，虽然能够结婚，但生孩子当然是不可能的了，于是他们在结婚的第二年收养了两个孩子，一儿一女，都是比利时的战争孤儿。

杜威逝世于1952年5月，享年93岁。

杜威是美国现代史上最卓有影响的人物之一，对杜威的成就与影响，威廉·克伯屈在他的《回忆杜威和他的影响》中如是说：

> 就杜威在哲学史上的相应地位来说，我把他放在仅次于柏拉图和亚里士多德的位置上。至于他在教育学史上的地位，依我看来，他是世界上还未曾有过的最伟大的人物。说到他对当代教育的影响，我把他同威廉·詹姆士、弗兰西斯·W.帕克和爱德华·L.桑戴克放在一起——他们已最有效地帮助了我们现在的美国教育思想的形成。

《美国百科全书》中的“杜威”条目如是说：

> 毋庸置疑，他是美国有史以来最著名的教育家，无论在国内或者国际上都是如此。对某些敬仰他的人而言，他是人类历史上最伟大的教育家……但

他最伟大的贡献，可能是坚持哲学真正的功能是解决人类的问题，且亲自证明其可能性。杜威一直保持着他作为一个严格的反对党之基本立场；他亦从未停止为世界所有地方的人类争取更好命运的努力。

第五十三章　杜威的实用主义哲学

杜威的所有思想都围绕一个中心：为人类服务。

如果将叔本华的思想比作是壮观的冰川、将尼采的思想比作喷涌的火山、将海德格尔的思想比作高山幽谷，那么杜威的思想就只是一座小山包了，虽然不是那么美，但却“实用”得很，因为这山坡上虽然没有美丽的冰川和壮观的火焰，却长满了结着鲜果的树，伸手摘来就可以充饥的。

哲学的历史误区　大家都知道，传统哲学的中心问题之一是关于物质与意识（或者说思维与存在）何为第一性何为第二性的问题，对这个问题的回答导致了唯物主义与唯心主义的产生。杜威却开宗明义地否定了这种说法，他认为哲学的主题根本不应当是心与物的关系，他说：

> 哲学从产生的那天起就讲思维与存在的关系，这是历史的错误，它必然产生形而上学问题。

为何这么说呢？这是因为哲学在产生之初就有某种“原罪”，就是说，它来自人们对于自然界的体验与思索。当人们看到自然万物，感受到它的力量后，就会产生各种各样的问题，其中主要的问题之一就是追问万物从何而来。这时候，人之追问万物的起源就像追问人自己的起源一样，于是，有的人以为就像人有母亲一样，自然万物也有一个母亲——创造者，而且这个创造者不是物质，而是超物质的东西，例如神或者意志之类，这就是唯心主义了。有的人则不同，认为自然万物并没有创造者，它们本身就是创造者，是本原，这就是唯物主义了。

与这自然万物起源相关的是思维与存在的关系。有的人认为存在先于思维，也就是说，我们思维的对象，即自然万物，本来就是在那儿的，是某种“客观存在”，它不以人的意志为转移，所谓“天行有常，不为尧存，不为桀亡”。我们的思维只是去反映这些客观实在，就像镜中之像一样，没有镜外之物当然就没有镜中之像了。另一种观点则认为，这是错误的，并没有什么脱离思维的存在，就像没有创造者的自然万物一样。存在物之所以存在，是因为我们的思维存在，就像贝克莱主教所言："存在就是被感知"。对于思维与存在孰先孰后的问题一直伴随着整部哲学史。

这思维与存在的关系又可以说成是知识与知识的对象的关系，因为知识起源于思维，而知识的对象则是存在。

杜威认为，上述争论其实从一开始就是错误的。因为它首先就假定了存在某种终极力量，这种想法是错误的，事实上所谓的物质与精神都不是最初的起源。他说，那些缺乏想象力的人们认为物质或者精神总有一者是独立于人而存在的，并且必须有一个是本原。与之相应，他们认为知识，无论什么样的知识，要么依赖于知者，即思维，要么依赖于所知的事物，即知识的对象，从而产生了唯心与唯物之争。但这是错误的，因为这二者其实都不是独立的，它们都不是实体或者本质，而只是一种"活动的特性"，只是一种逻辑上的规定。杜威还举了美国宪法的例子，他说，宪法本来是由人民制定的，只是公民活动中的一种关系，但有些人却将它当作某种独立自存的东西。这当然是错误的，就像形而上学一样，只是一场历史的误会。

从这里可以看出，杜威对思维与存在的关系这个传统哲学的基本问题的回答竟然是：这个问题本来就不存在，只是镜花水月般的幻觉而已。

这也就是说，物质与精神均不是最初的起源。这时自然会有人问：那么什么才是最初的起源呢？难道还有一个思维与存在之外的第三者不成？

杜威对这个问题的回答是：这个问题问都不应该问，哲学应当彻底抛弃追寻终极起源的想法。

如此一来，以这个想法为基础的形而上学也就失去了存在的理由。那么，作为不是形而上学的哲学应该是什么样的呢？杜威如此说：

> 哲学是人类文化的一种现象，它像政治、文学、艺术一样，都是文化现象的一种。

这种作为文化现象的哲学应该怎么办呢？杜威的回答很简单：哲学应该成为一种工具，或者方法，来为人类解决实际问题，这样的哲学才有意义与生命力，才能恢复生机与活力。

更为具体地说，哲学不应该研究本体、起源之类，哲学应该研究的是价值与方法，特别是研究能够使人们摆脱困境而取得成功的方法，因此，在哲学研究中我们经常应该听到的不是什么物质、精神、思维、存在之类的词汇，而应当是意义、价值、方法、效果等，这样才能一劳永逸地解决前面困扰了哲学千年之久的难题，并使哲学得到改造与进步。

以上就是杜威哲学的“开幕词”，他要改造哲学，将哲学从传统的无聊的所谓根本问题中解脱出来，使它成为一种方法、一种工具，为人类服务。

由于杜威对困扰传统哲学千年之久的形而上学问题进行了如此独特而有力的否定，他才在当时的哲学界激起了大大的波澜，有时候甚至被称为“哲学界的哥白尼”。

经验的大统一　杜威的哲学被称为“经验自然主义”，其第一词就是“经验”。由此可以看出经验对于杜威哲学之重要意义。确实，经验是杜威哲学第一重要的概念。

什么是杜威的经验呢？杜威的经验可以被分解成两部分：

一是所经验的事物。也就是他们所做的什么、所遭遇的什么、所追求的什么、爱的什么、相信和坚持的什么，等等。我们在这里还要看到，杜威的经验与我们平常所谓的感觉经验有很大不同，它的范围要广泛得多，包括的不但有哲学上的感觉经验、生活中的经验，还包括所做的事情、所追求的生活目标、爱的对象、所信仰的真理等等我们平常根本不称之为经验的东西。总之，杜威的经验是我们精神生活或者意识的全部，此外还要加上其他一些东西，例如所做的事情。

第二部分是在经验时所经历的过程。即在进行上面的那些经验时，在做、在遭遇、在爱、在追求、在相信与坚持时，这个做、爱、追求、遭遇、相信与坚持的过程。

其实，在这个背后，经验还有第三项内容：主体。这是很容易理解的，试问，这些做、追求、遭遇、相信与坚持是谁在做、追求、遭遇、相信与坚持呢？当然是人这个主体。因此，杜威的经验实际上是主体、对象、过程三者的统一。用几个具体的例子来说，例如我们平常所称的感觉经验吧，我看到一朵玫瑰花，觉得它很漂亮，那么，在这里，我、玫瑰花、看到和感觉它很漂亮的过程，三者统一起来就构成了一个经验。还有，“我相信你”，在这里，我、你、相信三者也构成了一个经验。这些我们一般认为不属于经验的东西在杜威那里同样是经验。

这里要强调的是，杜威特别重视经验的主体与经验的对象之统一，认为这二者是不可分的，只有结合在一起才能形成经验，正是从这个经验的主体与经验的对象的统一出发，杜威变更了千年以来的传统哲学。

杜威认为，传统哲学最大的问题就在于它的二元论。传统的二元论将经验当作知识，即主体对对象的一种认识，把经验当作某种独立的东西。而且，在这里，经验的对象是自然界，是物质对象，这样的结果就是将认识的主体与对象，或者经验与自然，或者说精神与物质人为地分割开来，将它们投入了两个完全不同的领域：一者是精神，一者是物质；一者是思维，一者是存在。更进一步地，将对这两个领域关系的探讨当成哲学的基本问题。

这样，传统哲学为了调整或者协调这两个分开的存在领域，采取了两种截然对立的方式：一些哲学家认为只有自然、物质或客体才具有实在性，才是第一位的，而经验、主体、精神等则没有实在性，是第二位的，他们就是唯物主义者；另外一些哲学家则相反，只承认经验、主体、精神的实在性，认为它们才是第一位的，否认自然、客体、物质的实在性，认为它们是第二位的，于是成了唯心主义者。

杜威认为，这两种倾向都是错误的，他称之为“二元论”，这种二元论也是产生形而上学及与之相关的哲学史上无穷无尽的争论的根源。要解决这种无聊与无意义的争论很好办，只要否定这种分立，将经验看作是统一的整体就行了。只要经过统一，就不会再有物质与精神、主体与客体、经验与自然之间的分立了。因而，由之而产生的二元论也就不存在了，这真是一招釜底抽薪之计！

但这里又出现了另一个问题：难道将物质与精神、经验与自然、主体与对象这样“统一”起来就完了吗？它们之间就没有区别了吗？这显然缺乏说服力。对此杜威说，它们之间还是有所区别的。这就是主体在认识这种经验——杜威称为反省——之时，将它们暂时地、人为地分立一下，这样它们就有所区别，并且我们也能够区别地思考分析之了。

当然，不要忘了，这种区别是人为的、暂时的。

精神与物质如此，主体与客体也是如此。

通过这样的办法，杜威不但将主体与客体，将精神与物质统一起来了，还确定了它们之间的关系，为它们正了名。

如此，物质与精神成了互相依赖的统一体，并且统一于经验之内。

若我们稍微深入思考，便会发现这样一个问题：我们知道，经验是与人联系在一起的，经验中的主体就是人，而人这个主体并非在自然界中一向存在的，它有一个进化过程，一个稍微尊重科学的人都会承认：在人类诞生之前便有了自然界。现在，你杜威既然说主体与客体是不可分离、相互依存的，你是不是认为在主体与认识者——人类——存在之前，自然界或者物质世界并不存在呢？

当然不，因为经验是离不开自然的，经验与自然之间的关系是一种正面的关系，经验离不开自然，离开了自然的经验也是不存在的。至于经验存在之前是否有自然，杜威的回答也是肯定的。

为什么如此呢？当然是因为经验是人才有的，而人是在这个世界上很晚才产生的物种，这已经是当时科学的常识了，达尔文在多年前就证明之，而杜威，作为一个具有很深的科学造诣的人，怎么能够否认这样的科学常识呢？那么，是不是由此可以说杜威实际上是一个“唯物主义者”呢？当然不能。因为杜威虽然承认在人类与经验产生之前已经有自然界，但他又强调那只是一种玄之又玄的想象罢了，虽然合理，但对于人类而言是没有多少意义的。

对于我们而言，这个世界是被主体所认识的世界，被心灵所认识的自然，它甚至于受到我们认识的制约，不能再是超脱于我们的认识之上的东西。

外在世界或者事物不但不是超脱于我们认识之外的东西，而且我们的认识对于对象的特性有着巨大的作用，甚至可以说，它们是为我们而存在的，也就是说，在杜威这里，事物与物质这些属于客体的东西已经主体化了，它只是为主体所利用的对象而已。

正是由于主体与客体之间的这种关系，我们在看待与认识客体时，对于客体也有着极大的影响力，这样导致的结果就是，我们认为客体所具有的某些性质之类甚至可能并非它固有的，而是我们主动赋予的。

由于人类这个认识主体的存在极大地改变了认识对象，甚至赋予它们以特性，因此我们也可以说就是人类赋予它们的存在。这就像一座大理石雕像，大理石本身是存在的，然而，被我们人类所认识的大理石已经不再是一块自然存在的大理石，而是一座人雕刻就的雕像，从这个角度上来说，是人类造就了大理石，人类这个认识者的存在是作为雕像的大理石存在的前提。用一句范围更为广泛的话来说，人类所存在于之的自然界、外部环境是一种被人所影响了的外在环境，或者说，是对象化了的存在。这个对象化对于知识的对象即外在环境是极为重要的，从某种角度上来说，是它们存在的前提。这也可以说成是，环境、外部世界的存在是一种通过实践而对象化了的存在，而事物的这种对象化又是以经验的存在为前提的，因此，它们作为对象化了的存在不能存在于经验之前，只能存在于经验之后。从这个角度来说，“经验先于自然”这句话也是说得通的。

通过如此这般的陈述，杜威就将他与传统唯物主义有了清楚的分野，确立了自己的经验自然主义。

杜威为什么要如此重视经验并将经验的内容变得如此丰富呢？杜威这样做是有他的目的的，并与他学派的名称“实用主义”有着一以贯之的关系，这个目的就是实用，就是这样之后，经验就不再是被动的，只在那里等着，而是会积极进取，去适应环境、改造环境，同时又被环境所改变。正是通过这种不断的相互作用，才不断地形成新的经验，如此以至于无穷。重视环境与经验或者说自然与人的相互影响与相互作用也是杜威哲学的主要特色之一。

在经过环境与经验的相互作用后，环境被主体极大地改变了。这时，就像杜威所言：

环境被看作必须加以变化以求真知的一种东西，这时人就得到勇气而对于自然径直采用攻势了，自然就变成可以任意塑造的供人使用的东西了。

这才是杜威的终极靶标。

大胆设想，小心求证　上面说过，杜威认为，经验不是静止的知识，而是主体与环境的相互作用，那么，这种相互作用是怎么去作用的呢？用什么方法呢？杜威对于这个也是特别强调的，这就是他关于实践之方法的观念。

首先，对于杜威而言，实践与经验的含义是一致的，甚至可以说是同义的，它不但包含我们平常的实践，而且也包含我们所称为经验的内容。

还有，杜威认为经验是有机体与环境之间的相互作用活动，即环境作用于有机体，有机体对这种刺激做出反应以适应环境。这种“刺激—反应”过程是实践的基本过程。

在杜威这里，这个刺激—反应过程的内容同样是非常丰富的，它包括许多我们平常并不认为只是简单的刺激—反应过程的东西，例如感觉与思维，在杜威看来也只是有机体与外界环境之间的刺激—反应。例如感觉，杜威认为，感觉就是环境对人的刺激。思维与感觉类似，思维是用来控制环境的工具，这种控制环境的工具就是反应，是与感觉相伴而存在的，先是环境通过感觉而对人进行刺激，然后思维通过行动而对这种刺激做出反应。

不过，这并不意味着杜威认为人的所有实践都只是对于环境的本能的反应或者适应，相反，他不但承认而且强调人对环境不只是简单的被动的适应，而且是有创造性的适应。他认为，人不同于普通动物，他具有创造性的智慧，在对环境的刺激做出反应前能够进行反思与推理，因此，他对环境的适应不同于并且超过动物对环境刺激的纯粹本能的反应。此外，人还具有情感与意志，能够按照自己的意愿，运用反思与推理等进行反应，并能够为自己的行动制订出计划，以达成其目的。总之，人在环境面前不是一味被动与无能为力的，他能够主动地使环境适合自己的需要。

那么，人究竟如何利用自己的创造性智慧来达到自己的目的呢？对这个问题的回答在杜威的哲学中有重要的意义，这就是他的方法论。

1910年时，杜威出版了《我们怎样思维》一书，其中提出了一个相当详细的思维之方法，这就是他的五步法，这五步简而言之分别可以用一个词来表示：暗示→问题→假设→推理→试验。

杜威自己曾经举过一个例子对他的五步法加以说明。他说，例如我们在一个没有路的地方走，这时候，我们忽然发现一条水沟挡住去路（这是暗示，即感到有疑难）。我们想要跳过去，但为了摸清情况，我们仔细看了看，发现水沟相当宽，而对岸又满是泥泞（这是找出问题即疑难之所在）。于是我们想，有没有较窄的地方呢？我们沿水沟来回一看，了解情况。我们没有找到任何好地方，只得另作新计划。正在徘徊的时候，我们发现了一根木头。我们想可不可以把它拖到水沟边，架在沟上，用作桥梁（这是第三步假设，找出各种可能解决问题的办法）。我们判断这个观念值得一试（这是第四步，判断哪一种能够解决疑难）。于是取来木头，架在沟上，走过了水沟（这是第五步，证实或者否定前面判断的解决办法，即实验）。

后来，胡适进一步把这五步概括为精当好记的一句——“大胆假设、小心求证”。

真理与有用　前面说到，杜威认为人在环境面前不是被动的，人可以通过实践去适应环境、改造环境、利用环境。由此可以看到，对杜威而言，环境只是一种可以利用的工具，就像思维是用来控制环境的工具一样。事实上，在杜威的哲学里，不但环境是工具，一切都是工具，这就是他的工具主义。

工具主义是杜威哲学的另一个名称，这也是杜威对自己哲学的称呼，由此可见，从这个主义出发必可以概览杜威哲学的全貌。杜威的工具主义可以从三个方面来说：

一是思维是人类应付环境的工具。这我们刚刚讲过，不再赘述。

二是知识的对象是工具性的。

三是真理是工具。

我们先来看看知识的对象是工具性的。我们知道，哲学史上，从前的哲学家们讲到知识时，往往称其为关于某种实在的。这一实在主要有两类：一类是柏拉图的理念，它既与自然万物相关又超越于自然万物，而另一种则是客观的自然万物本身。杜威的实在观念或者说知识的对象与这二者都不相同。首先它不是超越自然万物的某种东西，其次它也不同于客观的自然万物，它只是某种工具性的自然，杜威认为，这也是作为科学研究之对象的自然。即科学的对象是自然，并且是工具性的自然。

“工具性的自然”这个概念听起来比较古怪，我们后面就知道了。杜威指出，在哲学的传统里，我们获取知识往往是通过静观的方式，通过静观与沉思来获得之。但这种获得知识的方式到今天这个科学昌明的时代已经过时了。杜威还举了一个例子，他说，现在假如有一个物理学家，他要想研究哪个对象，他肯定不会只在一边对着它静观与冥想，以这种方式去认识对象、获取关于它的知识，他肯定会对之进行实验性的研究。我们举个例子，就像一块矿石吧，会切割它，甚至将它变成粉末，来分析它的成分。即使没办法这样直接地研究它们，科学家们也会采取各种办法，例如天文学家们，他们诚然不能像对待矿石一样去对待遥远的天体，他们也会采取各种实验手段去分析它们，例如通过三棱镜分析它们的光谱，通过射电望远镜分析它们发射出的各种不可见的电波射线等。总之不会停留于静观。科学研究的这些事例表明了，现在知识的对象已经不再是静观的对象，而是实验的对象，这些实验的对象对于科学家们就像他们所使用的工具一样。而且，杜威进一步分析道，他们之所以研究这些对象，也不是单纯的认识，而是有所企求的。他举了一个关于木工的例子。我们知道，木工的研究对象是木料。当木工在研究木料时，他的目的绝不是了解一下它或者看看木料，也绝不会只为了木料本身，他的目的是要看看这些木料能够做出什么东西来，例如建筑材料、家具、工艺品什么的。在这里，木料这个木工研究的对象当然也就是他的工具，也只是他的工具。

更进一步地，这些研究的对象不但是工具，而且是要改变的对象，因为，当我们运用这些工具作为知识的对象时，由于我们不是静观，我们在利用它们，我们这些行为必然会导致研究对象的某些改变，甚至我们的目的往往就是这个改变。例如木工对于木料，他的目的不是研究木料的性质或者形状，而是要改变它，使之由一根木料变成一个茶几。杜威认为，对事物进行这样的改变不但不会改变事物的性质，而且，不进行这样的改变我们就既不能改变事物，也不能了解事物。相反，通过对知识的对象进行工具性的认识与有目的的加工，我们不但能够认识知识的对象，而且能够获得知识本身。

这样一来，所得来的知识不用说也是合乎目的的，是有用的了。而这些有用的知识自己当然也成了工具。

既然思维、思想、知识与知识的对象等等都是工具，那么自然而然地，从这些上面来的真理当然也是工具了。这就是杜威的工具主义的真理观。

杜威是从两个方面来论述他的工具主义真理观的：一是认为真理是一种假设，二是认为有用就是真理。

传统上真理的含义是不言而喻的：所谓真理就是真确的理论，更具体地说就是当理论与客观事实相符合时，便是真理，否则便不是。因此，真理在这里有了类似于镜子的含意，客观事物是镜外之物，而真理须是镜中之像。杜威认为这种传统的真理观是错误的，他认为真理只是一种假设。

杜威认为，所有的观念，无论真理与否，其意义并非揭示事物固有的属性，而只是处理问题、解决问题的方法与设想。所有概念、学说也都是如此，都是一种有用的假设。既然所有的概念、学说都是假设，属于这个范畴之内的真理当然也只能是假设了。

既然真理像所有的概念与学说一样，都只是一种假设，那么，作为真理的这种假设与其他不能称为真理的学说与概念相比有什么特色呢？或者说它是一种什么样的概念或者学说呢？杜威说，所谓真理就是那些成功的，能够排除纷乱、免脱谬误的观念、意义、概念与学说。这也就是说，理论之所以是真理，与它们是否是一种正确的认识、是否反映了客观实在没有关系，而只在于它是否是有效的。这也就是说，有用即真理。

如此一来，真理当然与我们平常所谓的真或假无关了，它只与有效或无效相关。杜威用一种更加简单的方式解释了这点。他说：既然真理是工具，而工具是无所谓真假的，因此真理也无所谓真假。

“有用就是真理”这句实用主义的名言遭到了很多人的曲解，甚至常常被用为贬义词，说某个人实用主义，就等于说他是个不讲原则、见风使舵的人，总之不是太好的人，而某种理论被称为实用主义自然也就不是好理论了。但这只是误会，实用主义理论中的“有用就是真理”的含义远非如此简单——如果真的如此简单，那么它又怎么可能成为一种著名的哲学理论，还要劳驾杜威这样才智杰出之士创造出来呢？因此，杜威这样说必定大有文章。我们且来看看杜威的意思是什么。

首先，在这旦的“有用就是真理”指的并不是指真理对个人有用就是真理，就像阿Q所言“我喜欢谁就是谁”，而是指对于所要解决的问题有用，能够满足解决问题的条件。这与杜威认为真理即工具是一致的，工具是用来解决问题的，只要能够满足解决问题的条件其就是有效的，就是真理，与其是否满足个人的要求并无必然联系，它既不会因能够满足个人的喜好与利益就成其为真理，也不会因为不能满足个人的嗜好与利益就不成其为真理。

其次，实用主义真理观有时候也能够指有用就是真理，但这时它所指的是指这一真理对于社会大众有用，而绝不是满足个人之利益。对此杜威说过一段很深刻的话：

> 其实，所谓真理即效用，就是把思想或学说认为可行的拿来贡献于经验改造的那种效用。道路的用处不以便利于山贼劫掠的程度来测定。它的用处决定于它是否实际尽了道路的功能，是否成了公众运输和交通的便利而有效的手段。观念或假设的效用所以成为那观念或假设所含真理的尺度也是如此。

这段话明显而深刻地指出了真理有用的两层含义：一是指它满足其功能的效用，而不是个人的利益。就像一条路。我们说一条路是有用的，指的当然是这条路能够成为一条合格的公众运输通道，当然它也有可能便利了某些个人的利益，例如山大王，就像《水浒传》里的山贼或者《说唐演义全传》里的响马一样，从路边山林里跳将出来，拦在路上，一声大喝："此树是我栽，此路是我开，要打此山过，留下买路财！"但这路不是因为满足了这些强人的利益而成为合格的路、有用的路，而是指它因为能够为客商们通行提供便利而成其为路。真理也是一样，一个观念、理论、概念之所以成其为真理，是因为它能够满足公众对之提出的要求，能够对公众有用，才能成其为真理。

事实上任何理论甚至任何东西都是如此，因为世界上几乎没有一个理论或某样东西对于所有人都有用或者对于所有人都没有用，任何理论或者东西都可能在某个时候、某个地方、对某个对象、在某种情形之下是有用的或者是有害的，但这并不能由此说它们是不是有用或者是不是真理，要判断它们是不是有用或者是不是真理要看的是它们总的来说对于大众是不是有用，只有在这种情况下有用才是真理。